国家"十二五"重点图书

国际共产主义运动历史文献

第57卷

主　编　王学东
副主编　戴隆斌（常务）童建挺

共产国际第七次代表大会文献（1）

本卷主编　王学东

《国际共产主义运动历史文献》顾问委员会

贾高建　俞可平　顾锦屏　高　放　张中云　殷叙彝　胡文建
宋洪训　顾家庆　洪肇龙　沈志华　杨光远　林勋建

《国际共产主义运动历史文献》编辑委员会

主　　编：王学东
副 主 编：戴隆斌（常务）　童建挺
编　　委：（以姓氏笔画为序）
　　　　　王　瑾　邢艳琦　许宝友　张文成　张文红　陈新明
　　　　　林德山　胡振良　姚　颖　彭萍萍　薛晓源

参加本卷译校工作的有
任　立　叶　翔　周森荣　何近迈　张云南　张伯霖　王　彤
廖子威　杨光远

参加本卷编辑出版工作的有
李媛媛　苗永姝　薛晓源

丛书编务统筹
苗永姝　郑　锦　李媛媛　董　妍

总　序

　　国际共产主义运动，是由以马克思主义为指导的无产阶级政党领导的国际性的无产阶级革命运动，其宗旨是推翻资产阶级统治和一切剥削制度，建立和发展社会主义制度，进而最终实现人的彻底解放，建立共产主义社会。

　　国际共产主义运动迄今已有一百六十多年的历史。19世纪40年代，马克思、恩格斯在创立科学社会主义理论的同时，努力把它与当时西欧无产阶级的革命实践相结合，于1847年6月创建了第一个国际性的无产阶级政党——共产主义者同盟，亲自拟定并于1848年2月公开发表了同盟纲领《共产党宣言》。这标志着国际共产主义运动的兴起。

　　自从共产主义者同盟建立以来，历经第一国际（国际工人协会）、第二国际、第三国际（共产国际），国际共产主义运动由小到大、由弱到强，从西方推进到东方、从欧洲扩展到全球，终于突破资本主义链条上一个又一个薄弱环节，取得了社会主义由一国到多国的胜利。二战后社会主义阵营的建立、民族解放运动的胜利进军、社会主义国家革命与建设的重大成就，为国际共产主义运动史书写了辉煌的篇章。20世纪末，由于东欧剧变、苏联解体，国际共产主义运动遭遇了严重挫折。但是，历史并没有因此而终结。由《共产党宣言》奠基的国际共产主义运动仍在曲折中前进。各资本主义国家中的共产党、工人党仍在不断探索无产阶级取得解放的道路；中国等社会主义国家仍继续高举社会主义伟大旗帜，为完善社会主义、最终实现共产主义而不懈奋斗。

国际共产主义运动一百六十多年跌宕起伏的发展历程，积累了卷帙浩繁的文献档案，留下了丰富的历史遗产。深入发掘和充分利用这些文献档案，对于我们准确地了解和把握国际共产主义运动的发展进程及各个时期的特点，科学地研究和总结国际共产主义运动丰富且宝贵的经验教训，具有极其重要的意义。特别是无产阶级国际组织，作为国际共产主义运动的重要载体，其文献档案对于国际共产主义运动史研究更是具有特殊的重要意义。

　　早在1984年春，中国国际共产主义运动史学会就发起编辑出版《国际共产主义运动史文献》。当时由中共中央编译局、中国社会科学院马列主义毛泽东思想研究所和近代史研究所、中共中央党校和中国人民大学等单位共同组建了编辑委员会。编委会商定：这套文献主要收编共产主义者同盟、第一国际、第二国际、第三国际、共产党和工人党情报局这五个国际组织已发表的全部文献档案，包括历次代表大会、代表会议和其他重要会议的记录、决议和有关文件；收编材料力求齐全；凡外国有选编完整的版本者，根据外国版本翻译；凡文件散见于外国不同出版物者，尽力搜集完整，组织力量统一编译；文件完全按照原件翻译，译文力求准确，不作修改删节，以便读者根据完整、准确的第一手材料了解这些国际组织的历史。在当时代管全国哲学社会科学基金的中国社会科学院科研局的资助下，经过编辑委员会、编译工作者和中国人民大学出版社的共同努力，这套文献于1986年开始陆续出版，截至1997年共出版了21卷。

　　到上世纪末，文献的编辑出版工作遇到了巨大困难。首先是编委会发生了重大变故，主编林基洲、副主编王颖和校纪英相继谢世；其次是出版经费难以为继。为继续出版这套文集，中国国际共产主义运动史学会多方努力，组成以会长顾锦屏为主编的新编委会，从全国哲学社会科学规划办公室争取到一笔资助，于1999—2001年又出版了两卷。此后，因缺乏经费，编辑出版工作完全陷于停顿。

2010年，在中共中央编译局和中国国际共产主义运动史学会的鼎力支持下，中央编译出版社以这套文献申报国家出版基金项目，获得立项资助。中共中央编译局对此项目高度重视，在国家出版基金资助的基础上，给予了相应的资金支持，组建了新编委会，成立了专门机构负责文献整理和编辑工作，并将这套文献纳入"中央编译局文库"出版规划。

经新编委会研究决定，这套文献定名为《国际共产主义运动历史文献》，在其前身《国际共产主义运动史文献》的基础上重新编辑出版。通过进一步广泛搜集资料和适当改变编辑方式，新《文献》的资料更详尽、收文更齐全。例如，在原《文献》的某些卷次中，对已出版的马克思主义经典著作中译本只列目录，不收正文，而新《文献》则全部依据最新的中译本收录，以方便读者查阅。此外，《国际共产主义运动历史文献》扩大了文献资料的搜集和选材范围，采用开放式结构，规模暂定60卷，约2500万字。

中共中央编译局和中国国际共产主义运动史学会对这套文献的编辑出版工作给予了强有力的支持，中央编译出版社为这套文献的立项和出版做了大量艰苦细致的工作，文献的前两任编委会和编译工作者在十分困难的条件下为这套文献奠定了良好的基础，中国人民大学出版社为这套文献的重新编辑出版提供了帮助，在此一并表示衷心感谢。

《国际共产主义运动历史文献》
编辑委员会
2011年12月20日

编辑说明

共产国际第七次代表大会于1935年7月25日—8月20日在莫斯科举行。62个国家的65个共产党和国际组织的513名代表出席会议。大会议程包括：(1)共产国际执行委员会工作报告；(2)共产国际监察委员会工作报告；(3)法西斯主义的进攻和共产国际在争取工人阶级统一、反对法西斯主义斗争中的任务；(4)帝国主义的战争准备和共产国际的任务；(5)苏联社会主义建设的成就；(6)选举共产国际领导机构。出席大会的中国代表团成员有王明、康生、李立三、吴玉章、林育英、周和生、滕代远、孔原等人，其中王明、康生、周和生被选入大会主席团。

面对法西斯主义的威胁，大会确立了新的战略和策略路线。季米特洛夫所作的《法西斯主义的进攻和共产国际在争取工人阶级统一、反对法西斯主义斗争中的任务》的报告及大会据此通过的决议，揭露了法西斯主义的阶级本质和特点，要求各国共产党同社会民主党采取联合行动，共同反对法西斯主义，反对资本进攻和战争危险，建立工人阶级统一战线，并在此基础上建立由广泛阶层参加的反法西斯人民阵线，在殖民地半殖民地国家则建立最广泛的反帝统一战线。大会决定改变共产国际对各国共产党实行领导的原则和方式、方法，要求执委会从各国的具体情况和特殊条件出发，为国际工人运动制定基本的政治路线和策略路线，一般不直接干涉各国党内部组织的事务。大会选举了共产国际新的领导机构，格·季米特洛夫当选执委会书记处总书记。

《共产国际第七次代表大会文献》分两卷出版，收录的内容包括共产国际第七次代表大会会议记录和共产国际第七次代表大会决议。《共产国际第七次代表大会文献（1）》是根据联邦德国斯图加特新路出版社1976年出版的德文两卷本（Protokoll des VII. Weltkongresses der Kommunistischen Internationale, Moskau 25. Juli – 20. August 1935 [Ungekürzte Ausgabe], Band I und II, Verlag Neuer Weg, Stuttgart, 1976）编译的；《共产国际第七次代表大会文献（2）》是根据德国埃朗根卡尔·李卜克内西出版社1974年出版的德文两卷本（Protokoll des VII. Weltkongresses der Kommunistischen Internationale, Moskau 25. Juli – 20. August 1935 [Ungekürzte Ausgabe], Band I und II, Karl Liebknecht Verlag, Erlangen, April 1974）编译的，书中的议程标题是编译者加的。

本卷是根据中国人民大学出版社1991年出版的《共产国际第七次代表大会文件》中译本重新编辑的。本卷主编对照原文对原中译本中的明显错误作了修正，依据中共中央编译局编译马克思主义经典著作的标准重新统一了人名、地名、组织机构名、报刊名等专用名，并增加了对原书中一些名词和引语的注释。书中引用的马克思、恩格斯的论述均采用中共中央编译局编译的最新版本。

本卷内容为共产国际第七次代表大会1935年7月25日至8月5日会议记录。

目 录

共产国际第七次代表大会会议记录

（1935年7月25日至8月20日） ······ 1

第一次会议（1935年7月25日） ······ 3

 威廉·皮克致开幕词 ······ 4

 选举主席团、编辑委员会和资格审查委员会 ······ 11

 大会议程 ······ 14

 致贺词 ······ 15

 共产国际第七次代表大会给斯大林同志的致敬信 ······ 29

第二次会议（1935年7月26日） ······ 32

 皮克作共产国际执行委员会工作报告：

 《两条发展道路的历史检验》 ······ 32

第三次会议（1935年7月26日） ······ 103

 安加雷蒂斯作共产国际监察委员会工作报告 ······ 103

第四次会议（1935年7月27日） ······ 107

 讨论共产国际执行委员会工作报告 ······ 107

第五次会议（1935年7月27日） ······ 146

 继续讨论共产国际执行委员会工作报告 ······ 146

第六次会议（1935年7月28日）………………………… 172
 继续讨论共产国际执行委员会工作报告………………… 172
第七次会议（1935年7月28日）………………………… 199
 继续讨论共产国际执行委员会工作报告………………… 199
第八次会议（1935年7月29日）………………………… 226
 继续讨论共产国际执行委员会工作报告………………… 226
第九次会议（1935年7月29日）………………………… 257
 继续讨论共产国际执行委员会工作报告………………… 257
第十次会议（1935年7月30日）………………………… 274
 继续讨论共产国际执行委员会工作报告………………… 274
第十一次会议（1935年7月31日）……………………… 304
 继续讨论共产国际执行委员会工作报告………………… 304
第十二次会议（1935年7月31日）……………………… 333
 继续讨论共产国际执行委员会工作报告………………… 333
第十三次会议（1935年8月1日）………………………… 359
 继续讨论共产国际执行委员会工作报告………………… 359
第十四次会议（1935年8月1日）………………………… 378
 皮克关于共产国际执行委员会工作报告讨论情况的总结……… 378
第十五次和第十六次会议（1935年8月2日）……………… 387
 季米特洛夫关于《法西斯主义的进攻和共产国际在争取工人
  阶级统一、反对法西斯主义斗争中的任务》的报告………… 387
第十七次会议（1935年8月3日）………………………… 459
 讨论季米特洛夫的报告…………………………………… 459
第十八次会议（1935年8月3日）………………………… 482
 继续讨论季米特洛夫的报告……………………………… 482

目 录

第十九次会议（1935年8月4日） ………………………… 509
　继续讨论季米特洛夫的报告 ………………………………… 509
第二十次会议（1935年8月4日） ………………………… 535
　继续讨论季米特洛夫的报告 ………………………………… 535
第二十一次会议（1935年8月5日） ……………………… 550
　继续讨论季米特洛夫的报告 ………………………………… 550

共产国际第七次代表大会会议记录

(1935年7月25日至8月20日)

第一次会议

（1935 年 7 月 25 日）

共产国际第七次代表大会于今晚 7 时 30 分开幕。

大会在莫斯科工会大厦圆柱大厅举行。在大厦入口处，人们就感受到了正在发生历史事件的气氛。建筑物的正面悬挂着一幅巨大的灯光标语牌，上面闪耀着用 16 种文字写成的口号："**全世界无产者，联合起来！**"

代表们经过饰有鲜花的楼梯，来到了长长的走廊。各支部在走廊的墙上用艺术形式展出了它们的工作和本国工人阶级斗争的重要事件。

在一个巨大的侧厅里，陈列着革命图书和报刊，给人们留下了深刻的印象。

代表们在布置得富丽堂皇的圆柱大厅里就座。主席团背后的墙上悬挂着镶有马克思、恩格斯、列宁和斯大林硕大画像的巨幅红旗。画像下面写着："伟大的不可战胜的马克思、恩格斯、列宁、斯大林的旗帜万岁！"

侧面的墙上挂着通栏标语，用 6 种文字写着："**结成无产阶级统一战线，反对资本进攻，反对法西斯主义和帝国主义**！"背后墙上挂着标语："中华苏维埃万岁！"

阵阵掌声过后，**威廉·皮克**同志在庄严的气氛中致开幕词，不懂德语的代表可以通过精致的耳机听到同声传译。来自五大洲几乎所有国家的代表，其中有白种人、黄种人、棕种人和黑种人，有欧洲人、美洲人、大洋洲人、非洲人、印度人、中国人、日本人，都怀着**一个心愿**：推翻可憎的资本主义，在全世界建立社会主义，此时他们正在苏维埃祖国亲眼目睹这种社会主义的生动范例。这是一个真正的国际！不是那种由白人工人贵族和来自欧洲各大学的装点门面的中国人组成的团体，就像人们在第二国际代表大会上所看到的那样。在代表们中间，人们注意到胜利的苏联共产党的领袖们。人们看到了反法西斯斗争的英雄们，首先是**季米特洛夫**引人注目的形象。人们看到了反对帝国主义战争和干涉的光荣战士们，其中包括英勇果敢的**安德烈·马蒂**。人们看到了中华苏维埃的战士们和来自血腥的希特勒法西斯主义国家的许多代表。各国无产阶级最优秀的先锋战士都出席了今天的大会。

伟大的时刻来到了，第七次代表大会开始了它的工作，揭开了各国工人和劳动人民斗争史上新的一页。

威廉·皮克致开幕词

此时此刻，当我们这些欧洲、亚洲、非洲、美洲和大洋洲**的**劳动者的代表聚集在社会主义的莫斯科，举行共产国际第七次代表大会时，我们的第一个思念、我们的第一句话、我们的第一个敬礼，就是献给苏联及其无阶级的社会主义社会的胜利的建设者们，就是献给苏联的工人和农民及其奋勇向前的突击队。我们首先向我们伟大的导师——苏联共产党布尔什维克中央委员会致敬。我们向在地球1/6的土地上取得社会主义胜利的伟大组织者和全世界为社会主义奋斗的一切劳动者的领袖，我们的**斯大林**同志致以崇高的敬意。（暴风雨般的、经久不息的掌声和乌拉声）在苏联共产党的领导下，在我们的朋友、导师和领袖斯大林同志的领导下，劳动者在艰苦的斗争中，在苏联取得了具有世界历史意义的伟大胜利，这一胜利把全世界无产者努力争取实现的社会主义百年梦想变成了现实。社会主义在苏联的胜利增强了全世界劳动者对自身力量的信心，并使社会民主党的广大工人群众转向与共产党人联合斗争，以反对资本的进攻和帝国主义的奴役，反对法西斯主义和新的帝国主义战争准备。社会主义在苏联的胜利使向资本主义猛烈进攻的思想在群众的意识中加速成熟。

我们的思念和敬礼献给奋不顾身地反对野蛮的法西斯独裁的千百万无产者，法西斯独裁剥夺了劳动者最后一点最基本的人权；我们的思念和敬礼首先献给被最反动、最沙文主义和最残忍的法西斯独裁者监禁的一个囚徒，献给这个象征着全部反法西斯斗争的囚徒，献给德国劳动者的领袖**恩斯特·台尔曼**。（暴风雨般的掌声）我们的思念和敬礼献给在意大利法西斯的地牢中受折磨已达 10 年之久的**葛兰西**同志（掌声），献给被匈牙利法西斯囚禁多年的**拉科西**同志（掌声），献给被反动的日本君主专制囚禁的**市川正一**同志。我们也向被囚禁的西班牙社会党领袖**卡瓦列罗**致敬。（掌声）我们的思念和敬礼献给所有被囚禁的，以他们在法西斯刽子手面前表现出来的大无畏精神，以他们对无产阶级解放斗争事业所表现出来的崇高伟大的献身精神而足以引为楷模的战士。

社会主义还是法西斯主义，这就是人类面临的问题。或者是社会主义，那么随之而来的就是消灭人剥削人的现象，文化迅速繁荣和人类社会新的史无前例的进步，自由、幸福和各国人民之间的和平。或者是法西斯主义，那将是在许多年内不堪忍受的奴役和痛苦不堪的法西斯恐怖，劳动人民的贫困和饥饿，极其宝贵的人类文化遭到破坏，以及各国人民之间新的流血战争。在资本主义国家，问题就是这样明摆着。劳动者正领导着为无产阶级革命而进行的斗争，领导着为进步和反对资本主义加给全人类的重负的文化斗争。只有我们的道路，即为争取无产阶级专政、争取苏维埃政权而斗争的道路，才能把人类从资本主义社会制度的奴役和痛苦中拯救出来，并使之获得解放。

18年前，在上一次流血战争的可怕条件下，与劳动农民结成联盟的俄国无产阶级，在列宁同志及其政党的领导下推翻了剥削阶级的政权，并以胜利的十月起义，开始了无产阶级革命。十月社会主义革命引起的人类历史的根本转变，两种制度——资本主义旧制度和社会主义新制度的斗争，直接影响着全世界的发展。苏联社会主义建设日益深刻地影响着世界资本主义的命运，影响着世界无产阶级及殖民地和附属国人民解放运动的发展。

资产阶级对无产阶级革命怕得要死，一些国家开始采用血腥的恐怖手段来反对无产阶级。资产阶级利用了无产阶级的阵线组织得不够坚强有力，意大利法西斯独裁的建立使资产阶级对劳动群众的进攻达到了高潮。

由于我们的共产党仍然力量薄弱和缺乏经验，由于我们未能打破阻碍群众起来斗争的社会民主党对群众的影响，所以资本主义国家的无产阶级未能取得胜利。

资产阶级就这样成功地、部分地巩固了它的政权。

但是苏联的无产阶级胜利了。当革命浪潮低落的时候，苏联坚持下来了，它向劳动群众指出了摆脱带给他们苦难和奴役的资本主义道路，向他们指出了通向美好生活，通向真正的社会主义民主的道路。资本主义受到了打击，它已经不可能再复原，而且事实上也未能再复原。

社会主义在苏联的胜利，为全世界不断高涨的无产阶级革命运动指明了方向，增强了它夺取政权的意志。

苏联及其第一个五年计划的胜利，向各国劳动者证明了工人阶级不仅有能力夺取政权，而且有能力建设一种新的经济，证明了无产阶级能够改善工农群众的物质条件，能够把劳动农民置于工人阶级的领导下，并使他们走上社会主义道路。

苏联的胜利证明了，即使是一个贫穷的、文化落后的国家，也能够不仅把政权夺到无产阶级的手里，而且能够使一个经济落后的国家步入最先进国家的行列，不仅赶上而且超过它们。

社会民主党的领袖们用无产阶级革命困难重重，用内战和饥荒来吓唬群众。当资本主义世界由于资本主义的腐朽和世界经济危机而面临着急剧增加的困难时，苏联却克服了恢复时期的困难，粉碎了剥削阶级的反抗，提高了劳动群众的福利和文化。社会民主党的领袖们企图破坏群众对苏联的不断增长着的同情，并为此企图利用这样的情况：无产阶级专政并不能立即给苏联的民众带来比资本主义在其上升阶段曾经能够给工人中的一个小阶层带来的更高的生活水平。然而，当资本主义国家劳动者的处境越来越不堪忍受时，社会主义在苏联的胜利却使劳动群众的福利和文化达到了从未有过的水平。这就使得资本主义国家的经济危机越是加深，群众的处境越是困难，无产阶级就越是转向社会主义。资产阶级懂得，群众这种向着无产阶级革命方向发展的激进化，对它来说乃是一个致命的危险。这就是为什么德国资产阶级建立了对无产阶级的法西斯独裁和使无产阶级遭受惨重失败的原因。但这之所以可能，也是由于社会民主党的改良主义政策使工人阶级处于分裂，是由于社会民主党本身拒绝任何反法西斯的斗争，以及由于它在工人阶级中的广泛影响能够阻止工人阶级进行这种斗争。法西斯在德国的胜利鼓舞了其他国家的资产阶级走同样的道路，并导致了法西斯对劳动者的第二次大的进攻浪潮。

当然资产阶级也懂得，法西斯恐怖和法西斯的蛊惑煽动并不能长期确保其统治。因此它企图通过新的重新瓜分世界的战争来拯救自己，通过对外国人民和外国的掠夺以及吞并外国的领土来确保资本主义的生存。

日本帝国主义已经开始了对世界的重新瓜分，正在占领中国一个又一个省份。

意大利法西斯发动了对阿比西尼亚人民的战争。

德国法西斯组织了重新瓜分欧洲的战争,威胁着所有反对战争的国家,威胁着许多真正自主的弱小民族的独立,准备对我们大家共同的祖国——苏维埃国家发动罪恶的战争。法西斯分子在所有国家里都武装起来,反对不断向前发展的共产主义并组织反对苏联的战争,因为只要苏联成长壮大和取得胜利,工人运动就是不可战胜的。法西斯分子力图消灭资产阶级在资本主义处于上升发展时期和还能指望群众的支持时所实行的那种民主自由的最后残余。今天,资产阶级害怕无产者为了准备无产阶级革命而利用这种自由的一点点可怜的残余。

然而,法西斯越是加紧扩充军备,资产阶级越是疯狂地准备新的战争,劳动群众反对法西斯主义和争取社会主义的斗争意志就越是迅速地增长。

劳动群众看到,只有苏联才有真正的自由,只有苏联人民的文化和福利在增长。因此苏维埃政权的口号吸引了越来越广泛的劳动阶层。各国人民看到,只有苏联实行一种坚定的和平政策,因此,只是由于这一原因,一场新的世界大战才没有爆发。因此,反对战争的人民群众越来越团结在各国人民的和平堡垒——苏联的周围。

各国人民看到,资产阶级民主已经破产,但是人民并不要法西斯主义。他们看到,他们的反法西斯斗争只有和反对国际反动派的堡垒苏联结成联盟才能胜利。

我们共产党人是无产阶级专政和社会主义民主的坚决而热烈的拥护者。正因为如此,我们誓死反对法西斯主义和反动派的任何剥削形式。我们共产党人对于这个或那个资本主义国家实行何种政治制度并不是漠不关心的。对我们来讲,最重要的是维护劳动群众的利益。

在那些仍保存着议会政治和民主自由残余的国家里,尽管存在着资本主义制度的沉重压迫,无产阶级还有着某种尽管是很微小的组织起来和公开为自己的阶级利益而斗争的可能性。在那些法西斯独裁统治的国家里，无产阶级为其阶级要求进行合法斗争的最后一点儿权利和可能性都被剥夺殆尽。因此，我们共产党人竭尽全力为任何一点儿民主自由而斗争。我们和所有那些准备保卫这些自由的人并肩战斗，以便在此基础上为争取真正的民主、无产阶级的民主，为争取废除人对人的剥削而斗争。我们共产党人是各国人民的民族利益的真正保卫者。压迫人民的统治阶级没有权利以人民的名义讲话，只有我们，保护各国人民免遭资本主义统治压迫和经济压榨的共产党人才有这种权利。我们共产党人始终维护各国人民，包括最弱小国家人民的自决权，今后也将为此而斗争。

劳动群众在同法西斯主义的斗争中已经积累了许多经验。资本主义世界的劳动群众知道，法西斯独裁将给他们带来什么。他们从苏联的榜样中看到，如果无产阶级在革命政党的领导下，勇敢坚决地进行反对资产阶级的斗争，它就将获得胜利。在近几年的阶级斗争经验的影响下，在苏联社会主义建设巨大成就的影响下，工人群众，首先是社会民主党的工人群众，开始转向坚决反对资本进攻，反对法西斯主义和战争。强大的统一战线运动正在所有国家中高涨起来，这一运动意味着工人阶级从改良主义转向革命斗争，在许多国家里，共产党人和社会民主党人已经联合起来保卫劳动人民的基本权利和自由。季米特洛夫同志在莱比锡审讯中高举全世界工人阶级反法西斯的旗帜，代表了共产主义的事业，使审讯成了对法西斯的控诉，他的英勇表现有力地推动了统一战线运动并促其高涨。统一战线运动是国际工人阶级取得更大胜利的保证。

同志们，在世界各地七年激烈的阶级斗争以后，我们聚集在一起举行共产国际第七次代表大会。在这七年中，我们是大规模罢工运动的见证人，我们在很大程度上参与了这些运动的筹划和领导工作。在这七年中，失业者在我们的口号下举行了成千上万次示威游行，要求面包和资本主义国家的救济。在这七年中，无产者掀起了反对他们本国资产阶级的伟大的群众政治斗争。

同志们,我们怀念德国劳动人民英勇斗争的英雄们,怀念七省号装甲巡洋舰水兵暴动,怀念英国舰队水兵的罢工,怀念美国退伍军人运动,怀念波兰农民起义和大规模的政治罢工,怀念奥地利和西班牙无产阶级反法西斯的英勇斗争,怀念在无数战役中战胜了蒋介石雇佣军的中国红军。

我们向正在发展壮大的中国革命致敬,这一革命使4亿人民行动起来,在无产阶级劳动群众的积极支持下,任何力量都不能制服这4亿人民。(暴风雨般的掌声)最后我们也怀念强大的反法西斯统一战线和人民阵线(掌声),在法国,这一阵线出现在2月6日的大规模示威游行和巴黎2月12日的总罢工中,以及出现在1935年7月14日的反法西斯统一战线的示威游行中(掌声),这样的示威游行,在资本主义国家中是迄今为止唯一的一次。

这几年阶级斗争的巨大高潮表明,国际工人阶级正奋起投入坚决反对资本主义政权的斗争,革命危机正在全世界发展,向资本冲击进攻的想法正在群众的思想中成熟。工人运动中的改良主义时代正在结束。第二国际正经历着一次深刻的危机。在整个国际工人运动中,无产阶级阶级斗争的时代正在开始。我们共产国际要加强斗争以争取工人参加革命,我们的主要任务是领导这些斗争,是使群众为这些即将来临的斗争做好准备。我们的代表大会必须制定一项策略,把劳动群众联合起来,反对法西斯主义和反对新的战争危险,并使我们能够从抵抗法西斯主义过渡到为社会主义而斗争。

我们必须检验我们在过去年代里的全部活动,找出我们的弱点和错误,吸取必要的教训,以便能用比以往更快的速度去完成我们的革命任务。

自从第六次代表大会以来,死亡又夺去了我们一批最优秀的战友和

同志。（代表们起立，乐队奏哀乐）

我们要完成我们的光荣职责来纪念死去的同志。他们的人数如此众多，以至我无法一一列举他们的名字。我们怀念已故的**克拉拉·蔡特金**，我们的同志**基洛夫、古比雪夫和片山潜**。我们怀念成千上万的政治斗士，他们由于革命斗争而被资产阶级杀害，如**容尼·舍尔、菲尔斯特、萨莱**和无数其他同志。我们还怀念正在牢狱中受煎熬的成千上万的德共同志。我们为他们的生存和获释而斗争。我们将通过革命斗争，通过无产阶级革命使他们获得自由。

我们的道路是各国人民反对压迫者和剥削者的革命。我们的意志是马克思、恩格斯、列宁和斯大林的意志。我们的目标是为全人类实现社会主义。我们的总口号是建立苏维埃政权。我们从这次代表大会上号召劳动者和破产农民，号召不同种族和肤色的人们：同志们、弟兄们，起来反对你们的剥削者。牢牢地团结在能领导你们斗争的唯一阶级的周围。团结在共产主义的世界政党——共产国际的周围。共产国际万岁！一切被剥削者被压迫者的领袖**斯大林**同志万岁！（经久不息的、暴风雨般的掌声）

（西班牙的同志们同声高呼："乌拉！"日本代表团起立，雷鸣般地高呼"万岁！"）

同志们，现在我宣布共产国际第七次代表大会开幕。

（乐队奏《国际歌》。代表们起立，60多个国家的代表用各自的语言同唱这支无产者的战斗之歌。）

选举主席团、编辑委员会和资格审查委员会

科普莱尼格同志在掌声中以几个大代表团的名义提议选举一个42人的主席团。这一提议被一致通过。于是，科普莱尼格同志宣读了建议

选进主席团的42位同志的名单。宣读过程中，在提到著名的同志的名字时，会场爆发出暴风雨般的掌声，当接连读到**斯大林**同志和**台尔曼**同志的名字时，这掌声就变为长达几分钟之久的热烈的欢呼声。

建议名单如下：

1. **卡尔·阿恩特**同志
2. **伯杰**同志
3. **布龙科夫斯基**同志
4. **白劳德**同志
5. **布埃诺**同志
6. **加香**同志（热烈的掌声）
7. **坎贝尔**同志
8. **查扬**同志
9. **克拉克**同志
10. **季米特洛夫**同志（暴风雨般的掌声）
11. **多洛雷斯**同志（热烈的掌声）
12. **陶里亚蒂**同志（掌声）
13. **费尔迪**同志（掌声）
14. **弗洛林**同志（掌声）
15. **福斯特**同志（掌声）
16. **富里尼**同志（掌声）
17. **安东尼奥·加西亚**同志（掌声）
18. **戈尔基克**同志（掌声）
19. **哥特瓦尔德**同志（掌声）
20. **亨德森**同志
21. **克勒**同志
22. **康生**同志（掌声）

23. 科普莱尼格同志（掌声）
24. 科瓦奇同志（掌声）
25. 库西宁同志（热烈的掌声）
26. 拉塞尔达同志
27. 连斯基同志（掌声）
28. 林德罗特同志（掌声）
29. 曼努伊尔斯基同志（暴风雨般的掌声）
30. 马蒂同志（热烈的掌声）
31. 冈野进同志（热烈的掌声）
32. 佩特科夫同志
33. 皮亚特尼茨基同志（暴风雨般的掌声）
34. 皮克同志（暴风雨般的掌声）
35. 波立特同志（热烈的掌声）
36. 拉姆西同志
37. 雷蒙德同志（掌声）
38. **斯大林**同志（暴风雨般的、经久不息的掌声，欢呼声，乌拉声）
39. **台尔曼**同志（暴风雨般的掌声，欢呼声，乌拉声）
40. **多列士**同志（暴风雨般的掌声）
41. 周和生同志（暴风雨般的掌声）
42. **王明**同志（暴风雨般的掌声）

被提名的42位同志被一致选入主席团。当选的同志们登上主席台。当斯大林同志登上主席台时，会场爆发出一阵暴风雨般的长达几分钟之久的掌声和经久不息的万岁声。乐队奏乐。当斯大林同志在主席团里，在多列士同志和王明同志（季米特洛夫同志坐在王明同志的旁边）之间就座时，又响起了暴风雨般的"万岁"声。代表们唱起了《国际歌》的头两段歌词。不断地响起暴风雨般的经久不息的掌声。**多列士**同志费了好大的劲才能开始讲话，在一阵重新爆发的暴风雨般的掌声中，他以法国共产党、意大利共产党、波兰共产党、捷克斯洛伐克共产党、英国共产党和南美共产党的名义，提议选举**恩斯特·台尔曼**同志为第七次代表大会的名誉主席。

接着选举了**编辑委员会**，下列同志当选为委员：**达特、亨利科夫斯基、杰克逊、克诺林、柯拉罗夫、库恩、林铎森、拉梅特、斯威尔玛、塔尔和乌布利希**。

当选为**资格审查委员会**委员的有：**安加雷蒂斯、博尔舍斯、考克斯、达勒姆、德拉加诺夫、格林、尤素福、孔原、克拉耶夫斯基、路易斯·拉卡萨、奥塔尔·利、米多尔、皮亚特尼茨基、普鲁希杰克、塞拉诺、谢尔曼、多列士和沃卡尼克**。

大会议程

接着，代表大会一致通过了共产国际执行委员会主席团提出的大会议程：

1. 共产国际执行委员会工作报告。报告人：**皮克**同志。
2. 共产国际监察委员会工作报告。
3. 法西斯主义的进攻和共产国际在争取工人阶级统一、反对法西斯主义斗争中的任务。报告人：**季米特洛夫**同志。
4. 帝国主义的战争准备和共产国际的任务。报告人：**陶里亚蒂**同志。
5. 苏联社会主义建设的成就。报告人：**曼努伊尔斯基**同志。
6. 选举共产国际领导机构。

提交大会的议事规则被一致通过。

致贺词

周和生同志以中国共产党的名义向大会致贺词,当他走上主席台时,受到了暴风雨般热烈掌声的欢迎。

周和生(中国共产党):

敬爱的同志们!我得到了一个光荣的任务,就是以中国共产党中央委员会、中国红军革命军事委员会和中国所有劳动者的名义,向共产国际第七次代表大会,向聚集在这里的为自由而奋斗的全人类最优秀的代表们致敬!

同志们!我们中华民族目前正承受着骇人听闻的苦难。它的机体正遭到帝国主义占领者的肢解。它的最基本利益正在被国民党军阀、这些人类卑鄙可耻的坏蛋出卖。但是这一切罪行不会不遭到清算。中国人民决不会容许他们的有着5000年历史和文化的伟大国家被帝国主义者变为殖民地。4.5亿中国人民无论如何也决不会容忍被贬为殖民地奴隶。

正在我国发展壮大的反帝斗争的极大高涨就是证明。正在展开的英勇的武装斗争就是证明,游击队尽管遭受了无数的牺牲,仍在帝国主义者占领的所有地区不断地顽强地进行着斗争。中国红军的成长壮大就是证明,在与国际帝国主义者的国民党走狗的所有战斗中,红军不断地获得胜利。

中国红军不得不在困难的条件下战斗。敌人动用了大量的枪炮、飞机和毒气来对付我们。我们的军事装备仍很低劣。我们缺少弹药。直到现在红军武器装备的唯一来源仍是我们在和敌人的战斗中缴获来的战利品。我们缺少被服,缺少粮秣,但是我们获得了劳动人民最热烈的支持。而群众的这种甘于牺牲的支持正是我们红军胜利的主要保证。全体劳动人民都把红军看做是把他们从帝国主义者可憎的奴役中,从军阀们令人难以忍受的、最不可思议的横征暴敛中,从地主和高利贷者的压榨中解救出来的解放者。

中华苏维埃的全部实践使劳动者相信,中国共产党领导的中国无产阶级有能力解决巨大的历史问题;有能力彻底铲除帝国主义的奴役和剥削;有能力彻底摧毁地主的土地占有,割除高利贷的毒瘤,并永远消除群众的无权状态;有能力彻底改善工人农民的状况。目前,中国红军主力已经结束了向四川省的英勇进军,创立了一个新的强大的苏维埃运动的基地,我们可以有充分的理由预计,中国人民反对帝国主义及其走狗的斗争将继续胜利发展。

我们向共产国际保证,中国共产党将竭尽全力团结国内所有的反帝力量,使他们投入到反对国际帝国主义和国民党反动派的胜利斗争中去。我们相信,在列宁和斯大林创立的崇高的共产国际的领导下,我们将赢得完全的决定性的胜利!

同志们!现在请允许我在这个国际讲坛上,向伟大的苏联无产阶级和集体农民致以热烈的敬礼,他们在社会主义建设中的奇迹般的成就使全世界的工人和农民为之欢呼。苏联的无产者和集体农民以完成和超额完成企业计划、播种和收割计划、建设学校的任务和交通运输任务,以在空中、地面和地下,在社会主义建设的各条战线取得的辉煌胜利,不仅使劳动群众的福利得到空前的提高,使生产力获得巨大的增长,使文化繁荣,而且也光荣地完成了他们的一切国际义务。他们当之无愧地是无产阶级世界革命的先锋队。**我在这里向由于其英雄业绩而享有盛誉的英雄的苏联工人阶级和集体农民致以红军战士的战斗敬礼!**(掌声)

苏联无产者和集体农民的世界历史性的胜利归功于光荣的布尔什维克先锋队——经过战斗考验的列宁的共产党,它同亿万工人和所有劳动者群众结成了牢不可破的联系。它是由这样一个人领导的,这个人的名字早已载入史册,这个人有着无穷的智慧、无限的勇气、不可战胜的力量,他无限热爱和忠于劳动人民,他的事业是不朽的,他就是伟大的斯大林。

我在这里向苏联共产党(布尔什维克),向全世界劳动者的领袖和导师斯大林同志致以红军战士的战斗敬礼!(经久不息的掌声)

同志们!国际形势向我们提出了特别重要和严肃的任务。应该说为解决这一重大的任务而必需的力量是大大地壮大了,特别是在最近几年。德国无产阶级反对疯狂的法西斯主义的英勇斗争,奥地利和法国去年的二月斗争,以及这些国家在实现统一战线方面所取得的一个又一个的胜利,西班牙无产阶级的十月武装斗争,日本共产党人反对帝国主义战争和军警君主专制统治的无比勇敢的斗争,中国的苏维埃运动、反帝斗争和游击战争的成就,殖民地半殖民地国家解放斗争的巨大高涨,所有这一切都是共产国际力量不断增长的有力证明,它们证明了,布尔什维主义的世界政党已经成为一种强大的历史因素。(掌声)

我们为共产国际拥有像**季米特洛夫、台尔曼、毛泽东、拉科西、市川正一**这样一些英勇的旗手而感到骄傲,他们善于在困难的条件下,高举、维护和捍卫共产主义的光荣旗帜,他们善于在列宁和斯大林的共产国际的旗帜下领导群众走向胜利。

我们向第七次代表大会的代表们保证,这次大会通过的决议不会停留在纸面上,而将被付诸实施,因为就像在中国一样,所有的国家都有不怕千难万险、不惜牺牲的布尔什维克党。

今天,全世界的劳动者都关注着共产国际第七次代表大会。在殖民地半殖民地国家,越来越多的国际帝国主义的无权的奴隶们充满了这样的信念:只有共产党人才能为他们指出通向摆脱无耻的剥削和殖民奴役的解放之路。资本主义国家的工人们根据自身痛苦的斗争经验确信,只有列宁的无产阶级革命的战略策略才能引导他们走向战胜法西斯反动派，战胜野蛮的资本主义。

正因为如此，各国劳动人民才对共产国际历史性的第七次代表大会寄予厚望。他们希望我们作出的决议能向各国共产党指明争取被压迫国家大多数工人阶级和劳动者的解放道路，并在全世界为争取实现苏维埃政权的决定性战斗做好准备。

我们不会辜负这一期望。祝愿第七次代表大会的一切工作都充满了斯大林的实事求是的精神、斯大林的智慧、斯大林对我们事业正义性的信念，以及斯大林夺取胜利的意志！**共产国际万岁！无产阶级世界革命万岁！我们的领袖和导师斯大林同志万岁！**

多洛雷斯（西班牙）：

同志们！我们完全有理由说这是一次历史性的大会。在共产国际第七次代表大会开幕之际，我以**西班牙共产党**的名义，以革命无产阶级和革命农民的名义，特别以在起义期间以苏联为榜样，为建立工人阶级和农民阶级的政权而斗争的英雄的阿斯图里亚斯战士们的名义，向世界革命的总参谋部致以兄弟的敬礼。

这次大会不仅使我们能交流我们从第六次代表大会以来在全世界发生的事变中获得的经验，这些事变证明了我们共产国际遵循的政治路线的正确性；它也使我们能为劳动者们——他们正不得不忍受资本主义剥削的全部重负，不得不忍受法西斯制度所体现的那种可鄙的专制恐怖统治的全部耻辱——的斗争锻造一种新的有效的武器。

我们是在这样的时刻聚集在一起的，这一时刻的特点就是资本主义制度的矛盾极其尖锐。我们聚会的时刻正是法西斯恐怖血腥的独裁专制统治着许多国家，而其他国家的资产阶级也正想建立这样的独裁专制以求巩固它们的政权，延长它们的统治。我们聚会的时刻正是战争的危险迫近，掠夺成性的资本主义强盗袭击苏联的危险迫近，资本主义极其绝望地看到，这个无产阶级的国家，这个为全世界革命者提供避难所和帮助的堡垒，这个为被压迫者指明彻底解放道路的国家，正在强盛繁荣。我们聚会的时刻正是我们共产国际执委会第十三次全会预言的革命和战争的新的一轮循环开始的时刻。

共产国际政治路线的目标是聚集无产阶级的全部力量，建立反对资本主义疯狂进攻的战斗统一战线。法国、奥地利和西班牙共产党，以及所有那些正确地执行我们共产国际的政治路线，消灭我们队伍中的宗派主义残余，阻止法西斯主义进攻，积极反对战争危险的国家的共产党所取得的巨大成就，证明了这一政治路线的正确性。

我们西班牙的代表们是带着武装斗争的历史经验来参加这次大会的，这一武装斗争在许多地区发展为一场起义，而且再次证明了如下的原理：社会民主党不可能领导无产阶级取得胜利，只有像获胜的**阿斯图里亚斯**劳动者那样，在统一战线的旗帜下才能取得胜利，只有具备了统一的革命的领导，才能保证革命的胜利。我们再一次证明了，在斗争尖锐的时刻改良主义领导人无所作为；我们证实了，改良主义领导人对正在成熟的革命运动怕得要死；我们撕破了背信弃义的无政府主义领导人的假面具，他们阻止无政府主义组织里的普通的劳动人民成员参加运动，而今天他们又痛悔自己的失策。我们前来参加这次大会，心中充满了用行动来证明我们对共产国际不可动摇的忠诚的强烈愿望。我们要在这个国际讲坛上宣布，不管资产阶级怎样拼命地迫害我们，我们对有斯大林同志这样的领袖充满了自豪，他坚强地领导了正在胜利前进的社会主义建设，克服了一切障碍，并代表了以建立无阶级社会为己任的那个阶段。

今天，当我们的体现世界革命决定性发展阶段的第七次代表大会开幕的时候，我们向**斯大林**同志，向共产国际，向所有反法西斯主义者为之骄傲的**季米特洛夫**同志、**台尔曼**同志，以及所有在监狱中受折磨、受迫害的反法西斯主义者，向苏联共产党和领导劳动群众胜利地为苏维埃政权而斗争的中国共产党致以热烈的敬礼。

我们怀念所有在反对资本主义的斗争中牺牲的和被反革命谋害的人们，如我们敬爱的**基洛夫**同志，我们将像他一样，反对资产阶级的统治和为争取实现我们自己的政权、工人农民的政权，为社会主义在全世界的胜利而奋斗，并以此来纪念他和为他报仇雪恨。

最后，我们向全体代表同志，特别是向那些来自法西斯想用它的血腥魔爪撕碎劳动人民心脏的国家的代表们致以兄弟般的敬礼。我们向那些为我们的大会带来了他们本国的斗争经验，有助于革命路线的制定的代表们致敬，这一革命路线将使我们立即满怀胜利信心，向资本主义堡垒进攻，并在赢得全球胜利后，插上光荣的共产主义的红旗。

共产国际第七次代表大会万岁！

世界革命及其领袖斯大林同志万岁！

（掌声，乐队奏乐）

这时，**莫斯科**大企业的百人代表团打着他们的旗帜出现在大厅里。几乎所有的男女工人都佩戴着勋章。在代表们热烈的掌声中，卡冈洛维奇轴承厂的**索科洛夫**同志走上讲坛向大会致贺词。

索科洛夫（苏联工人）：

同志们，请允许我代表红色首都——世界无产阶级首都的无产者，向无产阶级世界革命的司令部——共产国际第七次代表大会，以及所有的工人政党、全世界工人阶级致以热烈的共产主义敬礼。（暴风雨般的掌声，乌拉声，红色阵线万岁声）

在我们的布尔什维克党的领导下，在我们党的领袖**斯大林**同志的领导下，我们在社会主义建设各条战线上都取得了巨大成就。旧俄罗斯、一贫如洗的俄罗斯，过去在沙皇统治下停滞荒芜、文化落后，而今成了一个伟大的国家，成了一个建设社会主义，以极其巨大的胜利来参加共产国际第七次代表大会的国家。

你们只要看一看我们的莫斯科，它已认不出来了，商人的莫斯科变成了社会主义的莫斯科。已经制订了一个改造莫斯科的宏伟计划，它使我们有可能在城市建设中取得巨大的成就。这个计划将会取得巨大成就。它显示了对人的关心。这个计划毫无疑义将得到实现，因为工人阶级知道，斯大林同志签署的计划是一定会实现的。（掌声）

同志们！我们取得了巨大的成就。我们取得了胜利，第一个五年计划取得了巨大的成功；我们正在完成第二个五年计划，并将取得巨大的成就。我们国家进行了好几百项工程，建立了好几百个工厂，我们国家已经是一个工业大国。我们消灭了失业。我们实现了最短的工作日。我们知道，我们在农业集体化领域取得了巨大的成就。斯大林同志提出的农业集约化法规鼓舞了我国所有集体农民去争取巨大的胜利，去争取幸福文明的生活。我们之所以能取得这些胜利，是因为我们有列宁、斯大林的党。同志们，我们知道，别的国家也发生了革命。德国和奥地利也有过革命，但是它们都被镇压了，因为工人阶级的敌人——反动的社会民主党的领袖们背叛了革命。无产者现在在进行反法西斯主义的斗争。在我国推翻资本主义以后，在工人阶级执掌政权以后，工人阶级的敌人——托洛茨基分子、形形色色的机会主义者进行了反对我们党的活动。这些人想把我们的党、我们的国家拉回到资本主义去。但由于领导我们党的是党和工人阶级最伟大的领袖斯大林同志，他武装了我们、武装了全党，所以我们就打败了托洛茨基分子和所有的机会主义者，因此我们就在我们的国家取得了伟大的成就。（掌声）

同志们！我们所做的一切都是为了实现一个任务，就是巩固世界革命的堡垒。

我们伟大社会主义祖国的每一个劳动者都牢记着斯大林同志的话：我们是世界无产阶级的先锋队。（掌声）

我们的党领导着争取和平的斗争。我们国家的工人阶级无保留地支持争取和平的路线。但是，同志们，如果敌人胆敢侵犯苏联的边界，如果敌人——帝国主义者、法西斯主义者企图袭击我们，那么我们知道，我们有强大的红军（掌声），我们有千百万工人和集体农民。一旦我们的党、我们党的领袖斯大林同志一声召唤，我们所有的人就会像一个人一样，准备用自己的血肉保卫我们的家乡——社会主义的祖国。

同志们，请向所有的男女无产者们，所有在法西斯监狱中受煎熬的我们的阶级兄弟们、阶级姐妹们转告，胜利将属于我们。我们有共产国际，这就是我们胜利的保障。

请允许我向正在为中国人民的解放而斗争的中国共产党致以兄弟的、布尔什维克的、共产主义的敬礼。（掌声）请允许我向德国共产党、西班牙共产党和整个共产国际致敬。

我们的共产国际万岁！

德国共产党领袖台尔曼同志万岁！（雷鸣般的掌声）

无产阶级世界革命的堡垒——苏维埃社会主义共和国联盟万岁！

我们伟大的、坚强的、敬爱的斯大林同志万岁！乌拉！

（掌声，乌拉声，乐队奏国际歌。在进行曲声中代表团离开了大厅。）

在莫斯科大企业代表团离开大厅以后，一队跳伞队员——小伙子和姑娘们穿着蓝制服，腰带上结着跳伞装备，在《飞行员进行曲》中步入大厅。他们之中有两个跳伞英雄——片金同志和卡姆涅娃同志，他们在几星期前创造了跳伞世界纪录。大厅里充满了无法描绘的激情。代表们从座位上站起来，他们唱着《螺旋桨之歌》，雷鸣般的乌拉声响彻大厅。片金同志登上讲坛向大会致词。

片金（苏联跳伞队员）：

同志们，我以跳伞队员，以受列宁共产主义青年团教育的我们伟大苏维埃国家的青年工人和集体农民的名义，向英雄的外国工人阶级的最优秀代表们，我们阶级的尊敬可爱的先锋战士们，致以热烈的无产阶级的战斗敬礼。（暴风雨般的掌声，乌拉声）

革命前的俄国是各民族的一个大监狱。工人的创造力和主动性都被禁锢着。只有无产阶级革命才为我们青年人的创造性提供了广阔的空间。只有在今天，我们每个人才有可能去学习，才有可能成为科学家、工程师、技术员、飞行员、跳伞员、射击手、战车驾驶员、化学家或工农红军的指挥员。

我们青年人受到了党、苏维埃政权和**斯大林**同志的关怀和重视，这种关怀和重视给了我们作出英雄行为的力量，给了我们英勇地建设社会主义和保卫我们伟大祖国的力量。

在我们遇到困难的地方，在为了建设、为了征服自然而需要艰苦斗争的地方，我们列宁共产主义青年团响应我们党的召唤投入了行动。

当我们在机器旁、在工厂里、在学校里、在集体农庄里劳动的时候，我们在不放弃劳动和学习的前提下，培养自己成为保卫我们伟大祖国的光荣战士。你们看到了由列宁共产主义青年团培养出来的跳伞队员站在你们的面前。

我们有成千上万的无产阶级青年人在练习跳伞。哪个国家的工人群众能有这样的可能性？在哪个国家我们能找到像**尼娜·卡姆涅娃**（掌声），**像萨伯林、叶夫多基莫夫，像奥尔加·雅科夫列娃**，以及成百上千其他创造了世界纪录的同志？这些人受到了我国政府的嘉奖，被授予列宁勋章或红星勋章。（掌声）

有一股神奇的力量,对我们布尔什维克党无限忠诚的力量,对自己的祖国、自己的斯大林无限热爱的力量,推动着他们作出勇敢的英雄行为。他们感受到由共产党联合在一起的广大人民群众的支持。危急的时刻一旦来临,我们亿万青年人就会响应我们党的号召,像一个人一样去保卫我们光荣的祖国。资本主义世界将没有一个士兵会像我们那样去作战。(掌声,乌拉声)

我们将会胜利,因为我们受到了布尔什维克党斗争传统的教育,因为我们相信,我们的事业是正义的事业,因为我们是我们党的儿子,是我们大无畏的领袖、不可战胜的英雄斯大林的儿子。(暴风雨般的掌声,乌拉声)

我们呼吁全世界的无产阶级青年为了无产阶级世界革命(掌声),为了劳动者的祖国投身到激烈的斗争中去。我们向我们的阶级兄弟,法西斯恐怖的牺牲者,资本主义的囚徒致以无产阶级的敬礼。

国际无产阶级革命的组织者——第三国际万岁!

显示国际无产阶级革命力量的共产国际第七次代表大会万岁!

列宁党的领袖、苏联各族人民的领袖、世界无产阶级的代表**斯大林**同志万岁!

(掌声、乌拉声、国际歌声)

当卡姆涅娃同志登上讲坛的时候,掌声越发热烈。

尼娜·卡姆涅娃(苏联跳伞队员):

同志们,我很自豪能十分荣幸地以苏维埃国家共青团员的名义向你们——共产国际最优秀的儿子们致敬。(掌声)我们同所有劳动群众,同被授予红旗勋章的整个列宁—斯大林共产主义青年团一样,始终极其关心外国无产阶级的生活和斗争。我们的阶级兄弟在莱比锡审讯中的英雄行为鼓舞了我们。（掌声）我们和阿斯图里亚斯矿工们的心是相连的。我们为中国红军的每一个胜利感到高兴。苏联姑娘们决不会忘记德国无产阶级的领袖**恩斯特·台尔曼**和成千上万在法西斯监狱中受煎熬的革命战士。如果说我们今天不可能向他们献上一束鲜花的话，那么但愿我们胜利的信息能作为无产阶级的敬礼传入关押他们的监狱。（掌声）

作为享有完全平等权利的同志，姑娘们和我国整个年轻一代在我国社会主义建设的所有领域并肩劳动着。**第聂伯水电站**，这个当代宏伟建筑工程的女水泥工们立下了丰功伟绩。女拖拉机手们在集体农庄和国营农场的土地上创造了世界纪录。谁没有听说过建设地下铁道的勇敢的女隧道工们？

最后，列宁共产主义青年团把它的成千上万个代表派到各种学校里去学习技术。成千上万个年轻姑娘在高等学校和技术学校学习，她们满腔热情地实现**斯大林**同志关于掌握技术的人可以创造奇迹的指示。她们成为跳伞运动的冠军，在危急的时刻，她们将光荣地保卫苏维埃国家的领空。

必须指出跳伞运动需要坚强的意志、自我控制和勇敢精神。我们知道，没有一个人天生就是英雄，而如果我们作出了可以称做英雄行为的业绩的话，那么我们也不会忘记，我们之所以有些胆略，要归功于布尔什维克党、列宁共产主义青年团、我们的斯大林同志。（暴风雨般的掌声）

英雄主义是一种品质，苏维埃的全部现实都教育我们具有这样一种品质，这种品质总是在友好的集体劳动的气氛中成长。我们跳伞运动员的心里牢记着，不久前斯大林同志在飞机场亲自对我们致的欢迎词和表示的同志般的支持。我们觉得，我们亲爱的朋友、导师和领袖，世界革命的钢铁般的统帅**斯大林**友好的、父亲般的手在拍着我们的肩膀。（经久不息的掌声）

对我们的国家——世界革命不可摧毁的中心和可靠的堡垒——的热爱激励着我们。我们的党对斯大林同志的永恒忠诚激励着我们。我们飞过苏维埃的天空，翱翔在社会主义的领土上空。苏维埃的天空是最高的天空，我们为此而感到骄傲，因为我们的飞行员，占领了同温层的布尔什维克，使它升高了。（暴风雨般的掌声）

我们唱着"升高、升高、升高……"的歌曲，飞向云端。在几千米的高空，我们用冻僵的手抓住机舱，爬上轻轻的机翼，开始跳向呼啸的天空，跳向遥远的地面。速度在加快，一瞬间，我们穿过了云层，往下降，风卷着衣服——5000米。地面飞快地向我们扑来，遥远的地方散落着微小的房屋模型。人向下落，气都喘不过来了，而斗志愈增，地面仿佛以疯狂的速度越来越快地向人飞来，被释出的自然力想把人毁灭。地平线已经看不到了。地球从各个方向压过来，还有700米、500米、400米。时间到了：右手打开伞环，再过一会儿，突然万籁俱寂。疯狂的速度自己慢下来了。人就像张着翅膀在白色的阳光下晃动着飘向地面，刚才外面还是零下39度，现在却是7月炎暑。

我们有千千万万这样的青年人。我们想起了我们的斯大林的话："我们不想要别人的一寸土地，但也不会把我们的一寸土地让给别人。"

我们苏联青年是共产主义青年团培养起来的，正在为加强我们的空军而工作，我们向共产国际保证，我们决不会放弃一寸苏联领空。（暴风雨般的掌声，乌拉声）苏联领空是我们繁荣祖国的空中堡垒。我们唱着："螺旋桨呼呼旋转，歌唱着红色阵线！我们保卫苏联！"这歌声唱的是真情实意，表达了我们必胜的信念。

我们请共产国际向我们的正在反对野蛮法西斯主义的、在监狱中受折磨的姐妹们转告：我们想念她们，我们任何时候都站在她们一边。

无产阶级世界革命万岁！（掌声）

向资本主义堡垒冲锋的、以**斯大林**同志为首的共产国际万岁！

（暴风雨般的、持久的掌声，跳伞运动员代表团在《飞行员进行曲》的乐曲声中走出大厅。）

巴甫连科（苏联少先队员）：

无产阶级首都的孩子们向共产国际代表大会致以少先队员的敬礼！（掌声）

我们苏联——世界上幸福之国的儿童们看到，党和政府、我们敬爱的领袖**斯大林**同志是怎样每时每刻在关怀着我们。

斯大林同志是我国儿童和全世界儿童最好的朋友。是他为我们建设了最好的学校、文化宫、体育场、少先队营地，我们在那里能得到很好的休息，到了冬天，当学校重新开学的时候，我们就可以学得更好，学得更多。

在我们国家一切都是为了孩子们！党和列宁共产主义青年团教育我们，我们也自我教育，为了工人阶级的事业，为了全世界的无产阶级，我们要有新的行为、高尚的行为。为此我们具有一切可能性，这种可能性是资本主义国家的儿童从未有过和不可能有的。

我们要成长为战士，成长为今天在座的战士们的光荣的接班人（掌声），成长为忠于党的事业、忠于共产国际事业的战士。（掌声）

我们敬爱的斯大林万岁！（掌声）

少先队员们！准备着，时刻准备着，为了工人的事业而奋斗！

（雷鸣般的掌声）

在热烈的掌声中，加香同志致贺词。

加香（法国）：

同志们！我接受了一项庄严的任务：以第七次代表大会代表的名义回答莫斯科企业的同志们、跳伞运动员和少先队员们的欢迎词和誓言。

我们首先向在座的大企业代表们，并通过他们向苏联千百万男女工人们致敬。

来自世界各国被我们共产国际召唤来的大会全体参加者们，对社会主义的男女建设者们、对苏联70个民族表示我们最崇高的敬意。

两个五年计划的伟大事业使全世界无产者充满了自豪感和欢乐感。在英雄地克服了无数困难之后，在反对不可调和的内外敌人的斗争中，你们以超人的力量建立了最强大的资本主义国家也需要几个世纪才能建立起来的工业。你们可以为你们史无前例的成就感到自豪。你们展示了社会主义不是一个梦想，而是活生生的现实。你们的榜样证明了社会主义是唯一能够消灭失业、贫困、危机这些资本主义最可怕灾难的社会制度。你们建立了人类文明，而帝国主义则践踏人类文明达到了极点；帝国主义正在垂死挣扎，几乎到处都滑向恐怖、耻辱、倒退和法西斯主义。

同志们！我总是喜欢先去参观你们紧张工作着的工厂；我在那儿和男女工人们交谈，每一次他们总是问我们，为什么他们在法国和其他国家的兄弟们还一直没有像他们那样去做。今天可以回答他们，我们正处在彻底改变世界的历史事件发生的时代。我们的第七次代表大会就是在为一次真正的革命斗争做准备，其端倪已经显露，工人阶级在共产国际的领导下在争取世界共产主义的斗争中将取得胜利。我也想对在这里如此热烈地欢迎我们的年轻的朋友——少先队员们讲几句话。啊，这些革命的孩子们显得多么幸福！他们是为了确保其幸福安宁，为了为其建立一个值得在其中生活的社会而战斗过的那一代人的后代。希望他们永不忘记他们的前辈作出的牺牲！希望他们抵御一切进攻，维护留给他们的遗产！

至于苏联培养的能勇敢地面对空中危险的千千万万姑娘和小伙子们，各国无产者对他们的大无畏精神表示赞赏。世界上没有一个国家能有这样英勇无畏的青年。苏联褒奖他们并为他们感到自豪。

莫斯科的同志们！共产国际各支部对它们的祖国、今天兄弟般地欢迎它们的苏联的向往，从未像在这一历史时刻这样热烈。

苏联在全世界面前完成了一次大的革命跳跃，就像一个多世纪以前，我们法国前辈的经验所表明的那样，人类的先锋队总是要遇到重大危险的。

法西斯主义者恶毒地宣布，他们要侵袭苏维埃国家，苏维埃国家的末日就要来临。苏联利用一切机会一再提出持久和平的建议，它已经成千次地表示过并且仍在表示它的真诚的和平愿望，但都无人响应。它从存在的第一天起就受到威胁，现在仍在遭受着威胁。1917—1920年，苏联的红军士兵曾像瓦尔米的士兵那样，光着脚投入战斗，打败了所有从它诞生的那一刻起就在进攻它的敌人。但是今天，经过18年的英勇劳动之后，苏联已经铸就了红军的坚不可摧的战车。（掌声）

我们，在这里代表着全世界劳动者精华的我们，在这个晚上，重复我们庄严的誓言：为了保卫苏联，为了苏联的胜利，我们将竭尽所能，不惜牺牲，共同战斗。

我们将把**列宁**的事业、**斯大林**的事业、苏联工人和集体农民的事业，当做国际无产阶级和全人类最崇高的事业加以捍卫。（掌声）

陶里亚蒂同志（意大利）提议大会向斯大林发出致敬信。

共产国际第七次代表大会给斯大林同志的致敬信

全世界无产者和被压迫者的领袖、导师和朋友斯大林同志：

我们以无产阶级世界革命百万战斗大军的名义，以各国劳动者的名义，向你，斯大林同志，我们的领袖，马克思、恩格斯和列宁事业的忠诚继承者，同列宁一起建立了新型政党布尔什维克党，取得了伟大无产阶级十月革命的胜利、取得了社会主义在苏联的胜利的党的缔造者致敬。我们向你，国际无产阶级和所有被压迫者敬爱的领袖致以热烈的敬礼。

自从我们失去列宁这个革命思想和行动的巨人、无产阶级革命永志难忘的领袖以来，已过去了十几个年头。代替列宁把握全体劳动人类解放斗争方向盘的艰巨任务落到了你，斯大林同志的肩上。

在你的领导下，社会主义在苏联取得了胜利，奠定了无产阶级世界革命不可动摇的基础。你在列宁墓旁宣誓要巩固和扩大全世界劳动者的联盟——共产国际，各国共产主义者在你的领导下，在英勇的斗争中实现了这一誓言。

现在，当资本主义世界进入革命和战争的新周期时，同战争和革命的第一个周期不同，无产阶级已经拥有了取得最后胜利的最可靠保证：强大的苏维埃社会主义共和国联盟——胜利的社会主义的国家，以及共产国际——统一的共产主义的世界政党。

在你的领导下，苏维埃社会主义共和国联盟成了社会主义革命坚不可摧的堡垒，成了反对法西斯主义和反动派、反对战争的战斗堡垒。但愿资产阶级先生们今天能问一下世界各国人民，他们是要战争，还是要和平；是要法西斯主义，还是要社会主义。世界各国人民不要战争，不要法西斯主义。他们越来越向往苏联，他们满怀希望和热爱之情注视着你，斯大林同志，各国劳动者的领袖。

社会主义在苏联的胜利，在亿万人的眼中提高了无产阶级专政的威望，赋予共产国际的纲领、战略和战术以巨大的力量。

社会主义在苏联的胜利，开启了无产阶级世界革命的新时期。

我们在德国、中国、日本、西班牙、波兰、意大利以及其他国家英勇斗争的战士们，心里想着你斯大林同志的名字，带领群众投入战斗。你的名字使他们深信我们的事业必胜。

社会主义在苏联的胜利，是共产主义对改良主义、共产国际对分崩离析的第二国际的伟大胜利。

你曾经教导并正在教导我们共产党人，原则性的政策是唯一正确的政策。共产国际坚定不移地推行布尔什维主义的政策，因此它的队伍空前统一和团结。在反对反动的托洛茨基—季诺维也夫分子的斗争中，在反对右的和"左"的机会主义者的斗争中，你，斯大林同志，捍卫了马克思列宁主义的学说，并在世界革命新时期的条件下发展了这一学说，这一时代将作为斯大林时代而永垂史册。

你曾经教导并正在教导我们共产党人，要把布尔什维克的斗争艺术，即毫不动摇的原则坚定性，与同群众最紧密的联系、毫不妥协的革命精神和必要的灵活性相结合。

遵照你的这些指示，各国共产党将全面巩固同群众的联系，将争取和领导千百万群众，将组织一条广泛的无产阶级统一战线，反对法西斯主义和战争的人民阵线，在殖民地和半殖民地国家将建立反对帝国主义的阵线。

共产国际第七次代表大会以65个共产党的名义，向你，斯大林同志保证，共产党人将永远忠于马克思、恩格斯、列宁和斯大林的伟大的不可战胜的旗帜。

在这面旗帜的指引下，共产主义将在全世界取得胜利。

共产国际第七次代表大会

在代表们极其热烈的掌声和乌拉声中，大会一致通过了这一致敬信。

主席皮克同志接着宣布会议结束。下一次会议将在7月26日上午11时举行。

第二次会议

(1935 年 7 月 26 日上午)

会议于上午 11 时开始。**哥特瓦尔德**同志(捷克斯洛伐克)担任大会主席。

主席哥特瓦尔德:

第七次代表大会第二次会议现在开始。今天的议程是**共产国际执行委员会工作报告**。报告人是**皮克**同志。现在请威廉·皮克同志作报告。(鼓掌欢迎)

皮克作共产国际执行委员会工作报告:
《两条发展道路的历史检验》

同志们!从共产国际第六次代表大会到第七次大会已经七年了,这期间劳动群众为反对他们的压迫者和剥削者进行了艰苦的斗争,作出了重大的牺牲。这七年使全世界阶级力量的对比发生了巨大的变化,使无产阶级获得了极其丰富的革命经验。

我们的第六次代表大会曾面临着一个决定性的问题:世界向何处去?

当时正在布鲁塞尔同时举行的第二国际的代表大会也面临着这一问题。资产阶级的经济学家和政治家们也曾提出这个问题。

当时正是资本主义处于相对局部稳定的时期，工业和商业都超过了战前的水平，经历了一段繁荣时期。

社会民主党人对世界发展的前途问题是怎样回答的呢？

既然资本主义已经成功地在一定程度上重又走上了正轨，既然生产、技术和商业重又上升了，既然帝国主义列强之间的关系通过一整套国际条约得到了调整，所以社会民主党领袖们得出的结论就是：革命和战争的时代已经结束，布尔什维克连同其理论和实践已经破产，苏联不是向国际资产阶级投降，就是走向灭亡。

社会民主党人还得出了这样的结论：既然"有组织的资本主义"、永远繁荣和平发展的时代就要来到，那么马克思主义关于阶级斗争和用暴力推翻资产阶级统治的理论就过时了，就必须代之以和平长入社会主义的理论，为此就要加强所谓的超阶级的国家政权，实行经济和平，参加联合政府。

但是，持这种立场的不仅是正式的社会民主党人。其影响甚至侵入到了我们的队伍之中。共产国际各支部的右倾分子就主张这样的理论：世界的发展趋向于资本主义稳定性的加强，资本主义已经成功地适应了新的形势，技术的发展使资本主义新的上升成为可能。右倾分子还断言，社会主义在苏联的迅速胜利是不可能的，革命浪潮的新高涨在最近的将来是不可能的。

同社会民主党人和右倾机会主义者关于苏联发展进程的这种观点相反，斯大林同志根据列宁关于一国可以依靠它的内部力量建设社会主义社会和社会主义在苏联的胜利具有重大国际意义的理论，引导苏联走上了工业化和农业集体化的道路。

针对社会民主党人和右倾机会主义者关于资本主义稳定的持久巩固，关于资本主义的胜利和关于有可能和平和无危机地发展的观点，斯大林同志早在1927年12月就指出了如下的前途：

"正是从这种稳定中,从生产增长,贸易扩大,技术进步,生产能力提高,而世界市场、世界市场范围和各个帝国主义集团的势力范围仍旧相当固定的情况中,——正是从这种情况中产生着最深刻最尖锐的世界资本主义危机,这种危机孕育着新战争和威胁着任何稳定的存在。"①

斯大林同志说过:

"既然像萨柯和万泽第被杀害这样的事件能够成为工人阶级游行示威的原因,那么,这无疑地说明工人阶级内部已积聚了革命力量,这种力量正在寻找并且将来还要寻找原因,寻找机会,寻找有时看起来是最不重要的机会,以便冲出来打击资本主义制度。"②

在斯大林同志对国际形势所作的这一正确的马克思列宁主义分析的基础上,共产国际第六次代表大会指出了同社会民主党人和右倾机会主义者相反的方向:战后开始的第三个新的发展时期是资本主义一切矛盾加剧的时期,是新的革命高涨的时期,是资本主义的稳定动摇的时期。我们曾经指出,我们面临的不是和平发展,而是阶级斗争的加剧和新帝国主义战争危险的增长。

谁是正确的,是我们还是社会民主党?

社会民主党人以及右倾机会主义者已经破产了,他们的理论已经彻底失败了。

共产国际第六次代表大会提出的世界发展的前景,社会主义在苏联胜利建设的前景和资本主义稳定的动摇,都已被整个发展进程证实了。

已经过去的那个时期是全世界发生剧变的时期。在苏联,是社会主

---

① 《斯大林全集》第 10 卷第 234 页。——编者注
② 《斯大林全集》第 10 卷第 243 页。——编者注

义迅速高涨和胜利的时期；在资本主义国家，是不可阻止的衰落时期：空前深刻的经济危机、走投无路，是资本主义总危机加剧的时期。

从经济上和政治上来看，苏联成了强大无比的社会主义大国，它对世界全部发展的作用正在增长。而资本主义世界则相反，被这次危机削弱了，被阶级和国家之间深刻的、不可克服的矛盾连根动摇了，这些矛盾的不断发展使推翻剥削阶级统治的条件日益成熟。

资本主义国家劳动者的革命运动在这七年中不断高涨。给群众提出正确的口号和领导他们走向斗争的共产党在成长，并且在越来越多的国家中，正在成为政治生活中的重要因素。

群众从改良主义转向共产主义，从拥护资本主义转向为社会主义而斗争，这一伟大的历史转折已经开始。

在共产国际执委会的工作报告中，我将首先谈一谈两个大问题：共产党人在群众中工作的成果和我们党的工作的发展。

为使报告更加清晰见见，我根据阶级斗争的发展和革命运动在每一阶段主要的特定形式，把我要报告的时期分成三个斗争阶段：

一、革命运动新高潮日趋成熟。

二、危机最尖锐年代的革命运动。

三、社会党工人转向与共产党人结成统一战线。

一、革命运动新高潮日趋成熟

第六次代表大会后立刻发生的事件证明了我们对革命运动前途所作的分析是正确的。当我们说**中国**革命的发展、**印度尼西亚**的起义、**欧洲**和**美洲**抗议杀害萨柯和万泽第的巨大的群众集会、1926 年**英国**的总罢工、1927 年**维也纳**的七月事变和大多数资本主义国家自 1927 年以来罢工运动的大量增加，标志着新的革命高潮开始的时候，我们是说对了。

我们曾预见到这一高潮将进一步增长，这一高潮和革命危机之间并没有隔着一道万里长城。上一次代表大会向共产国际各支部提出了如下任务：组织和领导不断发展着的劳动者反对剥削阶级的斗争。

无产阶级的经济斗争和政治斗争

就在第六次代表大会后没过几个月，欧洲所有的国家都掀起了长期以来从未有过的经济罢工的浪潮。在**罗兹**，爆发了纺织工人罢工，这是波兰工人运动史上最大的纺织工人罢工之一，并发展为罗兹无产阶级的总罢工。在**鲁尔区**，20万工人为提高工资斗争了五个星期之久。在**法国北部**，纺织工人举行了起义。**德国、波兰和法国**的议会选举表明拥护共产党人的选票有了显著的增加，这标志着运动正方兴未艾，并加强了政治性。

这一新的革命高潮并不只限于欧洲国家。它也表现为**中国**的反帝运动和土地革命，表现为**印度**的民族革命和工人运动。

这些运动表明，已从 1921—1932 年间的失败中恢复过来的广大劳动群众，并不愿意忍受由于资本主义合理化和总危机而造成其处境的进一步恶化。资本主义的生产虽然有了长足的发展，但是工人阶级的处境却明显地恶化了。虽然一部分在业工人的工资比战后最初几年有了增加，但是由于合理化，剥削却更甚，而且大部分工人都被从生产过程中赶了出去。

社会民主党人谈论什么"繁荣"，而失业却在增加。社会民主党人谈论什么"经济民主"，而企业中的盘剥却不堪忍受。社会民主党人侈谈什么"有组织的资本主义"正在克服其内在困难，但是阶级矛盾在一天天激化，并导致阶级斗争的发展。

各国社会民主党人都在为资本主义经济的发展效劳。他们从这一时期资本主义的发展和成就中，推论出资本主义经济将向社会主义发展。于是就产生了他们的"永恒的繁荣"、"无危机的发展"、"有组织的资本主义"和"经济民主"是可能的理论，由于"经济民主"，工人和企业主在决定经济问题时就应该是"平等的对手"，在某些国家，这被社会民主党人称为"建设性的社会主义"，据说这样一来，资本主义经济就可以通过议会民主和联合政府的道路而长入社会主义。

基于这种观点，社会民主党人曾力图越来越向资产阶级的国家靠拢，在**德国、英国**和**丹麦**，他们参加了资本家的政府。社会民主党还和托拉斯上层分子勾结在一起，从资产阶级那里得到了监事会的职务。其必然结果就是：社会民主党主张限制阶级斗争，主张经济和平，并力图制止工人罢工，还主张凡涉及工人阶级经济利益的问题都要由国家仲裁法庭决定。

由于社会民主党领导层的这一立场，由于资产阶级对工人阶级处于掌权的地位，如果不是共产党人以激烈的阶级斗争来对抗社会民主党和资产阶级的这种合作，并力图建立对经济斗争和政治斗争的革命领导的话，那么必然的结果就将是无产阶级完全屈从于资产阶级，在经济斗争中就会得不到任何领导。

由于必须保护劳动群众的切身利益，提高他们反对变本加厉的剥削和压迫的斗争能力，以及为了把群众团结起来进行这种斗争，共产党人就负有一个任务，正如1928年共产国际执委会第九次全会指出的那样，就是要更明确、更尖锐地强调"自己持有的政治路线，无论是在总的政治问题上（如战争，对苏联的态度，对中国、印度和埃及的态度等），还是在工人阶级日常斗争的问题上（如反对仲裁法庭，反对降低工资，反对延长工作日，反对支持资本家实行合理化，反对'工业和平'等等），都和改良派的路线有着根本的不同"。

共产党人的这条政治路线表现在以"阶级反对阶级"，即以无产阶级反对资产者阶级为口号的策略中。

"阶级反对阶级"的策略是针对社会民主党和资产阶级的联盟的，其目标就是打碎社会民主党领导人和资产阶级的联盟。这一策略并不是针对共产党人和社会党人的反对资产阶级的统一战线的，而恰恰是为了建立这一统一战线的，是为了建立对无产阶级经济斗争和政治斗争的革命领导的。

1928年2月，共产国际执委会关于在英国实行"阶级反对阶级"的策略的决议十分明确地指出："只要大部分工人阶级还跟着改良派领导人走，那么建立全国的以及地方的统一战线就是绝对必要的，以便有更多的机会揭露工党和工会的领导人，他们宁可和资本家讲团结，而不愿意和革命工人讲团结。"

严格地划清改良派政策和共产党政策之间的界限，是绝对必要的，是我们"阶级反对阶级"策略的重要基础之一，但这绝不排除共产党人在独立进行竞选活动的情况下，在选举中承担某些义务。例如在英国，支持那些赞成工人阶级迫切要求的工党候选人，或者在法国，在特殊情况下和社会党人达成选举协议，以阻止反动候选人当选。不建立这样一条工人反对资本家的统一战线，就不可能在和资产阶级的斗争中，有效地维护工人的切身利益。

实行"阶级反对阶级"的策略使共产党得到了加强，并使它们有可能在领导阶级斗争时，作为独立的政治力量出现在工人阶级面前。英国共产党开始第一次独立地在全国举行大规模的群众运动。法国共产党作为独立的力量和左翼联盟抗衡。德国共产党只是由于坚决实行了一条独立的路线，才有可能把脱离了社会民主党的广大群众争取过来，才有可能组织大规模的罢工运动和示威游行，才有可能建立一条强大的革命阶级斗争的阵线。

但是我们不能陶醉于这些成就。我们在实行"阶级反对阶级"的策略时，犯了一系列关门主义的错误。**英国**共产党在议会选举时，提出自己的候选人以对抗工党领导人，并为这些候选人当选而斗争，这当然是对的，可是，一个弱小的共产党只把全部注意力集中在自己的候选人身上，而对于通过地方工会和工党组织的工人会议推出候选人一事却不甚努力，这无疑是错的。**德国**共产党坚决和社会民主党划清界限，并且向策吉贝尔和泽韦林作无情的斗争，这当然是对的，可是共产党也开始同社会民主党的工人划清界限，并把他们称之为"小策吉贝尔"，这无疑是错。德国共产党、法国共产党、英国共产党和其他许多国家的共产党，在 1928—1929 年间的情况下，不向社会民主党的上层提出统一战线的建议，这当然是对的，可是把共产国际的决议解释为我们的同志也不能向社会民主党的地方组织和改良派的工会提出这样的建议，这无疑是错的。

由于在实行我们的"阶级反对阶级"的策略时，有了这些错误，甚至一再地歪曲这一策略，说什么这一策略似乎把统一战线排除在外了，因此我们的那些支部在这一斗争阶段并没有取得理应取得的成就。只是在罢工运动出现了高潮，而社会民主党又反对这一运动，并运用国家仲裁机构开始镇压罢工时，共产党的革命策略才赢得了广大工人群众的同情。我们的那些支部才开始懂得，独立的、工人自己选举的罢工领导对工人的斗争是多么的重要。

当然，这时共产党人和改良主义工会领导人发生了冲突，这些领导人借口工会纪律并威胁要把他们开除出工会，企图阻止共产党人组织罢工斗争。可是共产党人绝不能由于尊重这种工会纪律而不去为群众的要求而斗争，不去组织他们进行斗争。如果不违背改良派领导人使用的工会纪律，如果不去组织独立的罢工领导机构，那就既不会有罗兹的罢工，也不会有鲁尔的斗争，也不会有捷克斯洛伐克的强大的罢工运动。

如果在社会民主党推行经济和平政策时，罢工斗争没有共产党的领导,那么早在经济暂时繁荣年代,资产阶级就会更成功地推行它的降低工资、延长工作日和恶化劳动条件的计划。如果成千上万的工人看到没有人来领导他们斗争,他们一定会失望地退出阶级斗争。

共产党人就这样,像1914年那样,再一次挽回了工人运动的声誉,挽回了社会主义的声誉。

共产党人站在许多大规模罢工和无数小规模罢工的最前列,组织了纠察队和示威游行,把群众从经济斗争提高为政治斗争,他们为此表现了最坚决的斗争精神,并且作出了最大的牺牲。他们因此在工人群众和在所有工人群众的组织中赢得了重大的影响。

关门主义错误的后果

但是在这个问题上,共产党人也犯了许多关门主义的错误。他们不知道要在改良派组织和无组织的工人中从组织上巩固自己的影响。尽管社会民主党主张经济和平,宣扬"蒙德主义"① 以及诸如此类的东西,共产党人通过组织罢工斗争,还是提高了无产阶级的阶级斗争精神。共产党人确实经常犯错误,他们在大多数罢工者已经复工以后还在继续罢工。这样他们就常常自外于广大工人群众。

共产党人提出了由革命少数派独立领导罢工的口号,从而对发动罢工作出了贡献,并因而使革命的工会工作摆脱了改良主义工会机构的束缚。但是在实现这个口号的时候,革命少数派的首要任务却被忽视了,

---

① 以英国化学及电力工业巨头阿尔弗雷德·蒙德为首的20名企业家响应工会右翼领袖的呼吁,于1928年7月4日与工会签署协定,规定开展所谓生产合理化运动,提高劳动生产率来"改进"资本主义,以取代罢工活动。这种工会领袖与工业巨头为巩固资本主义而实行的合作政策,被称为"蒙德主义"。——编者注

这个任务就是确保多数企业职工同意宣布罢工和组成一个由罢工者选举的独立的罢工领导机构。

共产党人反对改良派对无组织工人采取传统的贵族老爷的态度，并主张把无组织工人吸收到罢工和罢工领导机构中来，这些做法是对的，但是某些共产党员，特别是德国的某些共产党员，却错误地不仅低估了有组织工人的作用和改良主义工会对有组织工人的影响，而且也低估了它们对无组织工人的影响。

红色工会国际正确地提出了这样的任务：打破改良主义工会官僚在决定经济斗争方面的独占地位，他们只是利用这种地位来阻止经济斗争。但是1929年初施特拉斯堡会议的决议却超出了这一目标，根据这一决议，"罢工领导机构和斗争委员会的任务是独立准备和领导罢工斗争，**而不必顾及并且要反对改良主义工会**"。这和如下的指示如出一辙："在选举歇业时的斗争委员会，以及选举罢工领导机构和其他斗争机构时，凡与社会民主党及工会官僚有关的人，一律应被视为罢工的破坏者而加以拒斥。"

斗争的经验也告诉我们，改良主义工会领导人在群众罢工情绪高涨的压力下，并不是一直拒绝罢工的，因此统一战线策略是可能的、必要的。我们队伍中的机会主义者主张，在罢工问题上，虽然必须把改良主义工会官僚置于会员群众的压力之下，但在工会领导人拒绝罢工时，却必须屈从于他们的决定。我们当然应该反对这种机会主义观点。但是，认为只要会员群众对改良主义工会官僚施加压力就是机会主义，这种观点则又是错误的。例如，我们在德国反对布兰德勒"强迫工会官僚进行斗争"的口号时，以及后来在其他国家，我们的立场都曾遭到过这样的曲解。革命少数派曾把他们的全部注意力集中于独立领导罢工，但同时又忽略了这样的任务：怎样使参加改良主义工会领导人所领导的罢工运动成为一项有助于我们在这些罢工运动中赢得对大多数工人的稳固影响的工作。

尽管犯了这些关门主义的错误,共产党人对有组织工人群众的影响却非常迅速地增强了。德国、英国、美国以及其他许多国家的改良主义工会领导人因此改变做法,转向把共产党员从工会中开除出去。

德国共产党针对他们的这种手段提出了一种十分正确的斗争策略,命令它的拥护者在改良主义工会领导人要他们签名的遵守工会纪律的保证书上签字,从而使他们有可能继续留在工会里。革命工人对于将共产党员开除出工会和改良派的分裂政策极为愤慨,从而促使某些共产党干部提出了看来激进的、实际是完全关门主义的要求:不缴会费。这当然马上就被改良主义工会领导人利用来更坚决地开除反对者。改良主义者在体育组织和教育组织内也实行了类似的分裂策略。

改良派的这一政策使革命的工会反对派,特别是**德国**和**波兰**的革命的工会反对派必须在组织上加强自己。他们在1928年和1929年实际上在这方面曾取得了一些成就。但同时又犯了一个关门主义的错误,革命的工会反对派成立了新的工会,从而使自己脱离了改良主义工会的基本会员群众。另一个错误则是,我们在其他国家的那些支部机械地搬用了德国共产党的这一决议,而没有考虑到这些国家完全不同的具体情况。

工会运动中关门主义的明显例子发生在**英国**。英国共产党面对右派总委员会委员的猛烈攻击和左派工会领导人的动摇,采取了一种笨拙的关门主义策略,结果使少数派的运动实际上分崩离析了。采取了独立领导经济斗争路线的共产党人,由于以前的右倾错误和少数派运动组织上的不够巩固,而开始把他们的工作重点从工会小组转向个别会员,从工会转向无组织工人,并用其本身微不足道的力量去和整个工会运动相对抗。由于共产党人把少数派运动看做是新工会的萌芽,由于他们不再争取工人加入工会,而号召他们加入少数派运动,上述错误就更严重了。我们应该知道,这些错误是我们的同志在这样一个国家犯下的,在这个国家里，改良主义工会有着最古老的传统。因此，共产党人被孤立于工会运动之外和少数派运动的瓦解是不可避免的。英国的同志们已经认识到自己的错误，并相应地改变了他们的工会策略，他们只有付出巨大的努力才能重新在工会运动中树立自己的影响。

正是由于低估了把工人群众和旧工会组织联结起来的传统力量，正是由于把我们工作的重点放在加强红色工会和建设革命的工会反对派上面，结果使共产党人在好几年时间里忽略了在改良主义工会中的工作，尽管这样一种工作是完全可能的。这当然阻碍了我们在有工会组织的群众中扩大自己的影响。

尽管如此，共产党人在战前时期，特别是在经济斗争是阶级斗争发展的主要形式时，是许多国家罢工斗争最主要的发起人和领导人，这一事实却是确实的。

共产党在这一时期在政治上得到了巩固，它们在群众中的思想影响大大地扩大了。但是它们还没有成为那样一种力量，这种力量能够为了无产阶级的阶级斗争而充分利用随着经济危机的产生而形成的新局面。

现在我来谈一谈第二个斗争阶段，谈一谈危机最严重年代的革命运动。

二、危机最尖锐年代的革命运动

1929年秋天，**美国**爆发了工业危机，这一危机与农业国的农业危机，与殖民地的危机交织在一起，并以非比寻常的速度扩及整个资本主义世界。

这一危机给劳动群众带来了巨大的灾难。千百万产业工人和职员被工厂、矿山和公司开除。根据国联劳动局专刊的统计资料，光是34个工业国的失业人数就从1929年的653.8万人上升为1932年的2904.2万人。根据官方的统计资料，**美国**的失业人数在 1932 年上升为 1200 万人，根据汉密尔顿研究院的统计资料，甚至达 1700 万人。根据官方统计，**德国**的失业人数在 1932 年达到 700 万人。

各国在业工人的工资下降。千百万工人只能做缩短工时的工作，工资也相应减少。熟练工人的生活水平降到了非熟练工人的水平，在业工人的生活水平降到了失业工人的水平。

根据德国国家统计局的统计资料，该国工人、职员和公职人员的工资总额，从 1929 年的 445 亿马克降低为 1932 年的 260 亿马克。美国的工资总额从 1929 年的 172 亿美元下降为 1932 年的 68 亿美元。

在任何一个资本主义国家里，再也没有一个工人和职员会觉得明天是有保障的。千百万人处于饥寒交迫之中。千百万人沦为乞丐和无家可归者，他们或者在公园和广场，或者在桥洞下过夜。工人阶级，创造了现代社会所有财富的工人阶级，遭受着史无前例的苦难。

劳动农民遭受了同样的困苦。垄断资本、托拉斯和银行为了盘剥广大的农民群众，压低农民制造的农产品价格，同时却继续保持工业品原来的价格。银行则肆无忌惮地榨取贷款利息和抵押债款。国家为了补贴破了产的银行和托拉斯，不断地增加税收。

这一盘剥农民的政策加速了农业生产的下降，使成千上万个农户完全破产，使千百万农户陷入困境。封建制度的成分在许多国家重又复活和巩固。农民中最贫穷的阶层成了高利贷的牺牲品。法警成了田庄的常"客"。**波兰**的整个农业区、**日本**东北部、**喀尔巴阡乌克兰**沦为饥荒区。美国农庄的大部分也没有逃脱困苦的厄运。

如果我们考虑到各国的仓库里塞满了粮食，机车用粮食做燃料，咖啡被倒入大海，而这些产品的生产者——农民却在忍饥挨饿，那么情景就更加凄惨了。

城市小资产阶级也处在同样的境况中，托拉斯和大资本家利用了他们的贫困化，以便把小资产阶级的财富攫为己有。小资产阶级知识分子越来越失去了他们的生存可能性。成千上万个教师、医生、律师，特别是工程师和农艺师成了失业者，在贫困中度日。由于资本家不能从知识和技能中榨取利润，知识和技能也就失去了任何意义。

殖民地和附属国人民处于更加绝望的境地，他们的产品价格被帝国主义垄断资本压得更低，而工业品的价格又很高，他们因而处于崩溃之中。千百万殖民地农民在饥饿线上挣扎。过去已被消灭的瘟疫重又爆发，来势凶猛，摧残着早已疲惫不堪的人民的生命。**中国、印度、印度支那**和**非洲**的失业者饥馑不堪，非笔墨所能形容，而又得不到任何救援。

帝国主义资产阶级狂热地榨取利润，而毫不顾及饥饿的群众，这种做法引起了劳动者反对他们的剥削者和压迫者的运动，运动的浪潮越来越高涨，并且越来越威胁着帝国主义者在殖民地和附属国的统治。

帝国主义资产阶级以战争和法西斯主义为出路

帝国主义资产阶级并不限于榨取本国的劳动群众和已被他们掠夺来的殖民地的财富。阶级斗争的尖锐化、利润的缩减、破产、外贸的萎缩，驱使资产阶级去准备战争，以便通过对别的国家的占领和掠夺来增加利润。这一战争准备同时也是并且首先是为了消灭**苏联**这个无产阶级革命的中心、基地和堡垒。于是开始了疯狂的军备竞赛。

日本掠取了**满洲**，以便为反苏战争建立一个前进基地，它把无产者聚居的上海郊区闸北夷为平地，以便把**中国**置于它的影响之下。**巴拉圭**和**玻利维亚**之间则爆发了战争。

在**德国**，银行资本的极端反动的、沙文主义的和民族主义的分子建立了法西斯专政。他们鼓吹"鲜血和光荣的神话"，宣扬"种族理论"

这样一种好战的德国帝国主义的理论。他们鼓吹十字军东征来反对苏联和在全世界铲除马克思主义。

意大利帝国主义准备攫取**阿比西尼亚**,并因此成为一个新的战争策源地。

实际上,只要资产阶级能够提高他们的利润,或者更进一步说,只要能阻止利润的下降,那么他们就准备犯下最可怕、最可恶、最血腥的暴行。

革命浪潮的高涨、劳动群众对苏联同情的加深,以及另一方面,资产阶级对群众空前的榨取、疯狂扩充军备、准备新的战争和组织法西斯力量,这一切都表明,激烈的阶级斗争就要来临,同时也表明资产阶级是虚弱的。

这一斗争来临的最初标志早在1930年和1931年就已出现了。**西班牙**强大的、自发的群众运动在1931年春季推翻了法西斯专政并驱逐了国王阿方索,从而开始了西班牙资产阶级民主革命。

中国掀起了反帝革命和土地革命的新浪潮,并表现为建立苏维埃政权和创建一支强大的红军。

印度支那的农民群众起义反对帝国主义的压迫。

即使在最强大的帝国主义国家,帝国主义制度也受到了深刻的震动。早在1931年春,共产国际执委会第十一次全会就已指出,在**德国**,革命危机的条件正在成熟;在**波兰**,革命危机的成分正在增长。1932年秋的共产国际执委会第十二次全会指出,资本主义暂时的局部稳定已经结束,正在过渡为革命和战争的新周期。

第十二次全会作出这一结论的根据是革命浪潮的进一步高涨,是德国和波兰的革命危机趋于成熟,是中国和西班牙的革命,是日本开始进攻中国。此外还有凡尔赛体系的彻底动摇,战胜国对德协约的破裂,以及英国、日本、美国和法国关于共同剥削中国的条约的破裂。另外再加上新的帝国主义战争日趋成熟，而与此同时，苏联的政治、经济和军事力量却在巩固。

工人阶级以革命为出路

共产国际向全体劳动者指出，**在苏联**，无产阶级专政消灭了城市的失业和农村的贫困，劳动群众的生活一天天在改善，社会主义已经在苏联取得胜利。

苏联向劳动群众指明了摆脱贫穷和闻所未闻的痛苦的唯一道路，这就是抵御法西斯主义和战争的道路。

苏联向全世界劳动群众提供了一个伟大的榜样，使广大群众进一步了解这个榜样，让他们把这一榜样揭示的伟大教训铭记在心，这就是共产国际向各支部提出的任务。

这一榜样教导我们，劳动者必须与任何一种资产阶级的和社会民主党的谬论决裂，这些谬论说什么既然危机是资本主义的属性，工人阶级就应该俯首帖耳地让人把危机的重担转嫁到自己身上；说什么既然战争是资本主义的属性，劳动群众就不可能阻止战争；说什么既然腐朽的资本主义正在发展为法西斯主义，法西斯主义就是不可避免的。

共产党人在危机时期的最紧迫的策略性任务就是组织斗争，阻止危机的重担被转嫁到饥饿的群众身上。在实施这一策略时，**德国**曾是这一斗争的战略重点。

但是工人阶级是在内部分裂的情况下投入这场斗争的。各国的社会民主党，作为最老和最大的工人政党，早已被改良主义的蠹虫腐蚀了，而且在危机的情况下，都在和资产阶级合作。只有比较年轻的、在许多国家还没有足够影响的共产党才采取了不调和的阶级斗争的策略。

与资产阶级阶级合作，还是阶级斗争，这一争论分裂了无产阶级的队伍，削弱了它的力量。

共产党人走在工人和农民的无数大大小小运动的最前头，并号召他们进行斗争。社会民主党则相反，在危机的情况下，竟宣布反对解雇和降低工资的斗争是无谓之举。

失业工人的斗争

共产党人不顾社会民主党的意愿，在许多国家成功地把**失业工人的运动**，即被剥夺了大部分权利的劳动群众的运动提高到一个重要的阶段。在有国家失业保险的那些国家，如**德国、英国、波兰、捷克斯洛伐克、奥地利**等国，共产党人站在反对保险制度恶化，反对减少救济金和缩短救济金发放期限，反对将失业救济金改为危机补助金的斗争的前列。在没有国家失业保险制度的**美国**，共产党人发起运动以争取实行这种制度，提出了保险条例草案，为支持这一草案，组织了示威游行、群众大会和代表大会，并因此而赢得了工会和进步知识界的支持。

共产党人在所有国家都站在反对由于失业者付不起房租而被逐出住房的斗争的前列，站在要求市政当局发放现金补助或粮食、土豆和煤等实物补助的斗争的前列。

这一斗争是极其艰苦的。只有建立了失业工人的完整的组织网，只有经过大规模的、常常和警察发生严重冲突的示威游行，才能迫使资产阶级国家及其机构向失业工人让步。

由于这一斗争，许多国家的部分失业工人的困境有所缓解，社会立法的恶化受到了强烈的反对。但是这类恶化并没有被遏止住。

尽管失业工人的先进部分进行了艰苦卓绝的斗争，这一运动却未能继续高涨并发展成为最广泛的劳动群众的斗争，甚至在1932年，失业工人的运动在大多数国家都呈衰颓之势，其原因是：

1. 社会民主党领导人罪恶的破坏活动和直接反对失业工人的要求和运动，阻碍了广大失业工人群众的状况获得明显的改善，其结果是失业工人的失望和对运动持消极态度。

2. 社会民主党使失业工人的运动得不到在业工人罢工运动的支持，在业工人对失业工人的痛苦、困窘和饥饿持消极态度。

3. 我们只能成功地使一小部分失业工人，即大约10%—20%的失业工人，积极地投入到斗争中去，而多数失业工人则采取消极态度。

4. 没有尝试使用各种斗争形式和方法，以更加强烈地唤起公众舆论和为失业工人的斗争赢得全民更强烈的同情。单靠有时甚至连具体目标都没有的政治性示威游行想赢得舆论和公众的同情是不可能的。我们大家可以回忆一下，**英国**和**美国**的饥饿进军给全世界留下了多么深刻的印象。但是，如果真的是所有饥饿的失业工人带着他们的妻儿，提出要求面包和救济的简单要求上街游行的话，那么就可能给整个公众舆论留下更深刻得多的印象。

5. 共产党人也不会使口号通俗化、具体化，从而借助其具体内容组织失业工人投入反资本的斗争，并把那些在业群众和这场斗争联结起来。

这里所指的是这样的要求，如没收库存货物分发给失业工人，向资本家征收特种税，没收歇业的或大批开除职工的企业，以及诸如此类的要求。在某些国家，共产党虽然提出了这样的要求，但常常提得不够及时，而且没有使它足够地大众化，而尤其重要的则是，没有为此而进行重大的斗争。

6. 没有找出一切由社会和国家救济失业工人的办法。这里我只想举一个苏联的例子来加以说明。1921年苏联闹过饥荒，当时人民群众强迫最反动的基督教会的僧侣们，把他们储藏的金银交给群众以援救灾民。同样的，德国、美国、奥地利、波兰和其他国家的人民群众也应该强迫他们国家的富人、教会和国家,打开金库救济快要饿毙的失业工人。

此外,社会民主党领导人认为危机是不可抗拒的,他们的这种宿命论观点,无疑对整个无产阶级也是起了作用的。

在失业工人运动的领导方面,单纯的鼓动太多,而组织实际斗争的主动性太少,共产党人虽然已经会把千千万万失业工人组织起来,但还没有能力通过这一运动来争取千百万群众。

这就是为什么德国的一部分失业工人,在法西斯为他们开办施赈食堂时会上当受骗,会被"民族一致"的宣传引入歧途而退出了革命斗争。在其他国家,运动的积极性也同样减弱了。

罢工运动

现在我要讲一下危机时期的**罢工运动**。共产党人在危机的最初几年,即1930—1932年间,没能组织在业工人参加罢工斗争,在业工人对共产党人的罢工号召也置若罔闻,这是由于改良主义的工会领导人对任何罢工运动都要加以破坏,以及社会民主党关于危机中不能进行罢工的思想所造成的。大批共产党员被开除出工会,也使共产党对参加工会组织的在业工人的影响受到了严重的限制。

但是,从1932年开始,许多国家的工人终于越来越自发地投入了斗争。群众的罢工呼声日增,工会领导人因而看到有必要加入罢工斗争,甚至有必要去领导罢工。

在**波兰**,参加罢工反对降低工资、开除和歇业的工人,1930年才50399人,1931年为106985人,1932年已达到313934人,1933年则达到458399人。工人们在许多情况下进行占领工厂的罢工,在企业里构筑堡垒,以阻止歇业或开除工人。波兰工人这种极其坚决的态度,在许多情况下迫使企业主不得不放弃降低工资和开除工人的计划。共产党人参加了这些斗争的组织工作，表现突出。这就向工人阶级证明了，即使在危机时期，也是可以击退资本的进攻的，这同时又增强了工人的斗志和提高了共产党人作为斗争组织者的威望。

在**英国**，早在危机爆发伊始，工人阶级就坚决地反对资本的进攻。1930年罢工的工人有30.7万人，1931年有49万人，1932年有37.9万人。大约1/4的罢工以有利于工人的结果而结束；有34%的罢工以妥协告终。这也证明了在危机时期罢工也是可以取得胜利的。

但是在其他国家，例如在**德国**和**美国**，那里的危机特别严重，而工人阶级在危机的最初年头并未能用罢工斗争坚决抵制降低工资。只是到了1933年，美国的罢工运动才开始高涨，罢工人数达到774763人。在德国，只是到了1932年秋，在经过了一段普遍的沉寂后，才爆发了具有重大政治意义的柏林交通工人大罢工。但是，就连这一罢工也被社会民主党人扼杀了。

事实就像共产党人在危机开始时向工人发出的警告那样：社会民主党的政策和战略是使无产阶级的战斗力瘫痪，并因而使其苦难大大加深，其结果就是，工人不响应共产党人关于反对降低工资和开除工人、争取维护和提高失业救济的战斗号召，因而使资本家有可能进一步恶化劳动者的境遇并借此来改善他们自己的状况。

尽管社会民主党的这一政策阻碍工人进行大规模的斗争，但是劳动者的先进群体越来越投身于反对资本的政治斗争，并向千百万劳动者指出了正确的道路。

这方面的例子有1930年3月6日**美国**大约有100万失业者参加的失业工人大规模示威游行，1930—1931年在**德国**爆发的一系列大规模的示威游行，1930年9月1日**布达佩斯**失业工人的大规模示威游行，**美国**1932年的农民罢工，1932年退伍军人向**华盛顿**的大进军，1931年4

月14日的**西班牙**革命，1931年9月14日英国海军舰队在**因弗戈登**的罢工，1931年9月**智利**海军舰队的起义，1932年**西乌克兰**农民起义，以及1933年2月荷兰军舰七省号上的暴动。

劳动群众的斗争在组织方面的缺点

为什么劳动者的这些迅猛的政治运动只是一声霹雳，稍纵即逝，而并没有使解放斗争获得重大的结果呢？为什么它们并没有能变为一场反对资产阶级国家的群众性政治斗争呢？

这是由如下四个主要缺点造成的：

1. 这些运动绝大部分是自发的，并没有什么认真的准备，并没有把所有的力量都组织起来，并没有什么具体的斗争目标。其中只有极小一部分是响应共产党的号召而发生的。

2. 共产党虽然力图为这些运动提出具体的口号，扩大其范围并提高群众的政治觉悟，但社会民主党和改良主义工会竭尽一切力量加以阻止。共产党也还不够强大和具有足够的影响，以便把自发地投入政治斗争的群众组织起来并加以坚强的领导。

3. 参加这些运动的有共产党员、社会民主党员和无党派工人，只有在共产党组织和社会民主党组织之间的统一战线建立起来之后，这些自发投入斗争的群众才能长期团结在一起并继续斗争下去。但是社会民主党反对结成这样的统一战线并使其不可能建立起来。此外，还必须建立一个由群众自己选举的，由共产党员、社会民主党员和无党派工人组成的，长期领导斗争的机构，这一机构在群众中要有足够的威望，以便把越来越广大的群众吸引到斗争中来，并借以确保对整个运动的革命领导。然而这样的机构并未建立起来。

4. 建立这样的机构的思想曾在失业工人运动中出现过。然而，由共产党人建立起来的城市和地区的失业工人委员会既没有足够广泛的基础，在群众中也没有足够的威信来完成这一伟大的任务。它们从未成为一种值得注意的政治中心，成为所有劳动者同情的中心，成为全阶级的事业。共产党人从未认真地向劳动者说明过这样的机构的作用和意义。其结果就是，资产阶级和社会民主党有可能把这些机构指为"不负责任的"、偶然产生的机构，或指为"纯粹是共产党阴谋的产物"，从而削弱这些机构对非共产党工人的影响。

共产党在危机的条件下肩负着极其伟大而艰巨的领导群众的任务，共产党人必须考虑到千百万群众，并把一切劳动者阶层吸引到斗争阵线中来。要完成这一任务是极其困难的，因为大多数国家的共产党在危机前都还只是一些人数不多的组织，也只有较小部分的工人受其影响。

形势的急剧变化，群众不满的剧增，法西斯危险和战争危险的增加，要求共产党人不断地考虑形势，考虑各党派、各团体和个人的作用，要求共产党人及时提出符合变化了的形势的口号。局势的这种复杂性也要求有强大的组织工作。共产党人在完成这一任务时出现了一些模范工作的光辉榜样。但是面对迅猛复杂发展着的政局，他们有时不能及时地提出口号，不能正确地估计阶级力量的对比，有时还囿于从前曾是正确的、但在局势变化后已经过时了的口号和斗争方法。

各国共产党虽然接受了第六次代表大会关于新的革命高潮正在增长的基本论断，但有时它们并没有完全明白，革命高潮和革命危机之间并非隔着一座万里长城。而对于工人群众将以何种方式与其改良主义的旧领导决裂和转向革命斗争的问题，它们有时又想得过于简单。

永远和群众在一起，永远站在群众的前头

在许多情况下，共产党人还过高地估计群众在政治上的成熟程度，

认为用不着再进行艰巨的工作来教育群众投入政治斗争,并使他们确信有必要进行这种斗争。他们认为,只要宣传苏维埃政权和向群众解释共产党人在夺取政权时将实行的纲领就足够了;并且认为,只要这样做了,就能使工人接受他们的领导。这种错误想法的结果就是,有几个共产党一时变成了仅仅是我们的纲领的宣传机构,而不是把对纲领的宣传和如下任务结合起来,即及时地向群众提出能把他们动员起来投入目前斗争的口号。

许多共产党人的这些错误观点首先表现在工会问题和开展经济斗争的问题上。被改良主义工会开除的共产党员对改良主义工会采取一种敌对的态度。他们认为,我们越是和改良主义工会的消极被动、破坏罢工及其改良主义作斗争,群众就将越是迅速地、自发地和它们决裂,并转而加入到共产党人的规模很小的工会干部的组织里来。

这些共产党人没有重视**斯大林**同志1925年5月9日在莫斯科党的积极分子大会上的讲话:"如果共产党想成为一支能够把革命向前推进的真正群众性的力量,它就应当和工会结合起来并且依靠工会。"[①] **斯大林**同志还指出,有些共产党员"不了解,不管工会好不好,工人群众总是把工会看成帮助自己保持工资、工作日等等的堡垒"。[②]

恰恰是在危机时期,当劳动群众承受着最大的苦难的时候,普通工人特别强烈地感觉到,他们的工会不管多么不好,总还能够向他们提供法律保护和即使是很微小的物质帮助,这个工会确实还有一定的力量,他们因此而不想和它决裂。

许多国家的共产党人犯了这样的错误:他们没有考虑到群众的这种情绪,没有在工会中开展工作,也不懂得及时地改变他们对工会的态

---

① 《斯大林全集》第7卷第86页。——编者注
② 《斯大林全集》第7卷第87页。——编者注

度，从与下层群众的统一战线过渡到与工会组织的统一战线。在**德国**，个别共产党员在法西斯主义进攻面前，甚至谈论什么"摧毁"改良主义工会的必要性，并因此使共产党人自外于有组织的工人。

在**美国**，共产党人在一个长时期里把美国劳工联合会看做纯粹是一个资本家破坏罢工的组织，他们只看到它的领导人格林，而没有看到该组织的工人们。

1932年秋，共产国际执委会第十二次全会曾谴责这样一种相当普遍的论点："工会是资本主义的学校。"只是在1932年秋，德国共产党才向共产党员们提出保卫工人组织及其财产的口号，共产党因此才获得了全体工会会员、合作社社员和社会民主党党员的强烈同情。只是在更晚以后，甚至是在希特勒攫取政权以后，共产党人才提出"保卫自由工会"的口号，随后又提出了"重建自由工会"的口号。其他国家的共产党才明白工会工作的巨大意义。

一方面是低估法西斯主义的危险；另一方面则是把根本不是法西斯主义的东西视为法西斯主义，后一错误和前一错误一样大。产生这一错误是由于许多共产党的撰稿人机械地理解了第六次代表大会关于资产阶级企图在越来越大的范围内采用法西斯主义的统治方法的指示。

德国共产党人在相当长的时间里认为，赫尔曼·弥勒的社会民主党政府在推行法西斯化，布吕宁政府已经是法西斯独裁政府。而另一方面，他们又低估了希特勒的运动，认为在像德国这样一个工人阶级已高度组织起来的国家里，希特勒分子是不可能攫取政权的，盲目地附和希特勒分子的小资产阶级群众也会很快地背离他们的。

奥地利朔贝尔政府在1929年就被说成是法西斯政府。**捷克斯洛伐克**的马萨里克—贝内施派则被共产党人说成是法西斯集团。还可以举出一大堆例子来证明这种错误的估计。

对法西斯主义本质的这种错误看法和对意大利及波兰法西斯主义缺

乏认真研究的结果就是，共产党人不能及时提出保卫资产阶级民主的残余以抵御法西斯主义进攻的口号，并且不能利用资产阶级的内部矛盾。

在德国，只是在1932年普鲁士议会选举议长时，共产党人才宣布他们将投票选举社会民主党和中间派的候选人，以阻止法西斯分子当选。

即使在**波兰**，虽然共产党在1926年后的那几年，较之其他国家的共产党更多地研究了法西斯主义，并向群众提出了反对践踏资产阶级民主自由的残余的口号，但他们在成立中左派联盟时，竟然也不会利用执政者阵营和资产阶级民主反对派阵营之间的纷争。

这些错误的原因在于绝对错误地认为，所有的资产阶级政党都是法西斯主义的，"不存在资产阶级的两种统治手段"，保卫资产阶级民主残余对于共产党人来说是丢脸的。其实只要我们还不能用无产阶级民主、无产阶级专政来代替资产阶级民主，无产阶级就对资产阶级民主的任何碎片感兴趣，以便利用它为群众推翻资本的政权和建立无产阶级民主做准备。

这种关门主义的立场既和马克思、恩格斯、列宁和斯大林的教导毫无共同之处，也不符合共产国际第六次代表大会的决议，它阻碍了共产党影响的增长，特别是阻碍了争取社会民主党的工人去进行共同的斗争。

不铲除这些关门主义的立场，就既不可能建立与社会民主党工人的统一战线，也不可能建立与这样一些劳动群众的广泛的人民阵线，这些劳动群众现在还远离共产党人，然而他们有可能和我们一起共同反对法西斯主义和战争，反对资本的进攻，争取实现他们的局部要求，以及保卫资产阶级民主的残余。

争取无产阶级的同盟军

在这一斗争阶段可以十分强烈地感觉到，我们在农民和城市小资产阶级中争取无产阶级同盟军的工作落后了。我们虽然克服了老社会民主党对小资产阶级群众原则上的轻视和行会式的高傲态度，他们认为和小资产阶级群众打交道是有失无产阶级的体面的，然而除了波兰和巴尔干国家外，大多数国家的共产党在危机爆发前仅在原则上承认有必要在城乡小资产阶级中开展工作。

波兰共产党长期以来就对进步农民有着强大的影响，这些农民既遭受封建残余的压迫，又痛感土地的缺乏。波兰共产党在"全部土地归农民所有"的口号下，进行了争取农民群众的斗争，同时又提出了一系列的局部要求，例如"不缴一分钱税款给法西斯政府"、"反对法西斯的土地重划"、"反对取消教产使用权"、"反对征夫筑路"和"反对工役制"。这些要求在群众中十分普及，而且从它们的本质来看，也几乎不能视为只是局部的要求。这些要求的主要作用在于，使农民和国家政权发生直接冲突。一旦革命危机爆发，一旦无产阶级奋起投入战斗，农民运动就可以在这些口号下给予无产阶级以强大的支援。然而在中西里西亚农民暴动以后，农民运动明显地衰颓了，而无产阶级也并没有给农民的斗争以必要的支援，此时党的任务应该是把斗争重点转移到这些可能引导最广大的农民群众投入斗争的局部要求上。

共产党人在策略上常常表现得不够灵活，否则在军警讨伐的威胁之下，也可以为农民争得局部的胜利，如减少劳役、减少筑路的苦役等，这样就可以保持他们在农民群众及其团体中的影响，以图以后继续斗争。

有些国家，农民在经济危机时期受到灾难的严重打击而开始背离资产阶级，而这些国家的共产党人竟没有及时地给方兴未艾的农民运动提出斗争口号，以反对使农民破产的垄断资本的统治，反对降低农产品价格，反对"利息奴隶制"。

德国农民群众因掠夺性的价格、赋税和高利贷而愤懑至极，共产党在1931年秋提出了救济农民的纲领，宣传取消债务、废除间接税和没收大地主的田产，要求国家救济劳动农民。德国北部许多农民领袖过去曾和法西斯分子有过关系，由于这个纲领，在1931年转到共产党方面来了。可是，共产党由于面向农村的组织干部和宣传干部不够，因此未能真正在农村着手解释这个纲领，来与法西斯的日益增长的势力相对抗，而法西斯却广泛地进行"反托拉斯和反银行"的蛊惑人心的宣传。于是农民就转向法西斯党，此时农民还没有看见这个党的行为，还不知道它的本质，而且这个党那时也还没有取得政权，但它已经向农民许诺，在不推翻资本主义的条件下提高农产品价格和改善农民的状况。

法国和**美国**农民的不满导致了一场反对农产品低廉价格的广泛运动。共产党动作迟缓，当农民运动已经开始平息下来时，才去支持农民的要求，反对经纪人和磨坊主的榨取，从而为进一步提高其在农民中的影响创造了条件。

共产党人也不善于领导**城市中等阶层**反对垄断托拉斯和银行的运动，并争取这一阶层站在自己这一边。当德国丹纳特银行倒闭的时候，许多小资产阶级群众失去了他们的存款，而共产党却并没有向这一阶层提出斗争的口号，从而失去了在这一阶层中赢得更大影响的良好时机。在其他许多国家里，小资产阶级在反对榨取他们鲜血的托拉斯和银行时，未能在共产党那里得到足够的支持。结果是这些阶层对斗争采取旁观态度，最终追随法西斯分子并帮助他们获得胜利。

尽管共产党在劳动群众中的影响和作用有了巨大的增长，但是共产党仍不够强大，以致无法打破社会民主党和工会领袖对广大工人群众的影响，不能改变群众只是因为遵守纪律而不敢斗争的情况。这就表明，共产党在理论上和实践上都还不够成熟，还未能找到影响群众和领导群众的方式，这种方式应能迅速地克服工人运动的分裂，增强工人阶级的力量和提高其组织性，而这些正是无产阶级胜利地进行斗争的先决条件。

工人阶级由于自身的分裂和社会民主党对工人利益的背叛而受到了削弱，这就使德国资产阶级有可能利用小资产阶级和农民的动摇，暂时把这些阶层拖入法西斯主义的阵营。德国共产党没有及时地注意到凡尔赛和约的特殊作用，这一和约给劳动群众带来了闻所未闻的苦难，而德国共产党也不够机警，以致未能根据阶级斗争的利益来利用由此造成的局势。这就使德国资产阶级有可能利用对凡尔赛和约的憎恨情绪来维护自己的统治利益。

法西斯分子对德国劳动者的进攻

德国无产阶级的失败和法西斯专政在德国的确立，是危机最初年代资本主义国家发生的最大事变。在马克思主义旗帜下最早建立起来的工人阶级组织被一个野兽般的强盗集团打败了。最先进、最文明的民族之一已经沦落在金融资本的最反动、最沙文主义的政党的军刀之下。一个高度文明的国家成了欧洲反动派的中心，成了残酷的刑讯室，成了新战争的策源地。

这里有一个非常重要的问题：德国的劳动群众是否有可能防止这场浩劫。毫无疑问，他们曾经有过这种可能性。但是要做到这一点，工人阶级就必须建立统一战线，就必须打碎社会民主党领导人、改良主义工会领导人和资产阶级的反动阵线，就必须不受社会民主党如下理论的蛊惑，即在危机时期，阶级斗争是不可能的，人们只能消极地忍受危机，反对法西斯主义是没有用处的,等等。为此,工人阶级就必须向资本发起反攻,并强迫它救济受苦难的人们。为此,工人阶级就不能允许解散红色前线战士联合会和解除其武装,而必须将它与帝国旗帜团合并,改变帝国旗帜团的政策,从而建立一个无产阶级的强大的革命战斗组织。工人阶级不能静观法西斯分子怎样在希特勒领导下武装起来,而必须迫使魏玛共和国政府解除法西斯匪帮的武装,没收其组织的财产,并将其领袖投入监狱。工人阶级不能让法西斯分子扩大其反对凡尔赛和约的蛊惑宣传,而必须迫使魏玛共和国政府撕毁凡尔赛和约。

但是德国工人阶级并没有这样做。大多数工人阶级还是盲目地听从社会民主党的领导,而不想倾听共产党人的忠告。为此,他们现在必须忍受可怕的法西斯地狱之苦。仅靠德国共产党是不可能使工人群众免遭这场浩劫的。

早在1930年,魏玛共和国就已经明显地动摇了。一场激烈的动员群众的角逐在即将到来的革命和武装起来反对革命的反动派之间开始了。很明显,德国资产阶级已不可能用议会制和资产阶级民主的方法来继续其统治。

到了1932年春,我们已经能很清楚地看到,法西斯分子在动员群众方面已明显地走在共产党人前面,如果阶级力量对比不能马上发生有利于无产阶级的变化的话,那么最残暴、最血腥的法西斯专政在德国建立已是不可避免的了。共产党竭尽一切力量加强争取统一战线的斗争,以使阶级力量对比变得对无产阶级有利。他们向自己提出了这样的任务:要不惜一切代价与社会民主党和全德工会联合会达成协议。这一统一战线应该担负这样的任务:抵御法西斯主义和保卫资产阶级民主自由的残余。

但是社会民主党断然拒绝任何这类建议。甚至在法西斯已把斗争转移到大街上,在德国所有的城市对工人实行白色恐怖和阴险地杀害无产阶级最杰出代表的时候，社会民主党仍然只是限于在国会内提出软弱无力的抗议而已。任何一个有理智的人都能清楚地看到，与法西斯分子的斗争已不能在议会里解决了，德国的前途和德国工人运动的命运问题早已被法西斯分子转移到大街上去解决了。

即使在7月20日，当巴本政府在普鲁士驱逐社会民主党部长，共产党向社会民主党及全德工会联合会提出宣布总罢工的建议时，这两个组织仍在号召工人保持镇静。被驱逐的部长竟向帝国最高法庭提出起诉，控告政府违背了宪法。

甚至到了1933年1月30日，当金融资本把国家政权交给希特勒党以实行法西斯专政的时候，社会民主党和全德工会联合会仍再次拒绝共产党号召总罢工的建议。他们指责共产党人是捣乱分子，要求工人不要抵抗。

共产党人在这段时间里竭尽所能地动员劳动群众投入革命斗争和阻止法西斯专政。共产党在这方面取得了重大的胜利。但是，只要社会民主党不放弃反对统一战线和反对斗争的立场，共产党就不可能改变当时已经形成的力量对比。

现在，让德国的工人，让全世界的无产阶级来评判吧，德国无产阶级的失败究竟是谁之过？但愿他们能从德国事件的血的教训中明白，这一失败之所以能成为现实，完全是由于工人阶级的大多数仍盲目地追随社会民主党，把共产党人的警告当做耳边风，拒绝开展斗争。现在，有些所谓"左"的革命家跳出来宣布，虽然无产阶级少数派的斗争将以失败告终，共产党人也应不顾一切地进行斗争。这些爱说假话空话的英雄并不懂得，这样做只能意味着更大的失败和德国无产阶级革命干部的全军覆没。

德国无产阶级失败了。共产党人无论过去还是现在，都不想让革命干部只为英雄主义而去牺牲。这样的牺牲算不得英雄！他们希望这些革

命干部去组织新的斗争和新的胜利！（掌声）

资产阶级不能削弱群众的斗志

无产阶级在国际阶级斗争战略要地之一的德国的失败，使波兰革命群众运动的发展步伐在一个时期内放慢了，使那里的革命危机因素的成熟暂时停顿下来了。无产阶级在德国的失败使国际反动派更加肆无忌惮，使战争危险增加了，使资产阶级对工人阶级的压力加强了，也使资产阶级更想在别的国家也建立法西斯统治。

当法西斯分子向德国劳动者进攻的时候，其他国家的无产阶级取得了一系列伟大的胜利。中国的无产者和农民建立了自己的**中华苏维埃共和国**。在南京政府对红军的几次军事围剿中，人民群众表现出高度的英雄气概和忠于革命的光辉范例。在日本帝国主义进攻和南京政府采取不抵抗主义的情况下，中华苏维埃高举起从日本奴役下拯救中华民族的旗帜，高举起反对日本帝国主义的人民革命斗争的旗帜，从而阻止了日本帝国主义深入中国内地的进攻。在很短的时间里，中华苏维埃就成了帝国主义者的国际政策不能忽视的力量。

在**西班牙**，虽然工人运动是分裂的，但群众运动仍然汹涌澎湃，群众罢工遍及各地，政治罢工和夺取地主土地的农民运动风起云涌。

在所有的资本主义国家和殖民地国家，罢工和农民运动正方兴未艾。

当然，对于整个世界革命阵线具有决定性意义的是，恰恰在全世界劳动群众被资本主义抛入无以名状的痛苦之中的那些年头，当德国法西斯把工人组织打得粉碎的时候，**苏联**完成了第一个五年计划，并正在不断地增加全体劳动者的福利。正是在这几年里，社会主义在苏联取得了最后的千真万确的胜利。

社会主义在苏联的这一具有世界历史意义的胜利，埋葬了国际帝国主义的体系，增强了革命的力量，提高了苏联作为和平因素、作为世界革命基地的作用，并增强了全世界劳动者为社会主义、为苏维埃政权而斗争的意志。

资产阶级在这一斗争阶段结束时，成功地以工人、农民和殖民地人民的利益为代价改善了自己的处境，为从危机过渡到萧条创造了条件，并使德国无产阶级遭受了失败。但是，资产阶级并未能削弱世界革命阵线，并未能在德国粉碎共产党，并未能为新的经济上升创造条件。

国际力量对比发生的变化并不是有利于资本主义，而是有利于社会主义，并不是有利于资产阶级，而是有利于无产阶级。

现在我要报告第三个斗争阶段，即社会党工人转向与共产党人建立统一战线这一阶段的情况。

三、社会党工人转向与共产党人结成统一战线

一方面是社会主义在苏联取得了最后的千真万确的胜利，另一方面是法西斯在德国的残酷统治，在这两个方面的影响下，不久前还相信资本主义和资产阶级民主不可动摇，相信可以和平地（不用革命和战争）发展到社会主义的广大劳动群众的全部观点、整个世界观体系开始崩溃了。改良主义政党借以制定其纲领和策略的思想基础正在崩溃。

工人阶级懂得，工人运动的分裂导致法西斯主义在德国的胜利，工人阶级必须统一。

法西斯主义在德国的胜利并不像社会民主党曾经预言的那样，开始了一个反动派长期统治的时期，而是恰恰相反，就像共产国际执委会第十三次全会指出的那样，在全世界都可以看到"**革命危机正在加速成熟的趋势**"，就像**斯大林**同志在联共（布）第十七次代表大会上所断言的

那样，在全世界"向资本主义冲击……的思想已经在群众意识中成熟起来"①。

在这种形势下，苏联越来越得到劳动者的理解和同情，并为他们指明了斗争的道路。在这种形势下，社会主义的胜利推动着千百万人完全改变他们的看法和观点。在这种形势下，广大工人群众，特别是参加社会民主党和改良主义工会的工人的情绪发生了根本的变化。

这种变化的最初表现形式：首先是自发地大规模地形成了世界无产阶级保卫莱比锡囚徒的**统一战线**，**季米特洛夫**同志在莱比锡**英雄地捍卫了共产主义**，对于统一战线的形成具有伟大的历史意义；其次是工人们转向积极地反对本国的法西斯主义。无产阶级已经不再像在德国曾经发生过的那样，未经抵抗就在法西斯主义面前退缩了，而是于1934年2月在法国以**总罢工**来回答法西斯主义的进攻；于1934年2月在奥地利、1934年10月在西班牙以**武装斗争**来回答法西斯主义的进攻。

奥地利和西班牙的武装斗争显示了工人阶级的强大战斗力，以及参加斗争的工人的无限勇气和牺牲精神、革命的坚定性和持久性。英勇的工人自卫队、弗洛里茨多夫的英雄们、维也纳马克思宫和哥德宫的保卫者们、科洛曼·瓦利什、工程师魏塞尔、米尼希赖特尔等——他们将永远留芳于无产阶级的解放斗争史册。

阿斯图里亚斯勇敢的矿工们、西班牙的第一批赤卫队员们、奥维耶多的保卫者们——共产党人、社会党人、无政府主义者和无党派人士，他们都有着不朽的荣誉。我们向在勒鲁和希尔·罗布莱斯的牢狱中受磨难的成千上万的西班牙革命者，向正在牢狱中受苦的西班牙社会党领袖卡瓦列罗致敬。

而与此相反，那些社会民主党的领袖们却蒙受了耻辱，他们从战场

---

① 《斯大林全集》第13卷第260页。——编者注

上逃跑，忘记了斗争领导人的基本职责。西班牙无政府主义者的首领们则永远只配有耻辱，他们从内部瓦解了斗争，与勒鲁、希尔·罗布莱斯同流合污。

同志们，我们应还记得，当奥地利和西班牙事变的消息传出后，全世界各国工人区曾吹起了一股多么清新的革命微风，无产阶级保卫奥维耶多的英勇斗争是怎样唤醒了各国的无产者，在阿斯图里亚斯升起的保卫苏维埃政权的战斗旗帜曾唤起了全体工人怎样的热情啊！

社会民主党政策的破产

但是，为什么1917年10月俄国的武装起义导致了无产阶级的胜利，而奥地利无产阶级1934年2月和西班牙无产阶级1934年10月的武装斗争却没有带来无产阶级的胜利呢？

西班牙在1931年4月就像俄国在1917年2月一样，推翻了君主政体，开始了西班牙的资产阶级民主革命。而与在苏维埃中为继续革命而斗争的布尔什维克不同，西班牙社会党人模仿曾在克伦茨基政府中担任部长的俄国孟什维克和社会革命党人的先例，参加了阿萨尼亚政府。

西班牙社会党的部长们做了些什么呢？在革命的三年里，整个西班牙社会党，这个曾在1934年10月号召工人举行武装起义的党，做了些什么呢？

西班牙社会党人不是解散反动的法西斯主义的国民卫队，而是批准贷款来扩充国民卫队，并且释放了武装反对共和国的保皇党分子圣胡尔霍将军，任命他为这支本应保卫共和国的卫队的司令。他们不是解除反动军官的职务和使军队民主化，而是使反动分子在军队里为所欲为。他们不是解除人民的敌人、法西斯分子的武装并把他们关押起来，而是迫害共产党人并公布了保卫共和国法，根据这一法律，十月斗争的参加者——社会党人和共产党人现在正在受审判。

社会党人没有触动反动教会和寺院的土地、财产和权利,没有给本应争取其加入革命的农民以土地。他们没有实行工人监督生产,没有改善工人的处境并武装他们以保卫革命。他们不是把反动的资产阶级置于死地,而是使它有可能组织起来,武装起来。

难道布尔什维克在1917年曾经这样做过吗?难道他们就是这样准备无产阶级在革命中夺取胜利的吗?西班牙社会党人的所作所为,不正是其政府被布尔什维克推翻的克伦斯基曾经做过的吗?

早在1917年2月,在布尔什维克的压力下,沙皇的宪兵部队被解散了,士兵委员会成立了,士兵获得了公民权,沙皇和他的高级官员被关押了起来。布尔什维克在和平、面包、土地和自由的口号下举行起义,在革命的每一个阶段都为这些要求而斗争,并动员人民群众支持这些要求。

起义的第一天,他们就颁布了一切土地归农民所有的法令。

起义胜利后,他们立即为缔结和约而斗争,并给被压迫民族以自由,在企业中实行工人监督,没收反动派的财产,彻底清除地主阶级,并彻底打碎资产阶级镇压劳动者的国家机器。

早在革命前的很长时间里,布尔什维克的一切活动就是旨在动员无产阶级及其同盟者去胜利地推翻资产阶级的统治和建立无产阶级专政,以实现人民最迫切的要求。因此,大多数劳动者支持布尔什维克并帮助他们获得成功。

西班牙社会党领导人在阿萨尼亚政府内外的全部活动,都是旨在与资产阶级妥协,维护私有财产,保护地主、教会和资产阶级的利益,使其不受群众的革命冲击,以及不触动旧的资产阶级国家机器。他们就这样削弱了无产阶级和加强了法西斯分子的力量。

在**奥地利**,直到武装斗争开始时,仍不存在像西班牙那样的革命形势,但是奥地利无产阶级有它自己的优势,即绝大多数工人都参加同一个政党,参加追随这个党的工会,并且在这样一个小国里,无产阶级在数量上占据着极大的优势。

但是,90%的奥地利无产阶级所追随的社会民主党,并不是一个有计划地、系统地准备为争取无产阶级胜利而斗争的革命政党。这个党早在1918—1920年革命中就曾经帮助资产阶级赢得优势,而它自己则满足于工人阶级享有形式上的民主权利和实行一些社会改良。

当法西斯分子反对资产阶级民主时,社会民主党的领袖们一步一步地退缩,一个接着一个地放弃了1918年革命的成果。他们同意扩大总统的权限和修改宪法,对于自己的报刊被查禁和工人自卫队被部分解除武装采取了容忍的态度。他们年复一年地劝说群众要始终立足于资产阶级民主,他们并不想进行无产阶级革命,也不想为此而发动群众。

当无产阶级的战斗力被削弱的时候,资产阶级的战斗力在增强。劳动群众对于在社会民主党领导下可望改善处境的想法消失殆尽了。

在奥地利社会民主党由于其所作所为而使劳动群众成了一盘散沙和不准备斗争之后,奥托·鲍威尔力图证明,他是照着布尔什维克的样子做的,他只是使"亚洲的"布尔什维克的策略适合于"欧洲的"情况而已,他的这种说法真是荒谬可笑。

武装起义必须作为整个工人阶级的事业而加以准备。为此必须争取无产阶级的多数,越多越好,多数劳动者对这场斗争的支持是必不可少的。西班牙和奥地利的社会党人却相反,把起义变成只是战斗团体的事情。

武装起义如果想取得胜利,就必须选择对无产阶级来说最有利的时机。而西班牙和奥地利的社会党人却相反,还在很久以前他们就放弃了主动权,而让法西斯分子来决定战斗开始的时间。

为了武装起义取得胜利,就必须使群众知道起义所追求的明确的斗争目标。但是西班牙和奥地利的社会民主党领袖们并没有提出这样的斗争目标。他们不是拿起武器去推翻资产阶级,而只是想对资产阶级施加压力和对其进攻实行自卫而已。

俄国无产阶级在 1917 年建立了**苏维埃**,作为包括所有工人、农民、职员、士兵和水兵的机构。

在苏维埃内部,布尔什维克为群众的领导权而斗争。布尔什维克把苏维埃变成准备和进行无产阶级起义的机构。

卡瓦列罗却正相反,他宣布西班牙不需要苏维埃,因为整个工人阶级都被组织在工会和政党里了。他说得对吗?不对,完完全全地错了。在西班牙,就像在任何其他一个资本主义国家一样,多数工人并没有组织起来。

拉尔戈・卡瓦列罗和西班牙社会党人反对建立苏维埃,他们想以此把只能是全体工人阶级的事情的起义,变为社会党的事情,或者变为一个党派联盟的事情,以便遏止运动的发展并扼杀其群众性。

在奥地利,鲍威尔和多伊奇从来没有想过要建立什么准备和领导斗争的群众机构,而是想用纯粹布朗基主义的方式把武装斗争的事业仅仅交给一个孤军奋斗的工人自卫队。本来,只要他们当时号召群众起来斗争,几天之内就可以建立起动员广大劳动群众进行斗争和组织支援工人自卫队的机构。这样一来,斗争发展的整个进程就会变得有利于无产阶级。

可是,奥地利和西班牙的社会党人即使在进行武装斗争的时刻,仍认为不接受俄国革命的经验是对的。否定俄国经验的代价就是成千上万的无产者流血牺牲和遭受囚禁折磨之苦。

无论是在西班牙还是在奥地利,都有一部分社会民主党的领导人决定用武装斗争来反对资产阶级,尽管他们是在群众压力下这样做的,我们对于这种伟大的行动仍然表示赞赏。共产党人不惜牺牲对他们的行动给予了支持。

西班牙的共产党人参加了"工人同盟",虽然他们在这个同盟中并没有什么重大的影响。在西班牙,就像在奥地利一样,共产党人站在斗争的最前列,因为哪里有斗争,哪里就是共产党人的岗位。但正是这些在社会民主党领导下的武装斗争的经验表明,在社会民主党领导下,无产阶级是不可能取得胜利的。

阿斯图里亚斯的武装斗争取得了胜利,那里组织了一支赤卫队,在共产党的领导下,武装斗争提高为真正的起义。这一胜利证明了俄国革命曾经证明了的原理,即为使无产阶级的武装斗争取得胜利,必须有**共产党的、布尔什维克的领导**。但是,无论是在西班牙还是在奥地利,由于共产党弱小年轻,都还没有这样一种领导。因此,当工人自卫队和西班牙社会党中最革命的分子转入共产党的队伍,并以此表示他们认为斗争尚未结束时,说明他们已经得出了正确的结论。

统一战线和反法西斯人民阵线的成就

法国的斗争在1934年2月达到了特别大的规模,这一斗争从其表面进程来看,与西班牙和奥地利的斗争相比,处在较低级的阶段上。但是,由于法国无产阶级的战斗行动及时地指向了法西斯主义,因此它对各国无产阶级斗争的发展有着更大的影响。

那么法国的斗争有些什么不同于西班牙和奥地利的斗争的特点呢?

当法国的法西斯匪帮第一次成群结伙地出现在巴黎街头时,法国的无产阶级并不像德国的无产阶级那样,由于相信法西斯主义祸害较小的理论和关于形式上的民主的空话而睡大觉,而是在法西斯主义发起第一次进攻时,不分党派立即走上街头,用1934年2月9日的强大的政治示威和1934年2月12日的政治总罢工予以还击。法国无产阶级就这样打退了法西斯分子的第一次大规模进攻。（掌声）法国无产阶级在2月的日子里建立了斗争的统一战线，以此用民主的方式表明，如果它是统一的，并且不是逃避斗争，而是及时地结成反对其敌人的阵线的话，它就能表现出多么强大的力量。

无产阶级以这样的行动迫使法国社会党——虽然经过了大的动摇——不得不同意建立与共产党的统一战线。这就为整个有组织的工人运动的反法西斯主义的统一行动打下了基础，有组织的工人运动对没有组织的工人阶级大多数和城乡小资产阶级有着巨大的影响。

我们的法国共产党已经变得强大有力、充满了生机，它并不满足于与社会党建立统一战线，而是提出了一个包含一系列要求的纲领，这些要求深刻地触动了资产阶级的利益。其中包括这样的要求，如无情地征收财产税；还包括一些瓦解法西斯主义的要求，如要求禁止法西斯主义的组织及其报刊，逮捕法西斯头子，没收法西斯组织的财产；此外，还有减轻战争危险的要求，如要求与苏联缔结和平条约，以实际行动反对战争策划者。所有这些要求都是为了改善劳动群众的处境和加强他们的地位。

法国共产党以其行动为建立一个广泛的反对法西斯主义、反对战争的人民阵线打下了基础，这一阵线吸引了越来越广泛的农民阶层、城市小资产阶级和知识分子，使激进社会党的成员参加了运动，并使革命无产阶级日益成为一切劳动者斗争的核心和领导。

1935年7月14日法国国庆日时举行了强大的反法西斯示威，共产党人、社会党人和激进社会党人一起游行，光是巴黎就有50万劳动者参加。这一示威游行不仅是迄今为止资本主义国家发生过的最强大的一次，而且表现了统一战线对工人斗志的强大影响，以及在这种影响下把其他阶层也吸引到了人民阵线中。（经久不息的掌声）今年法国共产党在最近一届地方议会选举中所取得的重大胜利也证明了这一点。这些成就是共产党为建立工人阶级统一战线和反法西斯人民阵线、保卫民主权利而斗争的结果,是共产党人在政府危机时和在为缔结防止战争袭击的《法苏互助条约》而斗争时积极主动地采取行动的结果。

法国共产党的这一成就壮大了法国无产阶级的力量,从而使资产阶级不能轻而易举地过渡到采用法西斯主义的统治手段。

法国的形势已经极其尖锐。第三共和国和民主政体的命运、劳动群众的命运都系于统一战线和人民阵线能否进一步发展,系于群众能否积极地斗争。

法国无产阶级的斗争具有重大的国际意义。法国无产阶级在1934年2月由于共产党人和社会党人的统一战线而打垮了法西斯分子的第一次大规模进攻,在1935年7月14日又进行了反对法西斯主义的强大的战斗进军。法国无产阶级的成就向各国劳动者指明了,只有劳动者根据革命策略进行统一斗争才能抵御资本和法西斯主义的进攻,才能挫败战争策划者。

法国无产阶级的斗争使全体劳动者看到,为了打败法西斯主义的进攻和为了建立无产阶级专政、实现社会主义,资本主义国家的无产阶级应该怎么做。法国社会党人只是在群众的压力下才违背了第二国际执行局的明确意图,与法国共产党缔结了统一战线协定,这一协定为各国左派社会民主党人指明了道路。

在奥地利、西班牙和意大利,共产党人和社会党人缔结了统一战线协定,在英国、美国、波兰、捷克斯洛伐克以及许多其他国家,社会党的领导和第二国际执行局一样,仍旧拒绝与共产党达成任何协议,但工人阶级在统一战线的基础上举行了群众斗争。

在**英国**,弱小的共产党与独立工党,与许多工会以及工党的下层组织建立了统一战线。它们在1934年9月9日引导15万工人走上街头,并在1935年1、2月间形成了示威游行、群众集会和罢工运动的高潮,迫使政府不得不停止实行失业法令的第二部分,该法令规定组织劳动服务营并使失业救济事务统归议会外的一个委员会办理。由于与地方工会组织结成了统一战线和共产党人在这些组织中的艰苦工作,使英国出现了这样的结果:在许多情况下,工会明确表态反对工联总委员会,并抵制其提出的把共产党员开除出工会的《黑色通告》。

在**美国**,由于统一战线的策略,革命工人成功地巩固和扩大了他们在美国劳工联合会的许多组织中的影响,赢得了工会对共产党人提出的关于实行失业保险的法案的广泛支持,从而使这一要求成为全体劳动者的事情。革命工人因此在1934年的大罢工、太平洋沿岸的海员罢工和旧金山总罢工中赢得了决定性的影响,由此为工人争得了许多物质上的好处,并且加强了美国无产阶级整体的政治地位和提高了他们的阶级觉悟。美国工人运动的性质因而有了决定性的变化,美国工人阶级从此开始进行独立的政治活动。

在**波兰**,尽管社会民主党的领导拒绝和共产党人订立任何协议,但是群众情绪的变化使共产党和社会党的许多组织建立了统一战线,广大劳动群众的反法西斯运动得到了加强。这一点最明显地表现在共产党发起的反对法西斯主义新宪法的政治罢工和农民运动的强大浪潮中。这一浪潮席卷了全国所有的工业中心和几个农业区,并受到两个政党的支持。波兰社会民主党想单独领导这一政治罢工运动,竭力想把这一运动分割为个别的罢工,但是这一运动必然导致受社会民主党影响的群众进一步革命化,导致用协议形式建立起来的共产党与社会党反对法西斯主义、保卫工会和工人组织合法地位的统一战线进一步扩大。

不管社会民主党领导人怎样看待与共产党人达成谅解的做法,也不管他们怎样害怕与共产党人的统一战线对受他们影响的群众的革命影响,所有资本主义国家都掀起了劳动群众的统一战线运动。如果我想在这一报告中历数劳动者的这一统一战线的所有成就的话,那就要花费许多时间了。

这一运动表现为各种各样的形式,从党与党之间的协议,从我们的朋友**亨利·巴比塞**领导的超党派的反对法西斯主义和反对战争的**阿姆斯特丹—普莱耶尔运动**,到工会组织、青年组织、体育组织、文化团体和其他团体之间的联合。尽管改良主义的领袖们竭尽全力加以反对,他们也不可能阻挡一切无产者反对法西斯主义和反对战争的战斗统一战线口号的强大影响,也不可能遏止苏联社会主义的胜利对全世界劳动群众的与日俱增的影响。

尽管社会民主党在捷克斯洛伐克、比利时、丹麦、瑞典和挪威的政府里占有席位,尽管工党在英国上台执政(共产党人将支持他们反对法西斯分子),但是这些国家的工人群众已经开始明白,他们的力量不在部长们身上,而在统一战线的斗争中。

而捷克斯洛伐克、丹麦、瑞典和挪威社会民主党的部长们也并非真的领导对法西斯主义的斗争。

捷克人民深为自己民族独立的命运担忧,共产党人也为此担忧,但是,社会民主党的部长们在做什么呢?他们不是用符合劳动群众的民族利益和经济利益的政策使希特勒的走狗在捷克斯洛伐克无立足之地,而是促使法西斯主义的亨莱因运动壮大,使亨莱因有可能把在捷克斯洛伐克的大多数日耳曼人吸收到他的党内。他们不是动员人民的一切力量去反对法西斯主义,而是迫害共产党人。他们不是把法西斯分子投入监狱和集中营,而是把共产党人和反法西斯人士投入监狱。丹麦和瑞典的社会民主党政府不是领导反对战争策划者的斗争,而是用它们的政策客观上支持德国法西斯分子。捷克斯洛伐克和斯堪的纳维亚国家的社会民主党所推行的这一敌视工人的政策,使工人群众清楚地意识到,社会民主党的部长们不是防止法西斯主义、战争准备和资本进攻的保障。

这一认识促使工人阶级争取与共产党人结成统一战线(这一点在捷

克斯洛伐克尤其明显），以便用无产阶级的方式对法西斯主义和战争策划者进行清算，预防德国无产阶级目前正在遭受的局面再现，并防止发生新的世界大战。

统一战线的伟大力量和价值首先为法西斯国家的工人阶级所认识。尽管**德国**共产党领导人不久前还坚持一系列关门主义观点，尽管社会民主党领导人反对，德国工人阶级越来越明白，只有共产党和社会民主党的统一战线才能卓有成效地进行反法西斯斗争和达到推翻法西斯的目标。

匈牙利的工人认识到，只有和不久前被社会民主党领袖出卖给警察的共产党人结成统一战线，他们才能保卫自己的工会以及社会民主党组织本身。

克服工人阶级分裂的道路

争取共产党人和社会党人的统一战线运动有着很深的根源。它源自苏联社会主义的胜利给广大工人群众留下的深刻印象，在这一胜利的影响下，向资本主义进攻的思想正在群众的意识中成熟。它源自整个国际工人运动在资本主义国家取得的经验，源自德国无产阶级失败的教训，源自奥地利和西班牙武装斗争的经验，源自法国统一战线总罢工的经验。工人阶级从中得出了这样的结论：必须用统一战线和与苏联的紧密同盟来进行反对资本主义的斗争。

从群众自己的斗争经验中得出的这一结论，促使国际工人运动发生了十月革命以来最大的变化。

同志们！统一战线运动，它的力量比两个工人政党的力量加在一起要大得多。资本主义国家工人阶级的大多数还未组织起来，在许多国家中，还受着资产阶级政党的影响。工人运动的统一战线意味着它的力量的增长，对于直至现在还没有阶级觉悟的无产阶级群众来说，它正在成为一股强大的吸引力，使他们脱离资产阶级政党并参加阶级斗争。

在**波兰**，社会民主党还是合法的，而共产党正遭受着残酷的迫害，社会民主党工人和无党派工人在与共产党人的联合行动中也像共产党人一样受到了残酷的迫害，统一战线证明了工人群众的革命化程度大大提高和他们准备为革命斗争而献身的精神。当英国300万工党党员准备和英国共产党结成统一战线时，这绝不意味着只是两个党的力量简单地相加，而是意味着群众从改良主义转向革命政策。

统一战线是克服工人运动的分裂，建立无产阶级统一的、强大的、革命的政党的第一步。

在**奥地利**，共产党人提出了与革命社会党人党合并的问题。由于社会党人不愿意合并，因此合并至今未能实现。

在**法国**，共产党人已在与社会党谈判建立统一的革命政党的问题。

在**波罗的海沿岸国家**，某些社会党人的论调正在改变，他们认为在政治上接近苏联的工人运动是必要的，我们欢迎他们这样做。

由于苏联社会主义的胜利摧毁了改良主义的基础，由于全世界无产阶级将以苏联的政策为中心团结起来，争取建立统一的革命政党的运动无疑将继续发展下去。

这一点不仅将为帝国主义国家的发展所证实，而且也将为殖民地和附属国的发展所证实。

中华苏维埃的胜利发展

中国革命在共产国际第六次代表大会以后采用了苏维埃的形式，这一革命是战后影响了整个殖民地世界的伟大事件。苏维埃运动在中国的诞生及其胜利发展有着最深远的世界历史意义。无上光荣的中国红军的英勇斗争成了整个殖民地世界劳动者的光辉榜样。国民党军阀在国际帝国主义的全面支持下，已经进行了六次①镇压苏维埃运动的"围剿"。但是，尽管中国人民的敌人为此目的动员了大批兵力和财力，中国工农红军还是打退了帝国主义者和中国反动剥削阶级发动的所有进攻。（掌声）对苏区的六次"围剿"都以国民党军阀的失败而告终。（掌声）

中国红军在第六次"围剿"后，为了避免被国民党军队包围，虽然被迫撤出了在江西省的前中央苏区，但成功地粉碎了帝国主义和中国军阀妄图包围和消灭中国红军的计划。在艰苦的斗争中，红军的战斗力大大提高。中国红军主力向四川省的光荣进军使人们看到了苏维埃中国进一步发展的前景。中国红军军事斗争的经验有力地证明了，一个遭受帝国主义蹂躏的民族，有能力用革命战争的手段胜利地进行反对占优势的敌人和武装到牙齿的国际帝国主义的斗争，这一革命战争还在进行过程中就已经满足了劳动者的基本要求。

中华苏维埃的成就，光辉地证明了共产国际根据列宁和斯大林殖民地革命学说提出的路线是正确的。中华苏维埃的胜利，体现了开辟人类历史新纪元的十月社会主义革命的伟大影响。

中国的民族革命解放斗争，在世界历史上第一次造成了无产阶级和农民的拥有无限权力的革命民主专政。一个半殖民地国家的反帝土地革命，在世界历史上第一次采用争取实现苏维埃的斗争形式。这样就实际上证明了在殖民地国家建立苏维埃政权的可能性。苏维埃政权在中国是以无产阶级和农民的革命民主专政的国家形式出现的，并保证使资产阶级民主革命转变为社会主义革命。

中国革命成了殖民地革命的第一个范例，实现了无产阶级的思想领导权并以萌芽形式实现了无产阶级的国家领导权。中国工人阶级实际上

---

① 原文如此，下同。——译者注

证明了，殖民地无产阶级有能力解决重大的历史课题，维护国家经济和政治的完全独立，彻底铲除封建残余，没收大地产，消灭罪恶的高利贷，进行革命改造，为社会主义的胜利开辟道路。

中华苏维埃的政策及其使工人和农民的状况得到明显改善的实际措施，使广大劳动群众觉醒过来，积极投入政治生活，并使他们的组织性和政治觉悟迅速得到提高。中国国民党统治区的劳动人民生活在完全无权、破产、饥饿、濒临死亡的状况中，国民党政权甚至使他们沦为殖民地奴隶，因此他们更加相信，只有苏维埃才能救中国。中国越来越广泛的劳动群众认识到，只有苏维埃才有能力维护中国的领土完整、民族独立和国家统一，才能打退帝国主义占领者的进攻，并彻底改善劳动群众的状况。中国苏维埃运动的胜利发展鼓舞了整个殖民地世界的劳动者投入到革命斗争中去，中华苏维埃成了他们革命解放斗争的榜样和旗帜。

同志们，我对三个斗争阶段的分析就到此结束。现在让我们总结一下第六次代表大会以来国际工人运动发展的情况。

在资本主义世界，不堪忍受的经济剥削，群众的生活状况在资本主义范围内毫无改善的希望，迫在眉睫的战争危险，资产阶级对民主自由和议会制的最后残余的疯狂进攻，及其在越来越多的国家里建立法西斯血腥恐怖统治的尝试，这一切使无产阶级阶级斗争的浪潮一天天高涨起来。

苏联日益成为吸引劳动群众的中心，这意味着，有必要建立自己的苏维埃政权的思想正在群众的意识中成熟。

经济形势的暂时转变、"左派"政府和社会民主党政府的阴谋诡计，都不可能改变国际工人运动发展的这一总方向。

工人运动的这一发展、群众争取社会主义斗争意志的增强都表明了：革命危机正在全世界成熟。

现在我要讲本报告的第四部分：各支部的状况。

四、共产国际及其各国支部

今天,历史事件的发展比以往任何时候都更取决于工人阶级的觉悟程度和组织性,取决于共产党人巧妙机智的策略,取决于共产国际力量的强大。

1934年1、2月间,斯大林同志在联共(布)第十七次代表大会的报告中说过:

"有些同志认为:既然有革命危机,资产阶级就必然会陷入没有出路的境地,因此,资产阶级的死亡已经预定,革命的胜利就已经有了保证,他们只要等待资产阶级的灭亡和起草胜利的决议就行了。这是很大的错误。革命的胜利从来不是自行到来的。它是需要准备和争取的。而能够准备和争取它的,只有强大的无产阶级革命政党。有时候,形势是革命的,资产阶级的政权也根本动摇了,而革命的胜利还是没有到来,这是因为没有一个在力量和威信方面都足以领导群众并把政权夺到自己手中的无产阶级革命政党。如果认为这样的'事情'是不会有的,那就愚蠢了。"①

同志们!我们应当承认,这样的"事情"时有发生,而如果我们不谨记斯大林同志的忠告,不竭尽一切可能来巩固共产党,不设法使共产党有可能赢得无产阶级的大多数,那么这样的"事情"还会继续发生。

让我们回想一下,难道在1918—1920年和1923年,德国不具备革命的形势吗!然而无产阶级却没有获胜,原因是当时的德国还没有一个强大的、革命的、有能力去组织战胜资产阶级的无产阶级政党。即使在

---

① 《斯大林全集》第13卷第264页。——编者注

1932年,德国共产党也还不够强大,不能引导社会民主党的工人违背社会民主党领袖的意愿,进行反对法西斯主义的总罢工。

难道意大利在1920年不具备革命的形势吗?然而无产阶级在那时并没有取得胜利,法西斯却攫取了政权,这是因为还没有一个强大的无产阶级革命政党的缘故。

此外,如果奥地利在1934年二月事件时就有一个强大的共产党,如果当时不是由连奥托·鲍威尔也认为是不革命的社会民主党统治奥地利的话,难道这一事件就不会有别的结局吗?

在西班牙,资产阶级民主革命四年来毫无进展,难道就不能造成另一种有利于革命运动进一步发展的形势吗?

如果许多资本主义国家的共产党是强大的,如果它们能建立一个强大的无产阶级群众组织的体系,争取无产阶级和广大劳动群众,并领导他们向资本主义进攻的话,失业工人的运动和工人阶级的政治运动在这几年里不就可以取得更大的成就吗?

俄国无产阶级在1917年10月取得胜利的主要原因是俄国有一个强大、成熟的布尔什维克党,这个党在列宁的坚强领导下,善于同全体被剥削者和被压迫者群众建立密切的联系并争取无产阶级的多数,领导整个无产阶级去进行卓有成效的、胜利的革命。

如果俄国无产阶级没有这样一个政党,那么即使具备了革命的形势,它也不可能夺取政权。

因此,革命运动的历史给予我们的主要教训是:我们共产党人必须不倦地致力于组织群众,加强共产党及其与群众的联系,巩固共产国际。

如果我们不准备完成这一任务,那么不管革命的危机多么深刻,也会出现这样的情况:资产阶级能够欺骗群众,能够在某一时刻再一次击败无产阶级的解放运动,能够在更多的国家建立法西斯专政,并在一次新的瓜分世界的帝国主义战争中寻求出路以摆脱困境。

如同我前面已经讲过的那样，从共产国际第六次代表大会到第七次代表大会这一段时间，乃是工人群众转向革命斗争的时期，乃是共产党在群众中的影响迅猛增长的时期，因此同时也是共产党在组织上和政治上得到巩固的时期。

共产党是在反对迫使党向社会民主党投降的右倾分子的斗争中，才在政治上和组织上得到巩固的。第六次代表大会一结束，右倾分子就发难攻击大会的路线，在德国是**布兰德勒**，稍后在美国是**洛夫斯通**，在捷克斯洛伐克是**伊列克**，在瑞典是**基尔布姆**，在法国先是**塞利耶**，后来是**多里奥**。

当然，无论是在德国还是在美国，无论是在捷克斯洛伐克还是在法国，右倾机会主义分子都未能争取到多少党员追随他们。只有瑞典的基尔布姆分子才成功地使瑞典共产党分裂了，使一部分革命工人脱离了共产国际，而这也是由于忠于共产国际路线的那些同志解释不力和犯了错误所致。

在反对右倾分子的斗争中，以及同时在反对使党脱离广大群众的"左倾"关门主义立场的斗争中，共产党得到了充分的锻炼，足以抵制机会主义的影响。它们审查了自己的队伍，开除了腐败的、不能从事斗争的分子，同时获得了更好地与资产阶级和改良主义作斗争，并使自己的策略更加适应于各国无产阶级阶级斗争的具体条件的能力。

勇敢的共产主义战斗队

由于党内团结的加强，由于在新的斗争时期积累了经验并认真地对干部进行了培训，共产党达到了一个新的更高的阶段。中国红军的英勇斗争证明了这一点。中国红军的领袖们是农民、农业工人和学生。他们在这七年里受到了党的培养，成长为著名的群众组织家和领袖，成长为无产阶级政治家。

德国共产党的工作、德共基层干部的工作证明了这一点，虽然他们的中央领导机关经常遭到秘密警察的破坏，虽然他们遭受着残酷的中世纪恐怖，他们却能独立地处理复杂的政治问题，出版成千种秘密报刊，组织工人进行反对纳粹党的斗争。法国共产党的灵活策略证明了这一点。法共组织了统一战线，联合了广大群众以反对法西斯分子的进攻。西班牙的十月斗争证明了这一点。在西班牙，五年前还只有一个无足轻重的共产主义宣传小组，由半托洛茨基分子领导着，这些人后来甚至脱离了共产国际，但在这几年中，一个强大的西班牙共产党建立起来了，它在阿斯图里亚斯的大部分地区领导了武装斗争。

过去的七年向全世界表明了，只要哪里有劳动群众奋起斗争反对帝国主义的奴役，反对金融资本、银行和托拉斯的盘剥，保卫人民的自由和人类的文明，哪里就有共产党人战斗在最前线。

在过去的七年中，全世界都看到了，共产国际的干部对于一切被剥削者和被压迫者的解放斗争事业是坚定不移、不怕牺牲的，是有着无限的献身精神的。

为此，我们只要想一想**季米特洛夫**同志在莱比锡审判中的表现，想一想匈牙利审判**拉科西**、芬兰审判**安蒂凯宁**、德国审判**费特·舒尔策**，想一想**瞿秋白（斯特拉霍夫）**同志、**吕特根斯**同志、**考法希夫**同志的英勇献身，最后只想一想世界各国伟大解放斗争的无数英雄和烈士！

在这一时期，各个党或多个党常常联合起来主动发起国际性的行动，以保卫失业者的利益，反对法西斯主义和战争，这种情况具有特殊的意义。而下列事实也具有特殊的意义，即强大的有经验的党为较弱小的党出主意，为它们制定纲领和文件；帝国主义国家的共产党常常帮助殖民地国家的共产党工作，不仅在加强其内部团结方面，而且也在其反对资产阶级的斗争中帮助较弱小的党。

在过去的几年中，广大工人群众，特别是社会民主党工人的意识有了转变，共产党因此有了更大的争取工人群众的可能性。我们的口号在工人阶级的越来越广泛的阶层中，也在社会民主党内部受到广泛欢迎。

如果说，社会民主党领袖中的许多人现在开始承认无产阶级专政，承认苏维埃的国家形式，承认没收生产资料并实行国有化，承认用暴力推翻剥削阶级的政权，那么可见他们在群众中的处境是多么的糟糕。共产国际的口号和思想的这一胜利表明，如果说在资本主义的稳定时期，共产党只能缓慢地扩大其影响，并且难以打破旧的颇有势力的改良主义政党的影响的话，那么现在已经具备了使共产党能够快速扩大其影响并更快地争取到工人阶级多数的一切条件。

资产阶级限制共产党的宣传自由，阻挠共产党的合法工作，用恐怖来对付共产党人，用半法西斯主义的和法西斯主义的资产阶级政党的口号来与共产党的口号相对抗，企图以此阻止共产党争取工人阶级的多数。

资产阶级看到群众急速地抛弃改良主义，看到无产阶级革命的危险，因此要取消资产阶级民主自由的最后残余，取消无产阶级的各种组织，甚至包括社会民主党和工会在内。

资产阶级对工人组织的这一进攻，使共产国际在资本主义国家的67个支部中，现在只有22个支部，其中在欧洲只有11个支部，还能合法地或半合法地进行工作；有45个支部，其中在欧洲有15个支部，被迫极其秘密地在最残酷的恐怖条件下进行工作。其中有几个国家，如意大利、德国、奥地利和拉脱维亚，法西斯分子摧毁了无产阶级的一切组织，包括社会民主党和工会在内，并强迫工人加入法西斯组织。

要向群众解释共产国际的纲领、战略和策略

共产党人争取工人群众的斗争方式和方法、宣传和鼓动,以及组织工作,都是由各国共产党所处的环境决定的。当然,在所有资本主义国家里,这一斗争无一例外地都是在反对资本的进攻、反对法西斯主义和反对新的帝国主义战争准备的总口号下进行的。在所有国家里,共产党人的工作都是在共产国际的主要口号——为苏维埃政权而斗争的口号下进行的。

我们的宣传和鼓动是由如下情况决定的,即共产党人在反对资本主义、反对法西斯主义和战争时,必须同时反对阻止群众进行斗争的社会民主党。不反对社会民主党就不可能反对资产阶级,因为这关系到能不能争取社会民主党工人参加斗争。

恰恰是目前的形势迫使我们加强对那些仍旧阻碍群众参加斗争,在工人阶级的斗争中扮演了罢工破坏者角色的社会民主党及其领袖们的批评。但是我们同时必须在我们的宣传鼓动中最坚决地反对资产阶级,特别是反对其最反动的法西斯主义政党,这些政党力图用蛊惑人心的、反资本主义的口号来笼络那些曾经缺乏阶级觉悟的、政治上消极的群众,这些群众现在正在脱离改良主义,开始投入运动。

法西斯分子和许多其他资产阶级政党及其领袖们所使用的鼓动和宣传手段表明,资产阶级感觉到了自己的软弱无力,它已不可能用在群众面前公开主张资本主义来维持自己的统治。

我们的许多鼓动家和编辑们认为,我们的任务是从理论上证明资产阶级的这些口号是不科学的,是不符合马克思列宁主义的政治经济学的。这完全没必要。我们的任务是用一切手段证明,资产阶级的领袖们是在用这些口号欺骗群众,没有一个资产阶级政党能够实现这些口号,

只有苏维埃政权才能把劳动者从银行和托拉斯的统治中，从资本的奴役中，从贫穷、饥饿和痛苦中解放出来。

我们的任务是向群众指出，德国的"国家社会主义"毫无一点社会主义的气味。法西斯主义的喉舌们正试图披上维护全民族"利益"的人民代言人的外衣。

因此我们的任务是，揭露他们是最大的托拉斯、军火大王的代理人，向群众指出在民族统一谎言的背后隐藏着什么东西，一小撮资本家和法西斯领袖是怎样牺牲人民的利益唯利是图的。我们必须向群众指出，只有无产阶级专政才能帮助劳动者，对于劳动者来说，只有按照苏联的榜样建立起来的无产阶级专政才是唯一的、真正的民主。

资本主义制度在劳动者面前露出越来越狰狞的面目。当代所有杰出人物都反对资本主义制度。群众把共产主义看做唯一的救星。

劳动群众是反对资本主义的，他们已经不再相信改良主义，并且开始同它决裂。劳动群众是赞成反对资本、法西斯主义和战争的统一战线的。

共产党人坚决地组织反对资本进攻，反对法西斯主义和战争的斗争，他们主张实现统一战线，这是必须立即实现的统一形式。

当然光有统一行动还是不够的。群众中出现的转变是同世界形势的变化相联系的。由于社会主义在苏联的胜利，由于资产阶级在越来越多的国家里开始采用法西斯专政的手段，这就导致了社会民主党的群众开始自发地转向统一战线。但这并不意味着这些群众也将自发地转向共产主义。

工人们是赞成一个统一的政党的，但是他们常常把建立一个这样的政党想得过于简单了。如果说，应该把所有的革命工人都联合成一个政党，那么这就需要群众自己来广泛地讨论纲领问题和策略问题，以及斗争的目标。

一个真正统一的无产阶级政党只能建立在统一的纲领、统一的战略和策略的基础上。社会民主党的纲领和策略已经破产。共产国际的纲领、战略和策略经受了各种考验。因此，我们完全可以使社会民主党的工人理解我们的纲领、我们的策略和战略，在这一基础上，为一切革命力量的统一而斗争，并过渡到向改良主义发动全面进攻。

联系群众是布尔什维主义的准则

现在来讲一下我们各国支部的组织情况。各国的支部在政治上都得到了加强，在人数上都有了增长。但是组织的发展与我们影响的增长并不相称，这就可能导致各国共产党将难以胜任政治形势所加给它们的领导群众的伟大任务。

共产国际的那些可以进行合法活动的支部的组织发展受阻，其主要原因是在吸收和教育新党员，以及在党组织建设方面存在着一系列缺点。这特别明显地表现在所谓的党员流动上，即新吸收的党员或者没有真正加入党的队伍，或者在几个月后又退党了。许多新入党的工人所受的政治教育还很少，还不够积极和守纪律。党组织应该更加关心他们，把他们培养成勇于战斗的共产党人和积极的党的干部。但是老党员们恰恰是经常忽视这些工作。

共产国际的那些只能进行**秘密**活动的支部的组织发展，则由于警察的迫害措施，以及由于害怕奸细混入组织，而受到了严重的阻碍。但是在地下支部里，新党员通常都受到了较好的教育，更守纪律而且积极性也更高。但是可以看到他们也有大的缺点。

党的基层组织常常不是讨论各种政治问题的政治组织，而这种情况绝非是由于必须保密造成的。基层组织常常只是征收党费和分派党的工作的组织。

在许多组织中,既在公开的支部中也在秘密的支部中,存在着一种惧怕从前的社会民主党工人涌入的**关门主义**心理。在德国的某些组织里,这种关门主义的惧怕心理甚至发展到或者为从前的社会民主党人规定特殊的入党条件,或者把他们集中在单独的基层组织里,并向他们提出过高的政治要求。对于从前的社会民主党人的这种做法表明,有些人一点也不理解社会民主党群众中正在发生的转变。

奥地利共产党的例子说明了这种转变,该党今天有 2/3 以上的党员在一年前还属于社会民主党,而现在则是奥地利共产党忠诚的、积极的党员。这种情况不仅发生在从前的社会民主党普通党员身上,而且也发生在从前的社会民主党干部身上。我想在这里特别高兴地强调,出席本届大会的奥地利支部的代表团有相当一部分成员是这样的同志,他们在 1934 年 2 月前还是社会民主党的得力干部。(掌声) 奥地利代表团的人员组成恰恰是改良主义的失败和我们口号的胜利的最好证明。

我们党组织的基本原则是:必须善于与群众保持最密切的联系,竭尽一切可能去组织斗争,并吸引工人们参加这一斗争。为此,我们的党组织必须依靠最重要的企业和工业部门的工人中的起决定性作用的阶层。

在这里,我想指出我们党的组织工作的两个特别重要的、但恰恰最被忽视的任务。这就是**妇女工作和青年工作**。正是在目前的形势下,各国都具备了吸引妇女和青年加入革命斗争的最有利的条件。

共产党人的群众工作要取得成功,共产党要赢得群众,其决定性的先决条件就是共产党人在**工会**及其他工人群众组织中工作。不确保对这些组织的会员群众的影响,共产党赢得工人阶级的多数就无从谈起。

在前一段时间里,我们在英国、匈牙利和波兰的阿姆斯特丹工会中和在美国劳工联合会中的工作有了一些起色。这就使无论英国的还是美国的改良派,都不可能实行所谓《黑色通告》规定的关于开除共产党员的指示。在匈牙利和波兰，由于我们的工作，法西斯分子无法轻而易举地取消工会组织。

在前一段时间里，奥地利和德国的共产党人也表现出了强烈的主动精神，积极地参加了**重建自由工会**的工作。但是许多共产党员仍把阿姆斯特丹工会视为社会民主党的世袭领地，而不是共产党人自己的组织，不是我们必须为加强它而切实工作的工人阶级的基本组织之一。

在那些所有工人组织都被法西斯分子摧毁了的国家里，如果共产党人不利用一切合法的和半合法的可能性，如果不在意大利和奥地利的法西斯工会里，不在德国的所谓"工人阵线"的队伍里开展工作，不在这些组织里为争取影响群众和领导群众而斗争的话，那么共产党人就不可能赢得广大的工人群众。

在为共产党争取无产阶级多数的斗争中，我们的口号是：**结成更加广泛的战线，更加深入到一切群众组织中去！**

我们在党内的工作任务是：**加强我们的党，提高党组织的政治水平。**

共产国际几个最重要的支部

现在我来谈一谈我们几个最重要的支部的情况。

在过去的七年中，共产党学会了领导亿万群众，获得了丰富的斗争经验。各国共产党的重要性大幅度地上升。我们的各个支部都得到了加强。

德国共产党是资本主义世界中最大的共产党，它在1933年1月德国无产阶级遭到失败后，一天也没有停止过反对资产阶级的斗争，它被迫转入了地下。它是工人运动历史上最大的无产阶级地下党。德国共产党不顾白色恐怖，在克服了一部分领导人的关门主义立场后，动员无产阶级群众起来反对法西斯主义和新的战争准备,并为满足工人的日常需要而斗争。纳粹党领袖声称消灭了马克思主义,与此相反,德国共产党却证明了,社会民主党的假马克思主义和民主的幻想是可以击破的,但是马克思主义是消灭不了的。(掌声)至于纳粹政权的长期巩固就更谈不上了。

奥地利共产党在一年半以前还是一个影响甚微的宣传小组,在社会民主党破产以后,它成了奥地利无产阶级最优秀传统的唯一继承人,成了奥地利无产阶级的领导党。(掌声)它成功地进行了反对改良主义残余,争取统一战线,争取把全体革命工人联合成一个统一的共产党的斗争。

西班牙共产党在第六次代表大会时还是一个主要由流亡者组成的宗派主义小组,现在已经成为一个团结的、经过斗争锻炼的群众性政党,已经成为推动西班牙革命的一个强大的政治因素。(掌声)它的口号被越来越广泛的群众所接受。它在1934年10月的武装斗争中发挥了巨大的政治作用。

综观上述三个党的情况,我们可以非常自豪地指出,德国共产党人在野蛮的恐怖统治条件下,表现得极其顽强坚定,并且可以强调一个极其重要的事实,即西班牙和奥地利的共产党人不仅战斗在街垒战的最前线,而且在失败以后,能不失时机地向工人群众指出无产阶级阵线的弱点,结成反对改良主义的阵线,并组织起所有无产者的统一战线,为未来的胜利奠定了基石。

在过去的七年中,**我们光荣的中国共产党**站在殖民地和附属国人民斗争的最前列。它有30多万党员。它创立了红军,并在中国的一大块土地上夺得了政权。(掌声)它的成功表明,只有共产国际的口号才是殖民地国家广大劳动群众的指针。当然,我们的中国共产党还没有赢得国民党统治区的多数劳动者。它还不能把最先进工业中心的无产者组织起来，它正面临着极其伟大艰巨的任务：在反对本国资产阶级和日本侵略者的斗争中，把苏维埃革命扩展到全中国。

在殖民地革命运动的发展中，另一个极其重要的成果就是**印度共产党的成立**。（掌声）

与其他帝国主义国家的共产党相比，**法国共产党**取得的成就最大。它的党员人数增加了3倍，由于成功地实行了统一战线策略，它成了法国最重要的政治因素。（掌声）它的任务是：加强全体劳动者的统一战线，反对法西斯主义的进攻，反对战争和为工人群众的日常要求而斗争，打退法西斯主义的新进攻，把劳动者从为反对法西斯主义而斗争提高到为苏维埃而斗争。

英国共产党与工党相比是一个小组织，它使自己的党员人数增加了1/3，与独立工党建立了统一战线，由于在群众中成功地进行了工作，并且正确地运用了统一战线策略，它巩固了在工会运动中的地位，并因此而巩固了在整个工人阶级中的地位。它支持群众的民主要求并为此而斗争，它支持群众建立工人政府的要求，同时宣传唯一能把群众从贫困和痛苦中解救出来的无产阶级革命的纲领。当然，英国共产党还是一个弱小的组织。

美国共产党在克服了派别斗争以后，党员人数大大增加，随着经济危机的加剧，它开始扩大在广大工人阶级群众、农民和知识分子中的影响。但是，为了进一步加强在工人群众中的影响，党本身必须发展壮大，它在工会运动中的地位必须得到巩固。它必须比以前更加积极地开展斗争，以建立一个广泛的工人农民的群众性政党，作为劳动者反对资产阶级的所有组织的联盟。

日本共产党在特别严重的白色恐怖下工作，它用布尔什维克的方式组织了反对日本帝国主义进攻的斗争，并坚决支持中国的劳动群众。政府的恐怖和奸细的破坏活动确实使党大大地削弱了。为了能取得新的成就，日本共产党必须坚决铲除关门主义的残余，真正利用一切合法的可能性，为维护工人阶级的日常利益而斗争。这同时也是从政治上和组织上加强党，以领导劳动群众投入反对反动派的斗争的前提条件。

波兰共产党不仅克服了长期的派别斗争，而且在从第六次代表大会到第七次代表大会的这段时间里，党员人数增加了3倍以上，扩大了政治影响，并通过提出正确的斗争口号，而成为大规模群众运动的领导。（掌声）统一战线使党有可能更加接近广大群众。它必须利用每一个合法的可能性，保卫劳动人民的最后一点民主权利和自由，使群众成熟，投入到推翻法西斯专政的斗争中去，并引导他们为苏维埃波兰而斗争。

捷克斯洛伐克共产党在过去的年代里，领导了大规模的群众运动，并在政治上和组织上得到了巩固。由于它的优秀的群众工作，尽管社会民主党领导坚决拒绝了所有的统一战线建议，它还是能够与社会民主党的许多地方组织结成统一战线。在1935年的议会选举中，捷共得到了85万张选票，这一结果表明，党在工农群众中的影响有了极大的增强。党必须广泛地开展统一战线运动，反对资本进攻，反对捷克的和德国的法西斯，反对危及捷克民族独立的战争，争取同苏联结盟。同时，它必须反对在德国人聚居区、在乌克兰人聚居区和斯洛伐克地区的民族压迫。党必须通过组织争取实现局部要求的斗争，引导群众参加反对资产阶级的斗争，参加夺取政权的斗争。

最后，同志们，我还想就我们国际最伟大的、起领导作用的支部，列宁和斯大林的党、**苏联共产党**讲几句话。（掌声）

在这一时期，苏联共产党在斯大林同志的领导下，取得了具有世界历史意义的新胜利，并为建立一个无阶级的社会主义社会进行了卓有成效的斗争。它为我们提供了伟大的典范，告诉我们应该怎样斗争和怎样取得胜利。

同志们，我在报告中只提到了我们国际的几个最大的党。要在这次大会上哪怕是简单地谈一下每一个支部的情况都是非常困难的。

列宁主义的领导作风

总的来讲，我想要特别强调的只有一点：越来越多的在第六次代表大会时还只是宣传小组的共产党，现在正开始变为群众性的党，并成为各国重要的政治因素。在所有大国的共产党内，已经形成了忠于共产国际原则的**领导**，它们能够根据共产国际代表大会和执委会全会的决议，独立地解决本国极其复杂的政治问题和策略问题。

这就使共产国际**执行委员会的作用**发生了变化，使执委会有可能把它的工作重点转移到为国际工人运动制定根本性的政治方针和策略方针，当然，在解决任何问题时，都必须从各国的具体条件和特点出发，避免干预各国党的内部组织问题，这要成为一种制度，必须帮助各国党在宣传鼓动问题上，在全世界利用国际共产主义运动的经验问题上，巩固它们的真正布尔什维克的领导。

同时，由于目前的形势特别紧张和严峻，我们认为，共产国际一切较大支部的权威代表更积极、更经常地参加执委会及其主席团和秘书处的工作，是极其必要的。

这将进一步加强我们的国际领导，并把我们的领导、我们的全部工作提升到一个更高的水平。

我们的工作作风和方法随着政治形势的变化，随着各国党的成长壮大而变化。在第六次代表大会时，我们的许多共产党由于党内纠纷和派别斗争而四分五裂，而今天，我们却空前地统一和团结。(掌声)

我们必须以更大的热情积极推进我们的工作，今天，为了对历史发展的全过程施加影响，无论是对各国的内政和外交问题，还是对各党派的相互关系问题，共产党人都不能不关注，都不能不表态。

法国共产党的工作是我们的新工作作风的范例,它通过统一战线和人民阵线把各左派政党组织起来,反对建立右派政府,并使最广大的人民群众参加了7月14日的反法西斯主义示威游行。

今天,能否加强劳动者的阵线,以反对正在发狂的资产阶级的阵线,能否加强共产主义的阵线,以反对资本主义的阵线,都取决于共产党人的积极性,取决于他们有没有能力利用本国资产阶级政策的每一个改变,有没有能力利用统治阶级内部的每一个矛盾,以抵御反动派、法西斯主义和战争策划者。

第二国际的时代已经结束

第二国际在工人运动中占统治地位的时代已经结束。资本主义国家的形势,世界资本主义(它不可能找到一条摆脱困境的出路,不可能消除群众的贫困和饥饿)的形势表明,改良主义重新抬头、重新嚣张已经不再可能。当然,在个别的国家,社会民主党在短期内还能得到巩固,有时还能掌权和参加资产阶级政府。然而,这并不是因为群众还抱有幻想,以为这条道路可以通向社会主义,而是由于群众感到自己还不够强大,还不足以推翻资产阶级的统治,他们因此相信,还可以借助社会民主党政府以抵挡反动派的进攻。

第二国际正经历着一场深刻的政治危机。这是国际改良主义的危机,导致这场危机的原因是由于整个世界形势的紧张,由于群众开始重新组合,由于他们转向反对资产阶级,转向革命。

社会民主党和整个第二国际的危机向所有的社会民主党工人、所有真诚的社会民主党干部提出了这样的问题:**今后怎么办?**

我们曾向第二国际执行局反复提出建立反对资本进攻,反对法西斯主义和战争的统一战线的建议。我们在1933年建议举行个别党之间的谈判，但这不是为了发表宣言，而是为了推动实际的斗争。然而第二国际拒绝了我们的建议，并声明谈判只能在两个国际之间举行。1934年我们向第二国际执行局建议，就具体的共同行动举行直接谈判。我们的建议再次遭到拒绝。1935年五一节前，我们重新向第二国际执行局提出建立统一战线的建议。这一次，该执行局宣称，谈判只能在各党之间举行，而不能在两个国际之间举行。

第二国际想干什么？它想把群众引向何方？

二者必居其一：或者是它已不再能作为一个国际组织行事，或者是它想破坏无产阶级的统一。如果第二国际的领袖们还想度过改良主义遇到的这一困难时期，如果他们相信改良主义将再一次获得转机，那么我们想向广大工人群众宣布：社会民主党在希望改良主义重新抬头时所玩弄的一切手腕，对于改良派领袖来说将是徒劳的，对于工人阶级来说将是一场灾难。

我们向一切社会党人、一切社会党建议的唯一正确和可能的道路，就是和我们共产党人一起，在反对法西斯主义、反对战争和反对资本主义的统一战线中前进，为社会主义而斗争。

我们建议，一切无产阶级的革命力量，在马克思和列宁的学说的经过考验的理论基础和组织基础上，联合成一个革命政党。

我们全世界共产党人面临着一项极其重要的任务，这就是通过各党的工作，使资产阶级再也不能用蛊惑人心的宣传来蒙骗已经对改良主义失望的群众。这就是领导无产阶级，在统一战线的基础上开展反对资本进攻，反对法西斯主义和战争的斗争，争取无产阶级拥护革命，为建立苏维埃政权而奋斗。

同志们，现在我要讲本报告的最后部分，即关于世界和世界革命的发展前景问题。

五、世界和世界革命的发展前景

世界的发展前景如何？世界革命的发展前景如何？由于资本主义总危机的发展，由于世界经济危机，由于劳动者的日益革命化和许多国家出现政治危机的征兆，资本主义制度已经从根本上动摇了。

资产阶级的力量已经削弱，无产阶级的力量已经加强。世界范围内的力量对比已经发生了有利于社会主义、不利于资本主义的变化。

苏联——世界无产阶级的骄傲和光荣

苏维埃政权已经成为全世界为社会主义而奋斗的最强大、最重要的因素。如果说苏联在第六次代表大会时还是一个国力较弱的国家，没有什么值得一提的大工业，那么今天苏联已经成为经济上和政治上强盛的社会主义大国，成为建立在扩大了的重工业和最优良的现代技术基础上的大国。

今天，苏联由于其全部政策，对世界资本主义的命运，对世界无产阶级和殖民地、附属国人民解放斗争的发展的影响与日俱增。社会主义在苏联的胜利对世界发展的作用、对资本主义国家劳动群众觉悟的作用在增长，这一增长体现了社会主义在一国的胜利所具有的世界意义，这一胜利不会长期与世隔绝，而将会导致社会主义在全世界的胜利。

我们毫不怀疑，劳动群众中出现的变化，即这些群众转向反对资本进攻，反对法西斯主义和战争的革命斗争，在很大程度上是由苏联的成就引起的。这些成就向全世界证明了，工人阶级能够依靠自己的力量，建设一个社会主义新社会；社会主义为劳动者带来了幸福、自由和美满的生活。

新的社会主义经济制度比资本主义经济制度更优越，新的社会主义社会制度比资产阶级的阶级社会的制度更优越，苏联与法西斯国家之间的鲜明对比，这一切都是一种力量，使共产党人有可能通过艰巨热情的工作，在短短的几年里扫除改良主义对群众的影响。

社会主义在苏联的胜利同时也证明了，社会主义在全世界的胜利是不可避免的。

苏联经济的基础是最先进的现代技术和集体农业，基于这一经济的巨大优越性，基于社会所有制的巩固，劳动人民的物质水平和文化水平将继续以极快的速度得到提高，苏联的经济力量和政治力量将进一步得到增强，全体劳动者享有的苏维埃民主也将进一步完善。

苏维埃国家将越来越作为具有先进文化和技术的国家，作为和平和全体人民幸福的国家，作为民主和自由的国家，作为每一个人都能充分发挥其个人的能力和才智的伟大的社会主义国家，屹立在全世界面前。

社会主义在苏联的胜利，苏联在社会主义道路上继续发展的无限前程，使我们确信，我们对全世界劳动群众的影响将以极快的速度增长，社会主义的胜利将导致各国工人阶级转向共产主义和使社会主义在全世界获得胜利。

当然这就需要和平，只有和平才能保证社会主义有可能在苏联取得新的胜利。这就需要能够向资本主义国家的劳动者进行宣传和把他们组织起来，这就需要共产党人对社会主义事业充满热情，顽强不屈和具有献身精神，从而确保我们用历史上比较短的时间在世界范围内取得胜利。

如果说，从第一次真正的资产阶级革命，即 1789 年法国大革命到消灭封建政权的资产阶级革命浪潮席卷欧洲，用了近 50 年的时间，那么，从第一次社会主义革命的胜利，即 1917 年伟大十月革命的胜利，到社会主义在全世界的胜利所需要的时间,将不会更长,而只会更短得多。

革命危机日趋成熟

但是,资本主义制度并不会不经斗争就自行退出世界历史舞台。

资本主义制度被削弱了,但是资本主义还是成功地走出了经济危机的深渊。然而,摆脱危机的深渊已经三年了,虽然战争准备对生产的增长起了很大的作用,但大多数国家的生产仍未达到危机前的水平。外贸的缩小由于经济关系的萎缩而延续至今。

和危机以前相比,失业剧增,所有劳动者的生活水平极大地降低,农业国发生农业危机,绝大多数国家工业资本投资的水平极低,国家的寄生现象大大增加,国家用税收形式把国民收入的一大部分用作战备资金和维持臃肿的国家机器,这一切都极大地缩小了帝国主义国家国内市场的吸纳能力。

此外,垄断的托拉斯和卡特尔极大地加强,它们竭力抬高国内市场的价格,阻止市场的扩大和存货的销售,并导致了新的库存增加。关税壁垒,自由贸易制度残余的取消,商业战争,倾销政策,殖民地市场吸纳能力的缩小,殖民地的长期危机,国际货币和信贷制度的混乱,这一切都阻碍了国际关系的恢复和外贸的扩大。这也严重地限制了工业生产增长的可能性,并使各国的生产极难共同得到真正的振兴。

阶级关系和国家关系的普遍紧张,战争的直接威胁,一大批国家出现了政治危机的征兆,这一切汇合成一种不利于经济的巩固和振兴的紧张局势。

综上所述,资本主义的总危机及在此基础上经济危机的发展,造成了一种形势,在这种形势下,这些不利于经济发展的条件将继续存在下去，它们使资本主义经济不可能获得任何真正的发展，并将使其继续腐朽下去。

由于这些原因，在大多数国家里，这种特殊的萧条显然将延续下去，暂时的、个别国家和行业的不平衡的经济增长，极有可能导致经济危机的重新爆发。

这种特殊的萧条将继续下去，乃是经济形势的特点，它在所有资本主义国家使数千万失业者陷入饥饿和死亡，使数千万工人、农民、知识分子、城市小资产阶级和殖民地奴隶沦为乞丐，它使一小撮金融资本寡头和陷于贫困绝望深渊的基本民众之间的鸿沟进一步加深。

广大人民群众已经不再相信资本主义，已经不再相信资本主义的经济领袖和国家领袖有能力找到一条摆脱危机、通向新的繁荣的出路。帝国主义者在殖民地的威望已经减弱，资产阶级社会所有经济的、社会的和政治的基础都已经动摇，以致统治阶级不得不乞灵于反资本主义的欺骗宣传。

这就是那种使劳动群众清楚地看到了资本主义和社会主义之间的鲜明对照的形势，在这种形势下，被压迫者反对压迫者的斗争将迅速地尖锐起来，群众对资本主义的愤怒将迅速地增长，革命的危机将成熟，向资本主义进攻的想法将在越来越广大的无产者群众的意识中成熟。

当然有可能出现这样的情况：在某几个国家，资本主义经济在克服了不利于发展的条件后，将得到暂时的繁荣，这几个国家资产阶级的日子将会好过一些。但是，资本主义经济的这样一种繁荣，由于资本主义总危机的加深并不会导致稳定，革命的浪潮并不会平息下来。相反，它将加剧争先恐后地从正在好转的经济中获取利润的各派资产阶级之间的斗争，将加剧全世界范围的斗争，因为高关税壁垒把市场隔断，因为某个国家的繁荣最终是以牺牲别国的利益达到的，这些国家因此陷于不利地位。

这一切都将使整个政治形势尖锐起来，战争危险将增大，群众朝不保夕的心理将不会减少。这就意味着，虽然今后几年经济有可能发展，资本主义的腐朽却已经达到了这样的程度，以致资本主义状况的极大好转已经是不可能的了。这就意味着，资本主义的全部发展正在促使革命危机日趋成熟。

一方面是资本主义制度的衰落，另一方面是社会主义在苏联的胜利及其对资本主义国家劳动者的影响的增长，这两方面都促使全世界劳动群众的革命化，促使统治阶级的地位越来越不稳固、越来越动摇。

资产阶级感觉到了自己的虚弱和孤立。资产阶级的政权摇摇欲坠，它的改良主义的社会基础在动摇、在消失。资产阶级因此不再能维持它的假民主，这种假民主曾经有助于实现它的统治，现在它不得不抛弃这个假面具。资产阶级出于万般无奈，而不是出于本意，在越来越多的国家里，以越来越大的规模，开始从议会制手段向恐怖的法西斯统治手段过渡，以便维持自己的统治，为此它剥夺了劳动者最后一点民主权利和保护自己利益的权利。

法西斯主义就是战争

但是，法西斯推行自给自足的经济政策，即经济民族主义，由国内资产阶级独占国内市场以盘剥群众，这种政策进一步破坏了对外贸易和金本位制。重新瓜分世界的政策愈益加强了军国主义的压迫，使国家的财政更加混乱，导致掠夺越来越多的国民收入用于战备经费，使劳动群众的境遇愈益恶化。

法西斯把沙文主义推到极致，最大的法西斯国家进行战争准备，这导致了整个资本主义世界的沙文主义更加强烈和扩军备战更加疯狂。

资产阶级在哪里建立了法西斯专政，哪里的工人群众就会由于被压迫、无权、剥削的加强和战争准备而越来越清楚地看到，法西斯不是按照人民的利益，而是按照金融寡头的利益行事。那些地方的群众的不满正在迅速增加，他们对资本主义、对斗争的民主道路的幻想已经消失。法西斯专政的黑暗统治正使那里的人民群众对法西斯主义的愤怒日趋成熟。

资产阶级的进攻及其建立法西斯专政的企图，已经引起奥地利、西班牙和法国的政治危机。现在，既然每一个工人都已经知道，法西斯主义给他带来了什么，所以群众反对建立法西斯专政的斗争将日益加强，群众的不满情绪将进一步加深。

法西斯的全部政策使那些仍残存着议会制和民主自由的国家的反法西斯运动得到了加强。这就使这些国家的资产阶级很难过渡到法西斯专政。帝国主义的整个制度因此越来越支离破碎。我们的口号是：反对法西斯主义。

社会主义就是和平

我们相信，资本主义国家的无产阶级和苏联的无产阶级共同为争取和平而斗争，就可以防止战争。

如果苏联和各国劳动者的斗争能够阻止帝国主义者发动新的世界大战和维护和平的话，那么这不仅将证明，无产阶级力量有了极大的增长，而且将证明，社会主义在苏联的发展，以及苏联和资本主义世界之间越来越鲜明的对照，是劳动群众革命化程度极大地提高的保证。

如果经过苏联和所有资本主义国家劳动群众争取和平的斗争，使战争哪怕只是推迟了一段时间，那么这也将使无产阶级有可能增强自己在资本主义国家的地位，有可能进一步巩固苏联的政权，并有可能创造更加有利的条件，使帝国主义国家之间的战争或是帝国主义反对苏联的战争转变为成功的、胜利的革命。

但是,如果无产阶级不能制止战争,那么帝国主义发动的新世界大战就会变成帝国主义强盗掠夺苏联人民,奴役今天已经独立的弱小民族,瓜分殖民地和划分帝国主义列强势力范围的战争。

战争将给所有劳动者带来无尽的痛苦。劳动者会容忍吗?

如果说,日本反对中国人民的战争已经引起了两国人民群众的愤怒,已经使中国人民的最优秀分子要求和中国红军联合起来,肩并肩地投入共同的斗争;如果说,德国的战争准备已经在全世界激起了一场反战运动,那么可以毫无疑问地说,帝国主义者发动的反苏战争或帝国主义之间的战争,将引起帝国主义制度所有矛盾的公开爆发,将极大地加强各国无产者、全世界劳动者和全体人民的阶级斗争。

帝国主义发动战争之日就是整个资本主义世界革命危机开始之时。

全世界无产者的任务就是:为革命的胜利,为把帝国主义战争变为反对资产阶级的国内战争而奋斗。

无论今后怎样发展,革命终将到来。

革命危机还没有完全成熟,但它正在全世界成熟着。资产阶级疯狂的战争准备和在越来越多的国家里建立法西斯专政的尝试,使局势日益尖锐化,并加速着这一危机的成熟。

时局正如**列宁**所论述的那样:

"现在资产阶级活像一个既不讲廉耻又丧失了理智的强盗,接连不断地干着蠢事,使局势尖锐化,加速着自己的灭亡。……现在各国的革命政党都应该用实践来'证明',他们有足够的觉悟和组织性,他们与被剥削群众有密切的联系,有足够的决心和本领利用这个危机来进行成功的、胜利的革命。"[①]

[①] 《列宁全集》中文第 2 版第 39 卷第 216 页。——编者注

没有一种社会制度会自行灭亡，无论它是怎样的腐朽不堪，它必须被推翻。如果无产阶级不善于组织胜利和为之而斗争的话，那么任何革命危机都不会把胜利赐予无产阶级。

在列宁斯大林的旗帜下，向资本主义进攻

我们的任务是：把这些起来反对资本主义的劳动群众组织成一支团结一致的无产阶级革命大军，并领导这支革命大军向资本主义进攻。

我们的代表大会应当增强所有无产者克服工人阶级内部分裂的意志，增强所有无产者建立广泛统一战线的意志，这一统一战线应该能够动员最广大人民群众去反对资本进攻，反对法西斯主义和战争。

我们的代表大会应该向无产阶级指出一条建立以马克思列宁主义为坚实基础的统一的革命政党的道路。

经过这次大会，我们所有的人都应该清醒地认识到，无产阶级和全人类的命运都取决于我们，取决于我们的工作。

经过这次大会，我们应该清醒地认识到，只有走推翻剥削阶级统治的道路，只有建立无产阶级专政和苏维埃政权，劳动群众才能摆脱贫穷、痛苦和恐怖统治。

一系列的阶级斗争已经表明，无产阶级的力量还过于弱小，因为它过去是分裂的，因为共产党还很弱小。

现在最迫切的任务是巩固作为为苏维埃政权而斗争的领导者的共产党。世界形势非常紧张。我们每天都面临着伟大的革命事件，都必须去领导千百万群众的解放运动。我们共产党人要向群众指出，苏联工人和农民的道路，苏维埃政权的道路，才是摆脱危机的唯一出路。

我们的任务是：不仅向群众指出这条道路，而且要和群众一起，要领导群众走这条道路。

我们要投入到争取自由、争取和平、争取面包、争取苏维埃政权、争取社会主义的斗争中去。

我们的总口号是：为苏维埃政权而奋斗！

我们的旗帜是马克思、恩格斯、列宁、斯大林的旗帜。

我们的领袖是斯大林！

在这面旗帜下，更加深入群众，更加紧密地联系群众，结成更加广泛的无产阶级统一战线！

共产党员们，让我们把革命的阶级团结成一个统一的、有组织的、有政治觉悟的百万大军。

（暴风雨般经久不息的掌声，接着是一阵欢呼，全体起立。）

第三次会议

(1935 年 7 月 26 日)

会议主席**哈里·波立特**宣布由**安加雷蒂斯**同志作共产国际监察委员会工作报告。(经久不息的掌声)

安加雷蒂斯作共产国际监察委员会工作报告

同志们!从第六次代表大会到第七次代表大会这一段时间的特点是革命浪潮不断高涨,各种形式的阶级斗争愈益激烈,共产国际为使各国支部进一步布尔什维克化加强了斗争。在这一段时间里,共产国际监察委员会为党的队伍的统一和团结而进行的斗争和在共产党内部为维护共产国际的总路线而进行的两条战线的斗争是密切地联系在一起的。

在第六次代表大会期间,托洛茨基主义在思想上受到了揭露,在组织上被粉碎了,正像**斯大林**同志在联共(布)第十六次代表大会上所指出的那样:

"现在托洛茨基集团是一个竭力向资产阶级报告我党情况的反无产阶级和反苏维埃的反革命集团。但是,托洛茨基主义的理论残余,托洛茨基主义的遗毒还没有完全从党内清除出去。所以,必须首先肃清这些遗毒。"①

---

① 《斯大林全集》第 12 卷第 307—308 页。——编者注

斯大林同志的这一指示，也完全适用于资本主义国家的共产党，这些党里的宗派斗争犹如统治阶级磨盘里的水，统治阶级支持和煽动宗派斗争有着明显的目的，那就是分裂党的队伍，削弱党的战斗力，使党背离列宁主义的立场，以及在有利时机把奸细派到党的队伍里来。

共产国际监察委员会所承担的任务是，帮助国际的某些支部清除托洛茨基主义在它们队伍中的残余，揭露托洛茨基主义的反动本质。

同时，共产国际监察委员会也进行了反对右倾机会主义者的斗争。在第六次代表大会上，右倾机会主义者虽然在思想上受到揭露，但在组织上并没有受到清除。第六次代表大会后，国际某些支部里的右倾机会主义者结成宗派集团，企图形成世界性的组织。阶级敌人在第六次代表大会后越来越经常地使用这样的方法，即利用共产党内部的宗派斗争，以便分裂共产党，许多党内的反宗派斗争因而变得特别困难。这样，共产国际监察委员会最紧迫的任务之一就是集中火力，既反对**宗派活动**，也反对**奸细**和叛徒。

共产国际监察委员会认为，1929—1931年间，它必须处理（美国、南斯拉夫等国）党的领导机构的问题，而最近几年则有所不同，它只须处理某几个党员的问题。这同样表明了，共产国际各支部在政治上和组织上都已经得到了巩固，共产国际各支部的稳固已经成为无可争辩的事实。

共产国际执行委员会和监察委员会领导的维护共产党队伍的统一和团结的斗争的最重要成果之一，就是在清除了队伍中的阶级异己分子和罪恶分子以及阶级敌人的直接代理人的基础上，使共产党变得更加强大，同时在共产党的队伍中巩固了必须在这一领域进行长期的、有计划的斗争的思想。（安加雷蒂斯同志列举了共产国际监察委员会参与处理的一些事情。）

共产国际监察委员会获得的经验对于国际执委会和各国支部提出**为**

干部而斗争的任务是有贡献的。

根据共产国际代表大会的决议，共产国际监察委员会被委托审核共产国际执行委员会的财务情况。在本报告期内，共产国际监察委员会经常检查共产国际执行委员会的支付收据以及年度决算，看到无论是库存现金，还是每年的单据，都是一清二楚的。在账册、票据和对得到预付款的个人的结算方面，只发现了一些无关紧要的差错。遇到这种情况，就指示他们纠正。

在年度报告的基础上，得出了1928—1934年总的财务报告。

收入：　　　　　　　　　　　　　美元

1. 1928年1月1日前的结余　　　2406.13
2. 会费（来自某些支部）　　　　6164590.03
3. 募捐收入　　　　　　　　　　407569.69
4. 出版社、新闻社和报刊收入　　525294.38

总计：7099860.23

支出：　　　　　　　　　　　　　美元

1. 管理费（工作人员工资、
   行政费和其他支出）　　　　　2576326.25
2. 邮电费　　　　　　　　　　　197696.53
3. 党报、出版社津贴和文教费用　3966209.72
4. 旅差费　　　　　　　　　　　325559.98
5. 至1934年12月31日的结余　　 34067.75

总计：7099860.23

共产国际监察委员会提请第七次代表大会批准这一报告。

同志们：由于坚决地反对反动的托洛茨基分子、右倾和"左"倾机会主义者，由于坚决地维护共产国际的总路线，坚决地维护列宁主义，共产国际各支部得到了巩固，这是反对敌对分子渗入共产党的斗争的结果，是维护统一和布尔什维克的团结的斗争结果，共产国际监察委员会执行了共产国际第六次代表大会交付的各项任务，积极地参加了这一斗争。

会议于晚10时结束。下一次会议将于7月27日上午11时举行。

第四次会议

(1935年7月27日上午)

讨论共产国际执行委员会工作报告

会议主席**冈野进**同志（日本）于上午11时宣布开会。

第一位发言人是雅克莫特同志（比利时）。

雅克莫特（比利时）：

我们想讨论三个问题：完全受社会民主党支持的比利时资产阶级的经济政策；与我们的工会工作相关联的党的群众工作；我们党向一个群众性政党转变的工作，迄今为止我们党还是一个小小的宣传性政党。

我现在并不想对危机作详细的分析。只要指出比利时危机的尖锐性就够了。它在一个800万人口的国家里制造了一支50多万人的失业大军。

只要指出比利时资产阶级的政策将我们国家的工人阶级推向怎样可悲的境地就够了，为此引述一下几个月前博里纳日一位牧师的呼吁也就够了。他写道：

"我知道那些情况，它们简直无与伦比地凄惨。有一个家庭，它没有床垫，没有床上用品，无力购买黄油；有的只是早晨、中午、晚上的干面包和黑咖啡。我认识这个女人，两周前，当她去接放学的孩子时因虚弱倒在大街中央。我知道两个家庭男主人的名字,他们发誓,如果他们无力养活老婆孩子的话,就杀掉他们,这同我的教区的那位一年前用左轮手枪杀死妻子和四个孩子,然后自杀的不幸者相类似。

仅仅去年一年就能数出我们教区的三起自杀案和三起他杀案,其中就有我所讲述的这整个家庭的毁灭。"

在这一呼吁之后,人们在比利时开始为所谓的女王救济基金筹集捐款。在几个月的时间里筹集到了几百万法郎,而与此同时,由于减少失业救济金而"节省"的钱却超过了数亿法郎。牧师呼吁书里描述的这种可怕的危机情况乃是社会民主党支持的资产阶级全部政策的结果。比利时社会民主党费尽心机阻止工人阶级起来斗争,以抗议其生存条件的不断恶化。

比利时资产阶级多年来推行了一种人们称之为通货紧缩的政策。在社会民主党的直接支持下,它重新采取了导致生活费用上涨、使痛苦更加升级的货币贬值政策。

但是,当社会民主党看出用危机时期不可能进行斗争的说教已无法安抚工人阶级时,它便抛出了一个以"德曼计划"而闻名的"调整经济"的"计划"。就这样,社会民主党想假借为"初步"实现社会主义而斗争的欺骗伎俩,使工人阶级的斗争脱离为日常要求而采取行动的轨道。

这一"劳工计划"的影响已经在前几个月里显现出来。这一计划的创始人和其他四位社会民主党领导人一起成了利奥波德三世的部长。这个全国联合政府采取的第一个步骤就是牺牲法郎,拯救银行。

全国联合政府的首脑不无讥讽意味地承认了这一事实。社会民主党的所谓计划政策的结果现在已经昭然若揭了,然而,德曼计划的代言人中有一个人,就是那个被擢升为王国部长的所谓"左派"斯帕克,不久前却宣布,"计划"的主旨是阶级合作和国民团结。在其他国家,尤其是在法国，改良主义的法国总工会领导人和几位社会党领导人已经试图通过要求为法国的德曼计划而斗争来阻止工人阶级统一战线的实现。

然而，我相信，比利时的经验将向其他国家的工人表明，社会民主党所谓的"社会主义构想"的计划没有什么别的结果，只会加深对工人阶级的剥削，使他们的生存条件更加恶化，也没有什么别的目的，只是挽救资本主义的社会制度而已。

目前，比利时在"计划经济"方面已经有了经验。这种"计划经济"的第一批成果证实了共产国际执行委员会在其第十三次全会上所说过的话，即在资本主义制度范围内的计划经济，无非意味着金融资本统治的加强和为法西斯主义准备土壤。

我想讲一下比利时的资本主义合理化过程：1929年比利时矿业有17.7万工人，今天只有11.7万人了，也就是说减少了6万名工人。但是，今天仍在工作的11.7万工人必须生产出与六年前的17.7万矿工所生产的一样多的产品。6万名工人被剔出生产过程，但总的生产仍保持在同样的水平上。

这个饥饿和痛苦的政策在工人中当然要遇到反抗。我想起那些同法国北部的纺织工人一道举行罢工的南佛兰德纺织工人的大罢工，这些罢工于1931年在比利时的瓦隆地区形成街垒战。当2.4万名矿工、钢铁工人、玻璃工人以及瓦隆工业区的工人推翻了在危机时期斗争是不可能的社会民主党理论时，1932年便爆发了一场有最广泛群众参加的斗争。1934年和1935年年初人们可以看到工人斗争在不断地高涨。

1月18日，社会民主党领导人德曼、斯帕克和德拉特企图向2.5万名矿工描绘"劳工计划"的诱人之处。但是，博里纳日的矿工群众让他们住口，并迫使他们谈一谈旨在反对特尼斯政府紧急法令、驱逐银行巨头政府的总罢工的准备情况。

我们党的总罢工口号风行一时，以致在1935年2月29日比利时工党和工会联盟的联合代表大会上,在 120 万张票中有 45 万张票赞成总罢工。

这就要提出那个对于我们党来讲至关重要的问题了,为什么在这个工人阶级极富积极性的国家里,为什么在这个无数工人起来罢工并十分积极地从事斗争的国家里,共产党是这般的软弱,虽然它在斗争中也起了一点儿作用,但只要群众运动的浪头一过去,它便与群众脱离了。为什么共产党无力阻止社会民主党将瓦隆和佛兰德无产阶级波澜壮阔的斗争引向失败。

1927—1928 年,我们党经历了一次由托洛茨基分子挑起的危机。数年来,托洛茨基分子对共产国际和工人阶级采取了两面派的手法。党顶住了敌人的这次进攻。然而,托洛茨基主义的残余并没有完全清除。

恰恰是这些托洛茨基主义的残余和脱离群众的做法导致了 1934 年 8 月 11 日根本错误的政策。当时,我们的共产主义青年团与社会主义青年团缔结了一项行动协议(这是很好的)。然而与此同时,它又与破坏一切行动的青年托洛茨基派的一个小组缔结了一项协议。在共产国际执委会的帮助下,党和共青团很快纠正了这个错误,党从中得到了许多教益。

同社会党工人联合的统一战线政策,首先是同社会党左派工人联合的政策,已经在社会民主党在社会党工人与共产党工人之间设立的高墙上打开了许多缺口。我们可以看到,在罢工斗争中,社会党工人和共产党工人兄弟般地团结起来,统一战线斗争的机构也建立起来。

现在我想讲一讲**沙勒罗瓦**区无产阶级几次斗争的情况。全国联合政府建立后几个星期,工人阶级看到,他们的处境不是变好了,而是更糟了。物价猛涨,面包价格上涨了 18%,脂肪、油、一切群众必需的食品价格都上涨了 15%—20%,但是工资却保持不变。

在这样的情况下,便爆发了沙勒罗瓦矿工斗争。我们党组织并促成了头几次的罢工斗争。在这些罢工里，比利时工人第一次使用了新的斗争方法，如占领矿井。不久，沙勒罗瓦附近的2万多矿工不顾政府和社会民主党的竭力阻止也参加了斗争，差不多全部矿井都被工人们占领了数日之久。全国联合政府不得不出动数千名警察，使用催泪瓦斯，强迫工人退出矿井。

斗争中，占领了矿井的工人建立了自己的统一战线机构和罢工领导组织。在工人组织的帮助下，特别是在国际劳动救济会比利时分会的帮助下，它们组织了向罢工者提供膳食和救济罢工者家属的工作。

对社会党工人的接近增强了党的力量，尤其是在佛兰德地区。

我还想举两个数字来说明，一方面，我们党的旧组织仍充满了关门主义的思想；另一方面，由从前的社会党左派工人和优秀的无产阶级战士参加的新组织正在发展壮大。

在安特卫普，那里数年来就有我们的一个组织，1935年最近的统计数字表明，我们已经有了152名成员。在阿洛斯特，那里的组织90%是由改良主义工会工人组成的，我们在几个月内就有了113名成员。

在联合社会党工人的政策的基础上，党能够发展壮大，这一点是很清楚的。例如，今年4月14日在布鲁塞尔举行的一名议员的替补选举中，我们党领导了一场大的运动，得到了1.8万张选票，与1932年的选举相比，我们的选票增加了50%。我们的一个分析表明，选举中大约有1万名改良主义工会工人投票赞成我们党。

联合社会党工人的政策，就是联合在1932年英勇斗争的24万工人的政策，就是联合1934年在韦尔维埃罢工的1.6万名纺织工人的政策，就是联合1935年在沙勒罗瓦进行斗争的2万名矿工的政策，就是联合把工会看成自己的堡垒，经常在改良主义工会中同社会党、同改良主义工会头目的政策作斗争的改良主义工会工人的政策。

同志们！在我讨论党的转变问题，即我发言的最后部分之前，我想就当前我国总的形势讲几句话。

事实证明，货币贬值政策和全国联合政府必然失败。看一看配给制、关税壁垒、其他国家提高关税的整个政策，就会得出这样的结论，货币贬值没有给重工业、采矿业和钢铁工业带来丝毫益处。

只有轻工业从法郎贬值40%中得到了一些好处，但是政府自己宣布，充其量只能稳定在现有的水平上。失业率的减少十分可怜，失业救济支出如人们所猜想的那样，只减少了5%。

群众的境况不断恶化，失业者的境况不断恶化，与此同时，政府在社会民主党的全力支持下又在准备一项控制工会、使工会"一体化"的法律，即社团组织法。

在资产阶级反对工人阶级的斗争中，如前所述，资产阶级得到了社会民主党的全力支持。从前的"左派"斯帕克当上部长后说："我不想成为比利时的克伦斯基"，他以此想表达的意思是，人们不必指责他为布尔什维克开辟道路。

我们同社会党工人最紧密联系的问题首先是我们同社会党左派工人紧密联系的问题。

斯帕克的叛变在工人中引起了一场托洛茨基分子试图利用的混乱。但是，博里纳日的社会党工人批判了托洛茨基主义"左派"敌视共产国际和苏联的态度。

同志们，在最近一次全国代表大会上，我们一方面分析了党所处的危险的孤立状态，另一方面分析了由于目前的整个形势而出现的巨大的机会、群众的激情，以及比利时群众斗争的前景，从而得出了这样的结论：考虑到社会民主党领导下的比利时工会的特殊的组织形式，只有进入到这类群众组织里去做工作，我们才能接近群众。正因为如此，我们党给自己提出了在新的基础上重建党的整个组织的任务。

我们将在那些已经有了工厂支部的地方保护这些支部，并不断地扩大它们。

我们不取消我们的地方支部，而是要求所有的党员都加入工会，我们提出了在工会的基础上改组党的任务。

所有参加工会组织的党员在他们负责的工会里组成小组，这种小组不是什么共产党的工会党团，而是一个拥有基层党组织所有权利和义务的基层党小组。

这方面多次被提到的例子是安特卫普的钻石工人罢工。加入钻石工人工会并在其中组成一个党小组的我党同志，不仅从经济斗争的角度，而且从政治斗争的角度考虑问题，投身到这一包括了98%钻石工人的工会的工作中去。由于我们的工作，我们成功地引燃了钻石切割工人的罢工烈火。通过派出罢工纠察队，罢工还扩展到了钻石磨研厂，4000名钻石工人参加了战斗。8天前，也就是我们的代表团启程前来参加这次代表大会之前，工厂主为了结束这场冲突提出了一个增加20%工资的建议。

另一个例子是：我们在布鲁塞尔职员工会中的小组提出了我们参加工会中央执行委员会选举的问题，并为这次替补选举推荐了5位候选人，其中有4位获得通过，而鼎鼎大名的领导人，总书记旺德普拉斯和工会机关报总编辑埃弗林则被拉下马来，由共产党人取而代之。

仅这两件事情，此外还有许多其他的例子，就已经证明了，以党的改组为基础，我们已经取得了重要的成果。

最后我还想讲一则轶事：

1921年我从第三次代表大会回国后，在比利时布鲁塞尔碰到了一位社会党工人，这是一位在工会机关报工作的普通的工会战友，他问我："你是从莫斯科回来的吗？""是！""你见过列宁吗？"于是，这位工人向我提出了人们也许会认为是幼稚的问题："列宁看过我那篇论述我们工作条件恶劣的文章吗？他就这个问题讲了些什么？"同志们，问题也许是幼稚的，然而，它却显示出社会党的工人们那时就已怀有的对他们认为体现了十月革命的人的信赖。

我相信，通过我们为接近社会党工人、争取工会统一、争取在不久的将来建立统一战线所作的斗争——尽管也许还要借助其他方式方法——我们一定能在共产国际的群众性政党中占有一个与奥地利的同志们相似的地位。（掌声）

坎贝尔（英国）：

皮克同志的报告对理解第六次代表大会至第七次代表大会之间所发生的事件有很大裨益，对共产国际的所有支部来讲也将有不小的帮助。但英国代表团有这样一个印象，皮克同志的报告似乎还须对国际政治路线作更为彻底的考察，说明它是怎样在第六次代表大会以后的各次全会上被制定出来的，报告似乎还须对国际路线怎样为适应条件的变化而被发展了的问题作更为彻底的考察。就某些方面而言，报告似乎还应该针对对国际路线的批评更加强有力地捍卫这条路线，并且应该考察这样一个问题，即对这条路线的解释和对共产国际各支部及执委会贯彻路线情况的监督是否都做得很好了。

不言而喻，执委会必须像它检查各国党的工作一样，用同样客观的方式检查它在这七年里所做的工作。当然，在这一次代表大会上，没有人否认它在这七年里作出的决议总的来说是正确的。如果有人想否认，那么，英国代表团将不遗余力地同他作斗争。问题是，只是制定出正确的决议还远远不够。一项决议可能是正确的，但很晚才发生作用，致使宝贵的、可以用来接近工人阶级和使它提高到一个更高斗争阶段的时间丧失了。一项决议总体上可能是正确的，然而，决议里的某些提法仍然可能导致抵消决议实质的有害倾向。

因此，我们建议，在检验七年来的政治路线时，不仅要讨论那些决议总体上是否正确，而且要讨论它们是否合乎时势，要讨论共产国际在执行这些决议的过程中是否清除掉了有害的倾向。共产国际执委会是否在任何一点上都监督了决议的执行，这也关系到我们的工会工作。读过执委会工作报告的人谁也不能回避这样的结论：在消除工会工作中极危险的右倾倾向的过程中，在许多情况下关门主义又蔓延开来，它使我们的工会工作受到了多年的影响并在某种程度上仍然阻碍着工会工作。

我们切不可以为，这种关门主义只是作为一种孤立的倾向存在于共产国际的一两个党中。关门主义几乎已经和右倾机会主义一样到处可见，它作为右倾机会主义的产物在某种程度上已经是自然而然的了。我们工会工作中的关门主义本质上来源于两个方面：关于罢工战略的施特拉斯堡决议和对应用于工会的社会主义理论的曲解。

我无法设想，在这次代表大会上，关于独立领导经济斗争的决议完全正确这一点会受到怀疑。

在这次代表大会上出现的每一个这样的动议，即大会应该为了灵活地对待工会工作而回到 1928 年**以前**采取的立场上去，并放弃关于工人阶级独立领导经济斗争的主张，似乎一定会遭到这次代表大会的严厉拒绝。

不管怎么说，施特拉斯堡决议中的某些提法为对独立领导经济斗争的政策进行关门主义的歪曲开了绿灯。它们表明，人们低估了利用改良主义工会基层组织的可能性。同样，它们也表明，人们低估了在罢工过程中为统一战线策略争取属于改良主义工会的某些工人阶层的可能性。

执委会能说这方面的责任最终在个别党的身上吗？执委会能说它总是及时地在消除这类倾向吗？我们自己在英国不得不看到的是，在接受施特拉斯堡决议两年后，人们还在教导我们，说这项决议的全部细节和表述都是正确的。我们还要再谈到这个问题的，但现在我们要给执委会提个建议，请它不要光是批评个别党内与此问题相关的那些倾向，而是另外再检查一下，它本身对这个问题是怎么看的，它是否及时地纠正了这些倾向。

于是就有了一系列与统一战线策略的运用相联系的问题，对这个策略必须作出比皮克同志所作的更为详细和透彻的解释。本届代表大会有权批判任何源于如下观点的倾向，这种观点认为，在1928—1932年间，也就是说，在社会民主党加入不同形式的联合政府，而它的广大党员对社会民主党内的那种倾向还没有开始反抗时，本可以既从上面，也从下面推行统一战线。我们党完全不同意托洛茨基主义和布兰德勒主义所主张的，在那几年里本可以既从上面，也从下面实现统一战线的观点。然而，当形势发生了变化时，执委会知道不知道，各国党是不是全力实行了转变？当转变开始时，各国党是不是都对它作出了足够有力的反应和积极地实行了这一转变？

看看不同的党从转变之初，即从1933年年初起所采取的态度是非常有趣的。很清楚，在转变开始后的第一年里，我们将会从大多数党那里得到如下报告：统一战线策略没有彻底执行，我们没有利用一切可能性，宝贵的时间浪费掉了，我们没有充分利用使社会民主党内危机过程加速的机会。

紧接着这个报告的则是，当德国共产党柏林各区组织于1932年6月16日同社会民主党与改良主义工会的相应组织接近时，我们的统一战线策略出现了转机。由于我们在普鲁士议会中的议会党团向社会民主党提出了统一战线的建议，这个策略被向前推进了一步。由于在转变时期我们向改良主义工会中央执行委员会提出了全国范围的统一战线的建议，这一策略又被向前推进了一步。于是，我们便站在了我们的国际统一战线策略的一个巨大变化，一个很快将适用于整个国际的变化的起点上。

我们能说从这时起直到希特勒上台，这一变化在德国被强有力地推动了吗？能说社会民主党工人中的统一战线倾向在德国得到了加强吗？共产国际其他的党意识到没有，在统一战线策略问题上应该出现一个变化？

英国代表团想提醒代表大会，第七次全会是在我们于1932年仲夏向德国社会民主党提出建议和1933年初希特勒上台之间这段时间内举行的。但是，我们今天很难讲，有关制定我们的统一战线策略的那些讨论，在第七次全会的讨论中占有重要地位。我们能说在这种情形下各国支部都足够迅速地对那时出现的变化作出反应了吗？无论如何我们要把这个问题提交代表大会讨论。这个问题必须讨论，我们决不能忽视它，就好像它根本就不存在似的。

共产国际3月份对统一战线的解释，竟然步社会主义工人国际的解释的后尘，具有与其相似的性质，这在我们看来是很不明智的。我们知道，社会主义工人国际的那些建议不过是阻碍统一战线的伎俩而已。然而遗憾的是，我们没有抢先提出建议。

这期间，共产国际执委会在其复函中更重视与各国党的统一战线谈判，而非准备进行旷日持久的国际谈判，英国代表团认为这是正确的。在那个时候，迅速地在国家范围内建立统一战线是很重要的，因为如果开始国际谈判，必定会推迟后来在法国和其他地方出现的意义重大的进展。

英国代表团也高兴地注意到了皮克同志在发言中提到的关于有必要同各支部进行更为经常的协商的意见。

最后我们认为，对希特勒上台后德国形势的发展，还须作一个比皮克同志在他的发言中所作的更为透彻的考察，而我们肯定，**季米特洛夫**同志或者德国的一位领导同志，将告诉我们更详细的情况。我们党对德国工人的支持将成为我们的一项主要义务。当前，整个国际非常重视从我们的德国同志那里获得详细的分析，以使代表大会能够全面了解他们的活动，并在今后为他们提供有效的帮助。

把注意力集中在目前在法国发生的具有重大意义的事件上，集中在法国取得的辉煌成果上，相反却忽视目前在德国发生的事件，我们认为这是个极大的错误，但愿这只是某个党的感觉而已。

我个人认为，德国最近发生的恐怖浪潮，特别是针对那些致力于重建工会的同志的恐怖浪潮，在我们的某些党内所引起的反响很不尽如人意，然而，借助于改良主义工会工人的支援，我们却有可能对此发动一场强大的运动。我们越是强烈地反对战争策划者希特勒政府，越是强烈地反对援助希特勒的英国政府，我们就越是必须有力地表明我们与德国工人的团结，越是必须积极地关心目前在每一个国家里所发生的一切。

英国在整个国际局势中的作用是非常重要的，对此现在不可能有任何怀疑。我们正处在一个充满着战争危险的环境里。除了德国和日本这样的军事强国，英国是目前搅动战争漩涡的主要中心之一。毫无疑问，如果没有英国资产阶级的不断支持——没有对购买战争物资的财政支持，没有在国际联盟中和在其他方面的政治支持，没有以任何可能想到的方式给予外交鼓励——德国和日本绝对达不到它们现在的发展水平。今天，英国是那些正想立即发动一场战争的军事强国的主要支持者。

今天，英国还是世界范围内反对工人阶级统一战线的最重要的中心。英国工党是反对扩大统一战线的最顽固的党，毫无疑问，如果统一战线在英国取得胜利的话，那将是对斯堪的纳维亚各国社会民主党及其他反对扩大统一战线的较小国家的党的最大影响。

英国现在的情况如何呢？几天前，英国首相**斯坦利·鲍德温**发表了一篇讲话，讲话的主旨是，尽管英国还有一些问题尚待解决，但总的来讲，英国仍然是当今世界上工人处境最好的国家。他描绘了一幅英国迄今为止的进步和未来远景的美好图画。只要做一次英国之行，人们便随处可以见到宣传柱上的广告，在这些广告中，政府大肆宣扬它是如何把英国从危机的魔爪中拯救出来，并使其重新走上通往繁荣兴旺的金光大道的。

这些断言的根据是什么呢？它们的根据首先是这一事实，即英国已经达到了战前的生产水平。英国的生产今天已经达到了危机以前的水平。在最近几年里，英国资产阶级的利润大幅度提高。截至1934年6月，与1933年度相比，利润上升了12%，截至1935年6月，与上一年度的数字相比，利润上升了19.5%。

而这幅图画的背面则是，英帝国主义并不是从高度繁荣阶段跌到萧条状态，而是从持续了10年之久的萧条跌入危机之中的。也就是说，在21年之后，在出现这一切新的发明、新的技术进步之后，英帝国主义的生产才刚刚恢复到它早在1913年就已经达到了的水平。

这幅亮丽的图画的背面是200万失业大军，这真是一个难题，英国资产阶级竭尽全力也无法缩小这个数字。刚刚发表了一份内阁关于所谓英国贫困区，即萧条地区的报告。这些地区是以前的重工业中心，曾有过繁荣的煤炭工业、钢铁工业和造船工业。然而现在，任何一种工业都从南威尔士和东北沿海地区的这些中心里销声匿迹了。没有一家工厂、一个矿井、一个钢厂，没有任何一种类型的工业企业还在运行。在这些中心里，大多数年轻人14岁便离开了学校，从此便成了成年人，然而他们却没有从事过一天生产劳动。就在鲍德温乐观地预言英帝国主义正在走向光辉未来的同时，一位鲍德温政府派去的全权代表却描述了那些地区的悲惨境况并解释说，这些萧条地区目前的形势，主要是由于那些非人力所能影响的经济因素和国际因素造成的。

因此，繁荣图画的背面是持续的失业，工业企业的持续歇业，煤炭、矿山和纺织工业等关键工业部门的可怕的萧条，成千上万帝国主义不会给他们任何前程的年轻失业者，没有任何就业机会和希望的贫困区。

如此说来，英国是在走向一个繁荣稳定的时期吗？答案是：不。

此外，图画的背面还能看到这一事实：转入进攻的英国工人阶级掀起了一场强大的反抗现状的运动。其实，英国工人阶级的所有阶层在1934年就开始为增加工资而斗争了。在某些场合，他们要求废除1931年所作的降低工资的决定，在另一些场合，他们则要求提高工资。虽然资产阶级通过对除矿山和纺织工业以外的大多数工人作出让步，从而使自己在一定程度上躲避了这场运动的冲击。然而，这种让步丝毫没能阻碍运动的发展；相反，它使更多的工人参加了工会组织，使工厂里的斗争情绪更加高涨，使工厂里的组织扩大了，激起了旨在进一步增加工资、缩短工时的新要求的广阔浪潮。

这就是当前力图运用统一战线策略的英国共产党所处的形势，英国共产党有很丰富的运用统一战线策略的经验。

我们可以说，这一策略立即生效了。今年初，当政府企图实行失业法的第二部分时，我们依据我们的统一战线选举策略去接近社会民主党工人的新阶层，吸收了以前从未参加过统一战线行动的工党市议会议员及工会地方小组，使统一战线扩展到一个更加广泛的范围——在这个范围里的威尔士、苏格兰和东北沿海地区，首先是那些最重要的军事工业中心，如设菲尔德爆发了强大的群众运动。这些群众运动如此汹涌澎湃，以致它们竟一度动摇了内阁的地位。我们相信，以这些经验为依据，并通过对这些经验的某些缺点的自我批评，我们就能够继续执行我们的统一战线策略。关于这方面的问题，**波立特**同志将在大会后一个阶段的会议上谈到。

在工会运动中正确运用统一战线策略，使我们明显地加强了我们的地位。在第六次代表大会期间，我们同一些左派工人一起在少数派运动里工作，这是一个在改良主义工会内部很起作用的激进运动，我们以"逼迫工会官僚"的口号作为我们整个政策的基础。转变这一政策是很必要的。但是，当我们从这个政策转到实行独立自主的领导的政策时，却又以十足关门主义的方式解释新政策。我们不是把这一政策理解为要摆脱工会的高层领导人，而是理解为要脱离工会的下层组织、工会地方小组和企业中的工会基层组织，我们把这看成是与那些被我们视为和工会运动领袖一样是改良主义者的工会基层干部的无情对抗。当这一政策发展为某种与世隔绝、脱离群众的倾向时，我们才明白，独立自主的领导只有依靠工会运动基层组织强有力的支持才有可能。毫无疑问，共产国际为了使我们实现这个必要的转变给了我们极大的帮助。

从1932年年初起我们实现了这个转变。我们致力于争取工会的下级机构支持一种积极的政策。我们致力于在共同政策的基础上与现有工会中激进的地方组织和企业工会干部联合，我们立即取得了一定的成果。

但是，这一转变是否意味着我们放弃了独立领导经济斗争的思想呢？是否意味着我们现在又专注于对官僚主义施加压力的旧方式呢？必须指出，在目前的形势下，根本不可能放弃独立领导经济斗争的思想。

此外，我们不仅绝对有必要通过党从内部保证对这些运动的独立领导，而且党的领导层还必须有足够的灵活性，不再坚持那些已经过时了的旧口号。

去年，我们在铁路工业中犯了一个严重的滞后错误，当铁路员工奋勇前进时，我们的党组织和党领导没能从总体上及时适应已经变化了的形势，仍旧坚持那些和直接的日常的困苦无任何联系、而正在前进的群众认为已经脱离了实际的口号。

英国改良主义工会的前景如何呢？我们认为，在英国乃至在欧洲和美国，我们正处于一个强大的经济和政治运动的浪潮之中。工人阶级斗争的速度在加快。在像英国这样的国家里，一系列局部斗争是未来波澜壮阔的群众斗争的先兆，这一不断高涨着的运动使一般改良主义工人越来越把工会官僚强加给他们的各种限制视为负担。在英国，否认共产党人有权担任工会职务的《黑色通告》在几个有决定意义的工会的失败证明了这一点。此外，机器制造工人工会和矿工工会中的官僚们要求对会员群众拥有更大权力的企图的失败也证明了这一点。

我们看到，在我们党的领导下，改良主义运动内部存在着一个广泛的左翼激进运动的发展前景，它对我们下一阶段的工作非常有利，对运动也非常重要。

下面讲一讲我们党的情况。今年年初以来我们党的成员数增加了1/3，这是我们党一个非常大的进步，然而，即使如此，我们的党员总数才只有7700人，这不仅和我们的任务比较起来远远不够，而且也与我们在英国工人阶级运动的不同阶段已经起到的作用完全不相称。

英国共产党的人数现在为什么这么少呢？在英国自然有其客观的困难。例如，历史事实是，工会出现于政治性工人运动之前，是政治性工人运动的基础；政治性工人运动在很大程度上是由改良主义的工会官僚们来代表的；小资产阶级的一些阶层在政治上控制着工会。许多地区的普通工会会员都认为，他的工会是万能的；只要他加入了工会，缴纳了会费，并为工会的政治基金付了款就足够了；这样他就做了积极参加政治活动所必须做的一切。我们在同普通工会会员的交往中发现，许多工会会员根本不是死硬的改良主义者，由于诸多原因他们在工会内部支持我们的党，他们普遍认为，从事政治活动和企业活动的工会能满足一切需要，没有必要再建立任何政党了。我们必须考虑到这个情况。波立特同志在稍后讨论我们的统一战线工作时将强调这个问题的某些方面，将探讨统一战线工作的一个特别重要的情况，即这样一种不同意见："工会足以解决一切政治问题；工会和工党体现了真正的统一战线，任何别的统一战线都是多余的。"等等。

然而在很大程度上却是我们自己促成了我党工作方法的这种倾向。

无疑我们党在某些领域做了出色的工作。我们党参加了各种重要的群众集会,然而,英国的群众尚未将它视为在所有那些对英国工人阶级生死攸关的问题上的政治领导者。在许多工人看来,我们是一个优秀的战斗小组,既在工会里工作,也在政治领域中活动。工人们,那些不理解从前共产党和工党的关系的工党新成员,常常跑来对我们说:"好吧,你们都是好人,你们努力工作,在工会中帮助我们;你们帮助我们建立统一战线。但是,如果你们能以个人身份加入工党,和我们一道工作,那不是更好吗?"等等。所以,我们在进行党的工作时,特别是在反对内阁的斗争中,必须更加突出党的政策,向群众解释我党涉及工人所有问题的政策,向他们指出,我们是建立能够推翻内阁的统一战线的积极推动力量。

我们取得了很大的进步,克服了许多关门主义倾向,提高了我们在群众中的影响,但是还有许多工作要做。我毫不犹豫地宣布,在共产国际下一次代表大会之前,也就是在明年年底之前,由于英国党懂得利用它所具有的极大的可能性,它将在国际工人阶级的全部斗争中发挥更加重要的作用。而英国党一旦开始在国际工人阶级的斗争中发挥更加重要的作用,那么,这将意味着向反对资本主义的整个国际运动的最终胜利迈进了一大步。(热烈的掌声)

普鲁希杰克(波兰):

同志们!如果总结一下在第六次代表大会至第七次代表大会期间,波兰革命运动的发展成果,以及我们党的工作成果,我们便能够赞同报告人的论断,即共产主义在波兰的影响日益增长,共产主义思想日益深入群众,我们党的影响日益增强。

这一切的强有力的源泉是在联共(布)的领导下,在**斯大林**同志的领导下,苏联在各条建设战线和政治战线上所取得的辉煌成就。波兰人民拿这些成就与本国及其他资本主义国家的情况相比,与剥削、贫困、恐怖和战争的制度相比,从而实际上相信了共产党人那些基本估价的正确性:关于局部稳定的性质,关于危机的实质,关于不可能通过资产阶级民主道路过渡到社会主义。"在群众的意识中,进攻的思想正在成熟。"

在波兰,在这两次代表大会之间的时间里,正是劳动者革命斗争持续的,即使还是不规律的增长时期。

波兰的工人阶级和全体农民坚决反抗资产阶级的进攻。广大劳动群众斗争发展的一个重要环节是无产阶级的罢工斗争。在群众斗争的土壤里,我们党发展壮大了。党员人数增加了3倍,党在日常斗争中的作用不断增强。波兰整个国内、国际的政治形势给我们党提出了特别重要的任务。除了德国,波兰是革命危机的先决条件迅速成熟的国家之一。波兰比其他国家更早地遭到经济危机的打击,这一危机剧烈而漫长。同1928年相比,工业生产下降了45%,2/3的工业无产阶级失业。农业危机导致农产品贬值和波兰乡村破产。危机使城市小资产阶级的广大群众异常贫困,使对西乌克兰和西白俄罗斯被压迫人民的民族奴役政策所引起的矛盾愈益尖锐。与危机相连的是,波兰资产阶级的内部冲突不断增加。随着危机的激化和革命运动的高涨,内部的斗争也激化了。建立法西斯独裁统治的努力的不断加强、战争准备的加强、反对党群众的不满与激进程度的增长,这些都促使法西斯主义把彻底扫除政党体系残余,乃至扫除一切政党的问题提上了议事日程。

鉴于对整个客观形势及主观因素(工人和农民群众的革命斗争)增长的估计,我们在1930年,尤其是在1931年,即罢工浪潮和农民运动取得极大进展的时期,提出了革命危机迅速迫近的看法。

这样一个对前景的估计,就向我们党极其尖锐地提出了把群众从反抗资本进攻和法西斯主义的局部斗争引向反对法西斯制度、反对资本主义的斗争的任务。同样，它也极其尖锐地提出了为共产主义争取受改良主义影响的群众的任务，提出了争取无产阶级同盟者的任务。

危机开始以后，党的政策是根据组织反抗资本进攻这一任务而确定的。我们把对群众进行革命动员，使其投身到认识劳动者切身经济利益的斗争中去，看做我们日常的城市和农村工作的最重要环节。下面这一口号就是我们那时的政策的最好的说明："经过日常斗争走向夺取政权的决战。"这一口号是我们在1932年9月党的中央委员会第三次全体会议的决议之前提出来的。

基于这个看法，我们成功地组织了工农群众对资本家和地主进攻的顽强反抗。

1930—1931年，站在斗争最前列的是失业者。但是，运动的不足之处是，它脱离了那时对工厂主的进攻反应还不强烈的工厂工人。我们还得击破来自改良主义者的破坏活动，并揭穿他们传播给工人群众的所谓在危机时期不可能举行有成效的罢工的失败主义观点。

1931年，多姆布罗沃与克拉考地区的煤矿工人举行了罢工，华沙铁路员工举行了两次罢工，第一次取得了完全胜利，第二次取得了部分胜利。这些罢工对工人阶级反对资本家企图把危机后果转嫁给劳动者的斗争的深入发展产生了强大影响。从1931年起，波兰的罢工斗争不断高涨，并产生了一种新的斗争形式，即所谓"波兰式罢工"，在这类罢工中，工人们占领工厂和矿井，并在那里一直坚持到斗争胜利为止。

1930年有1660家工厂发生了罢工，1934年则发展到11000家工厂。1930年罢工人数为5万人，1934年则达到约40万人。从罢工统计数字可以看出，1934年罢工浪潮扩展到最大范围。1935年上半年同样显示了罢工浪潮不断高涨的势头。

官方统计数字表明，在1934年的961次最重要的罢工中，罢工者取得了644次罢工的部分胜利或完全胜利。在961次罢工中，有606次是因为工资问题而引发的。这些数字不容置疑地表明,资本家没能全部实现他们的企图。

罢工浪潮一年比一年更加富于政治色彩,日益频繁地冲破法西斯的恐怖秩序,并提出纯粹的政治口号。

前几个星期一系列政治性的、反对剥夺人民的民主权利的罢工,是与近几年罢工运动的发展紧密相连的。

但是,可以明确地断定,1932年至1934年的强大的罢工斗争,没有充分地同反对法西斯主义所竭力推行的取消政治权利的斗争相联系。党中央委员会在一系列文件中指出了运动的这个缺陷。

我们的罢工策略的基本点是独立组织和领导无产阶级经济斗争的方针。在每一次行动中,我们都力求使民主的斗争机构——行动委员会、罢工领导机关等,由参加斗争的群众自己选举产生。

我们可以肯定地说,党不倦地努力使群众摆脱改良主义的头目,让他们自己根据全体职工的决议宣布罢工,并让社会民主党工人与改良主义工会成员都来参加罢工的领导工作。在1933年底党的二中全会之前,这方面的疏忽的主要原因是,我们的工会策略在实践中走了点弯路。我们的全部工会实践深受1928年党的五中全会所制定的关于组成革命工会的总方针的影响。1929年党的六中全会对这个总方针所作的修正,只是在一定程度上使情况有所改善,因为在第五次红色工会国际代表大会之后仍在持续的关门主义做法,使我们难以扩大和加强自己在改良主义工会中的地位。

我们党的二中全会对波兰的革命工会运动来说是一个转折点。全会使整个革命运动的注意力集中到改良主义工会和法西斯主义工会的工作中。我们提出了使改良主义工会转变为群众组织、斗争组织,转变为真正的阶级组织的口号。

十三中全会后,革命影响在改良主义工会中得到极大增强,我们在大工业工会中的地位随之加强了。这涉及纺织工人联合会、钢铁工人联合会和采矿工人联合会。

我们工作中的最薄弱环节仍然是失业者斗争的问题,实际上,随着罢工斗争的高涨,这个问题开始日益被我们忽视。失业者的问题还没有像在业工人的要求那样,成为统一战线纲领的一个不可分割的组成部分。这方面我们还要**急起直追**。**城乡失业问题必须成为反法西斯人民阵线的基础之一**。

目前革命运动的最大缺陷是,**我们党还未能把几百万劳动农民**吸引到运动中来,争取他们与无产阶级共同战斗。

皮克同志在他的报告中正确地指出了我们的党组织在提出使群众投入与政权机器直接对抗的农民运动口号方面表现得不够灵活。这些口号是在1931年至1932年农民运动迅猛发展时产生的,这一运动的矛头指向苛捐杂税,曾迫使法西斯政权在一段时期内部分地减缓了对农民的税务压迫。但是,党却不懂得同时使劳动农民投入争取其他更重要的局部要求的斗争中去,特别是在加里曾起义之后,运动已经开始低落的时候。然而,必须指出的是,我们的农村工作同样取得了很大的成绩。

在过去的七年中,革命的农民运动常常带有某种自发的性质,不过党的作用无论是在政治上还是在组织上都愈来愈大。

我在开始时就讲到,我们党的党员人数增加了三倍多。但是,我们必须承认,党的组织规模和它的政治影响是很不相称的。必须指出,直到今天我们还不会充分利用一切可能来建立组织基地。**而主要的问题是,我们没有及时把争取群众的工作重点放在争取改良主义工会和其他群众团体上**。统一战线策略的全面运用使我们有可能利用这些团体来扩大我们的影响。

干部问题,主要是地区和分区的干部问题,在党处于地下状态、面临着法西斯恐怖以及我们的工作具有群众性质的条件下,无论过去还是将来，始终是一个最重要和最难解决的问题。由于挑选无产阶级群众斗争的最积极参加者，由于通过学校和党的文件提高他们的理论水平，由于剔除了异己分子，由于想方设法保护我们的干部免遭逮捕，我们已经形成了一个比较优秀的干部核心，它肩负着党的全部工作。

广泛运用统一战线策略，还使党有可能监督其组织工作和各项指示的执行情况，因为党的组织工作越来越多地在群众的眼前进行，因为党的组织工作在正确执行党的路线的情况下正在取得显著成果。这一广泛的运动在暴露出一系列缺点的同时，预示着整个党的蓬勃发展。此外还必须指出，虽然党积极主动地致力于开展日常斗争，然而**争取群众拥护共产主义的过程，争取群众摆脱改良主义的过程**，就像运动的每一次进步所显示的那样，**仍然大大落后于客观的可能性**。

在我们这里出现了一个工人阶级的激进程度不断加强的过程，这就迫使改良主义政党改变它们对待罢工的策略、口号、态度等等。改良主义政党的这种"改头换面"，使自己得以保住在群众中的影响，有时甚至还扩大了这种影响。我们党处于地下状态这一事实，无疑使它难以从政治上影响改良主义者，难以在意识形态领域同他们作斗争。除了客观原因外，还有主观原因：个别组织在运用统一战线策略方面的错误、开展政治工作不够积极、不顾群众觉悟水平的生硬的工作方法、关门主义情绪，等等。然而，随着群众的激进化，随着改良主义者使用其"新策略"，随着也威胁到改良主义组织生存的法西斯主义进攻的加剧，党开始在广阔的政治和组织范围内运用统一战线策略。目前，它已经取得了一系列成就。今天，工人群众已经把我们看做是为无产阶级的统一行动而战斗的先锋了。

在向统一战线策略的转变中，**连斯基**同志的题为《**论统一战线的真理**》的小册子起了特别重要的作用。这本小册子成为工人集会和社会民主党报刊讨论的题目。

在我向代表大会汇报了我们的工作、我们的成绩、我们的不足与缺点之后，我以无比自豪的心情在讲话结束时宣布：在出席第六次代表大会时，我们从根本上讲还是两个互相疏远、互相敌对的派别，而在第七次代表大会上，情况就不同了，我们的党是作为一个统一的、团结的党出现的，它清除了一切脱离共产国际路线的倾向，特别是彻底粉碎了阻碍它为使工人摆脱社会民主党的影响而斗争的右倾机会主义倾向。在为我们的队伍思想上和组织上的统一而进行的斗争中，党做了一件重要的理论工作，其表现是：对由从前的波兰和立陶宛社会民主党遗留下来的卢森堡主义的错误作了布尔什维主义的自我批评；对由从前的波兰社会党左派带到党内来的孟什维主义遗产，以及来自其他不同渊源的小资产阶级的、反布尔什维主义的余毒进行了严厉的批判。最后，这一工作的成果就是由1932年第六次党代表大会通过并由我们提交共产国际执委会批准的我们党的纲领。

在这整个过程中，无论是在全部日常工作中，还是在克服我们的一切缺点方面，我们都不断地得到了共产国际执委会的指导和帮助。

我们坚信，第七次代表大会将帮助我们改进我们的工作，我们将能够胜任我们所面临的艰巨任务，我们的党将在未来的反对法西斯主义、反对资本主义与战争、争取无产阶级革命胜利的斗争中走在最前列。（掌声）

弗朗茨（德国）：

德国的事变引起了整个世界形势，特别是国际工人运动的巨大变化。法西斯在德国的胜利使其他国家的工人阶级必须集中火力一致对付法西斯，同时统一战线成为生死攸关的问题。研究法西斯为何能在德国得逞，这对于国际工人阶级有着极其重大的意义。

德国社会民主党要承担历史责任。它在世界大战中分裂了德国工人阶级，并在1918年以后通过其经济和平政策和联盟政策加深了这一分裂。在德国工人运动中存在着两条对立的政治路线。社会民主党利用其经济和平政策和"较小祸害"政策，妨碍了群众在危机中反对资本主义的行动，由此阻碍了工人阶级通过展示自己的力量，把城市中产阶层和劳动农民争取到工人一边，使法西斯分子易于打入这些小资产阶级阶层。

尽管共产党致力于建立统一战线，但在贯彻统一战线政策时不够灵活，没有充分认识到应当同社会民主党工人建立密切联系，没有像已经开始取得成果的法国共产党人那样，为争取民主权利和民主自由作彻底的斗争，常常只是抽象地提出苏维埃政权的口号。他们没有把工作的重心放在工会工作和无产阶级群众组织上，因此未能使工人阶级的主要阶层摆脱改良主义思想，未能把大多数工人争取到自己一边。

同志们，由于共产党曾在一段时间里，把本应针对工人阶级的主要敌人、日益猖獗的法西斯主义的主要火力对准了社会民主党，这就使上述错误变得更加严重。

在共产国际第六次代表大会以后，改良主义经历了一个表面繁荣的时期。那时希法亭提出了"和平长入社会主义"的论点。

这一理论的实际效果表现为社会民主党领袖们的政策，表现为他们拒绝领导经济斗争。

如果我们要防止工人在争取日常利益的斗争中处于群龙无首的状态，我们就必须努力克服有组织的工人与无组织的工人之间的分裂，支持工人按照自己的意愿办事，由他们自己决定自己的命运，反对国家的调解要求。我们必须转向与革命的工会反对派结成更牢固的联盟。我们的**台尔曼**同志一再指出在改良主义的群众组织中开展这一工作的必要性，并且强调，这应当成为共产党正确的群众工作的出发点。我们放弃了"加入自由工会"的口号，这使得我们在德国共产党人一般来讲不大愿意从事工会工作的情况下，实际上将红色工会反对派发展成为取代工会的组织，并且更加不重视在改良主义工会中的工作。

我们党在希特勒上台以前取得的一切重大成就包括：党员人数扩大到 36 万人，建立了总数达 100 万工人的各种同情我党的群众组织，在选举中取得重大成果，有多达 600 万选民支持我们的候选人名单，我们抵御法西斯分子对工人区的袭击所取得的成就。而所有这些成就，都无法弥补我们忽视在改良主义工会中工作这一重大缺陷。在危机中，企业主首先把共产党工人从企业中清洗出去，我党越来越难以在企业中立足，面对这样的事实，为影响在企业中起决定作用的有组织的工人而在改良主义工会中工作，就显得更为紧迫了。此外，我们未能在自由工会的会员群众中扎下根来的另一个影响，就是革命的失业者运动主要是由无组织的工人组成这样一个事实。大部分失业者由于对本身境况的绝望而易于轻信民族主义的许诺。

同志们，德国的例子充分说明，只有注重企业中和群众组织中的工作，才能有效地防止法西斯主义的危险。

在 1928—1929 年的形势下，在德国不存在与社会民主党领袖接触的问题。但是，在这段时间里，我们也放弃了与社会民主党下属组织建立统一战线。后来，面对日益猖獗的法西斯主义危险，我们一再向社会民主党和工会领袖们提出建立统一战线的建议。1934 年 4 月，我们宣布，我们准备与一切真正想同法西斯作斗争的组织共同战斗。1932 年 7 月 20 日，当泽韦林政府向 1 名少尉和 8 名士兵投降时，我们向改良派领袖提议联合宣布总罢工。我们也曾在地方和地区范围内向社会民主党领导提出统一战线建议。我们在议会选举议长时声明，只要保证不让纳粹分子当选议长，我们就支持社会民主党和中央党。我们在柏林、汉堡和其他城市的市议会中也提出了同样的建议。但我们的一切建议都遭到社会民主党领导的拒绝，而社会民主党内部的广大群众似乎也不反对社会民主党领导的这种路线。由于我们没有在政治上正确地对待社会民主党工人，社会民主党领导就很容易地做到了这一点。社会民主党的政策导致社会民主党工人大大低估了法西斯主义危险，如下的幻想占了上风，即以为掌握在泽韦林手中的普鲁士国家机器是阻止法西斯的一道坚固的堤坝，在紧急关头，工会、钢铁阵线和帝国旗帜团将像1920年德国工人在卡普暴动时所做的那样，打退法西斯。

我党存在着过低估计法西斯主义危险的严重倾向。对于纳粹分子，**诺伊曼**同志曾提出这样的口号："哪里有法西斯分子，就在哪里打击他们。"根据台尔曼同志的倡议，取消了这个关门主义的口号，并开始在报刊和集会上与纳粹进行思想斗争。早在1931年，诺伊曼同志就在共产国际执委会第十一次全体会议上认为，法西斯主义危险在德国已被遏止。这种观点使我们不能把真正的法西斯主义危险作为一种契机，为进行群众斗争而与社会民主党工人建立统一战线。针对法西斯分子蛊惑民心的民族主义宣传，我党发表了《德国人民社会解放和民族解放纲领》，这一纲领也应该为我们打开通向小资产阶级的道路。但它未能成为我党工作的中心。由于我党低估了民族问题，使法西斯分子得以将群众对资本主义制度本身造成的后果的愤怒，转移到憎恨凡尔赛条约的压迫、憎恨魏玛共和国对西方列强实行的软弱的投降政策上。

特别是德国青年成了民族主义蛊惑宣传的牺牲品。

我们的全部农民工作和中产阶层工作也是如此。尽管我们有一个很好的《救助农民纲领》，但我们的农村政策没有把农民的日常问题：物价、销路、税收、关税等放在主要地位。虽然我们有了一些良好的开端，虽然在我们的领导下，许多地方和地区发生了农民运动，但我们却未能阻止纳粹分子利用狂热的民族的和社会的欺骗宣传赢得城乡中产阶层，而这对希特勒独裁的胜利是具有决定性意义的。别的支部的同志们应该记取我们的经验。只有借助**斗争的统一战线**，才能阻止法西斯，才能在斗争中击退它、战胜它。**我们在统一战线策略和群众工作中的失误，责任在我们德国共产党人，我们要进行自我批评，承担这一责任。这一失误导致我们党未能使工人阶级的多数摆脱改良主义的影响。**

同志们，德国的共产党员、共青团员和红色前线战士们为了阻止法西斯分子上台进行了英勇卓绝、舍生忘死的斗争。在1932年下半年，反法西斯主义者没有一天不在某处与纳粹匪徒斗争。他们在城市中的许多地方建立起统一战线，以保卫工人住宅区、街道、工会和群众的房屋。当法西斯分子侵入不伦瑞克的工人区时，一些企业进行了群众性政治罢工。这导致了当地的总罢工。许多城市出现了大规模的示威游行和武装冲突。在巴本政府计划实行普遍削减工资时，与工会和社会民主党的意愿相反，我党组织了反抗。这一时期发生了900次罢工和局部罢工，其中包括柏林交通工人大罢工，全柏林的居民都被卷入，这一罢工成了一个典型的例子，说明当工人阶级团结一致向前进的时候，小资产阶级是如何站到他们一边的。柏林交通工人大罢工导致了巴本政府的垮台。在此期间，我党领导下的革命力量在与法西斯势力扩张的**竞争**中迅速弥补了过去丧失的时间，并有望平息和挫败法西斯主义浪潮。纳粹队伍出现了瓦解的趋势。他们的选票从1932年7月大选时的将近1370万张降到1932年11月的1170万张。相反，共产党的选票则从530万张增长到600万张。

通过缔结作为总罢工前提条件的统一战线，此时本来还能成功地阻止法西斯主义，使德国的全部发展采取另一个方向。但是社会民主党和全德工会联合会的领袖们禁止他们的组织与共产党结成统一战线。他们号召柏林交通工人停止罢工。他们支持资产阶级的诡计，借助施莱歇过渡政府的假社会主义措施安抚和欺骗工人。他们直到最后一刻还在破坏工人的反法西斯斗争，号召本组织的成员抵制柏林工人1月21日在卡尔·李卜克内西住宅前的大游行。这样资产阶级就得以在1月30日晚，在社会民主党领袖善意的容忍下，把政权交给了法西斯分子希特勒。

同志们，德国共产党向社会民主党和全德工人联合会提出的联合举行总罢工的建议被拒绝了。我党全力以赴组织抵抗。但是，同志们，没有起关键作用的社会民主党群众和工会群众，德国共产党**单枪匹马**是不可能进行反对整个国家政权的决定性斗争的。由于社会民主党的阶级合作政策以及由此造成的工人阶级的分裂，使法西斯在德国取得了胜利。

希特勒夺取政权之后，在德国工人阶级的政策中依然存在着两条路线：一条是革命的阶级斗争路线，即共产党的路线；另一条是改良主义的路线，即与资产阶级合作的路线。

对于整个国际工人运动来说，德国的例子再次强调了这样一个重要的教训：改良主义最终必然要通向反革命，通向工人阶级最危险的敌人。

从法西斯专政一开始，法西斯匪徒就把白色恐怖主要用来对付共产党。首先是挑起了针对共产党的国会纵火案。这使共产党在此后的工作中蒙受了重大的牺牲。我们只好把党转入地下并建立起最大的地下群众组织。在这种情况下，我党的各级组织发挥了特别大的主动性，它们自己决定对政治事变的态度，进行了认真的坚决的抵抗。即使在最严峻的白色恐怖条件下，它们也还在大城市的工人区大量散发秘密传单。

只有共产党在德国高举革命的阶级斗争的旗帜，维护工人阶级的荣誉。只有共产党在局部运动中领导工人阶级，反对工人组织的一体化，反对掠夺工人财产。共产党为工人的权利，为工人的自决权，为反对政府特派员而斗争。当改良主义工会首领自愿投降时，我党提出了"保卫工会"的口号。

工人运动的平静之所以只是一种暂时现象，完全是由于我党各级组织在希特勒专政的最初几个月里进行了无畏反抗的缘故。**我们党在处于地下状态的最困难条件下，之所以能有这样的英雄行为，只是由于它多**

年来是在恩斯特·台尔曼这样一位布尔什维克领导之下的。（热烈的掌声）恩斯特·台尔曼，我们从这个讲坛上向他，德国革命无产阶级的领袖致敬（掌声），他把他的一生同工人阶级最紧密地联系在一起，并以苏联共产党和我们的伟大领袖斯大林的光辉榜样的精神教育我们全党。

我们之所以能进行如此重大的工作，是因为在无数次出生入死，表现了献身精神和忠贞不二的革命者中有这样一个干部，他教育了我们的党。在资本主义国家工人运动的历史上，从未有过像在法西斯独裁统治下的德国这样的群众性的英雄壮举。（鼓掌）

我们地下共产党的组织者，德国工人阶级的一员，我们永远怀念的容尼·舍尔被法西斯刽子手杀害了。我们的中央委员弗朗茨·施滕策宣传共产主义思想直到生命的最后一刻。奥古斯特·吕特根斯、鲁迪·施瓦茨、施泰因富特等同志以及和他们一起被暗杀或被公开杀害的德国共产党人，为了德国工人阶级的事业战斗到了生命的最后一息。

与这些英勇斗争相反，社会民主党领袖们向法西斯主义无耻地投降了。当已经有上千名社会民主党干部被关进监狱的时候，社会民主党工会头目莱帕特和格拉斯曼却到法西斯企业基层组织的头目那里去与他们商议自由工会的移交问题。他们自愿让工会从属于法西斯国家，自愿于1933年5月1日在工会大楼上升起了卐字旗。

社会民主党执行委员会与全德工人联合会的领导毫无二致，也试图与法西斯分子同流合污。5月17日，他们在国会主动同意法西斯的外交政策，社会民主党领导人还自愿跑到国外去，在帝国主义国家的资产阶级中为法西斯政权游说，寻找朋友。

德国共产党人之所以表现得如此英勇，只是因为德国工人阶级看到了苏联社会主义建设的榜样，只是因为领导着世界共产主义运动的就是像格奥尔基·季米特洛夫那样伟大的英雄（热烈的掌声），德国工人自豪地称他为"我们的季米特洛夫"。（掌声）他的榜样使德国工人阶级

也出现了像费特·舒尔策这样的英雄，他自豪地高呼"我们必胜"走向绞架。（掌声）

季米特洛夫同志，我们德国共产党人感谢你英勇无畏的伟大榜样，你与戈林、戈培尔对质，在全世界的喝彩声中指斥他们是纵火犯和法西斯独裁的奴隶。你极大地帮助了德国工人阶级，使他们摆脱了沮丧情绪，你鼓舞了千百万社会民主党人和小资产阶级。季米特洛夫，你的所作所为对各国统一战线的形成和开始走向高潮起了决定性作用。做一个季米特洛夫，这是全世界革命无产阶级所能授予的最高荣誉称号。（热烈的掌声）

同志们，我党进行的不断斗争和包括企业中部分社会民主党工人在内的日益增强的反抗，使德国法西斯消除多数工人对它的仇恨的一切尝试都失败了。我们通过秘密组织，为使工人阶级拥有反法西斯的武器作了极大的努力。我们的口号在1934年法西斯工会委员会选举中受到企业中大多数工人的拥护。法西斯分子有一年之久未敢实行他们的劳工法，未敢以预期速度削减工人的工资。他们不得不对其企业工会基层组织进行改组，不得不一再改变其劳动阵线的组织结构，其原因就是由于这些组织中的反对派有了发展。成百上千次反对削减工资的反抗运动是在我们的口号下举行的，无产阶级反对资本主义和剥削的阶级斗争精神，以要求"二次革命"的形式，甚至渗入到法西斯的防卫组织——冲锋队中去了。

小资产阶级开始不抱幻想。对此戈培尔口诛笔伐，巴本则发表了马堡讲话。他们的做法表明资产阶级阵营存在着公开的对立。

同志们，奥地利和法国在1934年2月，西班牙在1934年10月发生的伟大事变，进一步坚定了德国工人阶级结成统一战线，投身反法西斯主义斗争的意志。但在这段时间里，我们经常看到连党的领导都采取自发态度，结果就是落后于事变，严重的关门主义，过激地估计形势和提出过激的口号。

在希特勒查禁德国社会民主党后一年多的时间里，社会民主党作为一个党来说，在组织上被粉碎了，现有的那些小组相互之间几乎没有任何联系。社会民主党布拉格执行委员会想在这段时间里向工人灌输"忍耐"、"不抵抗"、"反动时期"的思想。一部分进步的社会民主党干部和工人却已经同共产党员一起工作，后来还参加了共产党。在社会民主党工人的帮助下，我们得以恢复和重建许多企业基层组织以至部分地方组织。许多社会民主党工人开始越发坚决地反对布拉格执行委员会，反对改良主义。日益增多的社会民主党工人小组在许多问题上同意我们的观点，他们憎恨法西斯，但还不准备加入共产党。一部分人还抱有军事独裁将为工人阶级创造更多的行动自由的幻想。我党领导在这一时期的错误在于没有及时地看到社会民主党阵营内部的这一变化，而另一方面又常常容忍这样的观点，似乎社会民主党已经完全被摧毁了，改良主义思想已经被克服了。因为他们对社会民主党工人采取关门主义的态度，所以他们不考虑新的情况，而且还想提出限制和缩小统一战线的问题。这些错误和缺点使我们整个组织对下列这些重大事件不能具有清楚的认识和做好充分准备，如6月30日暗杀法西斯领导人和把重点放到国防军身上。① 6月30日事件极大地动摇了纳粹政权，在法西斯的群众基础中引起了一系列重大变化，在社会民主党工人阵营内部也引起了进一步的变化。我党领导本应在6月30日以后马上总结教训，改变群众工作策略。我们没有充分看到社会民主党工人的左倾；在对表示赞成统一战线的奥夫豪泽和伯歇尔这样的左派领导人态度的评价上出现了意见分歧。意见分歧后来还扩大到与社会民主党组织建立广泛的统一战线并重

---

① 指希特勒发动的消灭纳粹党内的异己分子和完全控制国防军的一次行动。——译者注

新建立自由工会的问题上。在领导同志的文章中，社会民主党左派被当做布拉格执行委员会的代表，被认为都是一路货色，只是表现各异罢了。在关门主义十足的地下报刊《红旗》上，左派被看做比右派还要危险的敌人。重建自由工会的口号也沉默了好几个月。领导层里存在的这些分歧和障碍，使党在转向统一战线，接近社会民主党领导和重建自由工会等方面都错失了良机。但在同一时期，有些党组织也对社会民主党内部的变化作出了正确的反应，并在与社会民主党地方领导建立联系，随后又达成在地区范围内建立统一战线的协议方面取得了第一批成果。

在得到国内党热烈欢迎的一月决议中，对党的工作及其领导作了批评，并转变了党的群众工作策略。从那以后，党以极大的灵活性提出了在实际工作中与社会民主党工人，与他们的区县领导建立统一战线的问题，并争取与社会民主党执行委员会达成中央一级的协议。由于工人的情绪，由于社会民主党干部的左倾，由于我们的较大的灵活性和主动性，在基层形成了一条松散而广泛的统一战线，这特别表现在共产党员和社会民主党员共同声援政治犯、重建自由工会小组的联合行动中，特别表现在范围特别广泛的、最近举行的工会委员会的选举中。企业内反抗运动次数的增加同样也清楚地证明了基层统一战线运动的发展。在一系列这样的场合，共产党和社会民主党的地区领导就完成某些具体任务达成了协议。

国内的气氛和社会民主党组织压力的增加，也迫使社会民主党执行委员会的一贯态度不得不有所改变。但社会民主党执行委员会仍然认为，可以抗拒与共产党达成中央一级的协议，如对于我们关于工会委员会选举、反对希特勒的战争政策和争取联合行动的建议等，它就是这样做的。我们党尤其是在工会委员会选举后，致力于争取群众为维护他们的日常利益、争取自身权利、争取民主自由而斗争，并为此目的，在企业中和法西斯组织中利用的一切合法斗争的可能性，以引导群众走上推翻法西斯独裁的斗争道路。我党的最先进的部分经常提供在非法情况下从事群众工作的新方法的范例。从以往只是单纯从事宣传鼓动转向在法西斯群众团体里开展工作的我党基层组织的数目在增长。党开始提出作为地下共产党员，应该怎样利用合法手段组织争取日常物质利益的运动和局部行动以及为民主自由而斗争的形式问题。在反对国家社会主义思想的斗争中，党开始学会把法西斯的口号变为反对法西斯本身的武器。

尽管如此，我们仍不能说我党已经实现了真正的转变，最重要的是我们延误了反对沙文主义、反对战争准备以及反对欧洲主要的战争策划者希特勒法西斯的斗争。共青团在法西斯专政下必须完成的任务是巨大的并且在不断地增加着，党在帮助共青团克服脱离今天在法西斯青年团体里的广大劳动青年群众的关门主义错误方面做得还很不够。所以摆在全党面前最重要的任务之一，就是根本改变同共青团和全体工人青年的关系。党必须使它的一切组织以及劳动群众都认识到，如果不能使法西斯团体和军队里的广大青年群众具有反法西斯主义和反资本主义的思想，如果不能团结青年中一切非反动的力量并使他们加入伟大的反法西斯人民阵线的行列，要想阻止新的战争准备和创造推翻法西斯希特勒独裁的条件是不可能的。

在反对德国建立法西斯独裁的斗争中，关键是要在大的工会组织中开展工作，并且要同细微的日常问题联系起来，这样才能引导广大群众参加到决定性的斗争中去。我们在贯彻列宁主义学说的重要原则，即经常联系群众，包括在最反动的团体（只要那里有工人和劳动群众）里工作方面犯了重大的错误和疏忽。在反对法西斯独裁的斗争中，在法西斯群众组织中工作是至关重要的。如果不最广泛地开展这一工作，我们就不可能完成我们的任务。如果不从事这项工作，就不可能利用合法的可能性进行革命斗争，就不可能为争取工人阶级的民主权利和自由而进行真正的斗争，地下工作也就不可能有所突破、有所深入。没有这一项工作，工人阶级一切反对法西斯主义的活动都将继续使无产阶级最优秀最有觉悟的部分遭受前所未有的牺牲，建立统一战线的一切尝试都将由于隐蔽活动和地下状态而造成的巨大困难而失败。

正如没有对工会组织的工作就不可能阻止建立法西斯独裁一样，不做法西斯群众组织的工作也不可能使法西斯独裁垮台。

德国工人政党以极大的信心展望未来。受迫害的、在最隐蔽的地下状态下活动的共产党尽管意识到面临着巨大的困难，但却勇敢地、充满胜利信心地走自己的道路。它坚韧不拔地追求着自己的目标，建立一条广泛的、包括工人阶级所有阶层的统一战线，动员城乡劳动者，力求克服与农村无产阶级及小农联系不够的巨大弱点，以建立一条推翻法西斯独裁的广泛的全面的人民阵线。

我党有足够的勇气向自己提出这样的任务：将最优秀、最勇敢、最进步、最坚定的工人团结在统一的革命政党之中，和他们一起，在马克思、恩格斯、列宁、斯大林、台尔曼的旗帜下，在争取面包与和平、争取土地与自由的口号下，领导伟大的德国人民，投入到争取建立工农政权的斗争中去。（掌声）

瓦尔加：

同志们，暴风雨般的经济危机席卷了整个资本主义世界，一下子就摧毁了资产阶级的改良主义幻想。资本主义的辩护士们又一次面对他们始终无法理解的繁荣的"意外"毁灭而不知所措。

从这一历史阶段的发展中得出的最重要的结论是：

资产阶级已不再能控制它所创造出来的生产力。

罗斯福的亲密顾问之一特格韦尔不久前写道：

"当前经济最显著的特征是巨大的生产能力。**机器的威力使我们感到吃惊和恐惧。我们不知道该怎么办好。我们必须驯服它和限制它的活动自由。**"①

在资本主义历史上，生产力的巨大发展与资产阶级生产关系之间的矛盾从未像现在这样尖锐。资产阶级正企图用限制、削弱、消灭生产力的办法来解决这一矛盾。我们要通过无产阶级革命根本改变生产关系，把生产力从资本主义桎梏中解放出来。与资产阶级联系在一起的改良主义领袖一向用如下的论断反对无产阶级专政：对于掌握生产力，工人阶级尚不够成熟，对于利用现代的生产力，资产阶级是不可或缺的。现在，资产阶级不能控制生产力了，而苏联的无产阶级不仅控制了生产力，而且满怀着建设社会主义的热情，在斯大林同志的领导下，以资本主义历史上从未有过的速度发展着生产力。

我只想指出今天的资本主义与战前的资本主义的最重要区别。

战前资本主义还处在上升阶段，据资产阶级国民经济学家估计，生产每年增长将近3%，在一个工业周期的8—10年间，增长大约30%。在危机最严重时，生产的降低也始终比该周期的生产增长低得多。危机时的生产从未低于过上一次危机时的水平。

现在的情况则完全不同了。资本主义世界在危机最低点时的工业生产回落到了三四十年代的水平，而今天，越过危机最低点已经整整三年了，资本主义世界的工业生产仍比1929年的水平低20%，也就是说，在越过危机最低点三年后，生产仍在倒退，其幅度比总危机时期以前的各次资本主义危机在其最低点时生产倒退的幅度都要大。

这种形态的危机和这种特殊形式的萧条是资本主义总危机的结果：销售市场长期萎缩、固定资本长期过剩、长期存在着大量失业者和长期

---

① 1935年2月2日《佩斯劳埃德氏报》。

农业危机的影响，这些因素持续发挥作用，使资本主义再生产的周期性过程越来越畸形。

生产力和生产关系的矛盾变得如此尖锐，以致现阶段资本主义的内部力量已不足以将在克服危机最低点后出现的回升推向繁荣阶段。

当前经济形势的另一个特点是**各国工业生产发展的极不平衡**。

我们可以将 20 个公布工业生产指数的国家分为三组：

第一组是工业生产已达到或超过了 1928—1929 年水平的国家。其中包括三个大国：英国、日本和意大利，此外还有斯堪的纳维亚国家和其他一些小国。这一组占世界工业生产的大约 20%。

第二组由这样一些国家组成，尽管它们达到最低点之后有了很大的回升，但仍比 1928 年的水平低 20% 左右，这些国家是：美国、加拿大和德国。

第三组的工业生产还没有完全摆脱最低点，它们是法国、捷克斯洛伐克、波兰、奥地利、荷兰、比利时。可能还有不公布生产指数的瑞士和西班牙。这些国家一共约占世界工业生产的 12%—13%。

关于不平衡的原因，由于时间关系我只简述如下：固定资本的替换或更新的程度，即所谓的投资活动，对整个工业生产具有决定性意义。

这个问题才是决定性的，而并非像资产阶级经济学家和政客所说的那样，对币值问题的某种新调控方法是决定性的。

现在我再谈谈从当前世界经济的混乱现象中显示出来的某些较为固定的趋势。

第一，**资本主义世界市场分裂的趋势**。战前，价格支配着商品从那些可以最便宜地生产出来的国家向那些较昂贵的国家流动。只是海关对此稍加限制。今天，在资本主义世界市场上不再存在商品自由流动了。价格成为次要角色。禁止进口、商品配额、外汇配给、国际收支差额、易货贸易成了第一位的。国际贸易逐渐解体为两国之间的贸易。

战前，帝国主义国家的剩余资本自由流向利润高的国家。现在在任何一种情况下，即便是微不足道的资本输出，有关国家的政府也首先要根据外交的、军事的观点来作出决定。

战前，所有主要资本主义国家都实行固定金本位制。现在却经常处于波动状态。世界各国的币值几乎都与黄金脱钩了。通货膨胀的过程绝不会终止。通货膨胀在意大利已经开始了，德国只是早晚而已，法国也难免要实行货币贬值。

第二，**世界经济分工减弱的趋势**。销售市场令人窒息的狭小迫使各国资产阶级尽可能地垄断国内市场。为此各国人为地扩大和建立了一些新的生产部门。在几百万吨原糖滞销的情况下，英国以巨额投资建立了自己的甜菜生产工业。在美国南方地主得到限制棉花生产的巨额补助时，棉花生产却不断地向新的地区扩展。英国拥有的纱锭数在四年中从5600万降到5000万，并决定要有组织地再报废差不多1000万纱锭。与此同时，纺织工业在危机期间在农业国和殖民地国家却有所发展。

这两个趋势的结果是国际贸易按价值计算比战前缩减了1/3，按总额计算减少了2/3。

第三，**国家在经济生活中的作用不断增强**！国民收入中每年都有更多的部分被用于国家预算，并作有利于金融寡头统治、加重劳动阶级负担的重新分配。个人信贷逐渐被国家信贷所代替。连个别的外贸生意也要由国家来调节。

第四，**国家公开支持垄断的形成**。战前时期，国家和立法由于历史的原因似乎阻碍了垄断的形成。

一个特别重要的趋势是**资本主义经济越来越以战争的需要为目标**。经济政策越来越适应于这一目标。在一些国家，如德国、意大利，经济越来越明显地具有军事垄断资本主义的特征，形成了如列宁所说的战争经济，尽管战争还没有开始。

第五，**自从越过了危机最低点后，资产阶级状况的好转和无产阶级毫无改变的恶劣状况之间的关系更为紧张。**

资产阶级特别是金融寡头的利润在危机最低点后无疑有很大回升，尽管各国情况很不平衡。价格下跌停止了，生产和固定资本的利用率上升了，借贷资本的利润大幅度下降，大资产阶级利用军火生产大发横财。而最重要的则是，"危机时期合理化"大幅度提高了对无产阶级的剥削程度。

在局部稳定时期，资产阶级还幻想有可能扩大资本主义销售市场，于是在提高劳动强度的同时，也通过使用新技术，通过扩大生产设备来提高生产率。

危机使资产阶级可能扩大资本主义销售市场的幻想破灭了。大量过剩的固定资本使他们不敢再扩大固定资本。由于工资很低，节省劳动力的技术革新就不合算了，于是资本便向工程师、技术员和工头提出了这样的任务，即在不提高生产能力的情况下，降低生产费用，也就是说还是使用那些机器，但要降低工资开支。这就是稳定阶段的合理化与危机时期合理化的本质区别。

这当然不意味着技术进步的绝对停止。军事技术的飞速发展要求工厂生产过程的技术进步。资本主义的内在辩证法使当前技术进步具有如下特征：正因为到处都是失业大军，工资因此很低，所以只有使大批工人失业的技术革新才被应用。

监工制迫使工作效率提高，对此亨德森在关于美国汽车工业的正式报告中说：

"工人到处都在说，他们被迫在同一时间内从事更多更艰巨的工作……他们觉得他们目前被迫以超过人所能承受的速度去劳动……他们还说，在这种情形下，根本无法在工作时间上厕所，不能喝一杯水……有些工人说，即使发生了事故,在得到帮助以前,他们也必须长时间地坚守工作岗位"等等。

这一切都是在监工制受到极力颂扬时发生的。

危机时期合理化的结果就是这样的事实:工人劳动强度的提高与工业生产的提高不相适应。

所以,尽管工业生产有所上升,但资本主义国家的失业大军依然如故。只要不推翻资产阶级的统治,长期的大规模失业就永远是无产阶级的命运。资本主义的腐朽过程在加速。资产阶级已不能确保它的工资奴隶的生活还维持在奴隶的水平上。

和平的出路是没有的。生产力与生产关系之间的矛盾在资本主义制度内部是无法克服的。关于通过资本主义计划经济可以和平长入社会主义的无稽之谈乃是恬不知耻的欺骗宣传,是为了把工人从革命道路上引开。和平的出路是没有的。生产力和生产关系之间的矛盾只有通过革命推翻资产阶级统治才能得到解决。这是人类解放的唯一出路。(热烈的掌声)

这次会议在下午 4 时结束。讨论将在晚上的会议上继续进行。

第五次会议

(1935 年 7 月 27 日晚)

继续讨论共产国际执行委员会工作报告

会议主席**阿恩特**同志（德国）于傍晚 6 时宣布开会，并请沙尔克同志（荷兰）发言。

沙尔克（荷兰）：

荷兰共产党在第六次代表大会时还是一个与群众没有真正联系的小党，自那以后，荷兰共产党不但在对荷兰群众斗争的领导方面，而且也在将荷兰工人的斗争同被压迫殖民地群众联系起来方面取得了重大进展。

共产党参加领导了 1932 年 1.4 万名特文特纺织工人的罢工，参加领导了阿姆斯特丹和鹿特丹海员罢工及其他罢工。党开展了失业者的群众运动，领导了他们的一些重大斗争。

自第六次代表大会以来，荷兰共产党的党员数增加了 6 倍。

荷兰的经济萧条丝毫没有减轻，生产还没有越过危机的最低点，失业工人人数去年上升到 6 万人。在差不多 200 万工人和职员中，就有 50 万登记的失业者。

1934 年 7 月，在阿姆斯特丹、鹿特丹和其他许多地方发生了持续一周的群众示威和街垒斗争，以反对重新降低失业救济金，使失业工人的斗争达到了高潮。有 7 名工人被杀害，许多人受伤。然而群众却勇敢地继续斗争并多次把警察从工人居住区赶走。这使党能在阿姆斯特丹和鹿特丹港以及其他地方的建筑工人中发动对失业者的斗争表示同情的罢工。

这是荷兰战后最大的一次革命斗争。

政府迫害共产党，逮捕了许多干部，强占了党的印刷厂，没收了印刷机，使党报无法出版。由于党在群众中的威望很高，党在几星期内就成功地重新出版了报纸，而且规模更大。法西斯主义在德国的胜利促使荷兰的纳粹运动迅速发展。这一德国纳粹党的分支很快成为一个大党，在最近的省议会选举中获得了 8% 的选票。荷兰共产党立即站在荷兰无产阶级反对法西斯党斗争的最前线。在阿姆斯特丹和其他许多地方，党多次成功地动员群众反对企图侵入工人居住区的法西斯小队。1935 年 3 月 30 日，法西斯分子在阿姆斯特丹举行向全国进军运动，这时党组织了一次令人难忘的抗议示威，当时法西斯分子受到警察的保护，一名工人被杀害，许多人受伤。这次示威的胜利和群众的愤怒情绪迫使社会民主党在几天之后也组织了一次反法西斯的示威游行。他们想利用这一示威游行来反对共产党。社会民主党拒绝了我党提出的统一行动的建议。这时，荷兰共产党独立号召工人参加示威游行，以便使它成为全体工人阶级反对法西斯主义的一次示威游行。有 3.5 万名工人参加了这一活动，人数比任何一次示威游行都要多，而改良主义领导人未能利用这次示威游行来反对共产党人。这对于我们的统一行动政策是一个巨大的胜利。

然而我们必须承认，在领导反对法西斯主义的严重危险的斗争中，我们过于狭隘和闭关自守了。特别是在中小城市，我们尚未在社会民主党工人群众中取得重大突破。吸收中产阶层、农民和知识分子等参加反法西斯斗争的工作，我们才刚开了个头。荷兰的法西斯是希特勒法西斯的分支，对荷兰的民族独立也是一个威胁，这一点我们至今还未能充分地和果断地向群众讲明白。我们尽了最大努力援助德国共产党和德国工人阶级的勇敢斗争，我们将加倍努力并且坚信，德国工人阶级必胜，我们极其信赖德国共产党，将在我们的斗争中运用他们的经验。1935年7月7日，阿姆斯特丹6000名工人为争取释放恩斯特·台尔曼举行了示威集会。

我党在1931年的省议会选举中，获得7万张选票，1935年4月上升到12.8万张。在1936年6月的地方选举中，我党获得的议席从51个上升到92个。在阿姆斯特丹，我们获得4.9万张选票，社会民主党获得12万张选票。在市议会45个席位中，我党与社会民主党共占24个席位，也就是说，占多数。尽管社会民主党至今拒绝了任何一个统一行动的建议，我们仍再次提议共同组成市议会党团，使之成为维护群众民主权利和组织创造实际就业机会的一个基地。这个建议在社会民主党工人中间引起了巨大的反响，连社会民主党的领导人也第一次表示赞成统一行动。

选举也表明了托洛茨基派的失败，他们自1935年起在全国失去了1/3以上、在阿姆斯特丹失去了1/2以上的追随者。

选举总的来说对执政党是一个震动，共产党和社会民主党的选票增加了，但另一方面，法西斯分子的选票也增加了。因此结果是：科莱恩政府被现在的议会推翻了。

我党在殖民地工作上也取得了重大成绩。在1933年的国会选举中，我党第一次成功地使被压迫的印尼人民的一个代表入选，这在印尼引起了巨大的反响。我们使广大群众认清了荷兰帝国主义的本质，并且揭露了改良主义在支持帝国主义方面所起的作用。这特别表现在由于七省号巡洋舰上的起义者和1933年初印度尼西亚驻军哗变的起义人员被残杀而爆发的群众示威和阿姆斯特丹建筑工人的抗议罢工上。这些事件具有历史意义，表明了殖民地群众的激进程度。荷兰共产党继续领导着争取释放被囚禁的水兵的斗争。

自1930年后，党创立了红色工会反对派运动。然而，红色工会反对派的组织形式和工作方法，并未带来我们在改良主义工会中开展真正广泛的群众工作所需要的东西，而这正是我们的任务。这样，红色工会反对派就变为改良主义工会中愿意参加斗争的会员和干部的一场运动。其目的是加强这些工会和使它们变为阶级斗争的机构，以准备把荷兰的全部工会运动联合起来。已经这样做了的地方效果不错。愿意参加斗争者委员会的人数已远远超过了以前的红色工会反对派的人数，而后者只有大约一半的人是有组织的工人。现在，工会反对派报刊的总印数已达到1.6万份。

失业者运动现在把争取就业作为主要口号，并把在最广泛的基础上建立争取工作和面包的委员会作为自己的目标。

然而，我们在工会中的工作仍很薄弱，并且只有一小部分党员参加这一工作。我们已经决定把参加工会的党员组成特别党小组，不仅作为工会中的一个派别，而且还作为党的组织进行活动。我们相信，这样做能使我党在大企业中扎下根来。

我党现在已经结束了一个时期。我党继续迅速发展成为群众性政党的先决条件，是在社会民主党工人中为行动统一取得重大突破。

我党的大部分还处于关门主义的状态之中。群众影响在扩大，但党员人数在最近一段时间却停滞不前。我们当前的任务是在坚决反对关门主义和一切右倾倾向的斗争中，把我们的组织提高到和它的任务相称的水平上，并造就许多新干部。

这次大会的决议也将为我们，为荷兰工人阶级揭开荷兰劳动群众为社会主义而进行统一的、胜利的斗争的新的伟大前景。（掌声）

白劳德（美国）：

同志们！第六次代表大会向美国共产党提出了极其重要的任务，有关美国的决议是这样说的："党所面临的最重要的任务是结束以非原则性分歧为基础的派别斗争。同时在工人中加强争取同情党的分子的工作和坚决促进吸收工人参加党的领导工作。"为了实现向群众性政党的转变，我党进行了两次清党运动。首先清洗了1928年秋纠集在一起的以坎农和沙赫特曼为首的托洛茨基分子；他们很快就被党击退、孤立和开除出党。第二次是清洗洛夫斯通右派，虽然比较困难，但同样进行得很彻底。1930年第七次党代表大会表明，我党已经完全肃清了党内一切有组织的帮派。

党是统一的，在工人中争取同情者的工作得到了加强，吸收工人参加党的领导工作的规模也扩大了，这样就能保证党不致回到以前的困境中去。

过去的10年是积聚力量、打下基础和反对政治幼稚病的时期。现在出现了一个统一的党，它只有一个目标、一个愿望，那就是在坚决革命的道路上向前进。

从1930年以来，我们能够说：布尔什维克群众运动的向前发展标志着我党已扎根于群众之中。在我国广大地区，这个发展不仅在时间上，而且在空间上是不平衡的。这些进步只是通过不断的斗争，通过对我党在初创时期和过去实行关门主义政策时产生的弱点和反复出现的"左"右倾错误经常保持警惕才取得的。

无论如何我们可以确定，我党在我们工作的几乎所有领域都取得了非常重大的进步。首先是党员人数增加了3倍多，这样我们现在就有了3万多名党员。党为开展群众工作建立了一支来自五湖四海的干部队伍。如果说党从前主要是由国外出生的移民组成的，那么今天土生土长的美国工人在党内越来越占据多数。1930年，本地工人还不到党员人数的10%，现在已超过了40%。1930年，黑人党员还不足100名，现在已增加到2500多名。（掌声）我党构成方面的这种变化正沿着同一方向继续深化。1930年，我们只有几个仅能从事最简单的企业工作的企业支部，今天我们已拥有由4000名成员（大约占全部在业的党员人数的1/3）组成的500多个能起作用的企业支部，这些支部在总计约有100万工人的企业中工作。我们25%的党员是在关键工业部门中工作。

我党通过建立负责任的地区组织领导班子和增加地区组织的数目，自下而上地改善了党的机构的全部工作，我们现在已经拥有26个地区组织。党设法使各个区组织都有一个负责任的领导班子，并且建立了几百个积极发挥作用的区组织领导班子。党极大地发挥了基层党组织，特别是企业党支部的主动性，尽管在这方面还有大量工作要做。

党巩固了自己在许多工会组织中，包括在那些最重要工业部门的工会组织中的地位，不仅扩大了在这些工会中的影响，而且还获得了工会组织中的某些职务，借此党就能够抵抗各种进攻，维护和扩大这种影响。

在这一时期，党开始组织和领导失业者群众团体。当越来越多的互相竞争的失业者团体开始出现时，党领导了把美国的所有失业者团体从组织上联合起来的斗争。

党开始认真地扩大它对非无产阶级阶层，对农场主、学生、黑人居民，对城市劳动居民包括自由职业者和知识分子的指导性影响。在这项工作中，党无论在政治上还是组织上都取得了重大成就。

我们党是革命教育运动的领导力量。这一运动正在文学领域、戏剧领域，在一切社会文化和艺术生活领域迅速扩展开来并产生了极大的影响。

党在它的全部群众工作中懂得了，必须就最迫切的日常问题提出口号和措施，这些口号和措施要能影响群众，受到群众的拥护，有助于引发群众运动,导致看得见摸得着的、能给工人和其他劳动人民阶层带来实惠的胜利。

在争取失业保险和失业救济的斗争中,我们可以说,我们党的工作是促成适用于全美的失业救济制度的主要因素,尽管对失业进行保险的原则只是在上几个月才被接受的。

在反对战争和反对法西斯主义的斗争中,我们发展了一场拥有越来越广泛群众的运动,争取公民权利和满足黑人权利的斗争的情况也是这样。

工人和一切被压迫者结成统一战线的口号特别深入人心。在最近六个月中,为了在美国建立一个广泛的工人党,我们把工作重心放在宣传和组织工作上。

我党在社会党和美国劳工联合会中的群众影响引起了不同的看法,这种影响甚至渗入到那些仍停留在老的资本主义政党范围内的运动中,例如加利福尼亚的结束贫困运动、乌托邦主义者运动和专家治国论者运动等等。

由于在不同领域的这些活动,我党已成为国家生活中公认的政治要素。

这里,我想举几个例子来说明我党是怎样从以前的脱离群众的关门主义孤立境况中走出来的。

让我们来看一看美国的罢工运动。直至1930年,罢工运动都处在退潮之中,从那以后,开始迅速上升,到1933年和1934年时,发展成为群众性的罢工运动。

日益增长的罢工运动的特征是它向自己提出了从罢工斗争中产生出来的政治目标,特别是为使工会受到承认而进行的罢工和同情罢工有所增长。地方性的总罢工发展为整个工业部门的总罢工,经济罢工变为与国家政权的直接冲突。这一趋势在去年旧金山的总罢工中表现得最为明显。

在几次重大的罢工斗争中,首先是在旧金山的总罢工中,共产党的影响是最具有决定性和指导性的。在我们的罢工实践中,我们学会了如何组织和领导罢工运动,而同样重要的是,我们也学会了怎样以成功和局部胜利来结束罢工。

罢工浪潮的每一次高涨,都使大批工人群众涌向工会。1933年,这一浪潮成为一场群众运动。工人群众绝大多数参加了美国劳工联合会。这样,自1928年以来,在那些美国劳工联合会拒绝组织工人的重要工业部门中,促使革命工人不得不组织独立工会的条件就发生了变化。现在就有可能实际上提出工会联合的口号,就有可能事实上把工会统一协会独立联合会与大的改良主义组织联合起来,尽管美国劳工联合会的高层官僚们竭力反对这种联合。

这一联合的过程采取了多种形式。

结果是我们在美国劳工联合会中的群众影响增强了。我们虽不能说在如此之短的时间内赢得的地位已经完全得到巩固,但不管怎样,在过去一年中,我们的工会会员人数增长了10倍。

我们的经验表明,当统一战线的口号付诸实施时,它会产生多么巨大的作用。

我想用几个简短的例子来说明我们在失业者运动中的经验。我们在一份提交失业者保险大会的法律草案中,提出了我们的失业保险要求。这份草案印了好几百万份,并散发到全国各地的工人组织中。尽管美国劳工联合会和社会党的几个领导人反对这一提案,但我们还是举行了一场大规模的支持这一提案的运动。今年1月举行的华盛顿失业者保险大会有2500名代表,其中80%不是共产党员,他们是由有100多万会员的大的群众组织,其中包括美国劳工联合会的大部分组织委派的。这次大会以后,要求失业保险的运动继续发展,并因此展开了一场要求接受这一草案的议会斗争。但在这场议会斗争中,由于我们至今在议会中仍无一名共产党议员,我们遭受了挫折。

但我们还是在议会中对所有的共和党和民主党议员施加了群众压力,其办法是把我们的运动集中在产生议员的那些地区,由议员所在选区的工人团体要求他们投票赞成工人的提案。当罗斯福的失业保险草案和我们的草案在议会投票表决时,我们虽然连一个可以领导和组织这一斗争的共产党议员也没有,但还是获得了52票。

至于青年问题,我们不得不说,我们已经拖延了很长时间,只是直到大约一年多以前,在党的第八次代表大会上,才最终实现了决定性的转变,党才开始设法积极领导和帮助群众性青年运动的建设,并几乎立即就取得了成效。美国共青团与政治上要求进步的青年及青年社会党人的统一战线建立起来了。这个统一战线在一个最简单、最基本的问题上使法西斯分子吃了败仗,这个问题就是青年大会有权选举自己的主席。法西斯分子企图任命主席,但被顶了回去,从此以后,尽管他们不断地进行新的尝试,但都无法在美国的任何一个地方以任何一种方式组织青年代表团,只要这一代表团不被在全美青年大会上组织起来的反法西斯统一战线所接受。(掌声)当然,法西斯分子是不会善罢甘休的。

本月在底特律召开的青年大会,有来自全国各地的近1300名与会者,他们全权代表各自组织的成员——大约130万有组织的青年。此外,还有上千名代表受本组织委派作为观察员参加了大会,以便向他们的组织报告大会的情况。

美国青年大会在其最后一次会议上,以《青年一代的权力宣言》向美国青年发出特别号召。这个文件已经散发了100万份,毫无疑问,它将证明自己是一种扩大和巩固青年大会已经开始了的事业的巨大力量。

我想,我们应当对青年问题从总体上作一些自我批评。从去年我们在美国的工作进程中我们看到,党哪怕只是稍微重视一下青年运动,就能使这一运动具有群众基础。我们认为,共产国际必须要求资本主义各国的党真正重视青年工作,没有这一工作,就不可能有认真的反法西斯主义斗争。

用一两句话来说一说我们在美国黑人居民中的工作是很有必要的。这项工作最突出的例子是,我们为释放亚拉巴马的9名斯科茨伯勒少年进行了斗争,现在,历经四年的斗争取得了胜利,这9名黑人少年没有被判处死刑。我们曾两次就此案向最高法院提出上诉,迫使它把此案退回下级法院重新审理,我们现在正在继续进行斗争。毫无疑问,如果没有千百万白人和黑人群众参加的,并且已经成为国际政治因素的大规模群众运动,这9名斯科茨伯勒少年早在九年前就已经在电椅上被处死了。

第二场斗争是赫恩登案件。一个青年黑人共产党干部因为组织了一次黑人和白人的联合集会而在佐治亚州被判处20年监禁。我们在全国发动了一场真正的群众运动,吸引了空前广泛的阶层。在这种情况下,这一运动提出了全部斗争都是为了争取黑人的权利的口号,并使美国的黑人居民行动起来了。

我想再简短地谈一下许多其他同样有可能接近群众的工作领域。在任何情况下我们都使用这样的方法,依靠这种方法,我们与现有的群众组织建立了联系,建立了小的行动小组,提出了群众可以理解的、符合他们日常生活最迫切要求的口号和斗争目标,并组织斗争以实现这些目标。

我们继承了1776年和1861年的传统,并且证明现在我们就是那种革命传统的继承人和先锋战士,由于有了那种革命传统才有了美利坚合众国。(掌声)

全国形势的发展呈现出一场导致资产阶级内部出现非常尖锐的斗争

的过程。这场围绕着如何分配减少了的剩余价值的斗争,这场有关发展方向和政治目标的斗争,已经发展成为美国的政党危机。就像最高法院关于《全国工业复兴法》的决定一样,这表现为对宪法的践踏,表现为对政府的经济措施所抱的幻想大部分已经破灭。资产阶级的混乱和动摇逐渐演变为两个政治派别、两个政治阵营之间的斗争,斗争双方以普遍的、尽管暂时还不够清晰的形式表明,不同资本主义利益的对立在激化。

当资产阶级阵营因此而分崩离析的时候,力量日益壮大的千百万群众开始脱离旧的政党,不倦地寻求摆脱困难的出路,他们不但在情绪上越来越反对资本主义,而且提出了相关的要求。

政治重心在向有利于垄断资本的方向转移,这一转移连同政府想调和由这两个政治派别所体现的敌对的资本主义利益的企图,从根本上说明了,为什么政府的各种政治措施会摇摆不定、朝令夕改、犹豫不决、理论上模糊不清并且互相抵消。正是这么多的矛盾,加速了《全国工业复兴法》和《蓝鹰法案》不久前无声无息地胎死腹中。

由于不同集团、不同利益和不同阶级之间的相互斗争,国家的统一瓦解了,局面混乱不堪。人们失去了明确的前进方向,陷入杂乱无章的泥潭。在统治阶级看来,唯一确定的政治路线就是坚决地向广大群众的生活水平进攻。

危机使各阶级都积极地投入政治生活,工人和劳动人民阶层抛弃了传统的对参加政治生活的冷漠态度,向政府提出了越来越多的要求。

资产阶级内部的各个利益集团和领导人对群众中的这种骚动是决不会持消极态度的。各个集团都在进行欺骗宣传,设法把群众动员起来投入到维护本集团所代表的特殊利益的斗争中去。将它们联合起来的共同目标是,把正在发展壮大的群众运动从积极反对资本主义国家的斗争道路上引开;它们的共同点是,都倾向于使自己的欺骗宣传和实际政策具有日益明显的法西斯主义特征。

美国已经具备了法西斯主义迅速发展的一切先决条件。这一直接的和日益增长的危险具有美国特有的特征,正因为如此,在现阶段,甚至连共产党人一般地讲都低估了这一危险,而美国的法西斯不但尽力和欧洲的法西斯相区别,甚至还打出了反法西斯主义的旗号,提出了这样的口号:"反对输入法西斯主义和共产主义。"对立的资产阶级集团互相指责,它们都在争取本能上反对法西斯主义的群众,在这种竞争中它们互相揭露对方的法西斯主义性质,而这种互相指责常常被错误地看做只是对日常政治斗争的司空见惯的虚伪的夸张而已。在政治上特别典型的就是胡佛的共和党人指责罗斯福政权有法西斯主义倾向,罗斯福的发言人指责休伊·朗和佩特·库格林是有法西斯主义倾向的煽动者,而所有其他的集团都把右派共和党人和民主党人的自由联盟看做是可能促进法西斯主义在美国发展的一支最强大的力量。资产阶级政治家的相互指责含有很大的真实性,而且这种真实性越来越大。

资产阶级的法西斯主义欺骗宣传能在群众中找到大量潜在的牺牲者。如果大量居民突然堕入绝望无援的困苦之中,那么不仅日益高涨的反对资本主义的群众斗争会由于这一困苦而更加发展,而且也会产生这样的可能,即动员群众走上法西斯主义的道路。今天,在美国低估这一危险总的来讲就等于是对工人和劳动群众的犯罪。在美国,法西斯和共产党正在争夺对被压迫的、忍饥挨饿的、绝望的劳动人民群众的领导权。我们将以此为基础,继续讨论今天美国共产党所面临的任务,这些任务就包含着动员和组织千百万人民的问题。(掌声)

会议主席**多列士**:请**加香**同志发言。(经久不息的暴风雨般的掌声。全体起立欢迎加香同志。加香同志在热烈的掌声中登上讲台。主席团里响起了"统一战线万岁"的口号声。)

加香（法国）：

同志们，这一次法国代表团是带着丰硕成果来参加代表大会的。我们党在数量上和思想上都在发展。我们的书记处在本月初就签发了 7.1 万张党证。我们的共产主义青年团一年来团员人数增长了四倍。我们党现在非常重视的体育组织与社会党的体育组织建立了统一战线，目前已拥有 4 万名成员。（掌声）

《人道报》的销售量在去年的 12 个月中增加了 5 万份（掌声），我们的省级报社每周要发行 20 多万份地方报纸。（掌声）

在 5、6 月份的大选中，我们在全法国取得了显著的成果。然而我们必须指出，我们在巴黎地区取得的成果尤为显著。共产党首先是在巴黎成为所有政党中最强大的政党（掌声）；你们都知道，巴黎周围居住着被昂贵的租金从城市中驱赶出来的工人。相对于其他所有政党，我们在这里获得的议席占全部议席数的一半。（掌声）因此，我们把巴黎团团包围了起来。反动报纸在最近一次选举的第二天写道："从今以后，巴黎被一根红色带子缠绕住了。"同志们，资产阶级的巴黎实际上已经处在巴黎地区无产阶级的包围之中了。（掌声）

我们不要忘记，今天，我们在塞纳区是第一大党，塞纳区有 500 万人口，它在我国历史上一直发挥着十分重要的作用。在外省，虽然我们取得的成绩不大，但就是在那里，我们也获得了明显的进展。现在我仅以土伦的最近一次补缺选举为例：在那里，我们成功地赢得了因勒诺代尔去世而空缺的席位。一位共产党员在那里成了法国改良主义领袖的继任者。（掌声）

因此，我们党在最近几个月中开始在国家的政治生活中起着举足轻重的作用。我们党是广泛的统一战线的发起者。这个统一战线今天已扩展为人民阵线。法国的左派特别清楚，只有在一定条件下，也就是说，共产党和无产阶级只有坚决地参加斗争，才能遏制法国法西斯主义的发展。每个人都知道，共产党已成了一支举足轻重的力量，因此，连前总理现在都承认法国共产党是非常受人爱戴的。

同志们，我们可以肯定，目前在法国，没有一个政党能像共产党那样远远地超越党派的范围，广泛地受到无产者的信任。

今天，牢固的团结、成熟、热情以及自我克制，是我们党内生活的特点。可以举出一些例子来说明我们的自我克制，这里只举以下的例子：

你们大家都知道多里奥这个人。你们知道这个人自我们党建立以来所起的作用，你们也知道他曾在某个方面是共产党的宠儿。他在众所周知的情况下脱离了党。看来，他以为法国共产党和工人阶级中的大部分人会追随他。可是这个人的离开却没有影响共产党的任何一个支部。他想在他管辖的城市以外，为他个人组织请愿运动，但却没有得到群众的任何响应。

同志们，我想向你们描述一下无产者向法国共产党表达的那种高度的献身精神。

我们成立了许多保卫《人道报》的委员会。我们要求我们的同志每逢星期天和法国的重要纪念日散发我们的报纸。目前在巴黎和巴黎周边地区，每逢星期天早晨，不管天气如何，都有 1.5 万名妇女和男子参加服务，不取任何报酬，承担起我们报纸销售的保卫工作，在地铁出口处、市场上和大街上与法西斯分子和警察展开斗争。

除了个别同志和整个小组忠诚于党的这种大量日常事例之外，我们党还提供了无数证据，证明我们党善于把人民群众吸引到自己一边来。

在去年 2 月 6 日法西斯第一次游行尝试之后，巴黎大街上爆发了大规模的群众集会，以致巴黎看上去像一座处于戒严状态、遍布街垒的城市。2 月 9 日夜里，我们看到大约 10 位我们的同志在战斗中倒下，但是追随共产党的巴黎人——公社的忠实儿子——有数以万计。在这一天以及后来的 2 月 12 日，我们制止了法国法西斯主义的第一次进攻。从此，我们党就站在了无产阶级群众的前列。我们党对群众对我们的信任表示感谢，我们党也对自己的共产国际保持这样的忠诚。

我们不会忘记，法国共产党在加入共产国际后所得到的巨大帮助。共产国际永远是我们的导师和指路明灯，我们对它表示绝对的信任，这不是一种由于迷信而产生的信任，而是一种以 15 年经验为根据的信任。这些经验是我们参加共产国际以来所积累的。

我不想在这里介绍自 1928 年以来七年中的发展概况。我们的多列士同志和其他代表团成员将在这里详细地介绍我们党的生活细节。

至于我，我想回忆的是，在第六次代表大会期间，所有的资本主义国家都认为自己是坚不可摧、不可战胜的。这种观点比比皆是。资产阶级只讲他们的繁荣，塔迪厄和胡佛自夸是繁荣的辩护士。社会民主党还断言资本主义是稳固的，我们必须与资本主义和睦相处。还有人对无产者说："不要看莫斯科，而要看底特律；不要向斯大林的伟大形象表示敬意，而要注视着福特先生的成果。"甚至在这个大厅里当时也曾有这样的同志，这些人当然不久后就不是我们的同志了。他们当时认为，把美国看做一个面临财政、经济危机的国家是错误的。但就在当时也曾有一种观点向人们指明，这种表面现象是虚假的。这个观点就是共产国际的观点。同志们，当时在全世界只有共产国际看到了这一点。在总危机到来的前一年，共产国际就完全准确地预见到它会到来。

昨天，我们的朋友皮克回忆了在第六次代表大会以前召开的联共（布）第十五次代表大会。我想请你们回顾一下斯大林和曼努伊尔斯基的论述，并请你们允许我引用斯大林的一句经典而含义深刻的话。他指出：

"局部的稳定导致了资本主义的发展，日益增长的危机又破坏着稳定：这就是现今历史时期资本主义发展的辩证法。"①

这是唯一正确的判断,几个月以后,在沾沾自喜的美国,我们便看到资本主义世界经济的这个支柱动摇了。如同地震一样,世界经济危机爆发了。得到这个消息时,我们有些同志回忆起共产国际的预言,当时只有它清楚地看到了这一点。

同志们,自从第六次代表大会以来,共产国际执委会召开了五次扩大的全会。每一次全会都就经济危机的各个不同阶段及其在不同国家的发展过程进行了分析,并从中得出结论,指出形形色色的法西斯主义是怎样从经济危机的发展中产生出来的。共产国际科学而准确地阐明了法西斯主义发展中的每一进展和步骤。这一分析是制定正确策略的重要前提。只有站在马克思列宁主义的立场上考察危机,只有用辩证唯物主义对所有细节进行分析,才能从经验中吸取教训,并根据这些教训,制定出反对正在崩溃的制度的斗争策略。在这一方面,只有共产国际才出色地对社会因素进行了分析,这在世界上是绝无仅有的。布尔什维克始终运用的方法就是,对经济事实作最透彻的分析,其余的一切都是依附于这些事实的,根据这些事实,才能正确地调整策略。由于这些分析是出色的和令人信服的,因此使布尔什维克行动果断、纪律严明。

同志们,共产国际领导人获得成功的秘密就在于此。而由于我们的共产党是完全相信这一点的,所以它对共产国际也十分忠诚,共产国际就能使它易于走上正确的无产阶级斗争的道路。同志们,我们决不会放弃这条正确的道路。(掌声)

我想谈谈共产国际的主要准则、黄金准则,共产国际要求我们运用这一准则,这个准则可以十分简单地表述为:共产党人,到群众中去,

---

① 引文与原文有出入。参看《斯大林全集》第10卷第234页。——编者注

以便争取群众,在日常斗争中和即将来临的战斗中,把群众团结在自己的周围。然而不得不承认,可惜我们党往往未能认识到这些如此显而易见的必要性,未能具体地、实际地、积极地开展工作。我们法国共产党也像其他党一样,多年来犯了很多错误,它有时犯"左"的机械主义的毛病。那些偏执的、纯抽象思维的教条主义理论家们,把自己包裹在教条主义的公式中,认为首先自己弄清楚,然后再用通俗易懂的语言向无产者讲述阶级利益,是有失他们的尊严的。(鼓掌)

我想可以这样说,我们幸运地度过了这个可悲的关门主义政策的时期。

另一方面,也有某些阶层,甚至我们党内的某些领导人,有时也被肤浅的、似是而非的右的政策迷惑住了。也就是说,他们对危机的严重性估计不足,否认战争危险临近,越来越相信资本主义制度是稳固的,轻视党的纪律,滑到改良主义那边去了。

同志们,像其他许多同志一样,我也认为,我们党患这两种病的时间够长的了,可惜这两种病是分不开的。我们曾受过内部冲突和派别活动的困扰。但我们可以说,自从清除了巴尔贝—塞洛尔集团之后,党又恢复了健康。自从我们开始进行两条战线的斗争以来,党不断地壮大了起来,它已不再是一个宗派了。它找到了到群众中去的道路。它坚决捍卫工人阶级的日常要求。它走出了象牙塔,深入到生活之中。在短时间里,它学会了运用共产国际的主要策略——统一战线的策略,而人民阵线的策略则是对这一策略的补充。

今天,我认为这些成果、这些进步是十分重要的。如果我自吹自擂的话,我也许会对来自共产国际其他支部的同志们说,几个月以来,他们能够从我们的策略中学到点东西。

当我们开始讨论我们的朋友季米特洛夫的报告时,莫里斯·多列士将在这里详细讲述这个策略的细节。我这里只给大家举两个日期:一个是我们真正把统一战线的思想和人民阵线的思想学到手的时间，也就是1932年阿姆斯特丹会议之后。我很高兴能在这里向这个组织致敬。这个组织是由两个人创建的，他们始终对苏联表示深切的同情，这两个人就是罗曼·罗兰和在座的亨利·巴比塞。（掌声）

同志们，在此之前我们还在摸索前进，但是从这时起，我们以满腔的热情投入到斗争中去。

这就是我们行动的开始。紧接着就是我们达到目的的日期——1935年7月14日，这一天，我们出色地实现了统一战线和人民阵线的双重策略。

这一天我不在巴黎，我和你们中的许多人一样，是在苏联的报纸上看到这个结果的。我回想起7月14日那天晚上，我看到所有的同志都喜形于色。第二天，对发生在巴黎大街上的这一伟大运动的领导者和发起者、法国共产党所取得的巨大成功的喜悦爆发出来了。

这两个日期相隔三年，在这三年中，我们遇到过许多严重困难。这些困难一方面来自党内，因为党还不善于以这种方式联系广大群众，有时甚至还害怕群众。另一方面的阻力来自当时社会党领袖们的立场。当然，实现统一战线对于我们来说并非总是一帆风顺的。我还记得，在最初举行统一战线集会时（当时我正与社会党领袖们协商举行大规模的群众集会），有些同志说：是的，现在党很受欢迎，可是我们又给那些推行错误政策的家伙罩上了神圣的光环。我不想细谈后来出现的关门主义，它表露的就是这种立场。我们必须不断重温共产国际向我们提出的口号——要善于区分群众组织和领袖。此外，我们的同志没有立即同工人农民接近，他们不能始终用必需的、通俗易懂的语言同工人农民交谈。他们没有参加工人农民的日常斗争，以使我们的口号适应这些斗争，并向工人农民耐心地阐释我们的口号，他们往往不理解我们的术语，所以我们必须学会以简单明了的方式阐释伟大的共产主义世界观的复杂概念。

我不敢说已完全克服了这方面的困难，但尽管如此，已经获得的经验表明，我们在这方面已经取得了进展。

第二个阻力是来自社会党某些领导人的恶意。皮克在谈到德国时曾以严厉的措辞指出了这种恶意。事实是，我们的德国同志曾在1932年和1933年初向德国社会民主党领导人正式提议采取统一行动并建立统一战线。我们记得提出这个建议的时间是7月20日，即泽韦林投降那天；后来就是希特勒上台的前夜——1933年1月30日。人们应该记得，就在这前一天，我们的德国同志建议宣布总罢工，号召工人们走上街头。然而，社会民主党领袖们始终强烈反对这样做。德国社会民主党将为此在历史上永远欠下这笔账。在我们法国，社会党领袖们在很长时间里持同样的态度。自1931年以来，我们的中央委员会五次正式向社会党提出建立统一战线的建议。但是直到三年以后，也就是在1934年7月15日那天，这个建议才被法国社会党最高领导机构接受。而且必须指出，只是由于社会党工人群众的巨大压力，他们才不得不这样做。巴黎地区的情况尤其如此。

一年来，统一战线在法国真正发挥着作用，但是在许多社会党领导人那里，我们还能看到一些令人不快的保留。尽管统一战线策略取得了成果，尽管我们党对统一战线绝对忠诚，并且在所有共同集会上证实了这一点，但这些保留仍然实实在在地存在着。尽管他们对我们未作任何指责，相反，我们对他们进行了某些指责，但是这些保留不是存在于我们这一边，而是存在于社会党某些领导人那里。不久前，在米卢斯召开的社会党党代会上，从某些讲话中，以及以后在《人民报》上，我们又看到了更为强烈的此类保留。

在米卢斯会议上，1/3的社会党人明确表示不同意像布拉克所描绘的某些社会党领导人对待统一战线的那种消极态度。1/3的社会党人直截了当地声明,与共产党人建立统一战线是非常迫切的。这里值得引用一下他们所说的一句话:"比起我们中的某些人,我们离共产党更近些。"此外,齐罗姆斯基和布拉克在党代会上也明确地表示了态度。也许我还可以设想,勃鲁姆对于他的某些朋友的保留并非完全赞同。他太聪明了,不会不懂得统一战线及其所有结果都是不可避免的。

同志们,我肯定,那些对于统一战线有看法的社会党领袖的态度与社会党工人的态度是不同的。我相信,人们将会在自己的党内提醒他们的领导人注意,千万不要忘记德国和奥地利事件。现在不是削弱统一战线的时候,更不用说取消统一战线了。恰恰相反,现在必须加强统一战线。

遵循共产国际的指示,到群众中去,对我们共产党人来说就意味着,与工人阶级结成统一战线,并加速建立统一工会。(掌声)

我希望,我们的第七次代表大会在结束之前将获悉,工会的统一在法国是大势所趋。近几个月来,人们十分渴望实现工会统一,以致目前已有700多个统一工会。尽管法国总工会的头头们一再禁止,尽管受到分裂的威胁,这些统一工会还是运转起来了。已经有700个统一工会了!阻挡这个运动的堤坝不久将被拆除。我想在此指出,恰恰是法国统一总工会的干部们的不懈努力,最终将战胜工会中的分裂思想。

同志们,7月14日的游行显示了我们共产党首创的人民阵线何等强大。统一战线的扩大正是运用了同一个口号"共产党人,到群众中去!"的结果。国内外总的形势要求我们实行结成广泛的人民阵线这一现实的政策。

这就需要把资本的所有牺牲者、所有在法西斯主义磨盘里受压榨的人,以及所有将要受到可耻压迫的人联合起来。我请求法西斯国家的兄弟们理解我们的做法,他们已经遭受了莫大的痛苦,而且还要忍受法西斯的白色恐怖和罪恶。我想他们将是第一批理解法国工人阶级必须采取目前这种立场的人,因为法国的法西斯主义正直接威胁着我们。

我们不愿意法国无产阶级落入法西斯之手,然而也不能否认法西斯在我国已变得异常强大。五年来,法西斯一直在摸索着,而现在终于找到了它的明确的形式,它的特有的军事形式。法西斯是由高级预备役军官领导的,他们都与高级现役军官相勾结。

德拉罗克伯爵,一位无疑是很和蔼的,并且具有不可否认的组织才能的老贵族——我们必须正确地估价自己最凶恶的敌人——现在已经把他的追随者变成一支强大的军队。他声称自己拥有30万人,并且是用飞机、枪炮和弹药装备起来的,是机械化的部队。他说现在每月有1.5万人加入他的组织。他随时都可以召集他在巴黎周围地区乃至外省的部队举行大规模的集会。他们以为自己的胜利已经为期不远了。他们公开声称,几个星期后将开始行动。他们说,届时将会有许多"好戏"和热闹看。

同志们,法国工人阶级在7月14日极其有力地回答了这种厚颜无耻的挑衅。也许从那以后,德拉罗克伯爵先生开始有所顾忌了。但是我们知道,我们仅仅依靠在街上举行群众集会来对付30万武装人员,即使这些集会声势再大也不会有什么效果。

同志们,尽管法国的希特勒分子目前有所收敛,但是我们知道,他们仍和过去一样强大,他们受到政府的宠爱并且准备卷土重来。我们要永远保持警惕,挫败法西斯的计划。我们一直都是这样做的,今后我们还将这样做。但是我们承认,并且我们中的每一个人都从经验中知道,我们还未强大到可以独自击退法西斯的程度。在斗争中我们必须有盟友。这些盟友就在人民阵线当中。今天我们深信,法国无产阶级和国际无产阶级关心的是法国共产党人和无产阶级打退法西斯。因为目前在欧洲大陆上,只剩下一个还没有被法西斯统治的大国。如果在法国我们真的不幸被法西斯打垮了,那么不单是我们垮台,苏联就将成为直接打击的对象，因为现在法国的法西斯分子就扬言，他们不仅要打垮法国共产党，而且还要消灭苏联。

我们使人民阵线的策略扎下了根，并打算全力以赴地加强它。有人对我们说，这个策略有一定的危险。同志们，不言而喻，应用任何一种策略都有危险，无论这种策略是多么正确，尤其是在困难重重的情况下更是如此。可是目前，在1935年7月，法国无产阶级有没有比击退法西斯并千方百计阻止法西斯获胜更迫切的任务呢？如果航船驾驶得好，一切艰难险阻都可以避开。无产阶级政党的事业就是牢牢地把住人民阵线这只航船的舵。

某些社会党的领袖，当然还有那些被社会党吸收到自己队伍中去的托洛茨基分子，竟然无耻地指责法国共产党陷入人民阵线政策太深了。他们以为有理由指责我们背离了我们的阶级目标，指责我们为一部分承认人民阵线的民主党人和激进党人恢复名誉。

众所周知，我们已经准备好驳斥这些主要由社会党右翼向我们发起的责难。难道我们还需要在这里说明，地球上绝对没有任何东西能使我们共产党人放弃我们的目标，也绝对没有任何东西能诱惑我们背弃我们的目标吗？但是为了打击法西斯，为了阻止战争，我们已经准备好，就像列宁所说的那样，把自己同全世界联合起来。

如果我们不幸真的迟疑不决，不接受各种事变强加给我们的策略，如果我们因此使希特勒法西斯主义在巴黎篡了权，那么法国工人会说什么呢？

如果我们由于执行关门主义政策而使希特勒获得法国法西斯主义的支持，那么苏联工人又会说什么呢？因为毫无疑问，法国的法西斯分子得逞之后（如果某一天法西斯得逞变为事实的话），将会立即站到准备发动反苏战争的希特勒一边。我们不会放弃统一战线。我们参与人民阵线的工作以及反驳社会党的领袖，除了防止上述灾难，没有其他意图。

我们将继续加强人民阵线，以便打败法西斯主义，用一切可能使用的手段来阻止战争。

共产国际清楚地知道，我们已处于革命和战争的第二个周期，正是因为我们已经清楚地看到了危险，所以我们必须尽一切可能把群众从资本主义中拯救出来，资本主义正想把他们推入法西斯地狱和战争之中。我们将竭力把人民群众引向无产阶级一边。我们要使他们摆脱金融资本的影响，金融资本正同法西斯主义一起在准备战争。

如果有人拒绝这个做法，他就应该给我们指出一个更好的方法。这个更好的方法肯定不是第二国际的方法，因为根据1933年在柏林以及1934年在维也纳的可怕的经验，我不相信有谁敢于把第二国际的方法推荐给无产阶级。目前，把一切由于各种不同的却是务实的原因而反对战争的人团结在一个阵线里，这就是我们的目标。这个目标也一向是苏联的政策。另外的一种政策对我们来说是完全不可想象的。法苏协定是争取和平斗争道路上的一步。正因为如此，法国的工人、农民、共产党人、社会党人和民主党人都赞成斯大林同志对赖伐尔发表的明确的声明。法国的劳动者越是深入地想一想这些话，就越会得出这样的结论：这是唯一可行的道路，我们伟大的斯大林又一次采取了行动、真正的领袖的行动。（掌声）

同志们，你们可以相信，斯大林发表声明的消息在法国引起了巨大的轰动。那些自夸自己原则的纯洁性，标榜自己坚定地爱好和平、仇视战争的社会党领袖们对那些话表示不满，照他们的说法，这些话揭穿了，不但他们的行为是骗局，而且共产党的行为也是骗局，大概他们私下里幻想，共产党就像他们所说的那样，这一下丢脸出丑了。

但是，他们的希望这一次也未能实现。几天以后，我们贴出了巨幅标语：**"斯大林说得对!"** 塞纳区数十万名看过这个标语的社会党、民主党和共产党的工人表示赞同。

当时巴黎正在举行市镇议会选举,我们在各地提出了我们的候选人。右翼报刊,甚至某些社会党报刊企图干扰共产党的行动,借口斯大林的声明给了赖伐尔一张王牌,以反对我们的运动。但是巴黎郊区的工人阶级感觉灵敏、洞察力强,完全理解这种说法意味着什么。我们在自己公开的集会中还从未有过这样的成果。无数职员和小资产者表示:"我们跟共产党人走,因为他们是唯一正确的。"

同志们,我可以告诉你们,斯大林的声明在我国给人们留下了极好的印象。当然也有反对的声音,首先是希特勒分子、新法西斯分子,当然也包括托洛茨基分子,这个微不足道的、下流的叛徒集团,最后还有多里奥。

多里奥接受了一些资产阶级大报的采访,我想向你们详细地介绍一下这方面的情况。多里奥反对人民阵线的政策,宣称人民阵线屈从于苏联的政策,断言这一政策会导致战争,并要求"像今天一样"亲近德国,也就是亲近希特勒,以此来代替人民阵线的政策。

7月13日,多里奥在接受《小报》采访时一字一句地说道:

"决不能允许一个重要的法国政党的政策被一个外国——无论它是哪个国家——的外交需要所支配(一个外国指的是苏联)。""我担心这种与俄国的结盟。因为我相信,俄国热衷于战争,或者认为战争是有好处的,而我们是热爱和平的。我们必须通过最合乎逻辑的道路,即通过法德亲近来寻求和平。这是符合群众利益的政策。"

最后他说:

"必须把俄国的影响从人民战线中清除掉,以便使你们的斗争符合法国的需要。"

我用不着首先说明,多里奥对法国无产者所讲的话,法国无产者是一句也不会相信的。他们知道硬说苏联热衷于战争是卑鄙的诽谤。他们清楚地知道,而且我们也日复一日地向他们指出,与此相反,苏联是唯一用一切手段努力阻止战争的国家。苏联粉碎了帝国主义企图孤立苏联的计划:它与所有目前独立受到威胁的小国,以及那些暂时还不关心和平是否会遭到破坏的国家合作。它表示愿意与所有国家签定互不侵犯条约、和平保障协定和互助协定。在这种情况下,只有厚着脸皮才能硬说苏联想要战争,希望并准备战争。

不,所有真诚的人都知道,苏联是一个伟大的、热爱和平的民族,是地球上唯一真正热爱和平的民族。(掌声)

至于多里奥的"积极的"政策就是:他与法国的法西斯分子如古瓦、斯卡皮尼等人一样,与德拉罗克之流一样,要求与苏联断交,而与德国——不是抽象的、虚无缥缈的德国,而是希特勒的德国、法西斯主义的德国——牵手。他要求与希特勒建立友谊。而希特勒无耻地、肆无忌惮地承认,他唯一关心的、他唯一的目标,首先是打内战,铲除所有的工人组织,然后是发动帝国主义战争,以剥削别的国家和民族,首先是剥削从苏联那里抢来的那些国家和民族。

多里奥陷得如此之深!对共产党和共产国际的卑鄙的仇恨把他带到那么远,而昨天他还是这两个组织的成员。

我们共产国际决定提议,为了延长处于可耻的帝国主义强盗政权威胁之下的和平,人们可以以有益的方式提出任何建议。但是我们无权对正在发展着的事件视而不见、听而不闻。在保卫和平和苏联的斗争中,我们当然只能依靠人民而不能依靠资产阶级政府。然而我们的责任是利用资本主义政权的矛盾,利用把它弄得四分五裂的内部冲突,以尽可能有利于被剥削者。

我们清楚地知道,引起战争是资本主义的本质特征。因此,为了反对资本主义的统治,我们要团结所有憎恨战争的人。我们也清楚地知道，把这些人集中起来组成人民阵线，由全世界无产阶级的先锋队来激励和领导，最终将走向何方。

同志们！苏联从未像今天这样受到穷途末路的帝国主义的严重威胁。但是我们同时也发现，共产主义的无产者、社会党人和许多还支持资产阶级民主的人，世界最优秀的知识分子、最杰出的艺术家、最伟大的学者，都抛弃了帝国主义而转向社会主义的祖国。

一切有思想的人都懂得，对世界而言，苏联的失败意味着世界走向黑暗。大家都理解，世界苏维埃共和国是人类文明的唯一出路。因此全世界的劳动者会起来反对任何袭击苏联的企图。自十月以来，他们已一再具体地表示了他们不允许侵犯苏联的决心。然而在决定性的社会斗争的阶段，即我们今天已经达到的这个阶段，大家都懂得，他们必须万众一心保卫苏联，他们保卫苏联就是保卫自己。这样共产党人的责任就极其重大，他们的任务就是准备好，以此前的十月精神来领导今后的斗争。为了领导无产阶级走向胜利，他们对自己的共产国际保持着充分信任。共产国际已把全世界的六分之一从资本主义枷锁中解放了出来。

（经久不息的掌声。代表们起立向加香同志热烈致敬。整个大厅里回荡着《国际歌》的歌声。）

多列士同志在晚上10时宣布休会。下次会议将在7月28日上午11时举行。

第六次会议

(1935 年 7 月 28 日上午)

继续讨论共产国际执行委员会工作报告

会议主席**白劳德**同志（美国）于上午 11 时宣布开会。第一位发言人是阿尔维德·弗雷特林同志（瑞典）。

阿尔维德·弗雷特林（瑞典）：

共产国际第六次代表大会至今已过去七年了。这七年使瑞典共产党积累了丰富的经验。皮克同志在他的报告中谈到这样一个事实，即瑞典共产党内以基尔布姆和萨穆埃尔森为首的右倾机会主义分子在 1929 年制造了党的分裂。

1929 年的分裂对我们党是一个沉重的打击。分裂前党拥有 1.7 万名成员，其中 6000 名参加了共产国际，同时还有一大批人独立于两党之外。叛徒集团成功地控制了党的中央机关报和整个议会党团，并且还拉拢了大批在工会工作的干部。所有这一切都意味着党的力量受到了空前的削弱。在除了北博滕省外的全国绝大部分地区，党只能以小组的形式存在，而且也没有固定的领导。

工人中出现了极大的混乱。现在，在工人运动中似乎有两个共产党。分裂以后，基尔布姆的党在相当长的时间内保留了共产党的名称，控制着党的中央机关报，可以充分利用议会党团和许多工会职位，因而这个党使自己在工人心目中成了真正的共产党，从而在相当大程度上把我们党孤立于群众之外。我们党意识形态的薄弱、抽象的宣传工作和态度，也在很大程度上促成了这一孤立局面。

分裂后的第一项任务是重建党组织和成立从中央委员会到地方组织的稳固的领导班子。尽管困难重重，但党的工作逐渐得到了改进。1931年出现了真正的转变。当时，随着危机的激化，阶级矛盾异常尖锐，受社会民主党支持的资产阶级开始向广大人民群众的生活水平发动全面进攻。

第一次大规模的工人反抗运动是乌达伦的罢工斗争。起初是玛尔玛造纸厂工人的罢工，随后发展为强大的群众性政治大罢工。重要的工业区乌达伦宣布进行声援大罢工。为了镇压这一罢工运动，派去了罢工破坏者、国家警察和军队。我们党动员工人群众进行反对罢工破坏者和军队的抗议示威。在乌达伦，有1万工人参加示威游行。为了镇压工人动用了军队，他们用机枪扫射游行群众，造成5人死亡和许多人受伤。这一血腥袭击在全国激起了愤怒的风暴。有10万工人响应我们党的总罢工口号。首先在瑞典北部，进而发展为大规模的全国性群众示威游行。军队、警察和罢工破坏者被迫撤出罢工地区。在我们党领导下的这一群众运动，提高了我们党在工人心目中的威信，意味着我们冲破了迄今为止的孤立局面。

党完全有可能确立它的地位。在乌达伦的斗争中，它创立了广泛的统一战线，这使我们接近了社会民主党工人。但是，我们没有充分利用这一客观上的有利局势，没有认真地做些尝试，以使党在组织工人的日常斗争中起领导作用。1931—1933年，大约50万工人被或多或少地削减了工资。改良主义领袖为阻止工人的反抗斗争无所不用其极。尽管如此，罢工运动风起云涌。如造纸工人、海员、建筑工人、林业工人及失业救济工人的罢工等。所有这些斗争都是在党和革命工会的倡议下进行的。在红色工会反对派领导下的海员罢工，尽管社会民主党政府进行了对船主有利的干预，但对海员来说还是取得了部分胜利。这些罢工表明，工人们准备抵制降低工资，这不仅对这些工人团体，而且对全瑞典的工人阶级都有着重要意义。毫无疑问，他们将在更广泛的战线上反抗企业主和反对降低工资。党通过这些斗争扩大了自己在群众中的影响，并巩固了自己的地位。

为了抵制共产党人对工会影响的不断扩大，1933年初中央工会掀起了一个开除工会运动中支持红色工会反对派的运动，并在散发给所有工会组织的通知里要求："把所有红色工会反对派成员从工会中开除出去。"

与此同时，为了进行反对共产党人的斗争，中央工会还派遣了一个特派员。各地的工会会员，其中大多数是社会民主党工人，几乎都拒绝执行这一制造分裂的通知。1933年的党代会标志着我们党，特别是我们工会工作的转折。尤其是去年以来，我们党对工会的影响有显著的提高。我们党在工会内占有的职位数目说明了这一点。在今年初举行的工会选举中，我们党又获得了1600个关键性职位，连同我们提名的无党派的反对派工人，总共占有2300个关键性职位。更可喜的是在哥德堡获得了最好的成果，那里的1200名党员担任了工会和大企业工会组织中的450个重要职务。

去年，我们党在斯德哥尔摩也取得了很大进步，这具有极其重要的意义。因为斯德哥尔摩一向是党工作的薄弱环节。今年，我们在斯德哥尔摩的工会中担任了200个关键性职务。

我们的任务是进一步加强工会工作，建立与社会民主党工人的统一战线，最重要的是要把那些社会民主党内的反对派工人吸收进统一战线。建立一个广泛的工会反对派具有重要的意义，它能围绕着一个现实的日常斗争纲领团结各党派的反对派工人。

反对所谓第三者法案斗争的胜利表明，存在着建立统一战线的愿望，而且正在增强着。这一法案是社会民主党政府准备用来反对工会运动的，其结果就是大大限制工人的罢工权利。尽管工会官僚原则上支持这一法案，但在由我们党领导的，包括绝大多数参加工会组织的工人的强大抗议运动的压力下，社会民主党政府及其领袖们不得不作出让步，并在议会内反对它们自己的提案。这表明，当必须保卫自己的日常利益和权利的时候，社会民主党工人完全准备与共产党人一起反对阶级敌人，甚至反对自己的领袖。

尽管我们党在工会工作中取得了无可置疑的成绩，但也存在很大的缺点。首先是我们的干部，我们有许多优秀的工会干部，但鉴于我们新占领的阵地和在工会领域内需要完成的重要任务，我们的干部确实是太少了。现在我们必须以一种与工人阶级给予我们共产党人的信任相称的方式来进行工会工作。

近几年来，我们党在组织上的进步表明，我们在工人群众中的影响有了显著的增长。我们的党员人数已经超过了分裂前的数字，今天我们拥有2万名党员，这说明自1932年以来增加了1.1万名。随着党的工作的改进，我们完全有可能进一步迅速扩大党员人数。在最近的地方选举中，我们党在地方议会获得了700个席位，而在1930年至1931年的选举中只获得了240个席位，这说明工人对我们党的政策的信任在增强。与关门主义的一切残余开展持久的斗争，为了实现统一行动而更好、更果断地工作，以及为发展党的干部、提高党员群众的思想水平而进行全面的、坚韧不拔的工作，是进一步巩固党的地位，更好地执行党的伟大任务的保证。（掌声）

马克斯（巴西）：

同志们，从共产国际第六次代表大会到第七次代表大会之间的这一时期，是巴西革命运动的一个极其重要的历史阶段。在这一时期，我们党在国家经济、政治形势日趋紧张的情况下，在建设无产阶级革命先锋队方面迈出了最初的几步。

从1929年起，帝国主义者为了争霸巴西而进行的斗争，和与此相关的封建主义与资产阶级政治组织之间的矛盾，表现得愈加尖锐。这导致了旧党派的分裂，并引起它们之间的武装斗争（1930年10月和以后的1932年7月）。事态的发展现在达到了顶峰，并具有如下几个特点：（1）统治阶级及其政党的大瓦解；（2）每次斗争都更加清楚地表明，帝国主义及其在那里的代理人不可能用老办法继续维持他们的统治。

从第六次代表大会到第七次代表大会之间的这一时期的特点是：人民群众运动在发展。1929年总共只有2万名罢工者，1931年已超过30万，1934年和1935年初则超过100万。当然，这些罢工不仅罢工者人数在增长。它们的政治水平也每次都有提高，组织性和彼此间的联系也在加强。例如，有反对帝国主义的罢工（它们得到巴伊亚、里约热内卢、尼克德洛、贝洛奥里藏特等地人民群众的支持）；有反对法西斯主义和瓦尔加斯政府紧急状态法的政治性群众大罢工；有争取革命工会运动和共产党在里约热内卢和尼克德洛的合法地位的罢工，等等。以普雷斯特斯为首的一队起义者进行了穿越巴西2.5万公里的长征，这一英勇的长征失败后，革命运动曾有短暂的中断，此后城市小资产阶级运动的火焰重又燃起。东北部草原出现了农民运动，并组成了志愿军。随着群众运动的发展和深入，统治阶级的处境愈加困难，发动进攻的帝国主义分子向在巴西的代理人提出了加倍的要求，强迫他们接受奴役性的贸易协定，企图把铁路、把巴西的劳埃德公司控制在自己手中，要求一个"强硬的"政府，要求提高税收以偿还外债，要求租借土地以满足殖民的需要，等等。

所有这一切，一方面激起了人民群众的愤怒，从而导致更为强烈的反帝群众运动；另一方面引起了民族资产阶级和帝国主义之间矛盾的日益激化，这在某种程度上增强了民族资产阶级在群众中的影响，甚至在一段时间内促使某些资产阶级集团加入1934年底开始形成的民族革命人民阵线。

现任热图利奥·瓦尔加斯政府的弱点是显而易见的。在民族民主反法西斯主义运动的压力下，巴西军队的纪律在崩溃，军队中大部分人表示支持人民及其民族解放斗争。

党是怎样在这次代表大会前几年里经受考验的呢？在这段时间里，党坚决反对前任书记、叛徒阿斯特罗吉尔多·佩雷拉的无所作为的孟什维克路线，后来又反对严重的关门主义错误。党开展反对阿斯特罗吉尔多集团斗争的目的，在于阻止他们把共产党变为资产阶级及其"自由同盟"的附庸。在那段时间（从1929年至1933年）里，党员人数十分有限，不超过500人，而且集中在里约热内卢、圣保罗和累西腓，各地区之间没有任何联系，也没有群众组织。1933年初，我们党对自己的错误进行了真诚的自我批评，跟过去决裂。早在1934年7月第一次全国代表大会上，我们就能进行真正有益的总结。这表明党为克服自己的缺点作出了具体的努力。党建立了一个由工人占大多数的中央领导，巩固了党和群众的联系，并领导了60%以上当时举行的大罢工。

1934年中，我们展开了加入政府工会的斗争。在政府工会中，我们组织了工会反对派。在里约热内卢和南里奥格兰德，我们成功地控制了劳工部的两大工会联合会，这两大工会联合会拥有4万多名有组织的工人。我们使革命的巴西中央工人联合会在因德罗斯取得了合法地位。1934年8月23日，党在广泛的群众基础上召开了反战大会。我们领导了里约热内卢和因德罗斯有4万多人参加的政治罢工。我们积极参加了1934年和1935年的罢工浪潮，这一浪潮最终以海员大罢工和莫索罗的武装斗争而告结束。在莫索罗，1935年初由于盐厂工人的罢工，成立了一个革命政府,这一政府控制了城市的大部分,并在警察的进攻下,坚持斗争达 15 天之久。当反动派开始使用恐怖手段对付我们的时候,年轻的托比亚斯·瓦尔萨斯基同志被杀害,我们建立了反对反动派的统一的人民阵线,即所谓人民调查委员会,它在全国得到了热烈的支持,包括 10 万多名工人、职员、小商人和他们的组织。

我们的党员人数在 1934 年增加到 5000 名,单是里约热内卢企业支部的数目就增长到 35 个。

我们的中央机关报《工人阶级》开始定期出版(每 15 天一期),印数达到 1 万—1.5 万份。1934 年 10 月,我们带着在两条战线上艰苦斗争的成果和对党的缺点毫不讳言的总结出席了拉丁美洲代表会议。这次会议采取了争取建立反帝民族统一阵线的路线。

在这次会议以后 9 个月,党带着在短时间内取得的好成绩来参加共产国际第七次代表大会。

由于大胆地运用了民族统一战线的策略,我们今天的党员人数是 1934 年 6 月全国代表大会时的两倍(大约 8000 至 10000 人)。

党的影响很大。这一点可以从在里约热内卢发行的群众性大报的印数超过了 3 万份,有几期甚至远远超过 5 万份看出来。党还准备在圣保罗和累西腓出版新的报纸。

受党影响的工会的力量,**在今年 5 月由我党倡议召开的团结了全国 70% 以上有组织工人的工会统一大会之后增长了 4 倍。组织在统一工会中的工人人数达 45 万—50 万。**

共产主义青年团,从前是一个只有几百名团员的小小的宗派主义组织,现在正在筹备一个青年工人、青年学生、青年农民的全国代表大会,并已得到了体育团体、学生团体、工人团体和其他团体的支持。党为武装力量出版了一份专门报刊《红色哨兵》。此外,还出版了许多基层组织的报纸。

尤为重要的是，党终于发起成立了民族解放同盟。**这个几个月前才建立起来的民族团结统一战线已经成为一个有几百万群众参加的最广泛的强大组织**（包括工人、小资产阶级、农民和民族资产阶级中那些支持反对帝国主义和反对反动的瓦尔加斯政府的民族解放斗争的集团）。这一组织已经从组织阶段进入到准备斗争和采取群众行动的阶段。它领导着普遍的人民罢工和群众反对一体化①和警察的斗争。**巴西已经出现了革命危机，这个国家为了推翻背叛民族的政府、建立民族革命政府，正迅速走向最后的决战。**"一切权力归民族解放同盟"的口号已成为团结最广大人民群众的口号。

党积极地参加了这一运动。民族解放同盟领导人、我们的**卢诺·卡洛斯·普雷斯特斯**同志在人民群众中、在军队里，甚至在某些省长那里都享有极高的个人威望，他是扩大人民阵线和瓦解我们的敌人的不容置疑的因素。

所有这一切都说明，党在继续为使自己成为群众性政党而斗争，党在继续推动民族革命运动，党在领导群众建立民族革命政府和大力开展农村革命，并在革命斗争中确保无产阶级的领导。

党在出席七大前，并没有因为在这样短的时间内所取得的成就而表现出小资产阶级的自满情绪。党并不认为，它已经是不犯错误的和不会再犯错误的布尔什维克党。我们当前的路线是正确的，然而即使现在也还有些同志有时会提出一些不符合当前革命斗争阶段的口号。比如，毫不迟疑地建立苏维埃的口号。还有一些同志混淆了民族革命政府与苏维埃形式的工农民主专政的界限。我们提出"一切权力归民族革命同盟"的口号也为时太晚。我们不知道民族解放同盟应该开始做些什么。我们担心，它会削弱我们自己的威望。我们倡议召开统一工会大会，但是我

---

① 由德国法西斯分子资助和领导的法西斯组织。——译者注

们却疏忽了，没有邀请无政府主义工会和天主教工会以及互助组织参加这次大会。我们没有作出任何努力使来自最重要的改良主义组织的人入选新的中央工会的领导班子。

我们最大的弱点之一是农村工作，这是我们队伍中以前存在的孟什维主义和半托洛茨基主义残余造成的结果。今天，我们党在两条战线上进行着坚决的斗争。我们开始克服这些弱点，在马拉尼翁已经出现重要的农民联合会。在巴拉德皮拉鲁的乡村已经出现无产者和半无产者的工会。此外，在圣保罗还出现了几个受我们影响的小组。我们在里约热内卢和马拉尼翁领导了强大的农民罢工。我们召开了东北部黑人区的农民大会。在这次大会上，我们提出了农民工作的具体任务。

最近一期《工人阶级》报，特别是卢诺·卡洛斯·普雷斯特斯今年7月15日的宣言清楚地表明，我们努力正确地理解共产国际的和我们伟大的斯大林的学说。对于我们所犯的每一个错误，我们都作了布尔什维克式的自我批评。在避免这些错误的情况下，我们党就能挫败反动政府和帝国主义对我们的进攻，就能站在进行武装斗争争取民族独立的英雄的巴西人民群众的前列，领导这些群众，引导他们走向胜利的巴西革命。

采用这种办法，我们党就一定能够成为一个无愧于列宁和斯大林的共产国际的支部。（掌声）

弥勒（卢森堡）：

数量上十分弱小的卢森堡党，在斗争中的责任却极为重大。在狭小的国土上矗立着38座高炉，其中21座已投入生产，年产钢铁近300万吨。出口到德国的钢铁比以往任何时候都多，而且毫无疑问是被用于军火生产。资产阶级的共同利益将卢森堡的统治阶级推向德国一边。因此，卢森堡政府允许纳粹分子在2万多德国人（卢森堡共有人口30万）

中大肆进行宣传，并出动警察保卫德国"殖民地"的反工人大会，甚至允许这些纳粹分子进行正式演习，就是不足为奇的了。一家左翼资产阶级的亲法报纸不久前报道说，法国秘密警察发现了一个由在卢森堡的法西斯突击队占领卢森堡火车站和重要建筑物的秘密计划，这则消息没有得到否认。简言之，卢森堡的问题已远远超出了它的狭小的国家范围。如果不是群众的反对粉碎了反动派的计划，一般地讲，卢森堡将发展成为法西斯主义的突破口，具体地讲，卢森堡将发展成为德国法西斯主义的突破口。

现在卢森堡共产党就面临着如此艰巨的任务，而在第六次代表大会时它还是一个无足轻重的小支部。第六次代表大会的学说为党的工作的转变，为更大胆地争取合法地位和培养卢森堡的干部奠定了基础。那时，共产国际给了我们许多帮助。自上次代表大会以来已经过去了七年，这七年来，尽管困难重重，尽管犯过错误和遭受过打击，但党已经成为卢森堡的一个政治因素，并在广大的卢森堡工人群众中赢得了影响。在1930—1934年间，党领导了卢森堡失业工人的斗争并取得了部分胜利，开展了广泛的反对资本进攻的宣传活动。在工人代表会议的选举中，在企业委员会和医疗保险委员会的选举中，尽管企业里笼罩着白色恐怖，我们还是成功地在两家重要的国家钢铁厂以及几乎所有的矿山企业提出了自己的名单，赢得了约1/4的选票，在部分地区甚至赢得超过半数的选票。我们在各种委员会和理事会中都占有席位。

去年的议会选举和市镇议会选举更清楚地表明，共产党的影响已经渗透到群众之中。在卢森堡的历史上，共产党人第一次进入了三个重要工业区的议会和市镇议会。

但党未能发动工人阶级进行更重大的行动。我们领导了几个小规模的矿工罢工，但立即被改良主义领导人压制了。只是在领导失业工人的斗争中我们才取得了某些成功。直到最近几个月，我们还未能与社会党工人建立正确的关系,以创建一个真正的统一战线机构。这是为什么呢?因为我们虽然做了许多颇为成功的宣传工作,但我们不懂得把它们从组织上巩固下来。这首先是由于党的工会工作做得不好,我们在这方面犯了许多错误。1930年我们按照德国的模式建立了红色工会反对派。

由于我们对红色工会反对派敌视工会的态度没有引起足够的警惕,从而妨碍了统一战线运动的形成。我们竭尽全力使红色工会反对派成员加入自由工会,我们已着手建立反对派小组。工会联合会的领导在5月1日没能阻止社会民主党工人和共产党工人一起游行,也没能阻止我们的人发言和赢得掌声。毫无疑问,我们与改良主义工人已经走得更近了。在无情地清除各种关门主义倾向的时候,统一战线的方针在过去几个月里使我们建立起了统一战线机构,召开了统一战线大会。为了反对新的监禁法,我们在许多大的地区建立了委员会,在这些委员会里,除了有共产党员外,还有社会党干部和市镇议员,以及自由党干部。我们还召开了大会,共产党员、社会党员和自由党反对派成员一起在这些大会上发言。在这些反法西斯主义委员会里,人们已经在认真地讨论建立一个法国式的人民阵线。这种统一的抵抗运动的压力是如此之大,以致政府不得不四次修改监禁法草案,以争取因害怕失去选票而动摇不定的自由党议员。这种统一战线的形成遇到了工党上层领导,特别是工会领导的强烈反对,不过共产党灵活而坚定的统一战线政策将克服这种阻力。

然而,我不能不注意到,卢森堡共产党最近既没有从共产国际执委会,也没有从各兄弟党那里得到任何帮助,鉴于卢森堡共产党在反对卢森堡法西斯和德国法西斯的前沿阵地所进行的斗争的重要性,它本来是有权得到这种帮助的。

法西斯主义的危险没有消除,卢森堡共产党面临被禁止的威胁。监禁法虽然被放弃了,但实际上并没有被取消。相反,它正以其他手段被实行。我们不得不说，党面临着非常艰巨的斗争。第六次代表大会使党重又得到了加强，如果党能得到必要的支持，那么，第七次代表大会对它克服各种弱点和成为卢森堡的一个大党，将是大有裨益的。

斯兰斯基（捷克斯洛伐克）：

捷克斯洛伐克共产党完全拥护共产国际执委会关于共产国际第六次代表大会至第七次代表大会期间的工作报告。由于共产国际执委会及其正确的政治路线，捷克斯洛伐克共产党才能驾驭一系列困难局面，成功地发展成为一个群众性的布尔什维克党。

让我们想想捷共当时处于何等的境地。由于捷共时任领导的错误政策，捷共面临着最严重的党内危机，脱离了广大的工人群众。

根据捷共当时的左翼反对派的倡议，共产国际第六次代表大会深入地研究了捷克斯洛伐克的问题。第六次代表大会给捷共全体党员一封公开信，信中在"变机会主义的被动为布尔什维克的主动"的口号下概括了适应当时形势的任务。根据左翼反对派的倡议作出的这一决议，虽然获得参加共产国际第六次代表大会的捷克党代表团全体成员的赞同，但是，正如以后的情况所表明的那样，这并不等于时任党的领导是真正同意的。共产国际第六次代表大会以后，捷共党内的机会主义分子就立即展开了反对第六次代表大会决议，特别是反对有关捷共的决议的活动。

1929年春，捷共举行党的第五次代表大会，大会以压倒多数批判了党的旧的机会主义领导，并根据共产国际第六次代表大会的决议调整了党的路线，选举了以哥特瓦尔德同志为首的党的新领导。

这使党能够摆脱脱离群众的状态，这样就能够在以后的年代里站在失业者、产业工人和贫苦农民的伟大斗争的前列。

党成功地引导相当多的失业者加入到失业工人的大规模斗争中去。

这些斗争在最广泛的统一战线的基础上得到发展。为了领导斗争，建立了有真正权威的统一战线机构。总共成立了大约1000个这样的机构，社会民主党工人、没有参加组织的工人和共产党工人都有代表参加这些机构。捷共在失业工人运动中成为唯一的、被失业工人群众承认的真正的领导者。

捷克斯洛伐克无产者在一系列重大斗争中反抗资本的进攻，红色工会站在这些斗争的前列。

罢工运动的高潮是布吕克斯工人的大罢工。它的巨大意义在于，由于正确运用了统一战线的策略，改良主义领导者的愿望未能得逞，几乎整个矿区的工人都卷入了斗争；成立了有权威的罢工委员会；最后，这一罢工汇入整个北波希米亚工业地区政治示威大罢工的洪流。

党成功地首先在喀尔巴阡乌克兰地区发动贫苦农民的大规模斗争。这些斗争起初提出像"更多的面包和玉米"这样的初步要求，后来斗争发展到将执法官逐出村庄，占领国有牧场和森林。在这些斗争中，还到处建立了劳动农民的权威性机构。

在经济斗争的同时，捷克斯洛伐克也爆发了一系列政治示威罢工。仅在1932年就举行了2400多次示威罢工，在罢工中提出像"反对政府，反对国家机器的恐怖"一类的政治口号。这些政治罢工使资产阶级及其政府在剥夺工人权利和集结法西斯力量时遇到了困难。

虽然遭到改良主义领导人的反对，党还是成功地把改良主义派的工人群众引导到一系列大的斗争中去，使他们通过自身的斗争经验认识到社会民主党政策的错误。同时也使他们认识到捷共是支持工人所有日常要求的唯一的政党。党在群众中的威望提高了。

成绩首先归功于哥特瓦尔德同志，在这里不能不特别指出这一点。他善于以通俗易懂的语言向群众讲解最困难的问题，每个工人都能理解他的文章以及由他撰写的中央委员会的决议。他教导党的领导机构和全党同志始终仔细倾听群众的呼声，并善于以这种形式提出反映工人疾苦和愿望并动员他们参加革命斗争的要求和口号。

然而，这一上升过程在1933年暂时被打断了。在这以前，党内即显示出以古特曼为代表的机会主义倾向。它的基础是小资产阶级在法西斯主义面前惊慌失措，丧失革命信心和向社会民主党投降。党处于这样的境地：在思想上受到古特曼之流的削弱；成为执政的社会党人在"保卫民主"的口号下进行政治攻击的目标；遭受警察恐怖行动的广泛袭击；不可避免地要完全改组队伍和改变工作方法以适应地下工作的条件。

捷共从宣传号召转向具体的、生动的日常工作。它也正确地、布尔什维克式地提出了保卫捷克人民独立的问题。这就有可能使党在1934年末和1935年上半年扩大并加强了它在群众中，首先是在社会民主党群众中的影响和威望，并越来越多地揭露改良主义思想的错误。

与此同时，广泛灵活地运用统一战线的策略也有助于扩大党的影响。与资产阶级联合执政的社会民主党领导人拒绝共产党人提出的建议和本党党员关于建立统一战线的要求。但是，当1934年法西斯力量开始集结并猖獗起来时，对统一战线的破坏活动和禁令首次被打破，在十几个地方形成了反对法西斯挑衅的联合行动。当法西斯分子在选举前发起新的冲击，企图利用选举进行一次大规模的法西斯进军时，上千个地方和企业不顾社会民主党领导人和捷克社会党领导人的反对，形成了反对法西斯主义的联合行动。根据捷共的倡议，在捷克地区、斯洛伐克地区和乌克兰地区，数十万社会党工人参加的选举成为一次大规模的反法西斯主义游行。由于这些活动，捷克法西斯分子的计划才被粉碎。

捷共在选举中取得了巨大的胜利。它获得85万张选票，比上届选举增加了10万张。党在捷克地区、斯洛伐克地区和乌克兰地区多得了16万张选票，但是在德意志地区却失去了6万张选票，在那里，亨莱因的党，即一个隐蔽的捷克斯洛伐克的卐字党，打败了几乎所有资产阶级的德意志政党，并夺得了社会民主党的一半选票。

捷共在捷克地区、斯洛伐克地区和乌克兰地区获得了巨大成就。苏联及其成功的社会主义建设、苏联劳动者物质生活迅速改善所产生的巨大影响和对苏联的极大同情，都有助于这一成就的取得。苏联的和平政策也获得了极大的同情和反响。捷克斯洛伐克的劳动人民群众害怕将使他们丧失民族独立的帝国主义战争，首先是希特勒德国的帝国主义侵袭。他们认识到，苏联是弱小民族的保护者，因此也是捷克民族的保护者；与帝国主义列强不同，苏联不会拿弱小民族的利益做交易；苏联是弱小民族唯一的支柱和希望。我们向劳动人民群众表明，共产党人对捷克民族的命运决不会漠不关心；如果捷克民族的命运不是由资产阶级来决定，而是由无产阶级同其他劳动人民结成兄弟联盟来决定，那么，捷克民族的独立就能够很好地得到维护。

现在，在选举之后，我们警告社会党的工人不要**低估**法西斯主义危险。我们向他们指出，只有共同斗争才能击退法西斯力量的进攻。

捷克斯洛伐克的劳动人民只有以法国无产阶级为榜样，通过共同斗争，才能粉碎法西斯的计划。共产党人在选举后声明，并且后来又一再声明，虽然社会党人参加了政府，但是如果他们真正反对法西斯主义，争取民主权利，争取把危机负担转移到资本家身上，那么，共产党人就准备支持他们。公开的法西斯专政的代表是否会在捷克斯洛伐克上台，或者允许无产阶级保留某些进行反对资产阶级的阶级斗争的民主权利的资产阶级民主是否能够存在下去，共产党对此是不会漠不关心的。因此，共产党人愿意与一切民主权利的拥护者一起，为挫败法西斯力量，争取维护和扩大人民的民主权利和自由而共同奋斗。苏联的最顽固的敌人如克拉马尔之流、赫林卡之流、亨莱因、希特勒追随者的代表，不仅将用法西斯主义的方式奴役劳动人民，而且将威胁捷克民族的独立，这些家伙是否上台，共产党人是不会漠不关心的。因此，共产党人准备与所有反对野蛮的希特勒法西斯主义的人和所有苏联的朋友共同奋斗，与所有真正地、实实在在地主张捷克民族独立的人共同奋斗。但是，共产党人声明，只有我们共同反对捷克资产阶级的贫困化政策和压迫政策，斗争才能够取得胜利。

捷共认识到，只有通过革命推翻资产阶级，才能使法西斯主义最后失败，才能防止战争灾难、饥饿和丧失民族独立。沿着这条道路，苏联的全体劳动者已经过上了幸福的生活。

今天，党在思想武装方面取得长足进展，组织上也空前巩固，正在进入尖锐斗争的新时期。以哥特瓦尔德同志为首的党的领导是一个空前稳固的领导。

最近，党有了大发展。从1935年1月1日以来，党新建了1000多个组织，吸收了1.3万名党员。党最薄弱的环节仍然是企业和工会工作。在最近的全国代表大会上党就已经提出，在代表大会后的今天又进一步强调，要结合工会新的策略任务，结合争取工会统一的斗争，改进和直接改变企业和工会工作，要将其作为党的一项主要任务来抓。

党内的第二项主要任务是在思想上巩固党，首先是改进和提高基层组织的日常政治生活，巩固和扩大党的干部队伍。

捷共意识到自己对国际无产阶级所负的国际责任。它是在中欧一个最重要的国家中工作，处于法西斯独裁的包围之中。它向无产阶级展示了前景和目标，要把捷克斯洛伐克变成一个在中欧抗击法西斯主义进攻的坚强堡垒，变成热情捍卫全体劳动者的祖国——苏联的中心，变成反对反动的希特勒法西斯的斗争中心，变成中欧无产阶级革命的堡垒和中心。（热烈鼓掌）

奥尔格松（冰岛）：

同志们！冰岛共产党是在1930年成立的。

在我党成立时，冰岛无产阶级的社会主义觉悟不高，没有丰富的斗争经验。因此，年轻的冰岛共产党的任务是十分艰巨的。由于经济危机，它很快面临着领导无产阶级直接进行阶级斗争的任务。建党才一个月，党就组织雷克雅未克的失业者进行示威游行，示威者和警察发生了冲突，共产党的一些领导干部被捕。

1932年11月初，冰岛的资产阶级想给工人阶级一次巨大的打击。据称，将普遍削减工资，首先要把雷克雅未克的救济性临时工的工资削减33%。当时组成了社会民主党工人和共产党工人的统一战线，冰岛共产党掌握了斗争的领导权。11月9日，工人群众去市议会游行示威，发生了流血冲突。这次斗争以工人的完全胜利而告终。警察被打败并且全都缴了械。（鼓掌）

在这一时期，党的影响不断增长，党在议会选举中得票的增加也说明了这一点。1931年，党获得了1100张选票。1933年，党获得了2700张选票，占全部选票的7%。

但是，思想上的不够巩固和内部斗争阻碍了党的进一步发展。1932年11月召开第二次全国代表大会时，党还没有团结一致，在理论认识上还很模糊，特别是在对社会民主党的关系上还摇摆不定。因此，叛徒皮耶图尔松的机会主义观点能够引起不小的混乱。只是依靠共产国际的帮助，危险的机会主义反对派才被打垮。1933年9月，共产国际发表公开信以后，党的路线才逐渐取得了胜利，在1933年11月的党代表大会上，从前的反对派表示拥护党。会议一致通过了反对机会主义的旗帜鲜明的决议。党达到了团结一致。

"左"右倾机会主义使我们党付出了代价，也使我们党取得了必要的经验，党的领导因此确定了目标，要在反对法西斯主义和资本进攻的斗争中建立广泛的统一战线。向工党提出了成立统一战线的建议。该党领导人竟不予理睬，拒绝了我们的建议。但是，这一建议在群众中的影响日益增长，下面的例子说明了这一点：

1934年11月举行了统一代表大会，3000名有组织工人的代表参加了会议。1935年1月，在工会理事会的选举中，我们获得了比以往任何时候都要多的选票。在社会民主党的堡垒、全国第三大城市，统一战线获得了多数人的拥护。5月1日，在争取成立统一战线的斗争中，冰岛最大的工会决定举行共产党人和社会民主党人的联合示威游行。社会民主党的右翼领导人疯狂地反对统一战线。下面就是他们的野蛮行径的例子：今年5月1日，冰岛最著名的作家赫尔多尔·基尔扬·拉克斯内斯在社会民主党的集会上朗读了他创作的一篇小说。当社会民主党的领导人听到，小说写的是1932年11月9日无产阶级统一战线的斗争和胜利时，他们就粗暴地不准作家继续在台上朗读下去，并把他赶出了会场。这位作家是很激进的，但他不是共产党员。

我们统一战线的最主要成就是在工会方面，但这一方面又是我们最困难的领域，因此，我想比较详细地讲述一下冰岛的工会建设。

冰岛工人阶级近半数是有组织的，其中约9000人参加了改良主义的协会，这些协会既是工会组织，同时又是政治组织。

在1930年，即我们党成立那一年的工党代表大会上，改良主义分子把所有由共产党领导的工人协会都开除出了全国性组织。

我们在冰岛北部掌握的工人协会正在发展成为真正的工会。它们的会员人数在不断增加，并成功地组织了与社会民主党的协会的统一战线行动。

雷克雅未克的熟练工人工会已经联合成为一个联合会。参加联合会的有印刷工人、五金工人、泥瓦工人、面包工人和其他工人。联合会的领导权掌握在我们党以及和我们党共同争取工会统一的左翼社会民主党人手里。

在雷克雅未克最重要的改良派工人协会中，我们在一次又一次会议上一再赢得多数，我们的建议有时还被一致通过。这一工会从5月份开始进行了一场持续几个月的斗争，反对一家丹麦资本家的公司削减工资的企图。这一企图没有得逞。当社会民主党的领导机构打算退让时，被共产党的码头工人制止了。社会民主党的工人们积极地支持了共产党的码头工人的行动。

我们党成立时只有150名党员，现在已经有500名党员，而全国的人口总数为11万。

在冰岛，我们使用一种特别的冰岛语，只有11万人讲这种语言。在这种情况下，要大规模地出版政治书籍是相当困难的。但是冰岛共产党有两份报纸，一份每周出版两次，发行量为3000份，我们将在秋天把它改为日报；另一份每周出版两次，发行量为2100份。此外，我们还有一份月刊，发行量为1700份，还有两份专门面向妇女和农民的报纸。

党尽其所能参加了营救季米特洛夫、台尔曼和其他同志的国际性运动，举行了人数众多的群众集会，要求释放季米特洛夫。向莱比锡法庭和希特勒发出了抗议电报。卐字旗被撕碎。现在在冰岛，台尔曼的名字已经家喻户晓。（鼓掌）

对苏联的同情已经远远超出了工人阶级的范围。冰岛最优秀的作家撰写了关于社会主义建设的优秀作品。党大力宣传苏联的外交政策，这是理所应当的，苏联出色的外交政策将使这个受帝国主义分子蹂躏的弱小国家的人民感到欢欣鼓舞。现在，我们在这方面已经开了一个头。我们的报纸以上万份的印数公布了希特勒政府与冰岛签订的秘密条约，并把资产阶级唯德英两国马首是瞻的卖国行径，同与苏联和全世界工人阶级结成联盟的冰岛人民的社会和民族解放斗争相对比。

小小的冰岛共产党将履行自己对冰岛无产阶级和共产国际承担的义务。冰岛共产党将竭尽全力在冰岛建立一个反法西斯主义的堡垒。

同志们，我们向你们保证：

小小的冰岛共产党将无愧于伟大的共产国际成员的称号。（鼓掌）

阿克曼（德国）：

同志们！法西斯把德国共产党赶到了地下，而我们的首要任务，就是从这个最隐秘的地下状态中走出来，保持同群众的联系。我们在任何情况下，哪怕面临最可怕的恐怖，也决不能失去同群众的日常的具体联系。让我们首先谈一谈德国共产党最先进的组织——柏林党组织的事例。在希特勒独裁统治下，柏林的共产党人没有一天不履行他们的革命义务。我们有一家强有力的地下印刷厂，由中央领导和管理，其机关报就是我们的《新闻动态》，它在1934年共出了49期，就是说通常是每周出一期，而这是在从事共产党的群众工作将被判处最严厉刑罚的情况下做到的。就在几天前，法西斯法庭判处克劳斯同志死刑，不是由于所谓的谋杀冲锋队队员，也不是由于叛国罪，而是因为他在红色救济会①工作。

同志们，我们的干部经受住了最强大的压力。（鼓掌）在最近几个月里，柏林的干部中有40位负责同志被捕。尽管遭受极其残酷的折磨，他们当中没有一个人说一句出卖组织的话。（热烈鼓掌）

在阶级斗争中，人们可以从工人阶级每一个活动的背后，从工人妻子每一句不满的话的背后，看到公社的活动。我们可以举一个例子：在一家工厂有人散发共产党的传单，于是盖世太保的一名特务就召开了厂

---

① 德国红色救济会（Rote Hilfe Deutschland）是德国共产党领导的群众性救助组织，旨在援助受迫害的政治犯、政治流亡者及其家属。成立于1921年，后成为1922年成立的国际红色救济会（IRH），亦称国际支援革命战士协会（MOPR）的分会。——编者注

领导会议。厂长的看法是：这些传单是自发的，可能出自几个感到不满的冲锋队队员之手。盖世太保的特务想说服厂领导，说这不是偶然现象，不是个别现象，而是同一个中央组织、同**一个政党**的工作有牵连。他还举了许多例子，说这里的一家工厂发现了这些传单，那里的一家工厂也发现了同样的传单，这里出现一份报纸，那里也出现一份报纸，等等。

同志们，我们必须向共产国际第七次代表大会作自我批评：德国同志的这些英雄壮举，并非总是在正确的轨道上进行的。我们提出过错误的过激的口号，遭受了无谓的牺牲。有时我们走得太快，脱离了群众，很容易遭到盖世太保的打击。德国共产党的布尔什维克化还需要经过一段十分重要的路程。

同志们，对我们说来，只能有一种战略，这就是推翻法西斯专政。只能有一种前途，这就是消灭法西斯主义和资本主义。为此，我们需要把一切与反动派和法西斯主义为敌的、进步的和自由的力量联合在一个唯一的反法西斯主义的阵线中。这一阵线不应当由于进步群众内部宗教的、世界观的或者传统的差别而落空。为了建立这一阵线，我们需要提出变化了的新口号，因为问题的关键不在于脱离日常事务抽象地，因此只是纯粹形式主义地强调我们的最终目标，而在于提出具体的局部要求，提出反法西斯主义的民主自由的口号来动员群众。我想讲述一个在我们的工作中提出这种改进了的新口号的例子。

法西斯主义上台前，曾为柏林最大的市营企业——柏林公共交通公司制订了一个紧急计划。我们在柏林公交公司中开展工作时，充分利用了这个计划。我们抓住这个计划，在群众中广为宣传。当初这个纳粹计划的最重要的要求是取消布吕宁政府时期削减2芬尼工资的做法。为了这2芬尼我们不停地进行鼓动，我们的宣传鼓动工作在柏林公交公司工人那里取得了巨大的成功。事情发展到这种地步，以致那个当初拟定这一紧急计划的恩格尔斯把冲锋队队员叫来训话:"如果你们当中有人哪怕再提一句这一紧急计划,我就把他关起来。"

在群众中产生了一种新的话语。关键在于我们要使这种新的话语系统化,在全国人民中充分利用各种合法的可能性。在法西斯的德国究竟有没有合法的可能性呢?肯定是有的!这些合法的可能性操作起来较容易,危险较小。而且它们往往比革命的地下工作更有效。它们使群众有可能参加反法西斯主义的宣传。我们在希特勒实行独裁统治两年多后才开始认识到,只靠许多地下印制的报纸和传单是不够的。依靠这些报纸和传单,即使我们工作做得比较好,也只能影响几千人。然而,我们必须领导和组织千百万人。

我们如何继续前进呢?这是有组织地影响群众,逐渐过渡到组织反对法西斯主义的资本进攻和战争危险的抵抗行动的问题。这是我们必须抓住的环节。而在这个问题上,企业中的工作处于十分重要的地位。但是我们要清楚地认识到:如果不在法西斯的群众组织里开展工作,就不能真正改进企业工作。如果不在法西斯的群众组织里开展工作,就根本不可能推翻法西斯的独裁统治,因为在那些组织里有千百万群众。社会民主党的工人、从前参加过组织的人和没有参加过组织的人、男人、女人、年轻人、成年人、无神论者、新教教徒和天主教徒,这些人现在在哪里呢?他们都在某个法西斯的群众组织里。于是我们就开始让全党牢牢记住:共产党员在企业中和在法西斯的群众组织中工作,那么他所处的位置就是正确的;共产党员懂得将地下活动与合法的和半合法的活动结合起来,那么他所做的工作就是出色的。

除了自己的合法组织以外,纳粹主义不允许其他任何合法组织存在。群众被迫穿上法西斯主义限制自由的紧身衣。但是,剥削者和被剥削者之间、压迫者和被压迫者之间的对立,是否因此就不存在了呢?当然不是。所以,法西斯的群众组织,首先是德国劳动阵线,就必然会成为劳动和资本之间的争执和冲突的场所。纳粹主义企图以恐怖、蛊惑宣传和反动立法来制止这种情况。我们的任务就是要促进、加速这一不可避免的进程并把它引入正确的轨道。我们在德国劳动阵线的活动远不只是利用"快乐健身社"的集会进行讨论。我们以往对于在劳动阵线中工作的问题理解得太狭窄。在劳动阵线中工作,这就是要努力做到:工人们在劳动阵线中维护自己的利益,要求满足他们的物质需要,通过自己的积极活动去利用劳动阵线的基层组织来维护工会的利益。在法西斯独裁统治的条件下,这种斗争形式是整个阶级斗争的基本形式之一。这就破坏了法西斯主义的领袖原则,破坏了法西斯主义的合法性,从而实际上将群众引上推翻法西斯主义的道路。

德国共产党在这里只能向共产国际第七次代表大会报告关于这一重要战线的初步经验。今天,不是全党都已经转到这条路线上来。只是一些先进组织和我们最有经验的同志在有计划地开展这项工作。

在德国,抵抗行动的次数在不断增加。今天,这种抵抗表现为低级的、短期的,但是数量众多的战斗行动。而所有这些抵抗行动,从来都不是只依靠非法的宣传鼓动发动的。抵抗行动的发动总是与利用合法的可能性结合在一起的。

去年年底,"德国劳动阵线"的领导人莱及其同伙曾计划在企业、车间,在流水线旁建立劳动阵线小组,以便使工人在组织上更加顺从法西斯主义的压迫。后来,他们不得不放弃这个计划,原因很简单,因为他们在企业的工人中找不到能够保证贯彻他们意图的可靠的人,他们害怕劳动阵线的这些小组会变成反对法西斯主义的反对派中心。同志们,随着群众日益丢掉幻想,法西斯主义的群众基础慢慢地不断缩小,法西斯组织越来越缺少基层干部。我们必须利用这种短缺,以便使我们的人,使正直的工人,使革命的工人担任这些职务。现在举一个例子:不久以前,纳粹的人民福利会的一个支部被审查。众所周知,纳粹的人民福利会是"冬季救济工作"的组织者。审查这个支部表明什么呢？在22名干部中，不得不解职了14人，因为他们曾经是马克思主义者和共产党员。

另一个重要的经验可以用下面的话来说明：情况表明，如果在法西斯的群众组织中把工作做好了，那么，这些组织的基层干部即使不被我们所影响，他们在个别问题上也可以成为我们的同盟者。我们遇到过几十起这样的事例，拥护纳粹主义的工人，时至今日仍然自认为是希特勒的追随者的工人，在个别具体问题上可以和我们联合行动。我们已经有了这样的经验，人们可以使法西斯的基层群众组织的干部慢慢地、一步一步地背离希特勒的"人民共同体"的立场。

同志们，在法西斯的群众组织中工作，这是与我们的统一战线政策不可分割地联系在一起的。统一战线的口号和在法西斯的群众组织中工作的口号，二者不是对立的，也不是分离的。

在法西斯的组织中开展工作时，社会民主党工人也是我们争取的重点。党已经开始转向广泛的统一战线政策，它正在为争取社会民主党工人的信任而斗争。然而，在最近几个星期里，我们在执行统一战线政策时仍有很大的缺陷。我们过于死板，只是接近左派工人。在有些场合，我们只限于和那些已经在向我们靠拢的工人建立统一战线。这还不是群众性的统一。在我们的统一战线策略中，我们常常也太不注意所谓的小事。曾有过这样的情况：在一些企业中，共产党工人和社会民主党工人之间的联合行动被拖延和推迟了好几个星期，因为人们认为，必须首先举行一次正式的联席会议。

在国内，在我们的统一战线政策中，我们有很长时间并不是用真正结成统一战线的态度来对待社会民主党的组织及其领导机构。有许多同志说，在我们那里，在企业或者地区，根本没有社会民主党的组织。我们只能同个别的社会民主党人打交道。这种说法在大多数情况下是一个大错误。这些同志之所以这样说，是因为他们拿共产党的标准去衡量社会民主党的组织。当他们找不到固定的支部或者定期出版的报纸时，他们就认为，社会民主党的组织根本不存在。

开展统一行动，基本上取决于我们是否善于使社会民主党的工人和干部理解实现我们所建议的策略的具体办法。

这里举一个工会委员会选举的例子。在许多企业，社会民主党的工人们认识到，我们提出的把正直的工人选进工会委员会的建议是好的。但是，人们应该如何贯彻这一意图呢？在我们的同志懂得怎样说明这一策略及其实现方式的地方，我们就取得了巨大的成功。

我们在国内长期为探寻重建自由工会的正确方式而斗争。当我们获得初步的正面经验并加以运用时，我们就取得了较大的进步，我们成功地在国内许多地方建立了地下自由工会的企业小组网。

我们有些同志甚至今天还常常搞不明白，在劳动阵线内部建立自由工会意味着什么。这意味着什么？这不是一个组织问题，而是一个政治问题。这无非是意味着，劳动阵线是工会小组最重要的活动场所；在非法条件下只能联合一部分职工的工会小组，在劳动阵线中代表工会的利益。

同志们，我们在执行统一战线政策方面取得了第一个伟大成果。这就是同社会民主党柏林地区执行委员会签订了统一战线协议。这个协议是经过长期努力才达成的。经过了在企业，在住宅区的十分广泛而艰苦的**基层**工作，因为社会民主党工人和共产党工人，主要是为了反抗法西斯恐怖，在基层团结起来了，因此我们才同德国社会民主党柏林地区执行委员会达成了统一战线协议。

这个协议将对促进统一战线，促进统一行动和群众性的统一发挥巨大的积极作用。我们认为，我们由此就抓住了德国党的任务的核心问题，即建立反法西斯的统一战线和人民阵线。（暴风雨般的掌声）

马伦科（墨西哥）：

同志们！墨西哥代表团拥护皮克同志的报告。

共产国际第六次代表大会所预见的世界经济危机在 1930 年也席卷了墨西哥，其后果就是，帝国主义向墨西哥人民进行无情的进攻，企业主向工人阶级进攻，这就使得党面临组织群众抵抗的任务。当时党面临的任务是，把广大的小资产阶级群众吸引到反对帝国主义的农村人民革命中来。

我们的党没有完成这一任务，因为它执行了一条不正确的政治路线。只是到了 1932 年，在拉丁美洲各国共产党在蒙得维的亚举行会议之后，我们才开始把群众工作的重点转移到改良主义的工会上来。现在，由于有了新的认识，我们已经与更广大的无产阶级群众建立了联系，我们进入了最重要的企业（铁路运输、石油工业、有轨电车公司）。

我们的错误立场导致了这样的局面：当资本的进攻剥夺群众最基本的权利时，我们不能组织群众进行抵抗。我们已经改正了这个错误。这使我们有可能在 1932 年农业工人的大多数罢工中站在斗争的前列。

我们的女同志们能够在党的领导下占领由所谓的国民革命党和政府召开的第二次女工和农妇代表大会的阵地。

劳动妇女的运动目前由我们共产党的女党员同志们领导。

革命作家和艺术家协会是我党进行反法西斯群众工作的据点之一。依靠这个协会和由共产主义青年团领导的革命大学生联合会，并且依靠其他的群众组织，我们在 1934 年组织了反对战争和法西斯主义全国代表大会，200 多个工人、农民、大学生、知识分子和零售商的组织都派代表出席了大会，这些组织共有会员 20 万人。

最后，我想简单地讲一下党的内部情况。依靠共产国际的帮助，我们打碎了从思想上把我们束缚在民族改良主义的资产阶级身上的锁链；

我们开除了领导机构内部的阶级异己分子,同资产阶级和小资产阶级的思想意识进行了斗争。我们结束了我党只是一个平庸的宣传中心的时期。

我们的报纸过去每个月出版两次,现在改为每周出版一次,发行量从 1932 年的 3000 份增加到现在的 1 万份。报纸的发行量和影响正在不断增长。

克服我们的弱点和错误,正确地估计墨西哥革命的问题,这使我们能够更快地着手解决我们的任务。(掌声)

第七次会议

(1935 年 7 月 28 日)

继续讨论共产国际执行委员会工作报告

会议主席**白劳德**同志（美国）宣布开会，并请代表们发言。

达西（美国）：

最近的五年对美国工人阶级来说是一次战火的洗礼。

在这一时期，有 100 多名工人在巷战中被警察和军人打死，成千上万的人被打成伤残，数千人被判处 14 年以下的监禁，还有一些人则对最长达 20 年的徒刑提出上诉。这一方面使人看到，美国资本主义不再像以往那样平静、充满信心，而是进入了一个具有更大的内部困难的阶段。而另一方面也使人看到，工人阶级已经比以往更有阶级觉悟。

直至 1933 年，西海岸的海员都是无组织的。在这个部门工作的 4 万工人中，参加组织的只有几千人，而且处于极端反动的领导之下。不过，组织起来已经成为广大工人的迫切愿望。工人的态度清楚地表明，他们接受我们关于建立工人组织的建议；他们只是希望在工会运动的普遍潮流的范围内组织起来。我们有些同志认为，不可能在美国劳工联合会里开展卓有成效的革命斗争，而显而易见，工人们不同意这种观点。

我们停止了红色联合会进行的唱对台戏的征募会员运动，迫切要求工人们不仅参加劳工联合会，而且要成为它的积极的、起领导作用的会员。涌向美国劳工联合会的人很多，以致在六个星期之内，西海岸的几乎所有码头工人都参加了这个组织。除了不可救药的"左派"以外，每个人都清楚，我们改变了策略，我们执行了正确的政策，和以前相比，我们只花费了同样的力量，作出的牺牲甚至比以往更小，却获得了对成千上万名工人的领导权。

让工会会员自己监督罢工的口号符合上万名团结在美国劳联左翼中的劳联工人的愿望。

在1934年春天举行海员罢工时，新工人和非熟练工人的代表团被派到其他地方的工会小组或者被派到船上去，以便把那里的船员接出来。他们说话很有效，也许甚至比我们某些对群众丧失感情的干部说话更有效。当干部们面临要在短短几天内前往120个地方工会联合会，动员它们投票赞成总罢工的紧迫任务时，他们派出了工人代表团，每个委员会的人数为50人到400人。这种做法表明是很有效的。但是，同时必须说明，当总罢工真正发动起来时，许多地方工会联合会暴露了它们的主要弱点，那就是不够强大，这个弱点使得工会官僚们能够把罢工领导机构置于他们的控制之下，并最终背叛罢工斗争。

海员罢工中一个有意义的现象是纠正了对待黑人码头工人的错误态度。直到罢工以前，黑人码头工人只能在某些部门工作。一家黑人报纸在罢工时要求黑人工人不要同白人工人站在同一个行列里。它向黑人工人建议，利用白人工人和白人船主之间的斗争，以坐收渔翁之利。然而，我们还是做到使黑人工人相信，这种政策是违背他们自身利益的。黑人工人没有理由为他们的行为感到后悔。他们不仅获得了同样的岗位，而且还打破了同其他工人隔绝的状况，国际码头工人联合会作出了特别的规定，取消前些年存在的某些不利于黑人的区分。

我们不仅争取到了黑人码头工人，而且在最近几个月（大约在我们所讨论的事件后一年），那家当时曾经号召黑人工人破坏码头工人罢工

的报纸的编辑也参加了我们党,并把报纸交给党支配。(掌声)

同时,我们在去年大大提高了工人的政治水平。当今年年初纳粹的一艘教练船来到旧金山驶进海湾时,1万名工人组织了一次历时半小时的政治罢工。(掌声)全体码头工人被动员起来,聚集在纳粹船停泊的堤岸对面,与船员谈论释放台尔曼同志和向德国希特勒政权作斗争的必要性。

另一次重要的政治行动则标志着海运业工人革命意识的成熟。事情的起因是,30年来一直担任海员,首先是美国海员工会联合会领导干部的沙伦贝格作了一次演讲,他在演讲中把对日战争视为解决危机的办法。他的演讲在海员工会联合会中引起了骚动,这一骚动甚至达到了这样的程度:沙伦贝格由于他的反动立场,大约在六个星期前被开除出了工会。(掌声)

海员协定将于9月到期,船主们已经准备斗争,以便解雇激进的工会领导成员。但是工会理所当然对已经获得的权益寸步不让。这一切很可能造成这样的局面,即在秋天将进行一场艰苦的斗争。这场斗争将是一场席卷全国的、规模空前的、工会积极分子争取工会领导权的斗争的开始,这是十分可能的。斗争的结局不仅取决于我们在西海岸的工作,并且也取决于美国港口和世界其他地方形势的发展。

我们认为,依靠共产国际所有支部的帮助,各国海员和码头工人在坚决反对资产阶级的共同斗争中的紧密合作定将得到巩固。(经久不息的掌声)

冈野进(日本):

共产国际第六次代表大会的决议指出,帝国主义战争不可避免地要进入一个新的阶段,这一预见的正确性已被远东最近四年的事件所证实。

1931年9月18日，日本军队占领了中国最富饶的地区之一满洲。日本军国主义集团大力推行其企图征服整个中国的计划，开始向上海发动进攻，但是在中国人民英勇反抗的压力下被迫后撤。日本军队在上海失利后，开始更加疯狂地夺取中国北部一个又一个省份：热河、察哈尔和内蒙古的其他省份。目前，我们可以看到，他们已经强占了北平、天津地区，并尽力夺取巨大中国直至黄河故道的整个北半部。

日本的掠夺路线的地理位置，也就是说，它恰恰占领了中国邻近苏联和蒙古人民共和国①的那些省份这一事实，就已经清楚地表明，日本帝国主义的主要目标是准备进攻苏联的战争；占领中国领土的目的在于为这场战争建立准备进攻的集结地。

日本帝国主义迄今未能实现这个计划。在这方面，西方帝国主义矛盾的激化起了一定的作用。但是，粉碎日本帝国主义计划的最重要的因素，一方面是日本无产阶级的革命积极性不断增长以及由此而引起日本帝国主义对后方的担忧；另一方面是苏联红军力量的不断增强以及苏联的和平政策。

日本军国主义集团千方百计想把我们，日本的工人和农民，变成进攻苏联的战争工具，变成达到其反革命掠夺计划的炮灰。如果说他们的阴谋至今未能得逞，那么**我们，日本的工人和农民，应该感谢苏联，感谢苏联在各国劳动人民的最伟大的朋友斯大林同志的领导下执行坚定的信守不渝的和平政策。**

但是，我们日本共产党人一分钟也不会忘记，日本人民的压迫者至今也没有放弃他们企图进攻苏联的反革命战争计划。为了维护远东的和平，苏联已声明表示愿意出让中东铁路。毫无疑问，这一行动增加了日本国内在思想上准备战争的困难。但是，日本军国主义集团坚持他们以

---

① 当时中国政府尚未承认"蒙古人民共和国"。——编者注

往的立场，陆相林大将毫不含糊的声明证明了这点，声明中称："出让中东铁路不会改变远东的形势。"

我党中央委员会在1935年2月5日致日本全体劳动群众的号召书中指出了这一事实。号召书写道：

"为了有助于在最近的将来袭击苏联，日本帝国主义打算肃清整个中国北部的中国军队，并利用这块领土作为进攻蒙古人民共和国、进攻苏联和进攻中国苏维埃地区的集结地。这是掠夺成性的日本军国主义集团的战略计划。"

"人们不应该认为，日本帝国主义在关于出让中东铁路的谈判结束后会愿意同苏联建立和平的关系。毫无疑问，日本帝国主义将一再制造新的挑衅。"

日本共产党中央委员会的号召书最后提出下列要求：

"保卫各国劳动人民的社会主义祖国——苏联！
保卫中华苏维埃，与中国的工人和农民共同战斗！
推翻把战争强加到群众头上、使我们忍饥挨饿的地主资产阶级的天皇政府！"

对内政策的反动性和对外政策的掠夺性之间存在着不可分割的联系，这在日本表现得特别明显。所以，日本帝国主义残酷地奴役亚洲各殖民地国家的人民，发动新的世界大战，站在组织进攻苏联的反革命战争的那些集团的前列，**因为**在日本国内，最反动的政权统治着国家，**因为**日本的劳动人民被束缚在军国主义警察国家的锁链中。随着日益猖獗地对外实行兼并政策，在国内，法西斯军国主义集团这一日本最反动、最恐怖、最具有帝国主义性质的集团的作用，金融资本和寄生的大地主阶级的作用，过去和现在都在不断增强。

战争是这个军国主义集团最高的"理想"，在这点上它获得了反动分子的支持。他们的全部宣传工作充满了这种思想。1934年10月，陆军省公布了题为《国家防御的真正意义和加强国家防御的号召》的小册子,在这份正式文件里,他们公开宣称战争是"创造之父,文化之母,国家生活的能源和原动力",无限制的扩军是"宇宙必然的法则"。由于这本小册子引起了争吵,它于1934年10月5日被呈交日本政府审定。日本政府不仅没有否定这本小册子,反而肯定了它的内容。日本议会1934年12月1日讨论这本小册子的会议实际上也采取了同样的立场。因此,这本小册子正式阐明了日本军队领导机关、政府和议会对决定千百万人生死命运的根本问题——战争的看法。然而,这本小册子的内容是如此露骨,所以它必然引起各国劳动人民,尤其是日本劳动人民的注意。

这本小册子所阐述的日本帝国主义的政策赖以制定的基本原则,就是否认各国人民的和平共处。与各国人民的和平共处相反,小册子主张的原则是"国与国之间的瓜分世界的生存斗争"。

小册子称:"我们的(就是日本帝国主义的)武装力量的目标是向全世界宣布王道的伟大原则。这是惩罚邪恶和伸张正义的利剑。"

日本帝国主义的道德和正义究竟是怎样的呢?如同陆军省的这份文件十分明确地阐述的那样,日本帝国主义要谋取新的市场,制止苏维埃地区生产力的发展,攫取对太平洋地区的统治权。这种道德还表现在日本帝国主义分子在这本小册子中取笑"理想主义的国际合作"。

此外,他们的道德还在于他们认为有必要到处压低工人的生活水平。小册子中写道:**"我们的国家有着相对较低的生活水平,它有着巨大的潜能!!!"**

这些家伙在本国人民的低生活水平中看到日本帝国的巨大潜能,他们居然还敢代表日本人民说话!

日本帝国主义破坏了闸北,用飞机轰炸了中国的乡村,杀害妇女和儿童,他们就这样使日本人民蒙受耻辱。日本关东军某师团参谋长香岛大佐在报告中写道:"在佳木斯地区(离依兰108公里),多数村庄被烧光，到处都见不到农民在地里干活。在这一地区，普遍建立了平静和秩序。"这就是日本帝国主义带给亚洲各国人民的"平静和秩序"。

然而，政府带给日本人民自身的也正是这种相同的"平静和秩序"。内田伯爵被任命为外相后，在议会正式声明："为了达到外交的目标，日本政府甚至不惜把日本变成一片废墟。"（日语称之为"焦土"政策）荒木将军也发挥了同样的思想，他表明，为了实现他的帝国主义计划，"全日本必须坚决奋起，即使冒着祖国彻底毁灭的危险也在所不惜"。

这种"焦土"政策的影响在政府的整个内政方面也十分明显。它首先表现在日本统治阶级的财政政策上。用于军事目的的费用占了日本国家预算的一半以上。日本的军事支出在国家预算中所占的百分比超过世界上任何其他国家。而这又是在国家预算赤字几年来都高达30%—35%的时期发生的。因此，国债逐年迅速增加，已达到100亿日元。政府不得不依靠一再发行新的公债来寻找出路。事情发展到了这样的地步：政府把储蓄银行里可以动用的存款全部都用于军事目的。

今天，日本的整个经济政策都在为战备服务。日本的资产阶级经济学家一致承认，最近几年看到的工业发展具有军事通货膨胀的特征。实际情况是，工业是获得了迅速的发展，但是，只是那些为军事目的生产和为出口倾销服务的工业部门得到了发展。

这意味着什么呢？军事工业的发展不等于消费资料或者生产资料生产的增长，而是破坏性手段生产的增长。为出口服务的工业部门的发展是以日本劳动人民的贫困为代价的。

日本具有军事通货膨胀特征的工业发展是以掠夺广大群众为代价的，它使这个国家走到财政崩溃的边缘，加剧了日本资本主义的内外矛盾，导向新的战争，并使阶级之间的决定性斗争迫在眉睫。

军事通货膨胀的全部负担被转嫁到了劳动人民的肩上，这导致了日本工人阶级的绝对贫困化。随着最近几年工业的发展，工人的实际工资已经并正在被削减（与1931年相比减少了25%）。统计资料表明，日本工业部门约2/3的工人的日工资在1日元以下（1日元等于30美分），只有10%的工人的日工资略高于2日元。

日本工人的劳动生产率与欧洲的劳动生产率相等，但是他们仅获得殖民地苦力的微薄工资。《日本经济年鉴》把日本工人的工资与其他国家工人的工资作了比较，得出下列结果：

产业工人（男）	日工资（美分）
美国	193
英国	149
法国	129
日本	22.51

纺织女工	日工资（美分）
美国	84
英国	44
法国	49
日本	7

由此可见，日本产业工人的收入只是美国的1/8，而纺织女工的收入甚至只是美国的1/12。

最近几年，日本资本家想出了一种更残酷的剥削制度——**临时雇佣制**。这种制度的办法是这样的：临时雇佣的熟练工人按非熟练工人的待遇支付工资。临时雇佣的工人大多数通过中介招收，中介克扣了临时工微薄工资的一半以上。对临时雇佣的工人来说，他们甚至享受不到长期工人通过斗争赢得的微不足道的权利；临时工每天工作的时间更长，并且可以随时解雇。

生产的增长主要不是通过增加雇佣工人的人数,而是通过肆无忌惮地增加劳动强度,延长工作日而取得的。例如,今天在纺织工业中,挡车女工看管纱锭的数目比1929年增加了48%。

甚至被篡改了的官方数字也承认名义工资率在不断大幅度下降:1928年为99.1;1929年为98.6;1930年为96.2;1931年为91.3;1932年为88.1;1933年为85.1;1934年为82.9。

但是,军火制造商的利润在最近几年内增长了3倍!像水井康采恩这样的工商巨头在1933年获得了1.6亿日元的利润。甚至官方统计的各工业部门的平均数字也表明,资本家的**利润**在1930年至1933年间**增长了57%**,而同期名义工资率则**下降了10%**。

王道在日本农村也取得了和在城市同样的胜利。

今天在现代化的日本,有2/3的农民是佃农和半佃农,他们像在德川时代的前资本主义时期的日本一样,处于被奴役的地位。在帝国主义的日本,大地主剥削农民如同在殖民地的中国一样,而这也是日本整个农业制度当前危机的主要原因。

为了供养所有骑在日本农民脖子上的寄生虫和压迫者,日本农民不得不向他们缴纳自己的全部农业收入、经营土地的全部劳动成果,并且常常还要另外缴纳从事副业的部分收入。即使根据农业协会的数字,日本的农业经济也是一个赤字经济。

实际情况是:佃农必须向地主缴纳全部收成的50%以上;其全部收成价值的20%要用来支付肥料,没有肥料土地是长不出庄稼的。

农民的债务不断增加,这是毫不奇怪的。农民的债务1905年为7.46亿日元,1929年为45.9亿日元,1934年达到70亿日元。[①] 也就

---

① 1935年3月《中央公论》杂志。

是说，在危机年代，债务每年增加 5 亿日元。大地主越来越经常地把佃农从他们的土地上赶走。农村全部农民纠纷的 60% 都是由于这一原因。

在日本那些封建残余最为根深蒂固的县，例如在东北部（东北地区、冲绳），已经第三年出现明显的**饥荒**。

封建主义残余造成了国内整个东北部的饥荒，难道还需要其他证据来说明有必要彻底砸烂日本的农业制度，来说明必须消灭寄生的大地产所有制吗？东北地区的命运的确在威胁着全体农民，因为与东北地区同样的半封建剥削制度横行于全国各地，尽管进程缓慢一些。

许多县发生了饥荒，但是国家的粮仓里却堆满了大米（1500 万石，相当于全国年消耗量的 1/4），这是为战备贮存的。

政府对乡村的援助无非是对农民的欺骗。"扶助农村"被大吹大擂，议会召开了特别会议，但是结果只提供了 1500 万日元，远未达到甚至是由反动政党圣寿会所提出的 1.8 亿日元。大藏相声明，这"大海中的一滴水不一定在当年使用，而是只有在极端困难的情况下才能动用这笔基金"。按照政府的看法，日本农民还没有陷入极端困难的处境。

警察的专制和暴力行为达到了明目张胆的程度，并且越来越肆无忌惮。不仅在比较偏远的县里，而且在东京都和大阪府，往往在众目睽睽的情况下，完全无辜的工人在街上遭到警察的虐待，被打成残废。资产阶级报纸《朝日新闻》叙述了这样一件事：

"将近中午，荻桥派出所的警察在一大群人的簇拥下前去逮捕东京一家印刷厂的罢工工人。1 时 40 分，60 名警察到达一水岛津町 136 号罢工总部，他们立即冲进房内，里面有 130 个人。罢工工人遭到拳打脚踢，被拖到街上，扔进一辆卡车里。3 名罢工女工几乎半裸着被拖出门外；即使是一位年已半百的老工人也遭到踢打，满身鲜血被拉进汽车。据说有不少人受伤。人们一看到遭破坏的罢工总部,就会感到胆战心惊。"①

在东京,警察不仅杀害共产党员,也杀害工会积极分子,不经过任何符合法律程序的预审,在派出所就把他们活活打死。根据现在实施的一项法律,不仅是共产党员,而且包括共产党的同情者都将被判处死刑。对警察逮捕、虐待、拷打工人、农民的权力,法律条文竟不加任何限制。日本一向是日本人民的监狱,但是最近连监狱里的那点自由和权利也被取消了。

日本的战争、饥饿和无法制的政权不仅是靠警察恐怖维持;这个政权还依靠资产阶级民族主义,依靠沙文主义。还在德国纳粹上台以前很久,践踏人类尊严和日本工人最基本人权的日本统治阶级,就用宣传日本种族优越的做法来掩盖这种无法制状态。宣传日本在亚洲的"神圣使命"是压制、贬低日本劳动人民的人道尊严的最好的世俗工具。向劳动人民鼓吹沙文主义和君主制度,比所有其他东西更能削弱工人阶级和农民群众的力量,比所有其他东西更能把工人和农民变成资本主义剥削、地主奴役和警察恐怖的孤立无援的牺牲品。

正因为如此,统治阶级的所有集团在最近几年群众不满情绪日益增长的情况下,集中他们的全部力量向群众灌输沙文主义。整个国家机器、军队和警察、新闻和学校、广播和剧院、议会各政党和法西斯帮派的一切手段、企业领导和僧侣——这一切都服务于有计划地宣传沙文主义。日本法西斯主义站在这场沙文主义宣传运动的前列。

日本法西斯主义的中心人物及其领导者,就是日本帝国主义最富有侵略性的一翼,即军国主义集团。法西斯军国主义集团的全部政策旨在加速进攻苏联的战争和把目前的军事、警察的君主专政改组成为更为恐

---

① 1935 年 4 月 21 日《朝日新闻》。

怖的专政。日本法西斯主义把这两项任务，即反苏战争和巩固国内的恐怖政权的结合放到突出的地位。

统治阶级的所有集团在支持沙文主义宣传、战备政策和镇压工农方面是一致的。法西斯主义和统治阶级其他集团的区别在于，法西斯主义在反资本主义的蛊惑宣传的外衣下将沙文主义、战争政策和恐怖推向极端。

在日本统治阶级内部，不同集团之间进行着激烈的斗争：法西斯军国主义集团，新老官僚，圣寿会、民政党和国民同盟的头子，互相之间为争夺权力和分配收益而进行斗争。

我国当前的国内政治形势如何呢？

社会大众党的领导人把当前的形势称为反动时期。毫无疑问，政权的反动性和镇压工农的恐怖运动在最近几年有了很大程度的加强。劳动人民所有合法的左翼文化组织和群众组织都被驱散，预防性拘留制度的运用越来越广泛，几乎扩展到所有的居民阶层。

反动派正在进攻。但是社会大众党的反动分子只看到这点，他们看不到反动派的进攻正促使工人和农民的不满情绪与日俱增。沙文主义和法西斯主义已经影响了相当多的小资产阶级阶层，甚至侵蚀到工人阶级的某些阶层，这是合乎实际情况的，然而这种现象的主要原因就在于社会大众党领导人的活动，在于他们的社会沙文主义。为了对倒向帝国主义一边的行为进行辩护，社会大众党的领导人诬蔑人民群众，声称人民是主张战争的。

但是，即使是那些真正具有爱国狂热的工人，也只不过是日本帝国主义的忠实走狗——法西斯分子和社会大众党领导人的欺骗的受害者。如果说，社会大众党领导人支持日本帝国主义的说法，自称在为争取东方的和平而斗争，而日本正遭受来自其他国家进攻的威胁是事实的话，那么同样众所周知的事实是，社会大众党领导人在宣传时声称，侵占满洲和蒙古对日本的社会主义建设是必要的，日本进攻中国的战争——如同海员工会主席所宣称的——是一场无产阶级的日本反对资产阶级的中国的战争。

谁如果否认**日本人民的绝大多数渴望和平**这一无可争辩的事实，那他就必定是帝国主义的最卑鄙的走狗。我们认为，没有必要证明工人阶级反对战争。但是，也没有理由怀疑，在小资产阶级的各个阶层中，要求和平的愿望也是强烈的。即使是佛教新教徒的某些宗教组织如"信佛团"，它们也反对战争和法西斯主义，主张和平，这难道应该看做是偶然的事情吗？这类组织是比较落后的劳动人民群众参加的一种运动。甚至反动教派"日莲"的若干组织，也在国内散发和平主义的传单。

农民的真正态度甚至可以从以下事实看出来：约有100万会员的"养蚕者联合会"最近要求政府**削减军事预算并把这些钱用于支持破产的农民群众**。

众所周知，国防捐不仅遭到工人的强烈反对，甚至也遭到农民的强烈反对，以致这种捐不得不改为一种强制税；但是，就在采取这种措施以后，许多地方的税收工作也遭到彻底的失败。

社会大众党领导人谈论反动时期，不是为了动员工人去向正在进攻的反动派进行斗争，而是向工人灌输工人运动衰落的思想，在群众中散布无能为力和没有希望的情绪。

领导工会的社会大众党领导人不仅宣传阶级合作，而且提出了"尽量少罢工"的口号，并为此目的在工会中央理事会设立了监督罢工的特别部门。如果还发生罢工，他们就把纠纷交给警察调解。不是资本家，而是他们自己倡议成立了"产业合作委员会"；他们还建议成立劳动产业省，以便通过国家手段将劳动从属于资本。尽管如此，罢工的次数并未减少；相反，尽管工会领导下了各种禁令，尽管有警察恐怖，罢工次数在最近几年还是有所增加。

标志着群众战斗意志和积极性的最重要的事实是罢工的自发增长。1934年，罢工总数的3/4是自发的。罢工缺少领导和罢工斗争分散，导致了绝大部分罢工均以失败告终。虽然如此，1933年的罢工人数还是达到10.2万人，1934年为10.9万人。

另一个比较重要的事实是**日本广大工人群众的阶级觉悟有了提高**。许多工会基层组织日益明确地要求立即把各个工会联合起来，就最清楚不过地说明了这一点。在许多城市，基层组织违背领导的意志，建立了地方联合委员会。大阪的五金工人、东京的运输工人和一系列其他工会组织就这样率先采取了行动。

在农村，人们也可以看到同样的现象。

在有些地方，这种运动突然变成自发的示威游行，变成同警察的冲突，变成袭击村公所。特别值得注意的是，主要在遭受饥荒的地区发生的农民群众抢夺国家粮仓的行动。

在日本遭受饥荒的农村上空，1918年抢米风潮的幽灵又在游荡。

在反对福本主义的关门主义和山川主义的取消主义的斗争中，在争取党的正确的总路线的斗争中，在肃清党内异己分子的过程中，党在布尔什维克化。我们将其归功于下列事实，即我们党从日本帝国主义发动侵华战争以来，**在无产阶级解放运动最重大的问题上，采取了真正列宁主义的国际主义的立场**。我们党过去和现在都以布尔什维克的方式来对抗以沙文主义和社会沙文主义的浊浪淹没国家的各种潮流。

在1931年9月19日，即日本占领沈阳的第二天，我党发表了《告日本工人、农民、士兵书》。我党中央委员会在号召书中阐明了日本在满洲采取军事行动的真实意义和目标，号召书写道：

"同志们，工人、农民、士兵们！与中国的工人、农民结成同盟，加强革命团结，起来斗争！

要求立即把军队撤出沈阳，撤出全部被占领的地区，立即把日本军队和战舰撤离中国，撤离满洲！不要运送一个士兵，反抗日本帝国主义和中国反动派的所有军事措施！为反对新的帝国主义战争危险而斗争！

保卫苏联！打倒帝国主义的日本！争取建立一个苏维埃的日本！"

不顾最野蛮的警察恐怖，我们党开展了大规模的反对战争的地下革命宣传工作。在战争期间，党一再组织了革命的反战示威游行。我们的党员在军队、舰队、军工厂里，开展了向群众作革命宣传的英勇的、布尔什维克式的工作。即使在农村，在农民中间，我们党也善于建立反战运动的据点。

我们的同志在反动组织里所做的工作，在许多情况下取得了成功。这些反动组织专门向群众灌输沙文主义，但其中一个组织的各个小组举行了反战报告会，散发了反战书刊。

左翼激进的农民协会的许多组织经过共产党人的积极工作提出了反战口号。

在1932年的淞沪战役中以及日军在满洲的军事行动中，日本士兵和水手英勇的暴动事件至今令人记忆犹新。

我认为，在共产国际第六次代表大会以后的几年里，**我们党所取得的最宝贵的成就，就是培养了布尔什维克式的干部。**

党从一个人数不多的宣传员小组发展成为一个强大的组织。我们党从工人党员中培养了不少干部。在各个农民协会里，党争取了成千上万的革命农民。不仅在工人阶级中，而且在知识分子中，所有正直的人，所有优秀分子都争取参加我们的党。

我们的各个组织经常由于大规模的逮捕而遭到破坏。被捕者人数逐年增加。1934年初，主管意识形态事务的检察长平田宣称，在1928年至1933年期间，我党党员和党的拥护者的被捕人数已达4万人。尽管如此,在我们国家里,每一个工业中心,甚至每一个区,至少有一个我们党的组织,虽然人数不多。

现在,党的发展已经到了这种程度,即它的刻不容缓的最重要的任务就是有计划地在最广大的工人群众中开展工作,而不能再像以前那样,只在进步的工人中间开展工作。这方面最大的障碍在于党内依然存在着严重的**关门主义的狭隘偏见**。皮克同志在他的报告中十分正确地指出了这一点。我们的各个党组织英勇地工作着,可是它们还没有学会利用**一切可能**,把国内存在的不满情绪变成广大群众的行动。

我们党把争取联合目前严重分裂的工会、争取联合所有各派工会的斗争,视为建立统一战线方面的中心任务。为此,我党党员和所有拥护者必须集中自己的力量在改良主义的和爱国主义的工会中开展工作。

在我们党内,有人把改良主义的和反动的工会看做是与无产阶级敌对的组织。这是一个非常大的错误。不应该让广大会员群众为这些工会领导人的背叛性政策负责。即使这个工会或那个工会的领导人推行一项很卑鄙的政策,我们也不应该忘记,这些工会是工人的群众组织,这些工人遭受资本家的残酷剥削,在他们迷失方向时,我们可以而且必须争取他们参加阶级斗争。

我们也不应该在有君主主义或爱国主义情绪的工人和其他劳动者与法西斯分子之间画等号。即使他们是从属于法西斯政党的群众组织的成员,我们也不应该把他们当做法西斯分子看待。我们不应该在我们与这些工人和这些工会之间建起一道墙,而必须不顾被收买的工会领导人的打击和压制,参加这些工会,在那里顽强地工作,尽全力去建立一条全体无产者不分政治见解为争取自己切身利益而斗争的统一战线。

现在,我们的政治宣传和鼓动工作的中心任务,就是要十分耐心地、孜孜不倦地去克服劳动人民中间的沙文主义情绪。

党必须使它的工作从根本上来一个转变。但是,在实行转变时,党的**钢铁般的团结**比以往任何时候都更为必要。在这方面，关门主义倾向和右倾机会主义倾向的危险特别巨大。对日本共产主义运动构成巨大危险的就是那个反对派集团，它在日本共产党内起初以"某某支部咨询组"的名义出现，后来公开宣称自己是一个派别并且成立了一个特别中央——"召开代表会议的组织委员会"，它还有自己的中央机关报。

我不得不在这个讲台上公开声明，警察的镇压、逮捕和内奸的活动，都没有像这个反对派的分裂活动那样使党遭受这样巨大的损失。反对派领导人之所以能够使我们党遭受这样大的损失，首先是因为他们使用了最恶毒的武器来反对中央委员会，指责中央委员会落到了挑拨者手中。这个反对派的领导人在我们的队伍里制造互不信任的气氛，使士气低落。我们向他们建议，成立一个委员会来调查他们提出的、显然是毫无根据的指控。但是，他们不同意这样做。他们企图把右倾机会主义的，同时实质上又是关门主义的政策强加给党。他们指控党犯有关门主义的错误，而与此同时，他们本身却在自己的报纸《多数》的第6号上提出这样的口号："打倒无产阶级的敌人——总同盟！"（总同盟是改良主义的工会联合会）

我们承认，关门主义的残余和由此造成的我们党的落后，在我党的许多党员中引起了正当的不满。但是，我党的中央委员会早在反对派形成以前，在与反对派无关的情况下就承认，而且今天仍然承认，党内还存在关门主义的残余，党的工作必须有一个坚决的转变。这样，我们就更有权利要求，针对党的关门主义错误的斗争要在党纪的范围内，在维护党的钢铁般团结的基础上进行。

可以认为，反对派的大多数追随者不愿意党分裂，他们主观上是忠于共产主义的，但是客观上成了无产阶级的敌人的帮凶。把指控党内有内奸活动作为派别斗争的一种手段并通过这种指控来分裂党，这只有阶级敌人自觉的或者不自觉的代理人才能干得出来。

我们要求立即解散分裂者的派别，要求我们党的全体党员团结在中央委员会的周围。

由于恐怖、党的领导人被捕，尤其是由于反对派的破坏活动，我们党正在为克服组织上的巨大困难而斗争。然而在最近几年里，我们党在政治上已经显著地成熟起来。我们完全相信，我们党将会迅速地克服这些困难。我们的信念首先是基于，1935年日本共产党人在其布尔什维克化的发展过程中取得了巨大的进步（如果把目前的情况例如与1930年的情况相比，那时我们党还不得不为克服组织上和政治上的巨大困难而斗争），并且已经会迅速克服这些困难，尽管我们党当时还没有经受过反对战争、反对法西斯主义斗争的锻炼，而它在这几年里已经经受了这种锻炼。

争取党的布尔什维克的统一，反对破坏这种统一的派别活动，反对对党和无产阶级的力量的怀疑态度——这一斗争是我党的每一个党员、日本每一个有阶级觉悟的无产者的最艰巨的任务。毫无疑问，我们党将完成这一任务。它不是带领几千人，而是将带领千百万日本劳动人民去进行反对法西斯主义和战争，争取社会主义胜利的斗争。

我们党将更高地举起无产阶级国际团结的旗帜，将更加毫无保留地为保卫苏联而斗争。

我们的由共产主义的伟大先锋战士片山潜培育出来的党，是一个经受过战争和最可怕的恐怖考验和锻炼的党，在共产国际的领导下，它将会完成它所肩负的光荣任务，并将更高地举起为争取日本无产阶级的解放而斗争的红旗。

共产国际万岁！

各国劳动人民的伟大朋友、导师和领袖斯大林同志万岁！（暴风雨般的掌声）

克里根（英国）：

同志们，结合皮克同志的报告以及对报告的讨论，英国代表团认为有必要对经济形势和前景作更加深入的分析。

自从斯大林同志把世界经济形势的特征表述为一种"特殊的萧条"以来，已经过去了8个月。此后事件的进程证明了这一观点的绝对正确性。

同时我们看到，如同瓦尔加同志所阐述的那样，在不同国家出现了这种危机的特点。我们认为，代表大会对皮克同志的报告所作的决议应该尽可能对经济形势作进一步的分析，从而把斯大林同志作出的"特殊的萧条"的分析应用于现在，并指出我们面临的前景。

统计数字表明，英国的生产已经超过了战前几年的水平。

与此同时，形势是严峻的，特别是在像煤炭和棉花这样的关键性工业部门，以致资本家的代言人在谈到前途时缺乏信心。

他们对以下情况也不抱幻想，由于政府狂热地大搞军备，军火工业的增产成了改善机器制造业、造船业和钢铁工业形势的决定性因素。除了军火生产以外，垄断康采恩也采取了某些技术上的合理化措施。但是，英国在目前基础上达到的暂时的增产，不可能导向英国资本主义繁荣的新时期。

我试图说明我们党从1931年以来在英国实行策略转变的主要情况。我们把这一转变看做是**转向工人阶级最重要的组织，目的在于动员群众开展反对法西斯主义、反对战争的行动和保卫群众的经济利益。**

在估计英国前景的时候，我们不得不重新强调英国工人的战斗意志。反对失业法第二条的斗争就是表明工人斗志的典型事例。

不只是在失业工人中间存在着这种做好斗争准备的情况。事实是，在职工人的条件也恶化了，这不但与合理化有关，也同资本家对工资的直接进攻有关，但是由于工人们准备为维护自己的工资率而罢工，资本家的进攻就变得十分困难。

党所起的作用在不断增长,不只是在领导失业工人方面(党一直站在失业工人的前列),而且还通过开展"普通会员运动"在罢工斗争和工会工作中发挥作用。我只想举两个例子来说明我们在这方面的工作有了改善。第一个是伦敦的公共汽车雇员运动以及运输和公共服务业工人联合会的例子。在选举参加伦敦公共汽车雇员谈判委员会的代表和选举工人联合会半年代表会议代表时,我们的党员和革命的工会会员以压倒多数的选票当选为代表,担任了大多数职务。

第二个例子涉及许多重要的工会对臭名昭著的《黑色通告》的决定。这个由工会总委员会发给所有工会联合会的通告,要求各个工会修改它们的章程,以便禁止选举共产党员担任各项工会职务。而值得注意的是,这个通告不仅被总共拥有近150万会员的许多工会联合会所拒绝,而且在这些拒绝通告的工会中,有诸如全国铁路工人联合会、联合机器制造工人联合会和运输工人联合会等工会组织,而这些工会的领导人中间就有撰写并分发这一文件的总委员会委员。

英国共产党对这些进步绝非完全满意,但是,这些进步与我们工会工作转变前党的关门主义态度和少数派运动形成了鲜明的对比。

我们必须强调指出,我们在波立特同志领导下进行的工会工作的转变,已经根本改变了多数工会会员对我党的态度。我们在英国看到,在许多情况下,依靠共产党人的直接帮助,工会会员的人数有了迅速的增长。去年,工会会员的数目增长了25万多人。这种增长标志着群众的情绪和他们的斗争愿望,这是十分重要的,特别是当我们回忆起工人在相当长的时间里不理睬工会的情景,那是因为工会领导人执行了蒙德的经济和平政策,而使工会丧失了工人的信任。这种斗争情绪的另一个重要方面是恢复了工会的企业基层组织——"企业工人代表"组织,特别是在机器制造业工人中间。

我们代表团认为，党在任何情况下都不应该放弃独立自主地领导经济斗争的策略，公共汽车雇员、矿工、飞机制造工业工人等举行的罢工，证明了这一论点的正确性。

现在谈谈在英国对于我们越来越重要的问题——争取妇女的问题，妇女在英国工业中发挥着越来越重要的作用。

十分典型的是有关下述工业部门的数字：在轻型机械制造工业、电器工业、人造丝工业、化学工业、炸药工业、炼油工业、制胶工业、拔丝工业、工具制造业、主要与军事工业有关的铁路车厢制造业中，男职工的人数减少了10.6万人。与此相反，女职工的人数从1923年的286180人增加到1934年的316980人。

因此，我们党的全国代表大会作出了坚决的指示，以求转变我们的妇女工作。

对此，我们可以说，已经采取了贯彻这些指示的初步行动，并且已经取得了成果，不仅在我们的工会工作方面，而且也在另一个十分重要的工作领域，即合作社运动方面，除了苏联的合作社运动外，英国的合作社运动是世界上最大的，现在有700多万社员。

妇女们的战斗准备也表现在她们支持反对法西斯主义的统一战线以及支持由全国失业者运动组织的反对失业法的统一战线会议。妇女们愿意听从我们领导的一个重要证据就是南威尔士梅瑟的历史性示威游行，在那次游行中，6000多名妇女前往失业救济局，突破了警察的防线，在反对实施这一法令的斗争中，部分捣毁了一些办公室（这一法令使她们和她们的孩子在当前的困难情况下失去了极其迫切需要的面包、牛奶和衣服等各类补助）。

同志们，青年问题在英国具有特别的意义，在这次代表大会上，这个问题不仅使我们，而且如果我们的经验和其他国家的经验相一致的话——我们相信事情就是如此——也使整个共产国际面临特别严重的任务。从美国同志，特别是法国同志在这里所作的报告中，就已可以看出存在着反对法西斯主义、反对战争的强大的积极的青年运动。在英国，这方面已经有了一个开端，特别是在争取和平的斗争中，这一斗争突出地表明，对我们来说这里存在着极大的可能性。

青年危机，特别是在南威尔士、西北海岸、兰开夏、苏格兰等地的贫困地区（我们是这方面的见证人，贫困地区与国民内阁关于繁荣的空话形成了明显的对照）的青年危机，只能被看做是社会把青年一代给毁了。

在这种情况下，共产党的任务就是领导斗争，组织青年进行反对毁灭青年的斗争。我们十分坦率地说，这一任务不能留给共青团去解决。

我们不得不说，英国共产主义青年团取得了进展。它的团员人数在去年增加了3倍。但是如果我们想象一下，在我们的共产主义青年团里直到现在还只有2000多青年工人，那这自然算不上是一个十分突出的进步。共产主义青年团成功地争取到独立工党的青年协会同意与它采取联合行动，尽管独立工党书记布罗克韦采取了分裂的策略。

英国工党的青年团正在迅速发展。直到不久以前，它一直被旧的工党领导用来进行竞选。但是，不管领导人采取怎样的努力，事情并不像他们所希望的那样。工党的青年团积极参加9月9日在伦敦举行的反法西斯示威游行和许多其他活动。这向我们提出了任务，要求坚决改进我们对待这一特别重要的青年组织的做法，它一再反对工党的政策，是一支拥有5万名团员的巨大力量，并且正在迅速接近英国的反对法西斯主义、反对战争的青年统一战线。

我想在这里谈的最后一个问题是关于英国共产党的党员人数不稳定的问题。在我们党的第十三次全国代表大会上，我们专门讨论了这个问题，并对我们的工作方法提出了尖锐的批评。我们作出决议，要求结束这样一种状况：一位同志入党已达13年之久，并在党的培训工作中参加过36次培训，可是他竟未能发展一个工人入党。

在关于建设一个群众性的共产党的决议中，我们特别强调了要反对关门主义，我们研究了在公共汽车雇员中正确地进行党的组织工作的经验，在那里，把党的指导员派到支部中去的制度是特别行之有效的。

现在谈谈组织发展工作。我们1/3的党员是在最近两个月里发展的。我们党的党员人数不稳定的状况和以前相比有所缓和，这是非常重要的。

在南威尔士，党员人数增长得最快，为33.3%。那里的干部问题已是燃眉之急。我们留住了绝大多数新发展的党员。但是与此同时，我们在南威尔士和在我们全党，还需要解决一个最严峻的问题。斯大林同志说过："干部决定一切。"这句话适用于共产国际的所有政党，而它特别适用于英国。

在结束时我想说，自从我1921年加入英共以来，我还没有见到过党有现在这样的成就。

我党在布尔什维克化方面取得了巨大的进步，我们可以充满信心地说，我们党从来没有像现在这样坚定地拥护自己的领导班子。（暴风雨般的掌声）

奥塔尔·利（挪威）：

在共产国际第六次代表大会以后的几年里，挪威共产党处于十分严重的危机中。在1930年初，党员人数下降到3000名以下，失去了工会中的大多数职务和最重要的职务，在1930年议会选举中，选票数下降到2万张，而在1927年大选时，我们曾获得了4万张选票。

这种在一切领域倒退的原因就是党的关门主义政策。通过更换领导和执行正确的政治路线，党在1931年与工人阶级的广大阶层有了直接的接触。但是，党的领导机构不能使党脱离孤立的境地。这方面有决定意义的原因是思想上的软弱，它经常导致动摇。

数百个例子表明，工人群众正处于迅速的激进化过程中。但是，由于党执行了机会主义的政策，党与广大的工人群众，首先是产业工人疏远了。

在共产国际执委会第十三次全会上，一个专门委员会研究了挪威的问题。它和挪威代表团一起采取了措施，以便帮助我们党摆脱困境。1934年3月举行了党的代表会议，会议通过了一封公开信。在党的所有基层组织中进行了认真的讨论。这次讨论揭露了大多数组织存在着机会主义的消极被动状态和对革命的群众工作采取关门主义的态度。旧的领导机构不得不被撤换，而由新的领导机构代替。这一过程至今尚未完成。但是，我们现在走在正确的道路上，党的领导必须设法使这项工作继续进行下去，并使其彻底完成。

在我们的世界性政党（共产国际）的领导机构进行这样的干预后，挪威共产党取得了相当多的重大成就。在化学工业工人的罢工中，党起了领导作用。人们组织了多起反对希特勒法西斯、争取释放台尔曼同志的大规模抗议活动，有10万多加入工会的工人参加了这些活动。党十分积极地开展工作，动员工人去反对议会官僚和工会官僚炮制的罢工法。党提出了举行反对这些新的强制性法规的群众性政治罢工的口号。通过共产党人的正确的工作，这一口号得到了普遍的反响，1934年7月8日，在所有重要城市和工业中心举行了总罢工。在首都奥斯陆，有5万工人示威游行反对这些强制性法规。情况表明，在工会组织内部，可以通过正确的工作为党和工会内部的革命反对派争取到一系列新的职务。令人高兴的是，在奥斯陆和其他工业地区，已经取得了这种进步。

在去年11月举行的工会代表大会之前的竞选活动中，我们已能同广大的社会民主党工人群众进行接触。党的主要口号是：争取工会的国际团结，罢免曾参与制定反对工会的强制法的工会联合会的领导成员。

这些口号得到了最广大的社会民主党工人群众的支持。下列事例最好地表明了政治接触多么有力：在工会代表大会上，我们邀请俄国工会组织的建议只以175票比169票的6票之差被否决。红色工会反对派在这次代表大会上有40名代表，而在1931年上届工会代表大会上只有12名代表。代表大会罢免了全部旧的领导成员，因为他们参与制定并通过了反对工会的强制法。这些结果和其他结果使我们在国内许多地方大大改善了与社会民主主义党内持反对态度的工人的关系。

去年10月的市镇选举也证明了我党发展中的转变。在这次市镇选举中，大约总共比在去年的议会选举中少投了10万张选票。尽管如此，挪威共产党仍获得2.6万张选票，而在去年只获得2.2万张选票。今年3月，资产阶级把政府交给了工党。这个社会民主主义政府所依据的纲领，与瑞典和丹麦的社会民主主义政府的纲领如出一辙。

社会民主主义政府的任务是征收总额为1300万克朗的新的更多的直接税和新的间接税——营业税，后者将给这个国家的贫苦居民增加1750万克朗的负担。

挪威工党的这种反动政策引起了社会民主主义工人越来越强烈的反对，这给了共产党很大的可能去开展广泛的统一战线工作，反对反动的政策。

作为社会民主主义政府反动政策的必然后果，挪威工党的领导机构坚决拒绝共产党提出的任何联合一切力量反对资本进攻，反对法西斯主义和迫在眉睫的战争的统一战线建议。虽然如此，挪威共产党还是能够通过正确的统一战线工作，在1935年5月1日，与社会民主主义的党组织和工会地方组织共同举行了30多场统一的示威游行。这30个地方包括除奥斯陆和特隆赫姆以外的全国最大的和最重要的工业城市。在全国第二大城市卑尔根，我们通过统一战线组织了该市有史以来最大的示威游行。所有这些统一的示威游行都是经过同社会民主主义政党的领导进行十分激烈的斗争后才举行的。有些党员和组织甚至受到了开除的威胁，如果这些党员和组织敢于同共产党人进行合作的话。

党在最近一个时期内，在工作中取得了成就，但是，这些进步自然还是不够的。在 8 月 1 日的活动中也取得了一些很好的成果。挪威北部最重要的港口城市纳尔维克是挪威向德国出口铁矿石的中心,在那里,为了组织在 8 月 1 日举行的反对法西斯主义和战争的统一的示威游行,成立了该市所有工人组织都参加的统一战线委员会。工人决定在反战日举行罢工。

党没有取得更多更大的成就,其原因首先在于党的领导在开展统一战线工作时,未能以足够的勇气、果敢和毅力,在社会民主主义工人中间,在工会中,在农村贫困人口中间,在一切有工人的地方完成这一任务。如果想要克服这一弱点,那就必须用一切力量去粉碎共产党内部任何反对统一战线的阻力。

我们面临着下列三大中心任务:

开展广泛的统一战线运动,其目的首先在于争取挪威工党中的工人群众支持统一战线。

党必须同贫苦的工人和渔民一起把对农村和渔业区都有迫切现实意义的要求提到议事日程上来。必须指责社会民主主义政府不遵守自己的承诺,共产党必须增强工人群众、贫苦农民和渔民对政府的压力,以使这些要求得以实现。必须首先在奥斯陆和重要的工业区加强党的组织。

必须认真地开展工作,在党的工作的一切领域培养和训练领导干部。只有这样,才能把全党提到一个更高的政治水平。

虽然挪威是社会民主主义似乎还在前进的国家之一,但是,千百个事例证明,挪威工人正在急剧地激进化。最近几年的罢工斗争和反法西斯主义的强大潮流表明,人们日益理解苏联社会主义建设对全世界工人阶级的意义。在挪威工党党员队伍中经常流露出来的强烈的反对意见表明,有成千上万正直的革命的阶级战士虽然形式上参加了社会党,但是内心里还是赞同共产党人。

因此,党的任务是通过正确的政策,坚决地、全力以赴地利用巨大

的客观可能性,把挪威共产党发展成为一个起领导作用的群众性政党。(掌声)

会议于晚 10 时结束。

第八次会议

(1935 年 7 月 29 日上午)

继续讨论共产国际执行委员会工作报告

会议主席**克拉克**同志(加拿大)于上午 10 时宣布开会。第一位发言人是安德烈。

安德烈(青年共产国际):

共产国际第六次代表大会以来,劳动青年的状况有了重大变化。

我们在苏联看到的是青年的物质和文化生活水平大大提高,社会主义新人的成长,以及青年对前途充满信心这样的事实,而资本主义国家青年状况的特点却是:经常的贫困,由于无人照管而社会地位低下,完全不知道明天将会是什么样子。

法西斯主义是青年最凶恶的敌人。它使青年脱离生产过程,把他们投向更低的文化和社会福利水平,强迫年轻的熟练工人离开他们的职业、城市、家庭和伙伴,在劳动服务队为未来的战场挖掘战壕,或者几乎是无偿地为富农和大地主干活;它强迫工人的女儿为纳粹老爷们当佣人。

文化上的没落,以沙文主义的野蛮精神教育青年,鼓吹愚昧无知,把可怜、穷困、非人的生活理想化,从根本上敌视任何真正的科学、文化或艺术,这就是法西斯主义带给青年的东西。

在劳动青年的意识中，日益强烈的愿望是联合自己的力量，以便摆脱饥饿和贫困的威胁，粉碎法西斯战争贩子对青年自身命运的打击。

如果我们说，社会民主党的革命化进程在社会民主党青年中间表现得最为有力、最为激烈，那绝不是言过其实的。

社会民主党反动的领导人企图通过专制的行政措施来扼杀反对改良主义的立场和要求建立统一战线的强烈愿望。他们经常践踏民主，开除和解散整个组织，禁止讨论政治问题，并使用了一系列其他压制革命化的手段。

但是，这反而引起了更加强烈的不满。

资产阶级为了把青年牢牢地拴在自己这一边，转移青年对阶级斗争的注意力，建立了各种小资产阶级的宗教的、和平主义的组织。现在，在新的条件下，这些组织也被卷入了这场斗争。我们已经看到不少这方面的例子。这些组织不仅表示愿意共同努力去联合青年的各种力量，使青年参加反对战争和反对法西斯主义、争取实现部分要求的斗争，而且表现得极为积极主动。

自从共产国际第六次代表大会以来，共产国际的领导不断提出要求，特别是在1929年的十一月全会上，曼努伊尔斯基同志在报告中要求共产主义青年团要转向群众，要克服小资产阶级的激进主义，要求我们不要做"左"倾的大喊大叫者，要求我们在群众面前不要胆怯，不要只搞政治，不要漂浮在空中，因为这一切会使我们与青年疏远，青年有许多其他的兴趣，只能对他们进行共产主义教育，以便逐渐地把他们引导到革命斗争中去。

此后，青年团的情况虽然得到了稳定，青年团已经克服了最大的困难，但是，有决定意义的转变至今尚未到来。

现在，在新的条件下，青年共产国际和各国共青团如何完成它们的任务呢？

在最近两三年，我们有相当多的共青团组织在群众工作方面，在接近社会党青年组织和实行统一战线方面，已经开始采取了一些重要的步骤。正是在这些工作的基础上，在我们中间确实出现了**新的**团组织，如果同我们几年前的情况相比，那么，例如法国共青团今天已有2万名团员，而当时为3000人；西班牙共青团在革命前有400名团员，而现在在革命后有约1.2万名团员；奥地利共青团在二月斗争时有400名团员，而今天已有几千名团员，其中大多数是从前的社会主义工人青年联盟的盟员。阿斯图里亚斯和奥地利的武装斗争、巴黎和马德里的大规模联合反法西斯主义示威游行、德国和波兰的联合行动，这些都加强和扩大了同社会党青年组织的这种接近。在奥地利、瑞士和拉脱维亚，部分地也在捷克斯洛伐克、英国和阿根廷，我们现在可以讨论与社会党青年组织接近。但是，必须提到的是，我们在许多国家让宝贵的时间白白浪费了，没有充分利用我们在联合斗争方面取得的经验以及我们与社会党青年组织的联系，使我们与社会党青年组织成员之间的友谊和联系更加紧密，在他们中间组织日常的斗争，开展艰苦的思想工作，以便以这种方式创造继续前进的前提，建立共产党青年组织和社会党青年组织之间的反法西斯联盟，或者在阶级斗争的基础上把社会党青年组织与共产党青年组织联合起来。其次，在一些共青团组织中，以下关门主义的观点还没有被克服，即认为联合在社会党青年组织和其他组织中的劳动青年是敌人，我们只应辱骂他们，向其提出他们不理解的要求。换句话说，在许多共青团组织里，对待青年无产者、青年劳动者的那种冷酷、粗暴、官僚主义和关门主义的态度还始终没有改变。除了美国和法国的共青团以外，在其他国家，很少通过统一战线来**切实维护**劳动青年的经济利益和文化利益。

虽然青年共产国际执委会提出了扩大与联合在小资产阶级组织，甚至资产阶级组织中的劳动青年相关的统一战线的问题，但是在执行上还不够灵活，还有一些动摇和错误。在共产国际领导的批评下，这些毛病得到了纠正。

法国和美国共青团的经验表明，只要我们改变接近群众的方式方法，抛弃我们的关门主义的语言、僵化的观点和公式，找到各种手段和途径，虽然不必是完全革命的，但是要适合于调动广大青年群众的积极性，提高他们的阶级觉悟，推动他们前进。最终，如果我们在这一运动中积极工作，不是依靠暴力，不是以粗暴的方式强加于人，而是通过我们的主动性、我们的积极性和我们的能力赢得权威和领导权，那么我们就能够与千百万青年建立联系并与他们进行合作。

在法国，在青年一代权利宣言的基础上实现了青年十分广泛的合作。在那里，32个不同的青年群众组织建立了合作关系。在那里，青年们举行了大规模的联合示威游行，争取实现青年的部分要求的斗争也正在发展之中。正是法国的经验使我们能够提出这样的问题，即在其他国家，在仔细考虑到这些国家的特点和条件的情况下，也实行青年组织广泛的合作。

在美国，7月4日举行了美国青年第二次全国代表大会，参加大会的有896个青年群众组织的代表，代表着135万有组织的青年。

自然，我们之所以能够取得这些成就，是因为我们各个共青团组织的干部开始在这项生动活泼的工作中重新学习、重新锻炼。

如果我们在其他国家还未能取得像我们在法国、美国和加拿大所取得的那样的成就，那么不是因为其他国家没有青年实行广泛联合和广泛合作的基础，不是因为那儿没有法国、美国和加拿大那样的条件，而是首先因为那些共青团组织还没有学会做具体的群众工作，还没有克服关门主义，并且在群众组织中的工作还很薄弱。

不仅在群众工作方面，而且在共青团的团内生活方面，在我们共青团的组织工作和教育工作方面，都必须有一个根本的转变，我们不应该让我们的同志机械地模仿党的工作的方式方法，在组织问题上采取形式主义和千篇一律的做法，而不是勇敢地探索使我们能够最广泛地联合青年群众的途径和方式。

我们现在必须建立能满足青年志向和利益的新型的青年组织。敌人将会利用每一个缺口和薄弱环节，使这个广泛的战线成为我们的对立面。季米特洛夫同志在讨论这一问题时已经特别强调了这一点。

同志们，我们并不认为，共产主义青年团能够单独完成这一任务。的确不可以把领导和教育劳动人民的青年一代这样重大的事情完全交给共产主义青年团，交给一个尽管与共产党有密切关系、但仍然是超党派的群众教育组织去负责。白劳德同志讲得十分正确，他指出，在反对法西斯主义和战争的斗争中，青年问题是有决定意义的问题，是革命运动生死攸关的问题。这不是一个简单的声明，而是根据美国党的实践作出的声明，因此就更有分量。

我们看到，法国党和美国党认真改进了对共青团的领导；德国共产党和波兰共产党开始认真研究青年问题。但是，大多数党还是明显地忽视了对广大青年群众进行教育和对他们的斗争进行领导的工作。

在一些共青团组织里，有这样的情况：共青团中央委员会的书记和地区委员会的书记是党员，但是基层组织的书记却不是党员。

不久以前，斯大林同志与列宁共产主义青年团的领导干部进行了一次座谈。据柯萨列夫同志介绍，斯大林同志当场提了一些很具体的问题，了解了共青团的工作，对青年生活的许多问题表示了很大的兴趣。他关心的问题有：共青团中央委员会和共青团各个地方的委员会的机构如何组成；各位同志担任领导职务多久；领导同志是否学习，怎样学习，学习什么；女青年在列宁共产主义青年团整个工作中起什么作用；党委如何帮助青年干部。斯大林同志在讲话中要求青年共产国际最好的支部——列宁共产主义青年团的全体领导成员面向青年，关心他们的疾苦、他们的需要、他们的教育和他们的组织问题。斯大林同志强调指出，不应该把教育青年的工作交给没有经验、缺乏教养、未受教育的同志去做，教育青年和领导青年是一个斗争最尖锐的领域，党只能把这项工作交给政治上经过考验、经过锻炼和有经验的人去做。斯大林同志指出，在共青团里工作的不一定只是青年同志。必须从党内输送经过考验的优秀干部到共青团领导机构去工作，列宁共产主义青年团的全体干部必须依靠党的干部的帮助，掌握布尔什维克党积累的组织和教育群众的丰富经验。斯大林同志的讲话已经有了结果，已经有几百名党内的同志又回来从事青年工作。这一措施难道不会开花结果吗？人们难道不能也在资本主义国家的共产党内照此办理吗？

同志们！曼努伊尔斯基同志在青年共产国际1932年的十二月全会上对我们讲了以下的话：

"青年同志们，你们在许多白色恐怖的国家里树立了英雄主义的榜样，这是不能以叙事诗般的平静来谈论的。你们面带革命骄傲、无产阶级尊严和无上幸福的微笑走向刑场，走向死亡，经受刑罚。"

他对来自德国、中国、日本、南斯拉夫、保加利亚、波兰、意大利和匈牙利的青年同志们说，青年同志"用他们的鲜血每天向工人阶级的解放事业表示无限的忠诚。国际工人阶级向这种英雄主义鞠躬致敬"。但是，还有另外一种英雄主义，这是我们在革命之前时期的英雄主义，对此人们不加颂扬，不给桂冠。这是平时的英雄主义，这是进行辛苦的琐碎工作以争取群众的英雄主义，这是看不见的、不引人注意的英雄主义，但是，它是最崇高的革命英雄行为。这种英雄主义在青年同志中间还没有成为日常的现象。我指的是群众工作的英雄主义。宗派革命者的时代，革命者为了自己进行革命，以代表正确路线、不偏离方向、不犯错误而自豪，但是不去领导群众的时代，已经过去了。年轻的无产阶级运动要求有另外一种革命者，不是为自己的革命者，不是特立独行的革命者，而是为了群众的革命者。在群众中间将锻造出真正的布尔什维克式的钢铁巨人，在那里将锻炼出战士的性格。站在群众外面的人，不领导群众的人，不管自称是什么，只是一个机会主义者。以革命方式争取群众的人，即使犯了错误，也一定会在党、青年共产国际和共产国际的领导下改正错误。

是的，同志们！青年同志们在一系列国家的表现说明，他们是革命坚定性和革命勇敢精神的榜样。青年共产国际和共青团组织向党输送了不少干部。他们是无限忠于工人阶级事业的好干部。但是，这还不够。同志们，我们有一切理由相信，共青团组织依靠自己已经获得的经验，反思我们的错误，在共产国际的领导下，一定会获得这种在年青一代劳动人民中间以列宁主义的布尔什维克方式进行艰苦的日常琐碎工作的才能。（掌声）

波波夫（苏维埃乌克兰）：

同志们！皮克同志关于共产国际执委会的工作报告，对两次代表大会期间共产国际所走过的道路作了明确的布尔什维克式的分析，对我们各个支部所取得的重大成就作了总结，对共产国际执委会工作中的缺点和个别支部所犯的错误作了布尔什维克式的批评，最后明确指出了今后工作的方向。

此外，这个报告使第六次代表大会的与会者生动地回忆起我们七年前在这个大厅里从右倾分子和妥协分子口中听到的言论，即关于资本主义相对稳定的长期性的言论，说什么所谓第三时期是进一步巩固的时期。当时，右倾分子和妥协分子，尤其是他们的领导人布哈林同志，把关于资本主义稳定进一步巩固的预言和观点同对苏联社会主义建设前景采取取消主义和悲观主义的态度联系起来，同否定我们的工业化和集体化联系起来，同我国农村走富农的、资本主义的发展道路的方针联系起来。

布哈林同志及其应声虫洛夫斯通、佩珀、安贝尔-德罗之流当时的理论还剩下些什么呢？关于"有组织的资本主义"的理论还剩下些什么呢？正是在这个资本主义世界里，只有个别国家略微超过了1928年的生产水平。关于我国农业减产的理论，关于我国工业必须适应"短缺"的理论，如此等等，又剩下些什么呢？

在苏维埃乌克兰，我们在这一时期可以特别清楚地观察到社会主义和资本主义之间的完全对立。因为正如斯大林同志在第十六次党代表大会上所说的那样，存在着两个乌克兰。

里加条约把乌克兰的国土分成两个部分。在兹布鲁奇河的一岸，是社会主义的苏维埃乌克兰，是伟大苏联的不可分割的一部分，它同联盟的其他民族一起，建设社会主义，以民族的形式、社会主义的内容发展自己的文化。而在兹布鲁奇河的另一岸，反革命的乌克兰资产阶级在波兰帝国主义的刺刀保护下，也有机会向乌克兰人民群众展示其经济方法和文化方法，以及解决民族问题的方法。

因此，人们可以进行比较，一方面看一看，社会主义建设——列宁的民族政策是其组成部分——给千百年来受奴役的乌克兰民族的劳动群众带来什么成果；另一方面看一看，在德国和波兰法西斯主义霸权统治下的乌克兰反革命的政策给他们带来了什么结果。

自共产国际第六次代表大会以来，七年时间已经过去。自那时以来，在苏维埃乌克兰，同波兰法西斯占领下的西乌克兰相比，发生了什么变化呢？

在1927—1928年间，乌克兰大工业的生产总值约30亿卢布，到1934年，大工业提供的产品，价值达到90多亿卢布。在1934年一年中，苏维埃乌克兰的工业提供了比战前多四倍半的产品，比1928年翻了一番。(掌声)这就是说,苏维埃乌克兰的工业在共产国际第六次代表大会之后,增长了三倍。苏维埃乌克兰所取得的这些成就,应归功于它同苏联的紧密联系,归功于联共(布)的总路线,归功于联共(布)中央的领导,归功于斯大林同志的领导。(掌声)

西乌克兰的资产阶级的、法西斯主义的经济能拿什么东西与此相抗衡呢?本来就少得可怜的工业凋敝不堪,生产不断地紧缩,失业,农村饥馑,而且由于劳动力过剩,饥馑愈演愈烈。在那里,自1928年以来,没有建立一座新工厂。同志们,我想强调指出,所有在我们这里运转的企业,70%是由苏维埃政权建立的;所有其余的工厂都进行了大规模的改建,以致昔日的工厂主今天恐怕已认不出他以前的工厂了。(掌声)

共产国际第六次代表大会以后,在苏维埃乌克兰新建的和投入运行的工厂企业中,有像第聂伯水电站、哈尔科夫拖拉机厂和宏伟的克拉玛托斯克机械制造厂等这样一些举世闻名的工厂,克拉玛托斯克机械制造厂在整个欧洲也是绝无仅有的。(掌声)

在这些年中,我们的煤炭工业,乌克兰的顿涅茨盆地发展如何?1927—1928年间,它生产了2400万吨煤炭,而1934年则生产了5300万吨。

我们乌克兰的冶金工业,在1927—1928年间生产了230万吨生铁,而1934年则生产了650万吨。

这些数字本身就能说明问题,无须加以评论。

同志们,你们可不要以为,在苏维埃乌克兰只有重工业得到发展,与此同时日用必需品的生产却没有增长。在1927—1928年间,我们轻工业提供的产品,产值为2.6亿卢布,而1933年的产值则达到11.06亿卢布。轻工业因此增长了4倍。食品工业生产,食糖生产不包括在内,由5.8亿卢布增加到13亿卢布,增长了差不多两倍半。

1930年10月1日,苏维埃乌克兰的职工人数合计为150万人,到

1933年10月1日，职工人数达到了250万人，在这期间工资增长了58%。

在西乌克兰以及在整个波兰，在这期间，工人阶级的人数自1928年以来减少了60%，在有些工业部门甚至还要多些；他们的工资下降了。

现在，我就苏维埃乌克兰的农业说几句话。在党的第十五次代表大会之后，自1928年以来，我们党开展了巨大的工作，把落后的、分散的和个体的农业引导到社会主义大生产的轨道上来。众所周知，当时，右倾机会主义者和反革命的托洛茨基分子同我们所有的敌人组成了大合唱，借机发出多么野蛮的叫嚣啊！尽人皆知，正当乌克兰进行合作化之际，这种叫嚣达到了异常激烈的程度。美国赫斯特报系的报刊，乌克兰、波兰和德国法西斯的报刊，就所谓乌克兰农业全面崩溃问题写了多少东西啊！然而，实际上究竟发生了什么事呢？

1928年6月1日，我们乌克兰2.5%的农户实现了合作化。到1935年1月1日，我们已经把86%的农户联合起来，组成了集体农庄。（掌声）与此同时，整个耕地面积扩大了200万公顷。1928年我们的机械和拖拉机站只有113台拖拉机，到1934年则拥有4.4万台；乌克兰农业目前总共拥有大约7万台这样的机器。

1928年，当共产国际第六次代表大会开会时，我们的农田里还没有康拜因（联合收割机），如今有6000台康拜因正在我们的田野里奔驰。（掌声）在1929—1930年间，集体农庄提供的粮食只占我们农民生产的粮食的11%，而个体农民则提供了89%。而到了1934年，集体农庄提供了91%，个体农民只提供了9%。在这个时期，乌克兰的粮食总产量增长了两倍。

在苏联范围内，苏维埃乌克兰已成为不仅是高度工业化的，而且也是农业集体化的国家。今年，我们的绝大多数集体农庄和国营农场，根据现有各种统计资料来看，会获得大大超过收成最好的1933年的丰收。

得到乌克兰民族主义的资产阶级支持的波兰法西斯占领当局给了西乌克兰农民阶级什么呢？生活越来越贫困，土地越来越荒芜，其中50%的土地掌握在波兰大地主手中，农户的平均收入自1928年以来下降了60%多，苛捐杂税，横征暴敛，"绥靖"的威吓和恐怖，展望未来，在拉齐维尔老爷们的政权下，生活只能越来越贫困，奴役只会更加残酷。

在苏维埃乌克兰，文化事业和国民教育的经费逐年增加。1928年用于国民教育的经费为1.76亿卢布，1934年增加到8.23亿卢布。1934年，有370万儿童在我们乌克兰的学校里学习，也就是说，占儿童总数将近85%的儿童在我们的学校里接受教育。而在这一时期，受乌克兰资产阶级支持的波兰占领当局则关闭了奥地利统治结束后在东加利西亚仍保存下来的最后一批乌克兰学校。

在这里，我不想逐一列举高等学校、报刊、剧院和文学等增长的数字，并同波兰统治集团所推行的消灭兹布鲁奇河彼岸的乌克兰文化相对比。在那边，波兰的刺刀保护着拉齐维尔老爷们的统治。

我想详细地说明一下乌克兰苏维埃共和国首都由哈尔科夫迁到国家自然地理中心基辅这样一个我们民族政策方面的极其重要的问题。基辅在以前也是这样一个中心，但是，尽管如此，苏维埃乌克兰的首都设在哈尔科夫长达15年之久。首都之所以设在哈尔科夫，在很大程度上是因为根据里加条约确定的我们与资产阶级波兰之间的边界离基辅相当近的缘故。在15年前，甚至在10年前，我们还是一个经济上相当落后的国家。要为第聂伯河右岸，特别是为基辅的工业化耗费大量资金，这在当时对我们说来并非没有风险。乌克兰的工业化主要是在第聂伯河左岸、在哈尔科夫、在顿涅茨和第聂伯罗彼得罗夫斯克地区进行。在那里，强大的工业基地、强大的无产阶级中心，像哈尔科夫、第聂伯罗彼得罗夫斯克等城市建立起来了，对此，整个苏联，整个国际无产阶级有理由引为自豪。当然，这些中心会继续发展。但是现在，同志们，我们已经由落后的国家变成了先进的国家。我们的工业力量有了很大的增长和加强。我们的国营农场和集体农庄，在整个苏联得到了巩固。如果拉齐维尔老爷们完全失去他们本来就少得可怜的理智，如果这些老爷们置苏联的和平政策于不顾，感到有兴致像15年前打算干的那样，把苏维埃乌克兰变成一个封建主领地，那么，他们会在离基辅相当远的地方碰得头破血流。(掌声)

基于这种考虑，我们才能在1934年非常放心地把乌克兰的首都从哈尔科夫迁到基辅。要把苏维埃乌克兰的首都迁往基辅，可不是一件十分容易的事。它意味着必须把基辅改造成一座模范的社会主义城市，把基辅地区改造成一个模范的地区，这个地区一直延伸到紧邻在波兰贵族奴役下受苦受难的沃尔希尼亚地区的边界。这对于继续实现布尔什维主义的工业化，对于大力巩固集体农庄，对于经济的全面高涨，对于整个第聂伯河右岸从基辅和第聂伯一直到紧邻苏联边界的这些地区内集体农庄庄员群众的不断富裕，是一个极其重要的步骤。

西乌克兰的劳动群众现在将更为生动和更为直接地感受到我们的布尔什维主义的工业化、我们的集体化农业和已成为今日现实的集体农庄庄员的富裕生活。波兰和乌克兰的法西斯分子要用诽谤苏联和苏维埃乌克兰来毒害西乌克兰和整个波兰的劳动群众的思想，将越来越困难。拉齐维尔老爷们和支持他们的罗森贝格之流要搞任何一种反苏冒险，将越来越危险。

我们只是希望，波兰共产党及其组成部分西乌克兰共产党，以及共产国际的其他支部，更加充分地利用苏维埃乌克兰和整个苏联在社会主义建设方面所取得的成就，让群众更深刻地铭记**社会主义对资本主义，布尔什维主义对法西斯主义，集体经济制度对拉齐维尔老爷的中世纪地**

主奴役，列宁斯大林的民族政策对在法西斯主义的波兰、西乌克兰、希特勒德国、其他资本主义国家尤其是法西斯国家中存在的民族压迫，所具有的种种优越性。

不言而喻，我所说的苏维埃乌克兰的成就，绝非唾手可得。这些成就是极其尖锐紧张的阶级斗争的结果。在这场斗争中，我们党战胜了它的敌人，正如人们所说的那样，把他们干掉了。乌克兰富农阶级极端野蛮地仇视社会主义，仇视工人阶级，仇视小农阶级，它还有丰富的反苏维埃政权的反革命斗争经验，要打倒它，对我们来说也并非是一件轻而易举的事。加之，乌克兰富农阶级并非孤立无援，因此，要打倒它就更为困难。它对我们的社会主义进军进行顽强的抵抗，是得到国际反革命势力支持的。此外，这种抵抗也得到混入我们党内的民族主义者和在民族问题上持不同政见者的支持，他们在这场斗争中帮助了富农阶级。

还在1926—1927年间，在普遍的合作化开展之前，然而阶级斗争已经明显尖锐化的情况下，乌克兰共产党（布）在当时的总书记卡冈诺维奇同志的领导下，揭露了舒姆斯基的民族主义倾向，将其暴露在光天化日之下。

最近几年，在苏维埃乌克兰出现了一种新的民族主义倾向，为首的是斯克雷普尼克，他是前共产国际执委会委员。斯克雷普尼克的民族主义倾向，首先在基本问题，即乌克兰同苏联的关系问题上，同干涉者沆瀣一气。正如乌克兰共产党（布）中央全会关于柯秀尔同志报告的决议中所指出的那样，斯克雷普尼克的态度是一种挑战，要乌克兰脱离正在建设社会主义的苏联，转向加利西亚，也就是说转向资产阶级的乌克兰的加利西亚。在那里，乌克兰人民正在遭受波兰地主的压制。我们党组织内部放松了布尔什维主义的警惕性，放松了对农业的注意，放松了对乌克兰共产党（布）队伍中的乌克兰民族主义和民族机会主义的斗争，其后果正如你们所知道的那样，酿成1931—1933年间在乌克兰农业方面出现严重的问题。

联共（布）中央1933年1月24日的决议，联共（布）中央、斯大林同志和卡冈诺维奇同志的直接指示，联共（布）中央当时的书记波斯特舍夫同志调来乌克兰，对乌克兰的布尔什维克进行战斗动员，粉碎民族主义的反革命，这一切使得乌克兰农业方面的问题在1933年基本上得到解决。今年，1935年，我们完全有理由期待乌克兰的各个地区、各个区和各个集体农庄将彻底解决一切遗留问题，乌克兰会在当前的农业运动中脱颖而出，成为最进步的地区之一、最先进的共和国之一。（掌声）

乌克兰党组织在各条经济战线上，主要是在农业战线上取得了成就。对此，粉碎民族主义分子、揭露同干涉者同流合污的斯克雷普尼克的民族主义倾向等工作，起了重大的作用。恼羞成怒的乌克兰法西斯分子——有时也带着共产主义的假面具——为了他们的目的，过去利用过今后也还会利用斯克雷普尼克的旗帜，这是一种特有的现象。斯克雷普尼克的例子生动地告诉我们，背离无产阶级国际主义，哪怕只是最小的背离，是多么的危险。它引导人们远离共产主义，甚至可以将人们直接引向工人阶级敌人的营垒。

因此，共产国际各个支部必须从斯克雷普尼克犯罪行为的事实中得出结论。

由乌克兰共产党（布）中央通过、联共（布）中央1933年11月批准的关于柯秀尔同志报告的提纲断言，目前在乌克兰，乌克兰民族主义和乌克兰民族主义倾向是主要危险。这当然不是要取消与我们党内的俄罗斯大国沙文主义及其隐蔽的追随者作斗争的任务。相反，我们乌克兰的党组织会坚决地把这个斗争继续进行下去。同时，它们十分清楚地认识到，俄罗斯大国沙文主义者在目前阶段会在把乌克兰从苏联分割出去这个共同基础上同乌克兰民族主义分子结成同盟，而这个同盟会得到一切反革命分子的残余，特别是托洛茨基分子的残余的支持。

加香同志前天说，在法国，托洛茨基分子同多里奥信徒们一起，变成了希特勒的应声虫。在我们乌克兰，托洛茨基分子的残余同波兰和德国间谍一起，同挑拨者一起狼狈为奸。他们直接受命于希特勒分子和皮尔苏茨基之流，为非作歹，同各种各样的歹徒，同乌克兰和俄罗斯白卫军的反革命残渣结成同盟。他们野蛮地仇视苏维埃政权及其领袖，肆无忌惮。因此，必须把这些法西斯毒瘤当做令人恶心的蛆虫彻底地碾碎。（热烈的掌声）

给乌克兰反革命以毁灭性的打击，在很大程度上不仅净化了我们这里的，而且也净化了西乌克兰的政治氛围。因此，我们的兄弟党西乌克兰共产党的工作条件得到了很大的改善。之所以如此，主要是因为在乌克兰粉碎乌克兰民族主义反革命是同社会主义建设各条战线上取得的成就最紧密地联系在一起的。因而，它为建立一个在西乌克兰乃至整个波兰反对战争、反对法西斯主义、保卫劳动人民的权利、保卫全世界劳动人民的祖国——苏联的广泛而统一的人民阵线改善和创造了条件。（掌声）在联共（布）中央的领导下，在乌克兰共产党（布）中央的领导下，苏维埃乌克兰的共产党人将会把他们的进攻继续进行下去。

苏维埃乌克兰的布尔什维克是联共（布）的不可分割的组成部分，他们充分地意识到，他们对自己的党、对整个苏联和国际无产阶级所承担的重大责任。他们透彻地理解到，在乌克兰，最小的错误，最微不足道的缺点，稍微放松布尔什维主义的警惕性，都会在很大程度上使敌人容易实现战争计划，在这些计划中，乌克兰发挥着举足轻重的作用。在国内战争年代里，帝国主义干涉者的军队就是通过乌克兰向无产阶级革命的首都莫斯科进军的。乌克兰劳动人民对当年德国和波兰占领者的恐怖和兽行记忆犹新。乌克兰的布尔什维克，充满巨大的坚定性，决不自我安慰，要孜孜不倦地工作，完成斯大林同志早在1923年发出的指示：把乌克兰改造成一个模范的苏维埃共和国，改造成为伟大苏联的一个更加坚固、不可动摇和不可攻破的前哨阵地。（全体起立，经久不息的掌声）

施米特（南斯拉夫）：

自从第六次代表大会以来，南斯拉夫共产党走过了一段艰难的道路，在反对大塞尔维亚军事法西斯独裁的斗争中经受了严峻的考验。由于南斯拉夫工人及其领导者无限忠于党和共产国际的事业，由于共产国际执委会的全面支持，我们党经过这场斗争，比以往任何时候都更加坚强，更加团结。

南斯拉夫政治形势的发展和南共的斗争条件完全证实了共产国际六大对前途的估计。在六大之后，工人运动、民族解放运动和农民运动，高潮迭起，迅猛异常，威胁着大塞尔维亚资产阶级的统治，使得用武力拼凑起来的南斯拉夫濒于土崩瓦解。面对这种群众运动的危险，大塞尔维亚的大资产阶级为了镇压工运、农运和民族解放运动，巩固其霸权，在南斯拉夫王国的招牌下对各被压迫民族实行"塞尔维亚化"，于1929年1月建立了军事法西斯独裁。

独裁政权在其统治初期采用野蛮的恐怖手段，使各种革命的工人组织、农民组织和民族解放组织遭到严重的破坏。尽管如此，斗争不但没有停止，而且日益高涨，导致军事法西斯独裁政权目前从根本上发生了动摇。

劳动群众和被压迫群众的斗争，虽然今天还没有强大到足以推翻法西斯独裁政权的程度，但是，它已迫使占统治地位的资产阶级和大地主不得不为挽救其统治作出一定程度的让步。群众斗争越是强大，独裁政权就越来越多地玩弄伎俩，作出妥协，其表现是，它不断地更迭政府，变换口号和诺言。

亚历山大国王在马赛被谋杀后，军事法西斯营垒内部分裂的速度加快了。塞尔维亚资产阶级不得不用耶夫蒂奇政府取代乌苏诺维奇政府。耶夫蒂奇实行了有反对党参加的议会选举。在群众斗争的压力下，塞尔维亚资产阶级不得不放弃南斯拉夫法西斯党的垄断地位。

在大选中，耶夫蒂奇遭到失败。他继续加紧残酷镇压群众，因而他不得不下台，并把政权移交塞尔维亚资产阶级的老党，即帕希奇的激进党的追随者。这个党同斯洛文尼亚的人民党和波斯尼亚的封建主取得了谅解。它打算也同克罗地亚农民党取得谅解，但是，由于群众对克罗地亚农民党的领导施加强大的压力，它的这一企图未能得逞。但是，时至今日，斯托亚迪诺维奇的法西斯政府已无力阻止在军事法西斯独裁建立前就已合法存在的各党派的重建。

由于党内大量的社会民主党残余分子、国家的小资产阶级性质和党的干部较弱的社会构成，多年来，我们党在布尔什维克化的过程中遇到了巨大的障碍。10年之久的派性斗争分裂了我们党，瓦解了党的领导干部。经过严重的党内斗争，我们党恢复了正确路线，恢复了党的队伍的团结。如果说，我们过去是带着派性的意见分歧参加共产国际历次大会和全会，那么，出席今天大会的南斯拉夫代表团是团结一致的，就像南共本身团结一致一样。

在共产国际六大后，南共举行了第四次代表大会。这次大会制定了原则上是正确的决议，给了"左"右倾帮派分子以有力的打击。但是，除了像已被警察杀害的党中央书记贾科维奇那样的最优秀的工人外，被选入领导层的还有这样一些同志，他们同劳动群众没有联系，缺乏革命斗争经验，有的还没有克服帮派思想残余。在第四次代表大会后，根据共产国际公开信开始进行的巩固党的工作，因法西斯独裁政权实行血腥的恐怖政策，因缺乏经验的新领导犯了一系列错误，而未能坚持下去。

在独裁政权建立的时刻，党中央采取了一条错误的政治路线。党领导在要求群众向独裁政权进行坚决斗争的同时，采取了对独裁政权进行所谓"正面进攻"的方针，提出了武装起义的口号作为直接行动口号，尽管当时武装起义既不具备客观条件，也不具备主观条件。

党领导不是组织党员打入合法的改良主义的工会，不是在工会里工作和充分利用一切合法的可能性，而是要求和鼓动党员反对加入改良主义的工会，在有些地方，甚至主张把这些工会视为"警察组织"加以解散。在解散了革命的合法工会之后建立地下工会，这就是他们给自己提出的任务。

起义的口号不过是从右倾机会主义立场出发而提出来的"左"的空谈而已。党也未能把地下工会建立起来。但是，这些口号和这条路线却使得共产党人脱离了群众。

这样一来，先锋队就同群众隔离开来。随后不久，党领导也陷入了同党组织隔绝的窘境。在这种情况下，党必然要遭到法西斯独裁政权的野蛮恐怖的迫害。在实行独裁的最初几个月里，所有的党组织都遭到破坏。有1000多名优秀干部被判长期徒刑或流放。100多名党的优秀干部惨遭杀害，其中有党中央书记贾科维奇、6名共青团书记和红色救济会中央书记。

但是，所有这些困难、恐怖活动、挑衅和背叛都没有使我们党屈服。我党优秀干部的英勇斗争和牺牲精神，为我党在广大群众中赢得了为劳动人民的事业而奋斗的坚定不移的、不可战胜的战士的荣誉。

我们党的现状，总的看来有如下特点：

1934年，所有地区都举行了地区代表大会。1934年12月，举行了全国党代表大会。这些代表大会表达了我党的完全团结和对新选出的、补充了新生力量的中央委员会的充分信任。今年6月举行了中央全会，必须指出，在这次全会上意见完全一致，没有出现任何派性的意见分歧，而这种分歧在过去很长一段时间里是司空见惯的。

在群众工作方面，特别是在在改良主义工会中开展工作方面，我党取得了重大的成就。在改良主义工会中，拥护团结的人在绝大多数地方工会和许多地区工会中占据了全部的或者多数的领导岗位。罢工运动的规模越来越大，次数越来越多，充分说明了我党的群众工作大有改进，对群众组织进行了大量的工作。

如果说1932年共举行了9次罢工，参加者9960人，1933年举行了40次罢工，参加者15126人，那么1934年则举行了56次罢工，参加者38800人，而1935年仅第一季度就举行了28次罢工，参加者达13000人。在1935年第二季度，我们看到罢工运动有更快的增长。特别是在大型工业企业，比如在罢工运动近几个月里进展缓慢的斯洛文尼亚，现在恰好有大约5000名大企业的工人在举行罢工。

在南斯拉夫，当前的罢工运动的特点是，有国内主要工业部门工人参加的绝大多数罢工都带有进攻的性质，而且大多数罢工都以工人的完全胜利或部分胜利而告终。

农民群众尽管对诸如马切克、约瓦诺维奇之类的领导人还没有失去信任，但他们却是在反法西斯人民阵线的口号下投入战斗的。由于农民运动的蓬勃发展，克罗地亚农民党的民族革命左翼和斯洛文尼亚的民族革命运动迅速壮大。

共青团在我国主要地区已经得到恢复。不久前，在四个专区举行了共青团地区代表大会。但是，我们未能消除我们许多党组织对青年力量估计不足和抱有不正确看法的倾向。

我们的工作在取得上述成绩和其他许多成绩的同时，过去存在、现在仍然还存在许多缺点甚至政治错误。我想指出其中最重要的：

多年来存在的关门主义的余毒、以关门主义的不正确的态度对待我们与改良主义工人的关系、对当前的统一战线策略理解不够充分，以及农村工作中的缺点（这一点我们代表团的其他同志将会详细谈到），这一切都尚未完全克服。

在多数工会中，共产党人小组尚未建立起来，共产党人往往出于偶然在其中进行工作，没有固定的计划和系统的明确分工。

在全国代表大会后，中央委员会本身对经济形势，对农民反对党和资产阶级反对党内部的分化过程，没有作出正确的估计，因而犯过一些政治错误。

在议会选举方面，中央委员会起初对于准备独立自主地举行游行示威，以便在做好此种准备的基础上同社会民主党的农民领导人举行会谈的问题，没有采取坚定的方针，而是相反，在没有在群众中对选举做好准备的情况下，就开始举行会谈。在为党员群众深恶痛绝的持续多年的帮派斗争结束后实现的党的团结，现在已经如此强大，任何人要想再搞这种帮派斗争，从一开始就注定会失败。

同过去取得的成绩相比，我们党已经取得了巨大成就。但是，同运动的可能性和必要性相比，我们还是很落后的。有许多农民运动，甚至一些工人运动正在开展，而我们却没有参与。我们正集中全力来消除这些缺点。

我坚信，既然中央委员会在过去最困难的年代里能够重建我党及其团结，那么它也能够解决这些问题。

同志们！在南斯拉夫，群众运动方兴未艾。南斯拉夫党在迎接伟大的斗争。我们坚信，共产党以正确路线作为其团结的支柱，在即将到来的斗争中，将会光荣地完成其先锋队的作用。

乔治（加拿大）：

我们可以把第六次代表大会以来我们工作中取得的积极成果总结如下：

第一，我们党在反对资本主义进攻的斗争中，从一个孤立的宣传组织变为不断发展的失业者罢工运动和斗争的有声望的领导者。

第二，我们的成就是在把激化了的经济斗争同反对政治反动的斗争结合起来的情况下取得的。在反对政治反动的斗争中，我们打破了政府和法官强加在我们头上的非法性，我们迫使当局释放了我党领导人，从而为我们不断壮大的党争得了事实上的合法性。

第三，在这个斗争的过程中，我们在自下而上地组织统一战线方面取得重大成就。其结果是，一些地方和省的改良主义组织，许多区的改良主义领导人，乃至一些在全国范围内有声望的领导人，目前在统一行动和统一运动中同我们进行合作。在今年加拿大举行全国大选时，我们在号召选举此次大选中的大多数改良主义候选人的同时，向改良主义者提出了一个完整的统一战线纲领。在各个选区里，我们都在一个具体纲领的基础上，就直接要求和贯彻这些要求的行动达成了统一战线协议。

最后，根本不执行脱离群众的关门主义路线的革命工会，目前是工会运动统一的先驱者。在加拿大，工会运动分裂为六个派别，即美洲劳工联盟、加拿大劳工大会、天主教协会联合会、加拿大工人统一同盟、独立工会和铁路工人互助会。

我们作为一个紧密团结的党的代表出席第七次代表大会。这个党成功地顶住并打退了资产阶级最初的强大进攻。同时，它还造就了成百上千无产阶级的干部，造就了一批紧密团结在共产国际路线周围的领导人，并在成百次的阶级搏斗中使自己在加拿大劳动群众中赢得了威信。

自1930年以来，90%的罢工是由我党组织和领导的。

在加拿大，在所有参加工会的工人中，有1/4处于共产党的直接领导下。但是，在200万工人中，只有30万人参加了工会。

在这些条件下，继续扩大我们在群众中的影响，建立工会和把它们联合起来的正确道路是什么呢？在工会政策中，我们的基本态度是什么呢？

这条道路就是一条为创建包括所有工会在内的工会联合会而斗争的道路。

与一些地区在统一战线的基础上运动不断扩大相关联，失业者运动也突破了它以往与世隔绝的状态，现在已成为一种真正的群众运动。作为这方面的例子，我们可以举出英属哥伦比亚失业营里的工人运动。这里的工人总共有2000多人。他们举行罢工，要求按国家劳工纲要发放工资，取消军事化劳动和强制劳动，实行劳工法中规定的真正的工人保险。他们得到了英属哥伦比亚整个工会运动、所有改良主义政治组织、教区和城市居民的支持。罢工者决定，组织一次向渥太华的长途游行，以便向政府提出他们的要求，并使罢工扩大到其他省份。他们强占列车，到达了萨斯喀彻温省的里贾纳。在那里，他们同政府代表会晤，就工人提出的要求同政府代表举行谈判。在谈判期间，政府出动了1000名警察，并采取措施调动3.6万名士兵来阻止这次游行。政府声称，这次游行是一次共产党组织的进攻首都的远征，目的是要推翻现政府，在加拿大建立苏维埃政府。政府试图用这种手法来扼杀工人提出的要求，引起"红色狂暴"，进而破坏党和革命工会。游行领导人遭到逮捕，被指控为某个非法组织或失业营工会的成员。

这一令人气愤的事件，在加拿大工人及其盟友中激起了愤怒的浪潮。这个浪潮有力地推动了整个工人运动为统一战线而斗争。在这一斗争中，青年和共产主义青年团被推到了最前列。他们得到了整个工人运动的支持。甚至连改良主义领导人，其中包括加拿大合作社联盟书记等一些过去拒绝任何关于统一行动要求的人，现在都不得不行动起来。

警察的进攻发展为激烈的街垒战，街垒是由工人们在里贾纳市的街道上构筑的，坚持抵抗警察达三小时之久，此时这次历史性的斗争达到了高潮。在这次斗争中，所有改良主义的地方组织和地区组织，为保护游行参加者和扩大他们的斗争，事实上都同共产党人有过交往。

由党和共产主义青年团发起的这次统一斗争，为争取实现青年要求的统一行动奠定了基础。这次斗争清楚地表明，资本主义能给加拿大青年带来什么，因而，它使青年问题引起了人们的关注。这次斗争使得加拿大青年问题变成了一个具有高度政治意义的问题，并把失业者保险、反对军事化的失业营的斗争和争取结社权的斗争等问题，作为主要的政治问题提到日程上来。在最近几年中，还没有任何别的事件使得劳工斗争阵线取得如此进展。这次事件是在议会解散之前、新选举进行之中发生的，因此，它具有重大的政治后果。这种后果增加了加拿大资产阶级统治的困难，增强了工人的斗争力量。

下面我讲第二个大问题——同反动派斗争的问题和我党在争取群众的斗争中的作用问题。

我党是如何履行其义务的呢？首先，党面对资产阶级企图毁灭它的种种尝试，必须宣告自己的存在。资产阶级想要毁灭我党，其目的就在于镇压罢工运动和扼杀失业者的斗争。1931年，当主要打击矛头针对我们党时，党在领导失业者的过程中，巩固了自己的地位。1931年，当资产阶级依靠其阶级法律，宣布我党为非法，并判处我党8名领导人5年监禁时，他们希望，正如他们夸口的那样，"将给共产主义以致命的打击"。当时，司法部长就是这样说的。通过宣布我党为非法，他们希望消灭共产党，因为我党是妨碍他们肆无忌惮地进行经济和政治进攻的主要障碍。通过宣布我党为非法，他们希望能腾出手来，以便迫使整个工人阶级忍气吞声地屈服在反动的纲领之下。

但是，由于我党的工作，资产阶级未能实现其希望。正是在那个时期，我党用前所未有的坚定性强调指出，自下而上的统一战线是粉碎资产阶级计划的唯一手段。党很快认清了新的形势，并在1932年领导了一次范围更广泛的失业者斗争和一系列反对资产阶级进攻的罢工。1933—1935年间由我党组织和领导的罢工运动，是自1919—1920年以来最大的一次罢工运动。1919—1920年的运动与1933—1935年的运动两者之间的主要区别在于，后一个时期的多数罢工是由我党领导的，并为工人赢得了积极的成果。这就是改良主义领导和共产党领导之间的区别所在。

不断向改良主义的地方组织提出要求和派遣代表团（大多是由国际工人互助会组织的）的结果是，一场旨在保护我党和要求释放我党8名领导人的运动开始了。1933年，在814个城市征集了50多万人的签名，要求释放我党8名领导人，要求废除《刑法》第98条（根据这条法律，我党被宣布为非法），要求调查监狱当局企图谋杀我党领导人蒂姆·巴克的行径，要求工人享有民主权利。

我党把这个早在1931年就已制订的全国计划付诸实施。我们可以满怀信心地宣布，在去年经济和政治领域的伟大成就中，可以被评价为最突出的成就是，我党迫使当局释放了被监禁的我党领导人，并在事实上取得了合法性，尽管我党在形式上像过去一样仍处于非法状态。而自下而上的统一战线乃是决定性的因素。

作为这一切的结果，同志们，我党已由一个孤立的党变为一个行动的党、一个领导过加拿大90%的罢工和失业者长途游行的党。我党已由一个主要由移民组成的党变为一个其主要党员群众由本地居民——盎格鲁撒克逊人和加拿大籍法国人——组成的党。同1931年我党被宣布为非法时相比，我党党员人数翻了一番。去年，我们吸收了2600名新党员。现在，我党拥有8200名党员。我们确信，在10月1日以前，我们将把这个数字提高到10000名。我们不再是自第六次代表大会以来在我们那里存在的联合会式的组织，我们已变成为一个政党，这个党由875个支部组成，其中125个支部在车间、工厂、造船厂、矿井、工场和失业营。在主要工业部门中有100个这样的组织。我们有2600名党员加入了工会联合会，其中1600名党员加入了革命的独立工会，1000

名党员加入了改良主义工会。在去年新吸收的党员中有 200 名是铁路工人。

我们 60% 的党员是失业者。党拥有 32 份报刊,其中有一份是法文的通俗周报。我们党的中央机关报每周出版三次,不过我们确信,我们可以在 1936 年 1 月 1 日以前把它变成英文的日报。

我们完全意识到,我们党还有许多缺点。我们不会让成绩冲昏我们的头脑。相反,我们开始越来越多地对我们的工作持批判态度。现在,我们的主要任务就是克服关门主义思想,这种思想在我们的工作中还经常表现出来,并妨碍我党行动。我们必须找出更多和更坚决的方法和形式,借助这些方法和形式,我们将能够执行真正布尔什维主义的群众政策。我们必须扩大我们的口号的影响,以便更快地贯彻我们不可战胜的世界党的第七次代表大会的决议,并使它为最广大的群众所理解。我们庄严宣布,加拿大共产党将竭尽全力,贯彻共产国际第七次代表大会的决议,动员工人和全体加拿大人民在统一行动的口号下投入战斗,迫使加拿大统治阶级放弃他们把加拿大推入战争的企图,保卫苏联,把加拿大从法西斯主义中拯救出来。(掌声)

周和生(中国苏区代表):

在共产国际第六次代表大会开会时,中国的苏维埃运动还处在初期。游击运动几乎还没有开始。1930 年,当中国新的革命高潮开始兴起时,在许多省份出现了一些小块苏区。

在共产党的正确领导下,中国的苏维埃运动在这七年里有了很大发展,并取得了巨大成就。苏区面积目前有 200 多万平方里,人口 5600 多万。(掌声)

苏维埃运动不仅包括巩固的苏区,而且也包括邻近的游击区,在那里居住着 5000 多万人口。

第六次代表大会时，中国的红军由人数少、战斗力弱、装备差的各路游击队组成。游击队中最大的也只有几千人。目前，这些小游击队已发展成为一支正规的红军，它完全处于共产党领导之下，具有一个无产阶级的核心。这个核心绝大多数由对土地革命感到满意的、熟悉现代化武器的、忠诚的战士组成。这些游击队已发展成为一支强大的、有战斗力的、有统一指挥的军队。目前，红军有50万人。此外，各路游击队还有100多万人。红军给帝国主义、军阀和国民党发动的六次"围剿"① 以歼灭性的回击，粉碎了在法西斯将军冯·泽克特领导下制订的作战计划，并在英勇地完成保卫苏维埃的任务时，进行了3000公里的行军。

中华苏维埃政府不仅建立了一支红军，而且武装了人民，解除了地主和资本家的武装。

1931年11月7日是十月革命节，第一次全国工农兵代表大会宣布成立苏维埃临时中央政府②，选举毛泽东同志担任主席，同时还组织了以朱德同志为首的中央革命军事委员会。从这个时刻起，**世界上第二个苏维埃国家，殖民地和半殖民地的第一个苏维埃国家诞生了。**

苏维埃政府向全世界工人、农民和其他劳动人民发出通电，宣布：它毫不妥协地反对帝国主义和本国的资产阶级及地主奴役中国人民，为中华民族的独立和自由，为改善群众的经济和政治状况而奋斗。

为实现中国人民的民族解放和社会解放的政策，苏维埃政府公布了宪法大纲，颁布了土地法、劳动法、选举法、经济政策法、民族政策法和婚姻法等。

---

① 原文如此。——译者注
② 原文如此。实际是中华苏维埃第一次全国代表大会宣布成立中华苏维埃共和国临时中央政府。——编者注

把列宁和斯大林的学说运用于中国的实际，为中国广大群众走上解放和胜利的道路奠定了基础。因此，中华苏维埃运动的每一项成就，都是列宁斯大林学说的一个胜利。（掌声）

我们下面谈一谈苏维埃政府各方面的具体政策。

中国实际上是一个半殖民地国家，是世界帝国主义，首先是日本帝国主义的剥削对象。自1931年"九一八"事变以来，几乎整个东北地区沦为日本帝国主义的殖民地，中国人民受到亡国危险的威胁。"九一八"事变时，一些地区的苏维埃（当时还没有苏维埃中央政府）向全中国人民发出联合宣言，号召人民群众抵抗日本帝国主义。

当上海人民同驻守上海的十九路军士兵进行抗日民族解放斗争时，中华苏维埃政府号召苏区群众举行集会，支援上海人民和十九路军士兵。在苏区，广泛地进行募捐运动，支援上海的战士们。假如当时不是国民党从四面包围中国苏区的话，红军是会在上海同抗日群众和十九路军一起投入反对日本帝国主义的战争的。

1932年4月，当国民党南京政府出卖上海保卫战时，中华苏维埃政府对日宣战，并号召全中国人民为用民族革命战争把日本帝国主义赶出中国而斗争。

在这个时候，国民党政府签订了《淞沪停战协定》，并开始对英勇的十九路军战士进行清算。为阻止红军北上，开始在福建省对红军发动进攻。1933年1月，中华苏维埃政府再次向中国人民发出号召，提出全国人民共同抗日所必需的下列三个条件：

1. 停止进攻红军；

2. 给民众以普遍的民主权利和自由，即新闻自由、结社自由、言论自由、罢工自由和游行示威自由等等；

3. 给民众以武装起来的自由，广泛组织反帝义勇军。

但是，南京政府不但不接受这些条件，而且更加严密地对苏区进行经济封锁，集中白军兵力对苏区和红军发起总进攻。红军成功地打退了这次进攻，歼灭了蒋介石的几个师。

中华苏维埃政府誓将全中国人民的斗争进行到底，不许帝国主义强盗奴役中国人民。（掌声）

苏维埃政权的特点是，每个工人、农民、贫民、职员和知识分子，不分性别和民族，都享有选举权。

在县苏维埃选举之后，委员们被分派到一定的民众团体。这样，苏维埃和群众之间就建立起密切的联系。乡镇苏维埃的成员按属地分成小组。在苏维埃中设有常设的和临时性的机构。选民大会每半年举行一次。如果苏维埃的某个成员犯有严重错误，需要罢免其职务，根据10名选民提议、半数选民附议，就可以罢免该成员。

中国人口的绝大部分从事农业。农民特别需要土地，但是，中国全部土地的80%掌握在地主手里。他们通常把土地租给农民，把农民收入的60%—80%夺走。因此，苏维埃政权从建立之日起就立即把解决土地问题作为自己的主要任务。

1930年，在福建省的大部分地区和江西省开始分配土地。随后，在所有苏区分配土地。

经验表明，只是分田是不够的。必须开展复查分田结果的运动。在复查时，如果发现分配不当的土地，就分给无地或少地的农民。但是，没有普遍地重新分田。

1933年，在中央苏区开展了一次这样的查田运动，结果表明，有一部分地主懂得如何保住他们的土地。从他们那里又没收了317539石田。这些土地之所以仍掌握在他们手中，是因为他们的影响还没有肃清，他们压迫农民，而农民不懂得起来反抗他们。在某些地方，地主已打入苏维埃机关，在那里干坏事。

在查田运动中，反动地主被揭露，苏维埃法庭严厉地惩罚了他们。

土地革命的果实完全归贫农、雇农和中农所有。

中国农业处于衰退的境地。帝国主义的经济侵略已深深地渗入农村，使农村破产。这是一种在整个中国都可以看到的现象。但是在苏区，由于经济封锁和国民党军阀入侵造成的土地大量荒芜，更加剧了这种现象。

但是，尽管如此，苏维埃政府懂得如何把农业生产提高到前所未有的高度。在农民购买耕牛时，苏维埃政府给他们提供财政援助。它为农民开荒种地提供特别的帮助，让他们免缴赋税。同时，苏维埃政府采取一切有助于更好地组织劳动的措施：它组织劳动互助社，创建妇女劳动队，组织开荒队、修渠队和灌溉队等等。

通过所有这些措施，我们不仅克服了由国民党匪军制造的困难，而且也大大地提高了产量。在中央苏区，同1932年相比，1933年农业生产增长了150%。1934年，在所有国民党统治的省份里都遭受了严重的水灾，饥民总计达1亿人。而在苏区，农业生产却增长了100%。国民党报纸不得不承认，农民种地在"匪"区完全正常进行，"在苏区的个别地区，林业和蔬菜种植比我们这里组织得好得多"。

在反对经济封锁和争取改善群众供给的斗争中，苏维埃政府十分关心工业和内外贸易的发展。由于掌握在私人资本手中的工商企业在苏区的国民经济中起着居支配地位的作用，因此苏维埃政府颁布了一个关于在什么条件下私人资本家可以向工商业投资的法令。

对国营企业给予了极大的重视。国营企业有：硝盐厂（两家）、对外贸易局、国营百货公司、钨砂开采加工厂、生铁厂和造纸厂。建立这些国营企业主要是为了反对经济封锁，减少苏区的经济困难，提高人民的生活水平，而绝不是为了立即实现国家垄断以反对私人资本。

农民得到了土地，工人的工资得到了提高，人民的购买力有了很大的增长。当国民党统治区的工商业在世界经济危机的影响下走向完全崩溃和破产境地的时候，苏区的经济恰好朝着与此相反的方向发展。

国民党统治区的许多商人对南京政府的封锁政策表示不满，而对发展同苏区的贸易关系感兴趣。他们进行着大规模的违禁贸易。

不言而喻，苏维埃政府为了平衡开支就要征收赋税。目前苏区主要有三种税，即关税、商业税和农业税。赋税实行累进制。有产阶级承担最大的赋税负担。

在苏区，基本上实行每天八小时工作制。签订了劳资合同，设立了劳动局和社会保险机构。为保障工人利益，苏维埃政府颁布了劳动法。为处理劳资冲突，防止企业主违反劳动法，还设立了专门法院。在苏区，没有失业现象。在国民党统治区，失业者不是为匪作盗，就是忍饥挨饿。

苏维埃政府实行普遍的免费教育。在国民党统治区，文化和教育设施掌握在地主和资本家手里。只有他们的子女才能上学，而工人和农民既无受教育的权利，也无受教育的机会。他们的教育政策是，教育民众不要对日本进行武装抵抗。

我们的报刊发行量也证明了中央苏区文化的蓬勃发展。我们办了34种报纸，每种都发行好几万份。

苏维埃政府创办了一所大学，即马克思共产主义学校，创办了几所列宁师范学校、一所医学院、一所交通学院、一所红军军事学院、一所艺术学院、一所中央农业学校，等等。苏维埃同意给知识分子和艺术家以特别优待。

尽管各个苏区经济落后，尽管国民党多次发动猖狂进攻，苏维埃政府在极其困难的战争条件下懂得如何进行宏大的工作。

当前，中国人民正经历着极其困难的时期。日本军国主义者在华北不断占领新的地区。南京政府越来越无耻地向日本帝国主义屈膝投降。在国民党统治区，经济一片萧条，田园荒芜，人民失业，挣扎在饥饿和死亡线上。他们的唯一出路就是同外国干涉者及其代理人国民党忘我地进行斗争。中华苏维埃政府确信，在4万万同胞的支持下，它定能打败压迫中国人民的、使其国土变成废墟的帝国主义者。它将会为中国人民赢得完全的独立。

中华苏维埃政府愿意同一切支持中国独立的国家建立友好关系。

我们真诚地向我们的日本兄弟党致意。他们为反对日本军国主义占领满洲进行了英勇的斗争。他们在反对世界帝国主义统治的斗争中，为世界无产阶级树立了光辉的榜样。

中国革命已成为世界革命的重要因素。保卫中国革命和中华苏维埃就是为世界革命的胜利而斗争，就是为全世界工人阶级的解放而斗争。我们深信，每一个共产党人、每一个工人、每一个革命者，都会意识到落在他们肩上的伟大的国际任务，并将竭尽全力去完成这个任务。（暴风雨般的、经久不息的掌声，全场起立，向周和生同志致意。）

第九次会议

(1935 年 7 月 29 日下午)

继续讨论共产国际执行委员会工作报告

7 月 29 日下午的会议主席是**马蒂**同志。他请博登曼同志发言。

博登曼(瑞士):

在共产国际第六次代表大会后,当时党的机会主义领导让瑞士共产党公开同共产国际的政策对立。所谓瑞士的历史特殊性的理论,就是这个政策的基础。这个理论完全为瑞士经济政治的发展所粉碎。它的代表性人物被开除出党。维泽尔现在是资产阶级新闻界中反对工人运动的专家。叛徒布林戈尔夫变成了警察局长。前几天,他把跟随他从共产党分裂出去的一伙人带进了社会民主党。克服错误的政治路线给党造成了很大的困难。1930 年第五次党代表大会后,党既重犯了关门主义错误,又重犯了机会主义错误。在共产国际执委会积极的和同志式的帮助下,这些困难被克服了,并形成了党的牢固的无产阶级领导。

在第六次代表大会以后的几年中,我们党取得了一系列重大成就,已成为我国政治生活中的一个因素。它成功地举行了几次反对缩减工资的罢工,这几次罢工发展成为重大的斗争。有几千名社会民主党工人在反对他们的领导人提出的口号的情况下参加了一些反法西斯分子的大规模游行示威,表明了群众中的反法西斯主义情绪。旨在镇压革命工人阶级和禁止共产党的监禁法,由于共产党的倡议而未能实施。

瑞士政府反对苏联的和平政策。它的代表在国联发言,反对接纳苏联,充当了德国法西斯的辩护人。但是,群众对苏联的情绪已经发生转变,其转变幅度之大,使得拒绝同苏联建立关系的瑞士政府目前的态度无法继续保持下去。

希特勒法西斯主义在瑞士资产阶级中有着巨大的影响。跟希特勒亲善的方针,部分地是由瑞士资本用于希特勒德国扩充军备的巨额投资所决定的。直至总参谋部的高级军官都同第三帝国的领导人保持着密切的关系。

在反对扩充军备的斗争中,党取得了重大的成就。在反对由资产阶级通过的新军事法时,党提出了拒绝该法的口号,并成功地赢得了社会民主党工人和其他劳动阶层的广大群众的支持。社会民主党在党代会上决定承认资产阶级的国防,但就在同一次党代会上,又在群众情绪的压力下,不得不推翻刚刚作出的决议,决定拒绝该法。尽管资产阶级借对该法的表决问题,掀起了一个反对共产党的巨大的诽谤运动,但是,46%的投票者仍然表示他们反对该法。在表决时,农村、小农地区的表决结果对我们特别有利。

在统一战线方面,党也取得了一些成就。为营救季米特洛夫和其他同志,第一次在共产党和社会民主党之间就采取共同行动在苏黎世达成了协议。这一协议引起的反响表现为空前的群众集会。在巴塞尔,通过果敢的统一战线政策,资产阶级执政党在议会占多数的地位被推翻。随后,在共产党和社会民主党之间就举行统一的五一游行达成了协议。在巴塞尔事件的影响下,其他一些地方也举行了统一的五一游行。在统一战线方面,我们现在面临下列情况:在巴塞尔,两党领导之间存在一定的协议;在日内瓦,两党领导之间举行了会谈,但会谈还没有结束;在苏黎世,社会民主党表示,原则上愿意达成统一战线协议。瑞士社会民主党领导同他们迄今为止的态度截然相反，第一次不再拒绝我们提出的最新的统一战线建议。同迄今为止的态度相比，这种表态是一个进步，使我们可以断言，反对建立统一战线的禁令已部分地被突破。

党的主要缺点和不足是，直到现在还未能全部克服关门主义。这表现在还不能坚持做群众工作，放松了在改良主义工会内部做工作。虽然党在这方面取得了一些成绩，但离客观可能性还差得很远。报刊和党的宣传的语言太抽象、太理论化，不易为群众所理解。尽管负债农民的情绪对我们的工作有利，但党在这方面的工作却仅限于散发传单和小册子。在党的组织水平和党在群众中的影响之间，也存在极不协调的情况。

瑞士共产党面临着伟大的任务。经济危机还没有达到顶点。失业者的数字在增长。对工资和社会福利的普遍进攻已经开始。这种对生活条件的进攻，同不断发展着的法西斯化相辅相成。

这种形势迫使工人阶级在提高斗争的坚定性方面进行巨大转变。德奥发生的事件对社会民主党工人的态度有极大影响。伟大的法国范例在群众中产生了强烈的反响。这些事实同党的不断增长的影响合在一起，使瑞士共产党能够发展反对资本进攻、反对法西斯主义和反对战争的广泛的统一战线。统治阶级的政策同广大人民群众的对立与日俱增。他们的法律在民意测验中几乎全部遭到否定。但是，政府对人民的选择全然不顾。它通过发布紧急法令的途径，宣布提高生活费用、征收新税、缩减工资和采取其他法西斯化的措施。允诺给劳动人民以资产阶级的权利和自由的宪法，已成为资本家实行其政策的障碍。因此，现在有人打算朝着法西斯化的方向来修改宪法，取消人民的权利。在取消宪法规定的情况下，政府简单地使其最重要的措施生效。反动的措施针对着最广大的人民群众、工人、职员、负债的农民和贫困化的中产阶层。因此，为了建立统一战线和扩展反对法西斯主义继续发展、反对社会反动和战争

的广泛阵线，就要首先进行保卫资产阶级民主权利的斗争。（掌声）

多普勒（奥地利）：

在第六次代表大会时，奥地利共产党还是一个弱小的党，而今天，它作为一个对奥地利工人阶级有着决定性影响的、合法的、群众性的党，出现在第七次代表大会上。

奥地利共产党人当时正在同最老练的社会民主党作斗争。后者懂得如何在各种客观条件的基础上去取得社会改革的成功，并把这种改革说成是通向社会主义道路上的一个阶段。因此，奥地利共产党当时还不能向第六次代表大会报告它在争取工人阶级摆脱改良主义的斗争中取得较大的成绩。奥地利共产党还刚刚处在努力克服宗派主义的开始阶段，右派分子还阻止党执行一项明确的、把工人阶级从改良主义的幻想中解放出来的政策。

六大和七大之间的几年给奥地利工人运动带来了历史性的转变。党首先打击了党内的机会主义，越来越多地克服了关门主义，党同工人阶级群众的联系已越来越牢固，在它的影响下，社会民主党内部的反对情绪和分化改组得到了加强。尽管党还不是整个运动的组织者和领导者，但它在工人阶级内较大的和不断成长的阶层的意识中，已成为反对不断增长的法西斯危险的斗争中的正直的、真诚的和勇于牺牲的呐喊者和警告者，成为反法西斯行动的倡导者。

1934年2月，社会民主党和共产党之间的隔墙拆除了。社会民主党这个大党土崩瓦解了。这个不可一世的第二国际的党的大厦倒塌了，因为它的基础，70万党员对它的信任，在2月的日子里破裂了。

在2月的日子里，共产党人在各地进行战斗。当他们毫无保留地参加到保卫同盟（几年前他们被开除出这个同盟）的战斗行列时，就创造了社会民主党工人和共产党工人之间最亲密的兄弟般联盟的前提条件。伟大的统一战线就在 1934 年 2 月的街垒上诞生了，这个今天包括奥地利革命无产阶级的统一战线，明天或后天就有可能导致实现组织上的统一。

在社会民主党土崩瓦解的过程中，在 2 月的炮火中，奥地利共产党赢得了工人阶级大部分人的信赖。工人群众认识到，奥地利社会民主党把无产阶级引上了失败的道路。

奥地利工人意识到，改良主义遭受了致命的创伤。工人们理解到，改良主义道路通向法西斯主义。社会民主党也证实自己无力在法西斯主义面前保护和捍卫无产阶级的民主、自由权利。尽管在 2 月里参加战斗的广大群众还不明白，现阶段有成效的反法西斯斗争只能是建立工人阶级政权的斗争，他们仍然首先为保卫工人权利而斗争，但是他们也越来越清楚地认识到，共产党人准备不仅为建立苏维埃政权而斗争，而且用同样的坚定性为保卫工人阶级权利而斗争。

在此基础上，奥地利工人阶级的思想发生了伟大的历史性转变，他们认识到，共产党人的道路、布尔什维克的道路，是取得政权的唯一道路。常常妨碍和阻止建立统一战线并使工人迷惑不解的改良主义论调，即同共产党人合作就是同法西斯分子合作的论调，终于也同社会民主党这个庞然大物一起掉进了深渊之中。二月事件前几个月里发生的情况、二月事件、社会民主党领导成员在 2 月里还在同法西斯分子谈判，这一切终于使人们明白过来了。

大部分社会民主党工人在二月事件前坚定地相信他们的党，相信有必要维持党的统一，而如今他们同样坚定地拒绝改良主义。甚至从前的社会民主党人后来重建的一些小组织，也不敢称自己是社会民主主义的。社会民主党在二月事件的日子里遭受了如此惨重的失败。

在 2 月，工人阶级遭到打击，武装斗争以资产阶级的胜利而告终。但是，法西斯主义是否能够利用它在武装斗争中的胜利从思想上侵蚀工人阶级呢？这个问题还需进行较量。

从2月至今的这段时间里，奥地利共产党通过其政策，防止了法西斯主义侵蚀工人群众队伍的各种严重事件的发生。它的口号是："从二月走向红色的十月。"这个口号防止了工人阶级内部任何严重的失败情绪的产生，并给他们指出了革命的前途。工人群众坚如铜墙铁壁，抵制了法西斯主义的宣传和引诱。他们转向共产主义和共产党。他们感觉到和理解到，**只是改良主义的党遭到失败**，而不是像法西斯主义想要愚弄他们的那样，是什么马克思主义遭到失败。他们懂得，只有共产党才能领导工人阶级。

在这一时刻，党不满足于简单地要求社会民主党工人加入共产党，而是要求他们协助创建伟大的、群众性的共产党。这个口号为他们所理解和实行。同2月以前就已参加党的共产党人一起，他们建立了新的伟大的共产党。在一些过去没有共产党人的地方，2月以后成立了完全由社会民主党工人组成的共产党地方小组。这样，社会民主党工人自下而上地协助建立了伟大的共产党，完成了他们同共产主义的结合。

二月事件后，共产党负责领导整个奥地利工人运动。它首先发扬奥地利工人运动的斗争传统和保护由工人创建的群众组织。在二月事件后，它立即发布口号："保持团结，继续领导你们的工会、你们的保卫同盟、你们的群众组织吧！"为了这项任务，它投入了全部力量。共产党人已成为二月事件后工人运动及其组织的救星。根据共产党人的倡议，成立了重建自由工会发起委员会。根据共产党人的倡议并在其大力协助下，重建了作为革命统一战线组织的保卫同盟。

依靠这些组织并通过广泛地运用统一战线（包括社会民主党工人新成立的小组在内），成功地组织和开展了群众反抗法西斯独裁的活动。

1934年9月召开的党的第十一次代表大会，对于把奥地利共产党进一步发展成为群众性的党具有决定性的意义。在这次党代会上，党的老干部同新干部，即二月事件以来加入党的、过去属于社会民主党的工人和干部融为一体。我们有理由把这次党代会称做是富有历史意义的党代会。在这次党代会上，社会民主党内红色战线（即过去的左翼反对派）的最后一些小组参加了共产党。

皮克同志在他的报告中谈到了关于干部和在吸收社会民主党工人时往往还存在恐惧心理等问题的重大意义。恰好在这方面，我党积累了最成熟的经验。在二月事件后，从前的社会民主党工人构成了党组织中的多数。这也就决定了党的干部政策。由于党不断壮大，党的社会构成也发生了决定性的变化。成千上万在业的企业工人，常常是在他们从前的工会干部的领导下，在企业里通过某种方式从事宣传共产主义的工作，这就为扩大企业支部打下了基础。党无所畏惧地吸收新干部担任责任重大的工作，并把基层和区级的党组织交给他们领导。这些领导几乎在所有地方都证明是可靠的。党对他们的信任，也加强了他们对党和党领导的信任。不言而喻的是，尽管在非法条件下，各地仍选举了领导班子。在 10 个地区，90% 的领导班子成员是新党员，在维也纳为 70%—80%，同样，50% 的中央委员会委员是二月事件后才入党的同志。

但是，我们同时不得不说，党员的普遍的政治水平还有待提高。

今天，党拥有 1.6 万名党员。自党代表大会以来，企业支部由 182 个增加到 229 个。中央机关报《红旗报》的发行量为 1.5 万份，主要发行到工厂企业。统一战线报纸每月出版两次，已成为统一战线所有支持者的机关报，主要在社会民主党工人中散发。此外，大部党组织还有它们自己办的报纸。自党代表大会以来，革命报刊由 65 种增加到 135 种，其中 17 种为印刷的报纸，总发行量每月为 16 万份。

奥地利共产党在统一战线政策方面所取得的成就，已成为共产国际在反对法西斯主义和争取世界无产阶级革命团结斗争中实行的政策的伟大成就的一部分。在二月事件后，奥地利无产阶级的广大群众公开地和热情地表示他们对第三国际即共产国际怀有好感。在第七次代表大会上，我们奥地利共产党人可以向共产国际领导和兄弟党报告，在奥地利，除了第二国际的个别领导人外，今天没有一个值得一提的、对工人阶级广大阶层有影响的第二国际追随者团体。我们深信，第二国际终于失去了对奥地利工人阶级的领导。无产阶级的广大群众，包括还没有加入奥地利共产党的阶层在内，今天把共产国际看做是世界工人阶级唯一的、伟大的、给工人阶级指明方向的领导者。（掌声）

查扬（印度支那）：

在共产国际第六次代表大会时，印度支那还没有一个统一的、有组织的共产党。当时在我们国家里有一些脱离我国群众和革命运动的、具有帮派色彩的共产主义小组。在第六次代表大会和第七次代表大会之间这段时间里，整个革命运动，包括印度支那共产党在内，走过了一条大发展的道路，一条既有成功又有失败的道路。同志们，今天我们在印度支那有了一个虽然在数量上来讲还不是太大的党，但是它不顾帝国主义残酷的恐怖政策，坚定不移地为实现共产国际的纲领，为反帝革命和土地革命，为印度支那的完全解放和独立而斗争。

自从印度支那危机开始以来，对劳动人民的剥削已达到了令人难以置信的程度。必须特别强调的是：一方面劳动群众的生活极端贫困；而另一方面，一些帝国主义资产阶级集团的利润尽管在危机时期仍然急剧上升。印度支那银行，这个实际上是印度支那的太上皇的财团，年复一年地获得不断增长的纯利。这家银行1932年获纯利3637.9万法郎，1934年获纯利3880万法郎。尽管世界市场上的米价大跌，大米出口公司仍能把它的收入从1933年的1482486皮阿斯特[①]提高到1934年的

---

① 皮阿斯特为货币单位名称，100皮阿斯特等于1镑。——编者注

1612456皮阿斯特。由于米价太低，这家公司为了获取相同或较高的利润，不得不大量增加出口。因此，最近几年大米出口大量增加，但这种出口是以牺牲印度支那劳动人民最低限度的口粮为代价的。

印度支那危机开始以来，物价急剧上涨，而职工工资平均下降了一半多，在有些部门，甚至下降了70%。比如农业工人的工资，在许多地方下降了60%—70%。农业工人每天挣的钱往往不到两三角。橡胶种植园的苦力每天工作十五六个小时，只能挣到三四角钱。职员的薪金缩减了10%—60%，相反，高级官员和臣僚却把自己的薪俸提高了25%—50%。这几年中，就业工人的人数大大下降。例如仅在1932年6万矿工中就有2.4万人被解雇。可以说，在印度支那有一半以上的工人失业。许多工人一月之中只有10—15天有活儿干。尽管工资下降，工作日却在延长。

因为米价太低，农民的处境同样艰难。由于无力缴纳租税，农民忍饥挨饿。农民被赶出家园的过程飞速向前发展。越来越多的土地集中到印度支那银行手中。

自1935年以来的这一时期，可以看到一些经济部门的贸易情况有所好转。比如大米出口贸易的情况就有所改善。

在整个商业、货币流通等方面，也可看到有某种复苏的势头。但是，目前还很难说这种好转情况能维持多久，不过可以肯定地说，劳动群众的境况没有任何改变，他们的境况没有得到改善。

同1930—1931年间一样，今天在印度支那劳动群众不得不忍受的极端贫困的土地上，一场广泛的革命群众运动也蓬勃地开展起来。

我想谈一谈我们在1930—1931年间的斗争。这是我们的斗争发展的高峰时期。当时，在我们的国家里建立了苏维埃。虽然苏维埃存在的时间不长，只有两三个月，而且只在有限的区域，即在越南北部的一些省份，但是却起了很大的作用。

同志们，必须强调指出，中国苏维埃运动的胜利开展产生了很大的影响，并且对我国革命斗争的开展起了很大的作用。

1930年的革命斗争开始于著名的安沛起义，这次起义对我国运动的开展起了巨大的作用。起义遭到了惨重的失败，因为被运动怒潮吓破了胆的本国资产阶级很快就组成反对它的战线。但是失败的主要原因却是，这次运动不是由共产党，而是由小资产阶级的民族革命党，即印度支那国民党所领导的。该党在起义发展的过程中，充分暴露了其领导的不彻底性和动摇性。

在1929—1930年期间表现为此起彼伏的工人行动的无产阶级斗争、不断高涨的群众运动，以及民族革命党的崩溃，这一切使共产党壮大起来，并在1930年初建立了统一的共产党。印度支那共产党人的伟大功绩在于，他们懂得消除派别斗争和内部纷争，团结一致，在革命斗争高潮时直接同参加战斗的群众保持联系。

后来运动的发展完全处于共产党的领导之下。

同志们，当时我们还是一个年轻的党。在领导群众运动中我们取得了初步经验。我们必须老实承认，我们犯过不少错误。我们缺乏优秀的、受过理论训练的党的干部。在许多同志的头脑里，对任务的理解，对我国面临的革命阶段的理解，完全是一团糟。许多人把关门主义思想和流寇思想从民族革命党和以前的共产主义小组那里带到我们党内。他们想用这些思想来制定实际政策。因此，他们给党的发展壮大加重了困难，并阻碍了它的发展。

单是1930年，我国就发生了89次罢工，仅其中的34次，就有31680人参加。在同一年里，我国发生了400起农民行动，大约有50万农民参加。在1930—1931年间，发生了无数次工农联合行动。1930年9月，在越南北部爆发了一次农民起义，随后创建了苏维埃。

苏维埃遭到血腥镇压。1930—1931年的整个运动也是如此。

我们逐渐地取得经验，学会做工作。就我们党本身而言，我们的主要任务是巩固党的队伍。在这方面，我们还必须勤奋地工作。我们党的社会构成还远远不能使我们感到满意。目前，我们只能做到我们的领导机关基本上由工人组成。我们党同群众的联系还很不够。我们还没有掌握我国起决定性作用的工人中心。在印度支那，工人阶级的主要部分集中在东京湾地区，在那里我们的党组织还很薄弱。我们懂得，只要我们在工人阶级中间还没有牢固地扎下根、同劳动群众还没有建立起牢固的联系，我们就不能高枕无忧，我们党的巩固就不可能有把握，就会面临被警察重新破坏的危险。同志们，绝不是我们党的所有党员都懂得，党必须是一个群众性的党。许多党员仍继续坚持他的老一套，以关门主义的方式做工作。这方面最有说服力的例子就是，党组织迄今为止仍在执行的那条对待工人组织的路线。不过与此同时，现实的事实表明，特别是在最近一个时期，共产党的影响在仍然受到民族改良主义影响的群众中有所提高。西贡的地方选举就证明了这一点。我党在那里提出了一个自己的工人候选人名单，结果在6个被选入地方政府的本地人中，有4个是我党提名的候选人。这是我党在广泛的群众工作方面的初步经验。

康生（中国）：

中国共产党代表团完全赞同皮克同志作的关于共产国际的工作报告。

诸位一定还记得，在第六次代表大会时，我们党经历了一个极其困难的发展时期。当时在中国，资产阶级和地主的反革命气焰嚣张。我们的许多党组织遭到破坏。阶级工会被解散。工人运动处于低潮。

那时举行的共产国际第六次代表大会在其决议中指出，中国革命的失败是暂时的，在不久的将来，我国不可避免地会出现新的革命高潮。中国后来各种事件的发展，完全证实了共产国际的预言。虽然托洛茨基分子提出了关于"中国资产阶级政权要稳定多年"的反革命预言,革命新高潮仍然急速地开始增长。如果说,六大时在中国出现过革命的低潮,那么,今天我国形势的特点是,反帝斗争大高涨,工运农运迅猛发展,红军取得历史性的胜利,共产党的力量和影响大大增长。我们党今天拥有40万党员,已成为我国政治生活中的重要因素。

南京的资产阶级地主集团激化和加深了导致1925—1927年革命的基本矛盾,其所作所为加速了中国革命新高潮的到来。外国资本家一方面因中国革命的失败和国民党的奴颜婢膝而感到鼓舞;另一方面由于世界经济危机的驱使,对中国劳动人民的生活水平发起了猛烈的进攻。因此,广大群众和城乡小资产阶级破产和贫困的过程以空前的规模在加速。工人阶级的境况严重恶化,大批人失业和忍饥挨饿,千百万劳动人民濒临极端痛苦的慢性死亡。

除国际帝国主义者的经济扩张外,不久又发生了公开的武装干涉。由于日本帝国主义者发动掠夺性的战争,最严重的灾难突然落到中国人民头上。1931年9月18日,日军占领了比日本领土大三倍的满洲。近几年来,日本帝国主义者继续在华北占领一个又一个地区。

毋庸赘述,卖国的国民党政府根本不打算抵抗帝国主义瓜分中国。南京政府理所当然地已经成为丧权辱国的卖国政府的象征。

帝国主义者的进攻、日本军国主义者对中国人民发动的掠夺性战争和国民党的无耻背叛,这一切给党提出了极其艰巨而责任重大的任务。斯大林同志说过,如果认为帝国主义所有这些罪行都不会带来什么后果,那是可笑的。但是,群众反对国际帝国主义占领计划的斗争,必须由我们党来组织。我们党,只有我们党才能确保中国劳动人民争取本国民族独立和领土完整的斗争获得胜利。事实上,我党为扩大和领导反帝斗争发挥了巨大积极性。我党努力把群众不断增长的愤怒引导到反对帝国主义者及其国民党走狗的武装斗争的轨道上来。众所周知,我们党在这方面的工作不是没有成果的。

作为对我党号召的回答,反日罢工浪潮席卷我国所有的工业中心。安东和沈阳的工人举行了罢工。1932年,在日本工厂做工的上海工人举行的总罢工持续了几个月之久。工人和学生的群众游行队伍走上了北平、上海、南京和其他城市的街头。游行往往有几万人参加,并导致同政府军发生流血冲突。在1932年初英勇的上海保卫战期间,我党的工作也发挥了很大的作用。

在中国的国民党统治区,我们还未能从组织上掌握和固定我党对小资产阶级和知识分子中有反帝情绪的人的不断增长的影响。我们的任务是:克服各种阻力加强反帝人民阵线,真正团结国内一切反帝力量,甚至利用最不坚定的暂时的同路人,以争取反对帝国主义者及其国民党走狗斗争的胜利。

在这里应当谈一谈著名的上海保卫战中最富有教育意义的经验。上海共产党人尽管作了各种努力并创造了英雄业绩,但却不能阻拦和防止国民党的背叛,抵抗日本干涉者,保卫上海这个最大的工业中心。为什么会发生这种情况呢?主要原因是:上海党组织同工厂企业的联系太薄弱,上海无产阶级的组织性明显不够强。在这个时期,上海无产阶级的行动和斗争在很大程度上是自发的。没有强有力的无产阶级基础,必然会削弱反帝民族解放运动的活力,这一运动只有当无产阶级在反帝斗争中不仅表现得坚定不移,而且具有足够的组织能力时,才能取得胜利,但是,没有无产阶级队伍的团结,没有工人阶级的真正的群众组织,这是不可能的。

中国工人群众本来就已十分贫困的境况急剧恶化,必然导致中国工人阶级反抗外国资本家和中国资本家进攻的斗争不可避免地更趋激烈。事实上,近年来中国无产阶级的罢工斗争规模巨大。下列数字雄辩地证明了这一点。在中国,参加罢工斗争的工人人数1929年为75万,1930

年为35.7万，1931年为75万，1932年为120万，1933年为69万。1934年，据不完全统计有50多万中国工人参加了劳资冲突。这里必须指出，工人在斗争中表现出来的顽强性在不断增长，罢工斗争越来越经常地导致同军警发生流血冲突。特别重要和令人高兴的是，必须指出这样一个事实，即同苏区接壤地方的罢工斗争，工人的行动确保了我们红军胜利的进军。

我们列举的这些数字说明了我国罢工运动的巨大规模。在许多情况下，罢工领导权掌握在我党的手里，特别是，我党领导了铁路、矿山和纺织工人的大罢工。然而，我们也不得不承认，大多数罢工的爆发和进行是自发的。这一事实说明，我们在组织和独立领导罢工斗争方面所取得的成绩还很小，如果考虑到我们在这方面拥有特别有利的条件的话。

我们必须同我们在工会运动中存在的关门主义决裂。我们必须最坚决地纠正轻视在黄色工会和国民党工会中做工作的态度。我们浪费了许多时间。现在，我们必须竭尽全力来弥补我们在工会工作方面的缺陷。我们的任务不是创建平行的、在多数情况下是小型的工会，而是要把我们全部工作的重点放在现有的工会上。我们要确保我们无产阶级队伍的统一和紧密团结。这将使无产阶级的地位不仅在争取满足其日常的迫切需要的斗争中，而且也在其为争取中国人民根本利益的斗争中得到很大的提高和加强。

关于我们的农村工作，近几年我们也面临着农民运动的大发展。农民群众的行动在中国几乎已成为日常现象。这没有什么可惊讶的。农民群众的境况从前就很困难。而近几年来，农民群众的境况进一步大大恶化了。帝国主义的压迫越来越残酷，地主的徭役日益加重，军阀的苛捐杂税越来越多，贫困化过程日益加速，所有这些事实，连同帝国主义和国民党现政权的统治，导致农民群众的斗争不断高涨。在被逼得一贫如洗和满腔愤怒的农民群众中，有越来越多的人被卷入到反对地主资本家政权的武装斗争中来。这种斗争所采取的形式越来越激烈,并越来越多地同工农红军的斗争,同苏维埃运动结合起来。我们还远未能掌握所有的农民运动。但是,任何人都不否认,我国农民运动具有在无产阶级领导下的农民战争的特点。农民群众觉醒后投入革命斗争这一点,在很大程度上说明了为什么我国的苏维埃运动会取得胜利。另一方面,强调如下一点并非是多余的:我们党证明自己有能力把农民群众的斗争纳入到苏维埃的、反帝的土地革命的洪流中来。

南京政府对苏区实行的经济封锁、苏区的工业品奇缺,导致了一系列的经济困难,使苏区的经济生活更加艰难。连绵不断的内战不可避免地使经济形势恶化。正因为如此,在这一时期,我们党中央不得不特别重视苏区的经济政策问题。党不得不考虑并实行一系列措施,以促进农业繁荣、工业生产发展、市场关系活跃和商品流通。党通过苏维埃机关执行了一项决议,规定如果没有令人信服的理由,禁止重新分田。这项措施对租佃契约、土地买卖和雇佣劳动力等作了详细规定,促进了农业商品生产的发展和土地耕作的改善。苏维埃机关设法扩大播种面积、改进农业技术,组织群众精种细收,从而为农民群众富裕程度的进一步提高作出了贡献。在中央苏区,年收成增加了20%—35%。与此同时,在苏区实行了一系列旨在促进家庭手工业生产和进一步发展合作化运动的措施。与中国国民党统治区经济不断萧条的情况相比,我们党在这方面取得的这一切成就更显得特别突出。

我们切不可满足于已经取得的成就。我们任何时候都不能忘记,苏区实行的经济政策应该给工人和农民提供完全不同于国民党统治区劳动人民群众境遇的劳动条件和生活条件。我们任何时候都不允许对进一步提高中国苏区劳动群众的富裕程度采取漠不关心的态度。我们不能不看到,在这条战线上,我们还有很多困难。我们只有克服这些困难,才能继续确保中国千百万劳动人民群众对红军的英勇支持。在中华苏维埃第二次代表大会上，毛泽东同志用下面的例子叙述了劳动群众同红军的关系：

"广大的工农群众……认为用他们手里的武器保卫和扩大苏区是他们的神圣职责。他们源源不断地、大量地开赴前线。比如江西的长冈乡，16岁到45岁的青年壮年男子有407人，其中有320人当红军去了，留在家的共计87人，也就是说，80%的男子参了军，只有20%的男子留在乡里。福建的才溪乡，青年壮年男子有508人，其中有485人当红军去了，留下的有67人，也就是说，85%的男子参了军，只有12%留在乡里。"①

我们的任务是，继续组织全体劳动人民最积极地参加巩固和扩大苏维埃的斗争，参加反对帝国主义和地主资产阶级反革命的斗争。

现在我来谈一谈军事斗争问题。我只谈最后一次即第六次"围剿"②的经验。国民党军队向苏区发动的这次"围剿"，持续时间最长，规模最大，战斗最激烈、最顽强。这次"围剿"持续了一年多。由于国际帝国主义者的全面支持，敌人才有可能集中60万大军单独进攻江西的中央苏区。在进攻红军的战斗中，蒋介石动用了100多架飞机。敌人步步为营地包围苏区，但是，红军成功地摆脱了这种包围，向贵州和四川挺进。

红军主力从中央苏区撤退，国民党报纸借机造谣，说什么红军吃了败仗。连我们队伍中的一些懦夫也受到国民党这种叫嚣的影响，用失败主义的观点来评价第六次"围剿"③的结果。事实早已证明，这种评价是一派胡言。

红军能否继续保卫中央苏区呢？毫无疑义，它能做到。但是，这种

---

① 参看《毛泽东选集》人民出版社1991年版第1卷第137页及141页注释(3)。本段引文与《毛泽东选集》中的文字有较大出入。——编者注
② 原文如此。——译者注
③ 原文如此。——译者注

保卫战本身绝无可能歼灭敌人的主力。这一目的只有在我军转入反攻性质的机动作战的情况下才能达到。另一方面，继续保卫中央苏区，会使我军主力完全被包围的危险与日俱增。我党中央和红军革命军事委员会必须认真权衡这种情况。这两个机关以对中国革命前途完全负责的态度作出了决断。

众所周知，我党中央和革命军事委员会通过并执行了红军主力从江西向四川省方向撤退的决策。红军在途中取得的胜利，红军主力同红四方面军的会合，强大的苏维埃基地在四川的创建，红军在最近几个月内成功地开展反攻性质的运动战和机动作战，这一切最好地证明了过去作出的决策的正确性。这一切为红军继续作战创造了极其有利的条件，而这些条件是从红军在最近的挺进中所产生的。

在这几年中，我们党经受了严重的考验，它在自己的发展中走过了一条漫长的道路。国内形势的迅速变化，给党提出了一个又一个艰巨的任务。与此同时还必须考虑到，我们党不得不在极其艰难的条件下开展工作。我们的同志在国民党的白色恐怖下牺牲的有成千上万。但是，我们党在各种考验和无数困难面前，仍然保存了自己。在两个阵线不可调和的斗争中，我们党既在理论方面，也在实践方面锻炼了自己的队伍，实现了布尔什维克化。

我们党在思想上已经成熟了。它现在拥有一批经过考验和战斗锻炼的干部。我们意识到我们的力量，并对我们党取得的每一个成就感到高兴，因为我们深信，一个强大的中国共产党的存在，就是中国人民为其最切身利益斗争取得成功的最好保证。我们决不低估自己的力量。但是，我们也意识到自己的缺点。我们向第七次代表大会保证，中国共产党为了成为布尔什维主义国际的一个名副其实的支部，将坚持不懈地、顽强地进行斗争。（经久不息的、暴风雨般的掌声。代表们起立，欢呼。）

第十次会议

(1935 年 7 月 30 日)

继续讨论共产国际执行委员会工作报告

今天大会的主席是**皮克**同志(德国)。

纳迪尔(叙利亚):

叙利亚是法国在中东的唯一殖民地,正好处于欧亚之间伊拉克石油通道边和地中海海边,具有极大的军事战略意义。

在最近一个时期,意大利法西斯在叙利亚的宣传大大加强了。墨索里尼的代理人每年都组织阿拉伯青年免费去意大利旅游。巴里(意大利)广播电台每周三次用阿拉伯语转播有关意大利——阿拉伯友好和法西斯主义在意大利兴旺发达的讲话。德国法西斯也开展了不少活动。希特勒已经成功地掌握了叙利亚最大的几家资产阶级报纸,这些报纸每天都登载有关希特勒的照片和文章,把法西斯主义说成是"德意志人民的救星"。希特勒的代理人为了自己的法西斯主义目的,正力图利用阿拉伯人的民族自尊心。

通过其倾销手段使手工业者破产的日本,最近提出了一项计划,就是由日本承担费用,把阿拉伯的知识青年送进东京的高等院校。

群众奋起的最突出的特点是阿拉伯无产阶级所起的积极作用。叙利亚工人为争取工会自由所进行的罢工和采取的行动表明,叙利亚无产阶级已经进入了为取得对民族自由运动的领导权而进行实际的直接斗争的时期。

在共产国际第六次代表大会前不久建立起来的我国共产党，直到1930年还不得不对机会主义和帮派思想，以及对脱离群众的自我孤立倾向作斗争。在走过这一阶段并开始接近群众时，领导权却落到了来自反革命犹太复国主义阵营的人的手中。这些犹太复国主义分子不仅阻碍了巴勒斯坦兄弟党的发展，而且还渗入到埃及和叙利亚，在这里阻碍共产党的进军。

1933年，在叙利亚共产党中央委员会第四次扩大全会之后，通过以共产党的阿拉伯化为基础，党才开始实行一条正确的路线。它在民族自由运动中制定了自己的路线。它粉碎了反党集团，并把犹太复国主义分子和达施纳克分子从领导班子中清除出去。自此之后，党才能取得重大的成就：在工人阶级中赢得了举足轻重的地位，特别是在阿拉伯无产阶级中打下了牢固的基础。

党获得了广大阿拉伯群众的信任，他们开始把共产党人看做为整个阿拉伯人民的事业，为彻底的民族解放事业而斗争的最勇敢、最真诚、最坚定的先锋战士。

我们在一切活动中，主要是努力巩固我们在工人阶级中的组织基础。中央机关报的发行量不断增加；我们出版了一种地下理论刊物，它能够把阿拉伯各国越来越多的革命知识分子聚集在自己周围。

我们党参加了保卫季米特洛夫同志和台尔曼同志的国际运动，他们的名字在阿拉伯群众中很受欢迎。在反对帝国主义战争、保卫苏联的斗争中，我们开展了富有生气的活动。我们党所进行的活动，几乎没有一次不同这两个问题相联系。当苏联加入国际联盟的时候，党在自己的号召书和小册子中阐明了苏联政府的无产阶级政策，揭露了阿拉伯国家的资产阶级新闻界和共产主义的叛徒们的诬蔑。

我们党取得的最显著的成就,是在最近这一时期把统一战线作为党的全部活动,首先是作为反帝斗争的基础。在对亚美尼亚少数民族的工作方面,在阿拉伯化之后,我们的影响扩大了,统一战线策略迅速增强,并且已经取得了一定的成就。

目前,我们的任务是进一步发扬成绩,扩大尚处在妥协分子和反动分子影响下的广大群众的实际成就。

我们党的党员数量比1929年增加了60%,党员中有80%是阿拉伯人,其中60%是工人,25%是农民。

克鲁莫夫(保加利亚):

保加利亚共产党代表团完全同意皮克同志所作的共产国际执行委员会工作报告,同意他对我们资本主义国家各支部关门主义错误的正确批评。保加利亚支部认为,要强调指出关门主义路线给保加利亚党和革命运动带来的巨大损失,这一路线在最近一个时期曾经在党的一部分领导中占据上风,而只是不久前在领导中才得到克服。

自从第六次代表大会以来,保加利亚共产党在反对恐怖统治的艰苦斗争的情况下进行工作。它被迫转入最隐秘的地下,并取得了显著的成就。它充分利用了合法的可能条件,在议会选举和地方选举中把多数工人阶级和相当大的资产阶级阶层聚集在自己的影响之下。但是,党的这一工作由于关门主义而遭到严重的阻碍,因为关门主义使党犯了一系列重大政治错误。因此,党不能在群众日益不满时居于领导地位,也不能组织反对资产阶级和反对法西斯主义进攻的群众性抵抗。由于这一原因,在1934年5月19日发生法西斯主义军事政变时,党实际上已经陷入机会主义的被动之中,尽管是在革命词藻的掩盖下。

为了彻底克服关门主义错误,党批评了自身的弱点和关门主义造成的偏差,并改组了整个工作。代表团高兴地向国际代表大会报告,党迅速地重新建立了同群众的联系,并在正确地运用统一战线策略的道路上迈开了最初的步伐。

保加利亚工人的革命高涨,首先表现在罢工浪潮和失业者运动中。罢工浪潮此起彼伏,差不多一直延续到法西斯主义军事政变,席卷了几乎所有的生产部门。1932年以来,反对迫害工人组织、反对屠杀更多工人干部的政治性示威罢工次数日益增多。但是,这些罢工是短暂的,被卷入的也只是小手工业作坊。

法西斯主义军事独裁使罢工斗争增加了困难。然而就是在政变之后,一系列工厂仍爆发了罢工。

由于严重的农业危机,破产的农民参加到抗税抗债的斗争中来。政府被迫暂时停止强制性征税和收债。在许多地方,农民自己倡议建立反对企图把他们赶出村庄的法西斯主义煽动家的统一战线。可是,一般地说,党低估了农民为日常的迫切需要所进行的斗争,满足于有关反对政府和反对农民联盟斗争的必要性的空洞口号,因为它把农民联盟说成是工人和农民的主要敌人。党不能对农民的强烈不满进行引导。

工农大众的愤慨也影响了士兵,反军国主义的和共产主义的影响在士兵中有所增强。自1933年以来,在几乎所有的卫戍部队中都开始对士兵和反军国主义者进行司法审判。100多名士兵和革命者被判处死刑,13名被判死刑者已经被处决。

在群众运动高涨的同时,由共产党人领导的群众组织有了相应的增长。

工人报刊虽然遭到迫害和检查,但还是有了显著的增长:1931年出版了42种报纸、杂志和简报,每周印数达25万份。

但是共产党在大企业中却没有得到巩固,它未能利用罢工斗争使工会变成群众组织。它未能巩固自己作为群众斗争的领袖和组织者的作用。党的领导利用共产主义青年运动为自己的派别目的服务,而未能把青年问题作为全党的一个问题提出来。

在反动派和法西斯主义的进攻（解散议会中的工人党团、解散索非亚市议会中的工人党团、屠杀群众热爱的工人领袖莫斯科夫同志、考法希夫同志、纳佩托夫同志、特雷科夫同志等）面前，关门主义路线和党领导的宗派主义态度产生的消极后果突显出来了。党领导虽然要求群众进行斗争和政治大罢工，但实际上却未能组织群众性的抵抗。在1934年5月19日法西斯主义军事政变时，党领导未能充分利用党的广泛影响来组织群众反对政变。这时，党领导关门主义的脱离群众就表现得特别明显。共产党和工人阶级遭受了严重的失败，而没有进行任何一次值得一提的斗争和抵抗的尝试。

失败的原因在于居领导地位的关门主义集团顽固地无视日益增长的法西斯主义危险和法西斯的政变准备。这一集团把党推到反对农民联盟斗争的第一线，因为它把农民联盟看做劳动人民的主要敌人，看做法西斯主义危险的主要支柱。在法西斯主义军事政变及其此后向无产阶级和党发动进攻的时候，党所表现的软弱无能和被动，正是党对政治性群众罢工采取形式主义僵化立场的结果。

党的群众运动没有同群众争取日常利益的斗争结合起来，只是为运动而运动，这些运动是形式主义地、官僚主义地和机械地组织起来的，只限于党的积极分子和共产主义青年积极分子举行脱离群众的集会。对统一战线采取关门主义的态度使党领导更加孤立了，所有这一切必然在一部分党的干部中引起动摇；发生了一些令人遗憾的不忠诚和背叛事件。居领导地位的关门主义集团的宗派主义路线所造成的有害结果，我们可以从下面这一令人气愤的事实中看到：在莱比锡审判进行时，保加利亚的抗议运动却搞得非常软弱无力，尽管季米特洛夫同志给党送来了反对法西斯主义斗争的无法替代的武器。关门主义集团未能改变自己的宗派主义立场，他们既不理解莱比锡审判案的意义，也不理解多年来最受爱戴的保加利亚工人领袖季米特洛夫同志的作用。

　　政变之后，关门主义的领导声称，国家已进入革命危机，党的直接任务是为实现无产阶级专政而斗争，政治总罢工是斗争的唯一武器，从而使自己的错误更加严重了。

　　在这种情况下，产生了干净、彻底地肃清党领导的"左"倾机会主义路线的问题，彻底改变党的整个工作的问题，特别是彻底改变党的干部政策的问题。党的中央委员会改组了。党采取了在布尔什维主义路线的基础上，吸纳与团结具有党的各个发展阶段上的群众工作经验和革命斗争经验的众多干部的坚定方针。在实际工作经验和多年参加革命运动经验的基础上，组建了党的领导机构，开展了布尔什维克式的自我批评，这些必将为防止歪曲党的路线提供保证，同时也保证了领导与群众的联系。党提出了争取一切工人工会的自由，反对政府对工会实行法西斯化，争取工会运动在共产主义工人、改良主义工人和其他工人的统一战线基础上的统一的口号。党提出把反对法西斯主义军事独裁、争取保加利亚劳动者的民主权利和自由、反对战争、维护和平的斗争作为党的最重要的直接任务，从而把这一斗争同工人和城乡劳动人民争取经济上的日常要求的斗争结合起来。为了保障反对法西斯主义军事独裁的成果，共产党在正确的反法西斯纲领的基础上，向所有党派和劳动群众的组织提出了成立反法西斯人民阵线的建议。我们已经同农民建立了统一战线；而社会民主党在群众的压力下也表示原则上同意。

　　紧握列宁斯大林旗帜的保加利亚共产党，将在日益成熟的斗争中，完成自己作为保加利亚工人农民的革命领导者的职责。（掌声）

马林（古巴）：

　　自1925年成立以来，一直处于最隐秘的地下状态并处在马查多政府血腥恐怖下的古巴共产党，在共产国际第六次代表大会的时候，只有不到100名党员；在受党影响的和参加了古巴全国工人联合会的工会组织中，总共有2万名成员。

最近，古巴共产党开始转向群众，并深入到无产阶级的主要阶层中去，领导工人的日常斗争。在1930年3月20日的20万工人大罢工中，古巴共产党居于领导地位，罢工工人要求工会运动合法化并要求保护失业工人。古巴共产党支持了1931年8月4日6.5万名无产者的罢工，这次罢工是对经济斗争和要求释放政治犯的一次声援罢工。它领导了有1万多工人参加的1932年1月和3月的糖业工人罢工。它还支持了1932年1月至5月在改良主义领导下的2.5万名烟草工人的罢工。在1933年1月到3月收割甘蔗的时候，它在糖业工人中努力开展罢工运动，有2.5万名劳动者参加了这次运动。它就这样逐渐发展成为一个拥有2000名成员的党，并为进行日益成熟的斗争打下了基础。

在开展群众斗争的同时，还要同以桑达利奥·洪可为首的反对派的机会主义倾向进行不调和的斗争，因为他们在最初的发展阶段就已经阻碍党转向群众，后来又采取了公开的托洛茨基反革命立场。把这些同无产阶级格格不入的分子开除出党，党才有可能较容易地完成今后的任务。

1933年8月，在开展局部斗争时，发生了大规模的革命总罢工。这一罢工在很大程度上受到我党的影响，后来又汇合到反对马查多政府的广泛的人民运动中。由于思想上和政治上的弱点，党未能在这些由它准备和推动的斗争中发挥领导作用。在罢工期间，党要求群众复工，并取消了自己提出的"打倒马查多！"的口号。中央委员会作出这一决议，是因为它相信，总罢工是由一些经济罢工组成的。这样，中央委员会就低估了总罢工的政治意义。党的这一错误被要求继续进行斗争和不愿意停止这一富有成果的罢工的群众本身纠正了。这次罢工是要推翻马查多政权，与此同时，还发生了人民自发的复仇行动。尽管这场运动规模很大，有 85 万工人、大学生、小资产阶级等参加，但是由于党的错误，使 ABZ 党①，一个其社会基础主要是小资产阶级并处于同帝国主义有紧密的直接联系的西班牙买办资产阶级影响之下的反动政党，在这次罢工的过程中赢得了巨大的影响，这就使它轻易地接收了政权并成立了以它为主的政府。

八月罢工是伟大战斗的序曲。1933 年 8 月至 12 月，罢工运动达到了巨大的规模，席卷了所有工业部门和省市，其中包括偏僻的角落。37.5 万多名工人被卷进了这次罢工浪潮，他们坚决保卫自己最切身的要求。这些罢工的高潮就是糖业工人占领了许多属于帝国主义康采恩的糖厂并组成了赤卫队。

在这些伟大的斗争中，团结的革命工会组织，即古巴全国工人联合会得到了锻炼，成长为一个强大的群众组织。它于 1934 年 1 月举行的第四次联合会代表大会有 2000 名代表参加，代表着 42.6 万名工人，也就是说，代表着无产阶级的大多数。全国糖业工人工会已经发展成一个拥有 10 万工人的组织。站在青年一代斗争最前列的共产主义青年团，已从 1930 年不足 100 名成员的组织发展成一个有 5000 名团员并在企业中设有广泛支部网的组织。领导并支持这些斗争的共产党已经成长为一个有 5000 名党员并在工厂中有成百个支部的组织。

党在其中发挥了领导作用的无产阶级罢工运动虽然有了很大的发展，但农村的斗争在这一时期却软弱无力，而且带有自发性，直到 1934 年下半年，才开始高涨起来。

在所有这些重大斗争中，无产阶级在某种程度上能够表明自己是一个阶级。无产阶级能在相当大的程度上团结起来，并创建了一个阶级性的群众性政党。而党的主要错误在于，它把无产阶级的阶级利益同民族

---

① ABZ 党，成立于 1931 年的一个党派，其成员主要是大学生。——译者注

解放斗争的利益，同古巴资产阶级民主革命和农村反帝革命的任务机械地对立起来。

由于对这一任务缺乏理解，党就不能在民族革命阵营与封建的、帝国主义的反革命阵营之间划清界限。因此，它对格劳政府的敌对态度也就可以得到解释了，这个政府是1933年9月4日主要由大学生和士兵进行的小资产阶级政变的结果。这是一个民族改良主义的政府，它一方面反对帝国主义，保证电站和糖厂可以由工人管理；而另一方面又倾向于对帝国主义作出让步。当反动的ABZ党企图通过其1933年11月8日发动的政变推翻格劳政府时，当它于1934年1月在军队总司令巴蒂斯塔的支持下同门迭塔一起成功地推翻了格劳时，共产党对这两派的斗争采取了"中立"的立场，从而在客观上使今天的反动政府易于夺取政权。

因此，下列事实也同样可以得到解释：党错误地把所谓的古巴革命党，一个以格劳为首的民族改良主义组织，说成是"法西斯主义的"党；甚至在对待以欣特拉斯为首的民族革命组织"青年古巴"方面，党也犯了同样的错误。

党的这一错误路线阻碍了党在群众中扩大和巩固自己的影响。

古巴共产党自1935年2月28日举行四中全会以来，提出了统一战线问题。但是，它只是向"青年古巴"提出统一战线的建议，而没有向在小资产阶级、工人、黑人群众中有很大影响的格劳的组织提出这样的建议。

民族革命阵线没有建立起来。致力于同一个目标的力量被分裂了。因此，1935年3月的总罢工以失败而告终。党在反对门迭塔和巴蒂斯塔卖国政府的同时，也对民族改良主义和民族革命主义发起攻击，这实际上意味着重犯1933年8月的错误，客观上阻碍了推翻卖国政府。

门迭塔政府对罢工者采取了最血腥的恐怖措施。古巴还从未有过这样残暴的迫害。工人、大学生、共产党人、格劳和欣特拉斯的追随者在大街上遭到屠杀。仅在哈瓦那三天时间里就有5000人被逮捕。一切工人的、大学生的、工会的、格劳的、欣特拉斯的组织，以及所有的共产主义组织都被迫转入地下。几天后，因特拉斯和阿蓬特（桑迪诺的得力助手）被枪杀了，许多工人被判处30年有期徒刑。更多的革命者被杀害了。为镇压罢工使用了最野蛮的恐怖手段。

尽管如此，古巴共产党最近在实行正确路线的道路上采取了重要的步骤。党近期的整个活动表明，它正在果断地、坚决地转向建立统一战线，并在这一转变中依靠群众的积极支持。

德索尔德索斯（希腊）：

经济危机的暴风骤雨也席卷了希腊。面临着资本和法西斯主义的疯狂进攻，年轻的希腊无产阶级和劳动群众的其他阶层开展了初步的斗争。这些斗争创造了阻止法西斯主义进攻的先决条件。我们党在阶级斗争的烽火中同工人阶级建立了最紧密的联系，成为朋友和敌人都要加以考虑的重大政治力量。

我们党在1928年获得2.4万张选票，而在1935年6月的议会选举中，工农集团在党的领导下获得了10万多张选票。工农集团在8个城市获得多数，在烟草工业中心卡瓦拉，尽管在可怕的恐怖统治下，党还是获得了全部选票的63%。

如果说，革命工会和党在1931年曾领导了有6600人参加的罢工运动，那么它们在1934年就已经领导了有11万工人参加的罢工。

由于党的积极工作和群众的热情要求，两个改良主义联合会中的改良主义工会被迫参与统一战线。

1935年3月韦尼泽洛斯的法西斯主义军事政变，主要由于共产党领导的人民群众的抵抗而遭到失败，在面临君主政体重建危险的情况下，反法西斯人民阵线运动大大地高涨起来。现在，这一运动在希腊显示出前所未有的勃勃生机。

目前，在反对重建把资产阶级同准备法西斯独裁结合起来的君主政体的斗争中，能够看到的新事物是席卷全国的巨大罢工浪潮，这一新事物的结果是，共产党和统一工会联合会在7月27日号召举行反对君主政体和法西斯主义的24小时总罢工。

统一战线运动中的新事物是：（1）出现了新情况，即在群众钢铁般意志的压力下，改良派的、社会党的和农民党的领袖们的破坏活动被粉碎了。（2）小资产阶级的组织、大学生和共和派的青年组织、知识分子，甚至包括对韦尼泽洛斯感到失望的旧资产阶级政党中的左翼分子，都加入了统一战线。（3）党在群众中的威信大大提高了。

党在政治影响扩大的同时，组织上也得到了加强，尽管我们这里也像共产国际的许多其他支部一样，组织上的扩大同自己的力量和威信还不相适应。1928年以来，党扩大了近两倍半，党员在1934年已经达到大约5000人，这对一个地下党来说是重大的成就。而同样重要的是，党员质量改善了，基层党组织的积极性大大提高了。

当1929年底党内爆发激烈的派别斗争时，1927—1928年反对破产了的中派主义和托洛茨基主义的极其尖锐的斗争还没有结束。受派性迷惑、犯了无数右的和"左"的错误的党内派别集团领袖们，在两年中把党引向深渊，使党脱离了群众并离开了阶级斗争。

除了派别斗争导致党的瓦解之外，统一的工会也解体了。就这样，改良主义者和托洛茨基分子靠牺牲我们的利益加强了他们的力量和影响。脆弱的罢工运动和党在这一运动中无足轻重的作用说明了这一时期党的情况。

1931年11月换了新领导，并在短时间内清除了派别斗争。一种积极的、充满热情的、布尔什维克式的工作开始了。

在党内实行的这一转变，也在思想战线上表现出来。通过不断的思想斗争，法西斯主义的影响及其以前同"左"右倾机会主义思想一起对党的政策和口号所产生的影响被肃清了。

除了重新出版的党的理论刊物之外，也开始为广大群众出版马克思主义、列宁主义、斯大林主义的文献和小册子。党报《激进报》此前还是一份用群众不理解的语言写成的小报，发行量也很小，现在却变成了一家通俗报纸，发行量大约1.5万份，而它在1931年只发行2000份。

党以坚定的步伐在布尔什维克化的道路上继续前进，它解决了关于即将来临的革命的性质和动力这一困难而根本的问题。希腊共产党中央委员会第六次全体会议把革命的性质定义为将很快转入无产阶级革命的资产阶级民主革命。因此，党不再低估农民和劳动小资产阶级，从而能够对外国资本在希腊的暴力政策进行广泛的斗争，并领导这一斗争。

但是，所有这些成就并不意味着不存在重大的缺点。尽管在培养新干部和调动中下层干部的积极性方面有一定的进步，但党还是不够强大，在大多数企业中还没有站稳脚跟。党对自己的状况还远远谈不上满意。

希腊遭受到最严重的危机。作为国家经济基础的农业生产灾难性地下降了，而农产品的价格也同样大幅下跌。

由于国内资本和在我国占有强大经济地位的外国资本的双重剥削，群众不堪忍受的状况更加恶化了。

在1929年至1932年间，资本家和地主对劳动人民的生活水平进行了一场疯狂的进攻。这一进攻今天仍在特殊形式的萧条的条件下继续着。

数以万计的铁路工人、有轨电车工人、海员、职员等的工资直接减少了，昂贵的物价使他们的生存成了问题。在工资下降的同时，所有工业部门的社会保险都被削减了。

农民的税收提高了，众多的农民无产阶级化了。农民欠银行、国家和高利贷者的债务高达170亿德拉赫马①。

农村问题始终没有解决，沉重的封建主义残余压在贫困化的农民身上。

危机对在居民中占相当大部分的小资产阶级的状况产生了灾难性的影响。这一情况把劳动人民带到绝望的境地，把数以万计的工人、职员和其他劳动人民推向斗争的道路。群众的愤怒首先在罢工中表现出来。1929年发生了66次罢工，有8万人参加罢工。罢工运动在1930年至1931年由于派别斗争而出现退潮的现象得到了克服。1932年宣布的罢工有164次，参加者达5.8万人；1933年举行了452次罢工，有9.3万人参加；1934年举行了482次罢工，罢工者达18.3万人；至于1935年，仅四个月就宣布了几十次罢工，有2万名工人参加。

在这些斗争中，占突出地位的有：1934年5月9日有3.5万名工人参加的总罢工；1933年7月卡瓦纳5000名烟草工人的总罢工，罢工时工人们占领了工厂；邮电职工的总罢工和铁路工人的24小时总罢工。

特别是在去年，罢工运动突出地表现出进攻的战斗特性：许多罢工是以部分胜利结束的，无产阶级的主要阶层被卷入了罢工运动，改良主义的领袖们花了很大力气阻止改良主义工会中的群众参加斗争。党和统一工会对罢工运动的领导作用终于有了很大的提高。

随着战斗情绪的高涨，工会统一的倾向在群众中得到加强。在这一氛围的压力下，在1934年的最后三个月中，一些统一工会和改良主义工会，以及两个城市的工会联合会实现了联合。在所有这些联合工会的领导班子中，工会的左翼代表占了多数。

---

① 希腊货币单位。——编者注

党和统一工会之所以能够取得这些成就,是由于党对我们队伍中流传很广的忽视经济斗争和工会工作,以及对改良派工人和改良主义工会不予理睬的观点进行了不懈的斗争。我们就这样使统一工会的会员人数增加了,目前已接近3万人。此外,我们去年争取了共有7500名会员的大约60个改良主义工会,使我们在深受改良主义影响的运输工人中的地位有所加强。

近年来,红色救济会已发展成为一个拥有1.3万名成员的半合法的群众组织。

在民族地区,日益加重的压迫使马其顿人、土耳其人等大批群众投入斗争。最近,党开始认真重视民族问题,努力把被压迫群众组织起来。

共产主义青年团还不懂得把工作认真地转向组织青年为经济、政治和文化的要求而斗争。党在很大程度上也要对此承担责任,因为党不善于给共产主义青年团以必要的帮助,也不善于强化党对青年工作的兴趣。

夏基(澳大利亚):

澳大利亚共产党在共产国际第六次代表大会时只有300名党员。此后,我们的党员增加了10倍,达到3000人。在一些行政区,我们71%的党员在工会工作。我们11%的组织在乡村地区。我们10%的党员是妇女,90%以上的党员出生在澳大利亚。在第六次代表大会和第七次代表大会之间的这一时期,我们党的机关报的印数由5000份增长到1.5万份,我们还办了各种地方报纸。第六次代表大会时,党连一个企业支部也没有,而目前已有120个企业支部。党的发展是在反对党内右派的斗争中实现的,他们拒不执行第六次代表大会的路线,并像美国的洛文斯顿那样持这样一种立场,即认为澳大利亚的资本主义是一种例外,它不受经济危机的触动。在危机过程中，资产阶级极力压低澳大利亚无产阶级的生活水平。而另一方面，尤其是自经济危机转入萧条阶段以来，最大的资本康采恩的利润有了极大的增长。

在我们的工会工作中，党取得了很大的成绩。在铁路工人联合会中，基层和上层的干部同共产党人走在一起。现在，我们在纽卡斯尔、悉尼和墨尔本的中央工会理事会中拥有强大的代表团。在新南威尔士，我们有大约50个联合会代表团。我们正努力在许多联合会中赢得干部职位。目前，在维多利亚州的皮革和制革联合会中，我们拥有所有的理事职位，而在海员、铁路工人、有轨电车司机、机械制造工人以及其他的工人联合会中，我们处于领导地位。此外，在中央和地方的联合会执行机构中还有众多的党员。

我们最大的成就是在矿工联合会中取得的，在该联合会中，我们赢得了理事会的主要职务，其中包括首任理事长和秘书长，并在所有的地方联合会和矿工联合会的基层组织中拥有领导职务。

在最近几个月中，澳大利亚共产党作出了改组少数派运动的决定。少数派运动在工会运动中曾经发挥过显著的作用，在某些情况下，例如在矿工联合会中，少数变成了多数。但是，这种组织形式现在已经过时了，我们必须适应变化了的形势，找到更广泛的组织形式。

在罢工运动方面，共产党人领导了危机以来所有成功的罢工。这些罢工中最重要的是旺萨吉的持续四个月之久的矿工罢工、昆士兰的大甘蔗种植园工人罢工、悉尼的橡胶工人罢工、墨尔本的全体失业救济工程工人罢工，以及失业救济工程工人的许多地区性罢工。

与此相反，由改良主义者领导的罢工导致重大失败，严重地削弱了码头工人和伐木工人所在的工人组织。

在我们的失业工人工作中，以失业工人和失业救济工程工人委员会而著称的悉尼失业工人中心，已经能够在新南威尔士州的几乎所有的失业救济工程中建立失业工人组织。党在维多利亚州的失业工人中有着决定性的影响。在新南威尔士州，失业工人委员会出版了一种报刊，每两周出一期，发行6000份。失业工人委员会利用统一战线的策略，召集400名代表开了一次大会，代表全州各地8万多名失业工人，并包括了所有最主要的组织和失业救济工程。我们必须自我批评地承认，我们很晚才提出失业工人保险问题，虽然我们长期以来就指出了这一工作的必要性。

我们在议会选举中获得的票数反映了我们日益增长的影响。在参议院选举中，我们1930年获得3.5万张选票，1934年获得7.4万张选票。

澳大利亚共产党在农村居民中的阵地还很薄弱。我们要大大改善这一方面的工作。我们已经有38个由农业工人和贫困农场主组成的乡村组织。党正在出版一种专门的农场主报纸。

基希和格里芬是参加反战代表大会的代表，当他们到达澳大利亚时被政府逮捕，为将他们驱逐出境而把他们拘留起来，争取释放基希和格里芬的斗争以统一战线策略的胜利而告终。在这场斗争中，我们成功地把工会、工党、知识分子和小资产阶层吸引到运动中来，使两位代表获得释放。

由于有党组织起来的统一战线，我们才有可能阻止所谓的"新近卫军"这样一个法西斯战斗组织袭击工人代表大会。

我们坚信，澳大利亚共产党和澳大利亚工人阶级在战争与革命的新周期将履行自己的职责。

图奥米宁（芬兰）：

芬兰属于这样的国家，在这些国家中，大资产阶级在经济危机期间求助于法西斯独裁。1930年，它借助于自己鼓动起来的富农运动，即所谓拉波运动实行了法西斯政变。

芬兰法西斯分子自吹自擂地说，他们至少在某些无耻行径方面，甚至是希特勒和戈林的老师。

早在1930年他们就组织了火烧国会，他们还烧毁了罗瓦尼米村，逮捕了许多青年工人，用残暴的手段折磨他们，并最终判处多年徒刑。芬兰法西斯分子可以吹嘘自己捣毁了工人印刷所，抢走了工人的财产，烧毁了居民的房屋，拷问和绑架工人干部。他们对成千上万的人被捕、残暴的监狱恐怖和无数工人遭到屠杀负有罪责。

他们威胁要处决芬兰工人阶级值得骄傲的勇敢战士安蒂凯宁同志，这使他们卑鄙的残暴行为达到了顶峰。由于工人阶级和知识分子有力的抗议以及国际工人的强大声援运动，特别是瑞典和美国同志们的强大声援，他们直到今天才被迫放弃这一罪行。

我们共产党曾是号召工人向正在进攻的法西斯主义作斗争的唯一政党。

但是，我们必须坦率地承认，我们党没有及时认识到，向法西斯主义的决定性过渡是通过一次突然的暴力政变实现的，而不是一步一步地逐渐完成的。我们疏忽大意，没有对法西斯政变做好准备，致使法西斯主义能够使我们党感到意外。当我们合法工作的可能性被剥夺的时候，我们同群众的大部分联系中断了。因此，我们党在法西斯政变时未能动员群众进行抵抗。我们的议会党团被逮捕，我们所有的合法报刊都被禁止，工会被解散，工资被肆无忌惮地、普遍地削减。

由于遭到这一打击，我们党在法西斯政变之后，首先把注意力放在批判右倾机会主义错误，克服灰心丧气的情绪，更新党的组织机构，恢复同广大工人群众的联系，以便能够正确地开展反法西斯主义的斗争。在法西斯政变后的最初几年里，共产党进行了勇敢的鼓动工作来提高党在工人群众中的威信。尽管有严酷的法西斯恐怖，我们党仍鼓励工人去进行群众斗争，反对社会民主党散布的投降情绪，指出同法西斯独裁进行坚决斗争的必要性,并在许多情况下也在实践中证明了进行这一斗争是可能的。

我们党中央1933年作出的关于改组工会工作的决议成了党努力开展群众运动的最重要的转折点。

我们提出的口号是:**广泛统一的工会运动**!在这方面,我们现在可以报告一个显著的成就。根据我党的建议并且常常是在我党的领导之下,最近两年来进行了许多工人斗争。去年有60次罢工,今年至今已经进行了55次罢工。没有导致罢工斗争的劳资冲突还更多,有数以万计的工人参加。

在工会运动方面所取得的这些成就表明,改组我们的工作是正确的,进行得也很及时。此外这些成就还表明,我们党虽然在法西斯政变面前犯了错误,但它在芬兰工人阶级中还是深深地扎下了根。

在芬兰,使工人阶级、劳动农民和进步知识分子显著地激进化的主要原因是下列因素:

1. 芬兰大资产阶级在经济危机期间,在法西斯独裁的保护下对劳动人民进行了闻所未闻的剥削和掠夺。在危机期间,大资本对所有的劳动阶层进行了前所未有的贪婪的掠夺。这是通过闻所未闻地降低工资,加强对劳动力的掠夺,以强迫拍卖的方式大规模地掠夺劳动农民的财富,对知识分子和其他中间阶层的罕见的剥削来实现的。这些人民阶层的极端贫困化是法西斯统治的结果。

2. 法西斯主义的反动性已经暴露出它的真面目。它现在所针对的不再只是共产党人和革命运动,而且还威胁着所有劳动阶层的切身利益和政治权利。文化反动和法西斯主义的虚伪,通过反动的法律、亵渎神明的审判、法西斯主义的紧急法令、以执行死刑相威胁、制定种族灭绝的法律等等,暴露出其丑恶的面目。

3. 国际工人阶级的经验对劳动人民的激进化具有最大的意义。德国法西斯上台和希特勒的恐怖统治,越来越清楚地向芬兰劳动人民展示了法西斯统治对他们所具有的危险。奥地利工人和西班牙工人反对法西斯主义的英勇斗争,以及这些国家的工人阶级在失败之后迅速恢复战斗力,也对芬兰工人的战斗精神起了鼓舞和提升的作用。法国共产党领导的反对法西斯反动派的统一战线的广泛斗争,击退了法西斯主义的第一次冲击,这向芬兰工人和其他国家的工人表明,团结战斗的工人阶级能够打退法西斯主义的进攻。季米特洛夫同志在莱比锡法庭上英勇无畏的表现,极大地鼓舞了在反法西斯斗争中的芬兰工人,提高了作为反法西斯先锋战士的共产党人的威望。

4. 对芬兰工人来说,由胜利走向胜利的苏联是十分重要的激励。苏联经济的巨大高涨促使劳动人民更加努力地摆脱资本主义的桎梏,开创像苏联各族人民在共产党的领导下所达到的那种光明前途。

大资产阶级以进一步强化其法西斯独裁来回答广大人民群众的激进化和广泛的人民群众运动。

法西斯主义也向芬兰的**瑞典族**人民的权利进攻。如果说,法西斯的头目们在1930年还向瑞典族农民宣布:"这个国家的耕地不问种地的人讲哪种语言。"那么,法西斯主义的煽动家们现在又在进行一场恶毒的运动,旨在剥夺芬兰的瑞典族人民的权利。为此目的,他们正在煽动芬兰的沙文主义。

强化法西斯独裁的另一个标志是,芬兰资产阶级日益明显地企图扮演帝国主义列强,特别是英国的代理人的角色,倾向于支持法西斯德国疯狂的战争政策,以及日益狂热的物质上和思想上的战争准备。芬兰穿黑袍子的教士们、法西斯主义的报刊、与德国总参谋部沆瀣一气的保卫团,以及军队的军官们,正在进行一场越来越肆无忌惮的"大芬兰"的宣传。他们勾画出一幅未来的图景,直到乌拉尔的整个苏联北方将归并给所谓西方文化的前哨——芬兰。

当前，我们党把主要的注意力转到广泛的反法西斯统一战线上。芬兰共产党声明，它不把自己局限在保卫劳动人民直接的权利和自由上，而是要联合整个工人阶级为保卫正遭到法西斯主义进攻的一切民主权利而斗争。我们号召工人们也用群众力量来保卫社会民主主义组织的自由和行动能力，以反对法西斯主义的进攻。

为了能够完成任务，我们必须不断地为自身的布尔什维克化而斗争。我们毫不怀疑，芬兰共产党能够在即将来临的革命斗争中把芬兰无产阶级引向胜利。我们也敢对芬兰法西斯主义的资产阶级说：你们的干涉和你们计划占领卡累利阿的最终结果，将是无产阶级革命、建立无产阶级专政和创立一个苏维埃芬兰。

默里（爱尔兰）：

爱尔兰共产党是在**共产国际**第六次代表大会之后建立起来的。

爱尔兰在帝国主义世界强国英国的体系中是很薄弱的一环，它有顽强反抗殖民掠夺和殖民奴役的悠久历史。爱尔兰人民反对英帝国主义的民族斗争尚未结束。当前，英帝国主义在爱尔兰东北部的代理人为少数民族运动和工党运动铺平了道路，以此作为帝国主义对日益增长的反帝的无产阶级反抗的回答。

鉴于这种情况，把代表大会决议应用于爱尔兰对于我们党和国际工人运动都是一项迫切的任务。

爱尔兰党面临的首要任务是明确地阐明我们对帝国主义、民族资产阶级及其由德瓦莱拉领导的民族改良主义政党所持的立场。在我党1932年举行的第一次代表大会上，我们发出号召，将我党的立场确定如下：

第一，推翻帝国主义在爱尔兰的统治，把爱尔兰的土地联合成为一个国家，这只能由同广大劳动农民群众结成联盟的工人阶级来实现。

第二，民族资产阶级虽然还在反对帝国主义，但它根本不是我们在民族独立斗争中所能依靠的力量，相反，它是阻止和妨碍这一斗争的主要因素。由德瓦莱拉领导的资产阶级民族主义者，为了爱尔兰资本家的阶级利益将谋求广泛的妥协。

第三，只有通过劳动群众反对英帝国主义、反对爱尔兰资本主义及其民族改良主义政党的斗争，才能使爱尔兰获得解放。

根据对形势和阶级力量对比的这一估计，我们提出的口号是："彻底的民族解放和建立一个工农共和国。"我们满怀热情地致力于扩大我们同在共和主义组织和工会中的工农群众的联系的任务，我们可以列举出在这一方面所取得一些成就。

1932年10月，共产党在贝尔法斯特的一次200名失业救济工程工人的罢工中，动员了大量工人群众来支持罢工者，多年来第一次把这个城市的工人为了自身的利益团结起来，而英帝国主义者却善于通过宗教的争执和大屠杀来分裂工人。斗争以工人的彻底胜利而结束。

这一斗争为我们党在工人运动中建立了巩固的阵地。

在危机年代里，资产阶级对工人阶级的生活水平进行了穷凶极恶的进攻，然而，工人对这次进攻进行了顽强的抵抗。

1932年，都柏林的整个建筑业卷入了一次持续三个月并以工人的部分失败而告终的罢工。这一年，我们搞了一次持续10周的铁路工人罢工。1935年，都柏林经历了一场两个月的彻底的印刷工人罢工，罢工期间一张报纸都没有出版。这次罢工胜利地结束了，给印刷行业的不熟练工人带来了可观的工资增长。

在最近两个月中，我们目击了都柏林最大的、时间最久的罢工，3000—4000名有轨电车工人和公共汽车工人使交通完全停顿了11个星期，从而迫使企业主同意了工人们的大部分要求。

在所有这些斗争中，共产党都成功地赢得了一定的影响。

党采用一切办法来巩固自己在工人中的影响，并在工会改组的基础上为工会团结而斗争。

这一广泛的阶级冲突的背景是严重的危机和共和主义资产阶级无法克服压在国家身上的经济困难和政治困难。

可是，德瓦莱拉在群众中获得某些支持和欢迎，因为群众害怕回到一个金融资本的党——科斯格雷夫党所建立起来的帝国主义的恐怖统治和贫困化统治中去，另外，也由于德瓦莱拉善于造成这样的假象，似乎他反对英国奴役我国的企图。德瓦莱拉成功地利用了这一点，这大部分应归功于改良主义的工党的政策，而该党在民族问题上却不保护劳动人民的基本要求。

我们的问题之一是必须把统一战线策略正确地运用于爱尔兰的实际。

支持英帝国主义的一部分资产阶级，即大地主、银行家和科斯格雷夫党领导下的垄断老爷们组织了一个法西斯运动，即"蓝衫队"。这一运动尤其在大小城市中引起了群众的强烈反抗。党积极地参加了这一反法西斯主义的斗争。

我们目前的中心任务是建立广泛的工农群众统一战线，关心他们当前的经济要求，反对把我国拉去实行帝国主义的战争计划。对于党所面临的这些巨大任务来说，我党的思想武装还很薄弱。它犯了许多具有关门主义和机会主义性质的错误，这是由于在党的队伍中对于处理民族问题还存在着模糊不清的思想。最近几个月来，它对改良工会的工作虽然有一些改进，但是还很薄弱。

别列夫斯基（波兰）：

同志们！我们党在沙皇时代和此后在波兰资产阶级统治时代所积累的经验，党在这整个时期，即自波兰社会党成立以来长达40多年从事地下工作的经验，具有重大的国际意义。一个地下组织联系群众的方法，必须同那个国家的具体条件并同那个阶段的具体政治情况结合起来。我们的群众工作方法既取决于法西斯恐怖的严酷程度，也取决于群众日益增长的政治积极性。

波兰共产党进行了伟大的经济斗争和政治斗争，为统一战线开展了广泛的运动，这也要归因于在组织上争取群众。

经常同无党派工人举行有关日常斗争问题的座谈会，对于联系群众具有重大的意义。从前，这些座谈会的弱点是在我们这方面，我们不懂得争取普通的波兰社会党工人参加这一斗争。座谈会主要讨论经济方面的日常斗争，我们不懂得利用这些座谈会去组织政治斗争。

在统一战线基础上建立的各种群众组织，如行动委员会、罢工委员会、工厂委员会等，必然为我们的实践提供广阔的空间。凡是我们的组织善于在统一战线基础上建立这种组织的地方，以及这些真正的组织得到发展的地方，它们都能够胜利地进行并领导斗争。但是，在这种情况下，即这些委员会仅是由共产党人和同情者所组成而不善于争取工会干部时，它们是不可能完成自己的任务的。

在无产阶级的日常斗争中，靠近我们的无党派工人干部所在的工会左派的工厂小组表现出很大的积极性，并使我们容易联系群众，特别是在我们能够用更大的影响争取工人（工厂代表、企业工会领导人等）的地方，工会左派的工厂小组使我们更容易联系群众。

工会左派的弱点及其工作上的错误在什么地方呢？工会左派小组被我们看成是向革命工会的过渡形式。因此从根本上说，它们通常是不在工会内部开展工作的革命工会干部狭小的干部组织。在许多情况下，工会左派的工厂小组成员比党支部的党员还少，这些党支部中的大多数党员既不属于工会，也不属于工会左派小组。工会左派经常被工人看成是共产党组织的一种形式。至于革命工会，在大工业中并没有发挥重大的作用。尽管它们（尤其是有轨电车工人联合会）在个别重大的斗争中起了重要的作用，但是，它们未能扩大和巩固自己的群众基础。在小工业中，特别是在犹太工人中，被改良主义工会联合会开除后产生的独立革命工会，由于在斗争中发挥了相当重要的作用，因此拥有广泛的基础，并能坚持较长的时间。由于严重忽视了在改良主义工会中的工作和建立独立的红色联合会，使得我们难于接近社会党工人和受改良主义工会影响的无党派工人。

　　自革命运动蓬勃高涨时期以来，也就是说自1930—1931年以来，法西斯独裁铲除了从前的政治性群众组织。因此，我们合法地深入群众的可能性就大大减少了，而利用任何可能性，哪怕是最小的可能性的问题，特别是在一切现存的群众组织，在改良主义的、法西斯主义的群众组织中工作的问题就更尖锐地提出来了。

　　我们正在运用的统一战线和反法西斯人民阵线策略，以新的方式向我们提出了群众工作的一系列问题，同时也向我们提供了新的重大的机会。这些新的机会就是群众迫切要求统一行动和在统一战线斗争的基础上对法西斯主义压迫进行越来越强有力的抵抗。我们必须把主要注意力放到在群众组织内部、在改良主义组织和法西斯主义组织内部开展工作上。我们在实践中采取了改变我们的群众工作方法的坚定方针，克服一切阻碍我们的东西，接近社会民主党工人和在全国农民党影响下的农民，并把他们纳入共同斗争。在这一方面，我们在波兰已经取得了一系列的成就。尽管做的还不够，我们首先已经加强了我们在改良主义工会中的工作，我们占领了许多阵地，开展了反对工会法西斯一体化的斗争。在联合平行工会方面，我们也取得了进步。在法西斯主义的联合会中，我们正在采取一些初步措施。加强我们在法西斯主义联合会中的工作，对于所有法西斯专制统治的国家具有越来越大的意义。

　　我们必须在经济斗争和政治斗争中同社会民主党组织实行联合行

动,而不把我们的组织形式强加给它们。在波兰.我们有许多成功地实行这一路线的例子。例如,今年1月和6月,在罗兹,我们善于通过在统一战线基础上建立起来的罢工委员会、联络委员会联合举行群众集会、罢工站岗和占领工厂等,以及同波兰社会党地区组织一起,并吸收工会干部准备和进行罢工。我们也在多姆布罗沃矿区,在华沙、弗沃茨瓦韦克、比亚韦斯托克,以及其他地区采取类似的行动。五一游行也是如此,我们(既按事先的协议,也通过大街上的直接接触)同波兰社会党的许多地区组织,同华沙、多姆布罗沃矿区、彼得罗科夫、比亚韦斯托克、伦贝格以及其他地区的组织一起上街游行。

我们的地区组织同波兰社会党的地区组织取得了直接联系,我们的同志参加他们的集会,共产党人同社会民主党党员之间建立了富有生气的联系。

在农村,我们的群众组织工作也存在问题。我们忽视波兰农村工作的原因之一是,我们的同志在合法的革命群众组织解散之后未能立即懂得在现有的群众组织中开展工作。最近我们实行重大的转变,把工作转向农民的群众组织,转向争取有组织的农民群众参加到反法西斯人民阵线中来。我们在这方面可以说已经取得了许多成就。

由于我们采取统一战线和反法西斯人民阵线的策略,我们报刊的问题也以新的方式被提出来了。

我们现在已有可能去争取比从前更广泛得多的群众,我们必须开始使用适合于这些群众的语言,使用全体工人、农民和城市居民中的贫困阶层能够理解的语言。报刊应该成为统一战线和反法西斯人民阵线的组织者。

现在谈谈组织政策问题。我们的组织政策的核心问题是,在敌人的打击面前尽可能地保护党及其机构的同时,争取在最广泛的群众中开展工作的(当然是形式上的)最大合法性。这意味着把合法工作同地下工作明智地、深思熟虑地结合起来，充分利用一切合法的机会，充分利用无党派人士和党员干部中的大量骨干，教育同群众有日常联系的工人政治家和领袖这一整个阶层。这类干部在我们发展统一战线的斗争中成长起来了。

在这种情况下，需要在党组织中谨慎地分配干部，以使党组织在进行广泛的合法工作时能够借助地下机构准确地进行全部工作，并在恐怖统治的打击下保证领导的连续性。地区和区的领导还一直没有成为我党整个领导体系的中心。在基层单位的结构方面，我们要同毫无生气的形式主义作斗争，采用最灵活的组织方法。我们必须把工厂支部作为基本形式同各种辅助的组织形式结合起来，同工会或其他组织的小组、同同情者小组等等结合起来。共产主义青年团尤应如此。

当我们培养新干部的时候，我们必须用各种方法保护经受过考验的老干部，把每一个人都看成是党的资本，是"最可宝贵的"。当前情况下的主要任务是准确地、深谋远虑地领导各级党的机构，从中央开始，要有灵活性，党组织的全体成员要迅速地确定方向和提出建议，把党的指示快速地传达到下级单位。（掌声）

马丁（拉脱维亚）：

拉脱维亚共产党属于共产国际的那些在公开的法西斯独裁的闻所未闻的困难条件下工作的党之一。由富农资本家的乌尔马尼斯党实行的拉脱维亚法西斯主义，不仅在外交政策方面奴颜婢膝地跟在希特勒德国后面。在拉脱维亚，议会制度和民主的一切残余都被根除了。民选的地方自治机构被摧毁。所有的工人组织、工会、疾病保险机关、消费合作社、文化教育联合会都被粉碎了或是被法西斯化了。一切结社自由、罢工自由、凭良心行事的自由和新闻自由都被取消，不仅对工人如此，而且对所有不是专制统治公开追随者的人都是如此。民族压迫和野蛮的沙文主义已经成为大资产阶级统治集团惯用的手法，对拉脱维亚人民的绝大多数来说，这个大资产阶级统治集团建立了劳动人民毫无政治权利和遭受奴役的统治，一种充满民族仇恨和对劳动人民实行肆意专制的统治。

我们可以在这里宣布，尽管是在非常困难的独裁情况下，拉脱维亚共产党在组织群众斗争、扩大自己的政治影响以及巩固自身的组织地位等方面取得了相当可观的成就。我们党领导了1919年以来拉脱维亚无产阶级最大的一次革命行动，这就是1928年8月22日反对解散左派工会的政治罢工和游行示威。尽管社会民主党和改良主义工会的领导鼓动反对这一运动并禁止自己的成员参加这一运动，这次运动还是吸引了3万多名工人，其中大量是社会民主党工人。运动的结果是，自从拉脱维亚资产阶级共和国成立以来，破天荒第一次允许在国会选举中提出共产党人的名单，我们党建立了有7万多人投票拥护的工农议会党团。我们党最积极地参加了1929年10月18日政治总罢工的组织工作，反对废除医疗保险的企图，参加这次罢工的工人占全体工人的80%。1930年年初，当世界性的危机也使拉脱维亚深受其害，使拉脱维亚一半以上的工业停产并引起农村大量失业的时候，我们党作为失业者斗争的组织者登上了舞台。1931年年底和1932年年初，失业者的这一运动达到了高潮。

自1932年以来，拉脱维亚的工人反对降低工资的罢工运动又重新活跃起来。在1933年，已有超过23%的工人参加罢工。1932年至1933年，爆发了最初的、尽管只是零散的农业工人罢工。那时党所领导的几次规模最大的罢工是持续3—6周的鞋业工人罢工、林业工人罢工和海员总罢工，这些罢工都以工人的部分胜利而结束。1934年上半年，罢工运动仍在持续。4月，里加工人举行了反对削减社会保险的政治罢工。

在这次对拉脱维亚来说是很大的运动中，我们党起了组织作用和领导作用。所有这些罢工和行动都是在联合社会民主党基层工人的统一战线基础上准备和进行的，同时也争取了社会民主党和工会的许多地方组织。但是，除了一些个别情况外，党未能巩固所取得的成就。党也未能在大企业（特别是在纺织工业和金属工业）中站稳脚跟。党在很微不足道的程度上削弱了改良主义者的影响，他们自1929年以来一直采用巧妙的"左"的伎俩并领导着多数工人。

　　而究其原因，不仅在于党员干部的弱点，在于他们不会进行群众工作，而且还在于机会主义，首先在于对改良主义工会采取了关门主义的态度。

　　自1932年以来，法西斯主义的进攻在拉脱维亚不断加强。1933年希特勒法西斯的胜利使法西斯政变更加迫近了。

　　党未能同反对法西斯政变的社会民主党工人结成统一战线的主要原因是，我们党对法西斯政变的迫近估计过低，而且也没有正确地理解这一政变的性质和意义。

　　在政变前很长时间就已经开始的社会民主党的瓦解，只是在5月15日之后才明显地显露出来。广大社会民主党工人群众和干部，转向同共产党人结成统一战线。共产党在社会民主党工人队伍中的威信显著地提高了。可是，我们党却不懂得利用在政变后产生的这种有利形势，向大规模地组织统一战线和赢得社会民主党工人群众过渡。

　　1934年10月底，同社会民主党达成了统一战线协定。9月，在社会主义青年团和共产主义青年团之间缔结了统一战线协定，建立了互相信任的关系。

　　一切最重要的政治行动都是由两党和两个青年团组织共同进行的。其中，学校的运动和今年年初反对把3位共产党人判处死刑的运动具有广泛的人民运动的性质，工人统一战线的影响在这些运动中表现了出来。不仅无产阶级,还有迫使政府退却的最广大的人民群众对这一死刑判决反应都很强烈。这是统一战线的第一次伟大胜利。

党在统一战线的基础上也能够在法西斯工会中开展某些工作。党放弃建立自己的与法西斯工会联合会平行的地下工会,并把自己的全部注意力集中到在法西斯工会联合会中开展工作,以争取这些工会联合会中有组织的工人。

统一战线的建立导致最广泛的工人群众战斗精神和积极性的提高。不仅在日常斗争的问题上我们和社会党达成了一致,而且社会党现在还声称,它要同我们一起为无产阶级专政,为苏维埃拉脱维亚而斗争。根据我们的建议,提出了社会主义青年团和共产主义青年团联合的问题。经过谈判,在这一问题上达成了一致。在正确的强有力的工作中,我们将会完成把两个青年团真正地联合成为一个共产党青年和社会党青年的革命的反法西斯青年团。

已经造成的信任气氛和广泛的一致性使我们党能够提出两个党在组织上联合的问题。目前,这个问题已成为在社会民主党组织和共产党组织的队伍中引起热烈讨论的题目。独具特色的是,社会民主党老领导中的一部分人也提出了联合的问题。

由于至今所做的工作,拉脱维亚工人阶级的分裂已经开始被克服。但是,必须强调指出的是,统一战线在我国只是处于开始实现的阶段。

阶级对抗和阶级斗争在法西斯主义的拉脱维亚越来越尖锐了。就在不久之前,我们经历了法西斯政府的第一次危机,一位部分城市资产阶级的代表和一位小农的代表退出了政府。法西斯独裁的基础更加缩小了。法西斯的暴行和恐怖日益加强。乌尔马尼斯独裁正在实行一项使拉脱维亚屈服于希特勒德国的违反人民利益的罪恶政策,这是使拉脱维亚变成反苏战争的前进基地的一项政策。

现在拉脱维亚人民的民族独立面临着极大的危险,即重建德国地主贵族这一拉脱维亚农民死敌的政权的危险。

同时，革命的怒潮在人民群众中高涨起来。被拉脱维亚最广大的人民群众视为唯一朋友和保护者的**苏联的威信**空前地提高了。同苏联结盟还是同希特勒德国结盟，这个问题目前不仅震撼着小资产阶级的广大群众，而且也震撼着拉脱维亚广大知识分子，以及职员和官员阶层。

拉脱维亚共产党在非常艰难的情况下进行工作。大约有一半党员，即1000多人正在法西斯监狱和拘留所中受苦受难。关门主义和右倾机会主义的错误使党遭受重大损失，直到今天它还要忍受这些错误的痛苦。但是，共产党目前是拉脱维亚无产阶级唯一有组织的力量，由于它开展了统一战线斗争，并克服了自身关门主义的弱点，从而使自己必然处于广泛的反法西斯人民阵线的领导地位，将来也会处于这样的地位。这个人民阵线是反对法西斯专制主义、反对战争准备、争取拉脱维亚人民的民族解放和社会解放、为苏维埃拉脱维亚而斗争的人民阵线。（掌声）

第十一次会议

(1935年7月31日)

继续讨论共产国际执行委员会工作报告

会议主席是**陶里亚蒂**同志(意大利)。

德拉加诺夫(罗马尼亚):

在罗马尼亚,以宫廷佞臣派为首的金融资本和地主的最反动分子力图改变罗马尼亚当前外交政策的路线,以有利于德国和有利于反对苏联的战争。苏联的和平政策赢得了罗马尼亚广大劳动群众的极大同情。劳动群众对苏联同情的增长也表现为如下的事实:尽管白色恐怖,尽管查禁了苏联之友协会,一个新的组织却已经成长起来,那就是对苏文化联络协会。

共产国际六大以后,罗马尼亚共产党经历了一场罪恶的、无原则的派别斗争,在这场派别斗争中,党的全部工作陷于一片混乱,党的干部被策反。在我党的生活中,第五次党代表大会有着重大的历史意义。它赋予党以布尔什维主义的思想意识,提出了党所面临的策略任务,并指出了解决这一任务的方法和斗争手段。五大选举的党的新领导开始成功地执行党代会的路线。党在组织上和思想上得到了加强,并开始积极地领导罗马尼亚劳动群众的经济斗争和政治斗争。

正如斯大林同志在联共(布)第十六次代表大会上所指出的那样,

经济危机在罗马尼亚和在波兰一样，比在其他资本主义国家发生得要早些。资本家和地主企图以牺牲劳动群众的利益来摆脱危机。在1926—1930年间，有260万公顷土地从劳动农民手里转到了地主和富农手里，这意味着至少有75万户农民家庭陷于赤贫。

劳动群众的愤怒增长了。法国债主要求定期偿还债务，约尔加—阿尔杰托亚努政府被瓦伊达—沃耶沃德国家农民党政府所取代，瓦伊达—沃耶沃德政府必须接受外国出口商的监督并实施他们的"整顿罗马尼亚财政"的计划。这意味着工资的再次降低和城乡劳动者税务的增加。

在五大后得到了加强的罗马尼亚共产党提出了这样的口号："不交一分钱的债务和赋税"，"不降低工资"，"工资和物价上涨相平衡"等等，对此皮克同志已在他的报告中指出过了。党准备、组织和领导了无产阶级的主要阶层——石油工人和铁路工人的斗争，他们的斗争在1933年2月的那些日子里达到了高潮。在这些斗争中，工人以全体劳动群众利益维护者的身份出现。这样一来，全体劳动群众都拥护这些斗争。罢工参加者的人数达到4万人。其他企业的职工出于团结也加入了铁路工人和石油工人的罢工。在布加勒斯特，斗争发展为街垒战；在普洛耶什蒂，斗争采取了工人占领城市的形式；在克劳森堡，斗争发展为所有企业工人的总罢工。

在斗争中，党犯了一个错误。它没有把铁路工人的罢工发展为铁路线上的总罢工，不善于从组织上把它对参加斗争的群众的影响巩固下来。尽管如此，斗争的成果还是巨大的。在日内瓦制订的"整顿罗马尼亚财政"的计划遭到了失败，不得不在较长的时间里停止对工资的进攻。党和铁路工厂的工人有了紧密的联系，这些工人成了罗马尼亚无产阶级的先锋队，并因而克服了老区无产阶级多年来在革命斗争中所处的落后状态。

铁路工人审判案表明了，党是多么善于从罗马尼亚无产阶级中间培养出群众性的英雄的共产主义领袖来，城乡劳动者、小资产阶级以及激进的资产阶级知识分子的广大阶层奋起保护和援救他们。党成功地组织了铁路工人中最著名的三个人逃出克拉热沃监狱，全国劳动人民都为此而欢呼。党的威信和政治影响大大地提高了。

党的迅速发展和巩固在最近又由于以霍恩同志为首的几个领导同志所犯的一系列重大政治错误而受到了影响。这些同志的主要错误是对国家经济形势估计错误，是对罗马尼亚经济从深刻的危机向特殊的萧条的过渡估计不足。工业的某种复苏过程被这些同志仅仅看做是由于人为的因素。这些同志不是进行自我批评，而是宣称，罗马尼亚是一种"例外"。此外，还是这些同志在拒绝作自我批评的情况下，却毫无理由地向党的几个经过考验的老干部脸上抹黑。

党已经采取了第一批措施，以正确地理解形势的发展和实现它所面临的任务，打退资本家和地主的进攻，打退建立法西斯专政的任何尝试，以及阻止帝国主义战争的爆发。

特特雷斯库政府是一个准备在罗马尼亚建立法西斯专政的政府，还在1934年2月它就实施了戒严法、书报检查法、保卫国家法等法令，这些法令今天还有效。这一政府支持组织法西斯联盟。这一切的目的是阻止革命团体的任何工作，对广大劳动群众实施恐怖统治，并以这种方式便于资本家和地主对劳动群众的生活水平作进一步的进攻。

在向人民榨取赋税方面，官员们采取了国家压迫的一切手段和暴力措施。下面的事实特别值得一提。一个税务员在一户农民家中没收了一名17岁的姑娘，留下了一张收据，上面写着：在完税之前她被没收了，但暂时还可以留在家里。城乡劳动者用自发分散的斗争来回答资本家和地主的进攻。1933年有11万工人罢工。1934年有4.5万工人罢工。1934年，罢工主要发生在轻工业系统，但到了1935年上半年，罢工浪潮已扩展到矿山工人（雷希察）、冶金工人（豪格等地）、纺织工人

（布古什）等等。在最近一段时间里，铁路工人又站在了第一线，斗争正在扩大，并有可能发展为总罢工。和去年一样，大部分罢工都是由罗马尼亚共产党和工会总委员会领导的。共青团积极地参加了所有大的行动，如铁路工人罢工、石油工人罢工以及接踵而来的其他罢工；共青团提出了青年工人的特殊要求并推选它的代表参加罢工领导机构和企业委员会。

根据政府的统计，城市的失业人数达到3万，而实际上超过了30万，失业者越来越经常地参加斗争，要求国家、企业主和城乡地方当局给予救济。共产党致力于把失业者的斗争和在业工人的斗争联合起来。由于在业工人的斗争，失业者没有成为罢工破坏者，而是一直参加罢工纠察队的活动。但是党并未能在全国范围内把他们组织起来。

被压迫民族反对双重的税收压迫，反对强迫重新划分土地和移民垦殖，反对强制拍卖他们的家园，反对宪兵和警察恐怖，反对开除被压迫民族的工人和职员。这些斗争常常发展为与宪兵和警察的流血冲突。

城市小资产阶级反对重税，反对住房税，反对垄断价格，等等，并组织了各种协会：房客协会、手工业者协会、养老金领取者协会、退伍兵协会，等等。城市小资产阶级也采用了无产阶级的斗争方法，如罢工、示威游行、绝食（例如两个月前复员费领取者举行的绝食斗争），等等。

许多驻地的士兵抗议恶劣的食物，并把它们倒在地上。发生了这样的情况：士兵们不再在农庄里干活，自己决定返回兵营。有一些下级军官参加了反法西斯群众组织，并在集会上发言。

早在去年，党就知道不但要把小资产阶级知识分子，而且也要把激进资产阶级知识分子的著名代表吸收到反法西斯委员会里来。

政府在去年年底禁止了32个所谓由共产党和共青团领导的反法西斯革命群众组织。尽管如此，还是出现了各种反法西斯群众组织的新形式，以及公开的俱乐部和报纸。反法西斯运动和反战运动已深深地扎根于群众之中，它们是不会让自己被打入地下的。

党的地下出版网有了很大的发展。我们党出版的地下群众性报纸达到30种。去年，我们成功地使我们党中央出版机关的技术设备得到了改善。同时我们也成功地使党中央机关报《火花报》每周出版一次。

在争取实现无产阶级统一战线的斗争中，党在去年就已取得了重大进展。我党领导曾三次向社会民主党，向统一社会民主党，向总劳工联盟，向这些组织的中央领导和地方领导提出建议。所有这些建议都遭到了社会民主党领袖的拒绝。但是在下层，统一战线策略的正确运用却强有力地促使社会民主党工人和改良派工人参加统一行动。这一策略表现为独立地组织局部斗争，在全体工人大会上讨论工人的要求，在这些大会上选举群众行动委员会，派代表团到其他企业和城市去，以扩大斗争，召集地方的、地区的和全国的会议，在二月斗争中这一切都曾成功地得到了运用。在老区社会民主党的会议上，社会民主党领袖在该党工人党员的压力下，被迫同意与非法的共产党就建立统一战线问题举行谈判。共产党在合法出版物中，发表了非法的共产党代表团与合法的社会民主党代表团一起开会的记录，谈判就这样被公开了。共产国际的其他支部由此可以看到，一个非法的共产党怎样利用群众压力，迫使一个合法的社会民主党、第二国际的极右党，同意与非法的共产党谈判。这表明，共产国际关于同时从下层和上层运用统一战线的策略是多么的正确，这一点皮克同志已经谈过了。

为了阻止统一战线的建立，政府在社会民主党领袖的同意下，解散了统一工会和全部32个群众组织。共产党领导从今年初到今天已提出了502个建立统一战线的建议：首先反对法西斯主义的反动政策，其次争取联合庆祝五一节。这些建议遭到了社会民主党领袖的拒绝。但有几个城市的工会联合庆祝了五一节；布加勒斯特社会民主党的青年组织表示同意建立统一战线,因而被社会民主党领导解散,但是它已把自己组建为一个革命组织。

如果说,共产党和革命组织的大多数成员在去年还没有理解到,有必要加入改良主义工会和在这些工会中工作,以及有必要把它们改造为革命群众组织的话,那么在遭到解散以后,特别是在二月决议以后,人们可以肯定地说,即使在这一方面也已发生了根本变化。现存的统一工会加入了改良派的联合会。在没有改良主义工会的地方,正在组建独立工会,然后再加入改良派的联合会。

现在,面对着资本家和地主对工人生活水平的进攻,面对着日益迫近的法西斯主义和战争的危险,工人们对建立统一战线的要求更加强烈了。

改良主义领袖不仅把个别左派工人开除出工会,而且把整个工会开除出联合会。例如,在特尔古穆列什,所有的工会都被开除出联合会。由于工人的斗争,特别是由于改良主义工会工人的斗争,有些开除又被撤销了。

今年2月以后,党并没有充分认识到资本家和地主新进攻的意义,这一进攻是在5月15日后,当根据债务兑换法第二期付款时间到期和收获到来时开始的。党并没有充分认识到我国是农业国的特点,以及争取无产阶级的同盟军——劳动农民的极其重要的意义。因此我们在当前的形势下,在资本家和地主开始进攻时,在他们准备建立法西斯军事独裁和准备发动战争时,还不可能与任何一个全国性的农民组织建立统一战线。

皮克同志说,许多共产党低估了争取无产阶级同盟军——农民的重要性,他的话无疑是十分正确的。这一低估对我们来说是更加危险的,因为我们是在这样一个国家进行工作的,在这个国家里,资产阶级民主革命尚未完成,农民还是一个革命的因素,党面临的任务就是完成资产阶级民主革命并把它转变为社会主义革命。

当然,我们党的农村工作也还是有成就的。例如,它领导了吉米什村的农民斗争。去年秋天,那里的匈牙利族农民和附近村子的罗马尼亚族农民一起,在共产党的领导下,撵走了收税员和宪兵,并迫使地方当局发还没收的土地和牲畜,取消对时学时辍的孩子们的一切刑罚,取消对未经批准砍伐树木的人们的一切刑罚,并无偿发给每一个贫穷家庭4000列伊的救济金。尽管遭到了镇压和逮捕,由于得到了全国劳动群众的支持,农民的这些斗争成果并没有被剥夺。在吉米什村农民受到审判时,劳动群众对他们的同情表现得尤为强烈,来自罗马尼亚各地的200个农民出庭作证并要求无条件释放被告。法庭不得不以如下的理由释放被告:他们应受的处罚已被此前的拘留抵消了。

在我们建立反法西斯统一战线的工作中,确实存在着许多缺点,由此可以看到,我们党内对无产阶级是劳动群众革命斗争的领袖这一点的认识是不够的,并且没有认识到,工厂工人和农业工人必须主动地去准备、组织和领导城乡所有其他劳动群众以及被压迫民族的斗争。

另一方面,党的队伍里的关门主义和公式主义也阻碍了广泛的反法西斯人民阵线的迅速发展。我们必须坚决反对这种关门主义。党员们还没有真正找到一种和城市里的,特别是和农村里的无组织的群众,其中包括仍处在国家农民党影响下的农民对话的共同语言。

在反对奸细和反对破坏保密制度的斗争方面,我们才刚刚起步。追究了那些违反保密条例的同志的责任,在全体党员中通报了他们的错误。遗憾的是,我们甚至不得不对违反保密条例的党的领导成员采取严厉措施。有的同志在警察局和法庭上表现不好和泄了密,但对他们仍采取了陈腐的自由主义态度。

我们对许多革命者和共产党人的模范行为和英雄行为宣传不够,他们忍受了各种刑罚,甚至有时被折磨致死,而没有向政治警察吐露一丝真情。

普通工人和贫农不顾白色恐怖和戒严仍强烈地要求加入共产党。在共产国际五大时，党员人数为1200人，今天则大大超过了这个数字。

不足之处是，党的政治影响和它的组织状况之间的差距扩大了。争取新党员的工作还没有成为所有党员日常工作的一部分。工人党员主要是小企业的工人。大约50%的党员是农民。尽管如此，今天党在布加勒斯特、克劳森堡、雅西，在特罗图什河谷等地的大企业中，已经拥有一批优秀支部。

新的布尔什维克式的干部正在工厂工人、农业工人和小农中成长起来。在所有的地区都涌现出能独立工作的领导干部。

共产国际执委会加强罗马尼亚共产党领导机构的组织措施的正确性得到了充分的证明。我们现在拥有一个完全站在共产国际路线上的集体领导。

党现在面临着执行二月决议的任务，这一决议的性质就是打退资本家和地主的进攻，就是阻止法西斯主义，就是粉碎建立法西斯军事独裁的一切尝试，就是反对反苏战争。党可以通过动员最广大的劳动群众和建立广泛的反法西斯人民阵线来完成这些任务。

如果我们克服了我在上面提到的我党的所有弱点，那么我们就能完成这些任务。

我们向共产国际第七次代表大会保证，罗马尼亚的无产阶级和罗马尼亚被压迫民族的无产阶级已经建立了自己的共产党，它将用共产国际第七次代表大会的决议武装起来，它将善于去解决它所面临的任务。

加西亚（西班牙）：

我们党的工作存在着很大的弱点，它正在作出巨大的努力以克服这些弱点。

我们想回顾一下过去,以便使大家知道,我们党在共产国际六大时是怎样的,以及它在今天,在共产国际七大前是怎样的。1925年时西班牙还没有一个统一的共产党,只有几个分裂的小组;它们还没有联合起来,它们的领导没有雄才大略,是沾染了各种无政府主义的、宗派主义的毛病的领导。

1929年,西班牙开始了一系列的斗争,争取实现经济要求,反对专制独裁和君主政体。由于工人、农民和民主力量的这些斗争,普里莫·德里韦拉的专制统治垮台了。1931年,君主政体被推翻,建立了共和国。

西班牙阶级力量对比出现的变化并没有被党的领导所认识。党的领导同志没有看到这样的事实,即走上街头的群众认为,在共和国中他们的经济状况有了改善,享有的自由程度有了提高,对于西班牙共产党来说,这是一个特别有利的建立与群众的联系的时机。

布列霍斯、阿达梅和科对改变了的形势一点也不理解。他们不是提出符合形势的口号,而是反对共和国。工人和人民群众当时对这个共和国还是存有强烈幻想的,但布列霍斯等人却提出了"打倒资产阶级共和国,苏维埃和无产阶级专政万岁!"的口号。

自从清除了这一叛徒集团以后,我们党开始像共产党一样生活和工作。我们党的第一个重要任务是要做到,没有一个党员再追随曾经领导了党达七年之久的这一领导集团。虽然这一领导集团用它宗派主义的领导方法给我们留下了一笔沉重的遗产,但普通党员健康的革命精神仍是决定性的因素,它有助于这些党员懂得开除这一集团是正确的,并理解共产国际的政治路线。党开始发展了。

当社会党和共和党的政府掌权的时候,工人希望提高工资,希望全面的民主,希望夺回被普里莫·德里韦拉独裁统治剥夺了的一切。农民希望农业改革使他们有可能耕种足够的土地和减少赋税,取消高利贷,没收地主的土地分给工人和农民，以及消灭地主和"酋长们"的半封建政权。当工人阶级和农民看到他们的希望落空了的时候，他们重又奋起斗争，这一斗争的规模逐年扩大，力量逐年增强：1931年举行了710次罢工，1932年举行了830次罢工，1933年举行了1499次罢工，1934年在广大群众的参加下，举行了一系列政治罢工，迅猛异常，不屈不挠。

在这些大的斗争中，我们必须强调指出的是，当希特勒在德国攫取政权并逮捕了我们的季米特洛夫和台尔曼同志之后，我党在全国掀起了一股强大的反法西斯主义浪潮。当法西斯的饰有可憎的卐字的船只在港口停靠时，工人们举行了无数次罢工，他们一看见这种船只就放下工作。

作为对西班牙工人和农民的这一行动的回答，作为对加泰罗尼亚和巴斯克地区、加利西亚和摩洛哥人民的普遍不满的回答，共和党和社会党的政府动用了宪兵，命令他们不惜一切代价镇压群众的不满和斗争，这些斗争是由于对共和党和社会党政府的欺骗的不满而引起的，所有相信过这些许诺的人都成了这一欺骗的牺牲品。

宪兵在西班牙城乡对为改善处境而斗争的工人和由于缺乏真正的食品而只能吃橡树果实的农业工人进行了一次真正血腥的清洗。政府派遣军队用机枪射杀他们。社会党的部长们不但不对这种行径提出任何抗议，而且支持这种镇压，甚至在他们自己的党员遭到镇压时也是这样。

人们开始从社会党与资产阶级的合作及其施政实际中对它作出评价；社会党执行了敌视工人的政策，使自己陷入了困境，并使该党的居领导地位的政治家们的威信扫地。在这种情况下，社会党在1933年夏退出了政府。

我们就是在这样的条件下进入1933年大选的。我们党早已指出了在西班牙的法西斯危险，向社会党提议结成统一战线参加这次竞选，这是阻止反动派在大选中获胜的唯一手段,反动派已经纠结起来以打败左派候选人并夺取政权。社会党宣布,这是共产党的一个阴谋,是一种挑拨,并说共产党得到的选票就是社会党失去的选票,它就是这样来回答我们的统一战线建议的。这表明,尽管社会党退出了政府,它在当时还是和资产阶级沆瀣一气的。这次大选的结果如何呢?社会党在制宪会议中曾经有过115个议席,现在只剩了70个议席,也就是说丧失了45%的席位。共产党得到了40万张选票,也就是说增加了30万张选票,但是尽管如此,仍只得到了1个议席。其他左派候选人得票很少。在大多数场合,反动的候选人,特别是大地主阶级的法西斯党的候选人获得了胜利。

对反动派和法西斯主义的仇恨,以及群众建立支持共产党政策的斗争阵线的意愿,大大地增强了。

1933年12月,工团主义者试图进行武装斗争。1934年举行了多次重要的罢工,例如:萨拉戈萨的总罢工持续了40天之久并取得了局部胜利;马德里冶金工人罢工,革命的工会反对派和共产党积极参加了运动的领导,这次罢工以工人取得重大胜利而结束,他们达到了44小时工作周的目的;还有声援奥地利工人的总罢工,这次总罢工是由共产党筹划和领导的,并争取到了10万多工人参加运动。社会党领袖拒绝参加这一斗争,但这并不能阻止社会党工人热情地参加斗争,特别是在阿斯图里亚斯。此外,还有4月2日在马德里和其他地方举行的罢工和示威游行,这一天法西斯分子在埃斯科里亚尔开会,由于我们党组织的斗争,这一天成了反法西斯日;还有共产党人和社会党人在阿斯图里亚斯举行的声势浩大的统一战线罢工,反对法西斯分子在卡瓦东加的集会;还有农业工人在6月举行的持续了15天的总罢工,有50万工人参加,我们党积极地参加了这次罢工;还有为抗议共产主义青年团中央委员会委员德格兰多同志被害而举行的马德里统一战线示威游行,社会党和共产党的身着制服的纠察队和 7 万多工人参加了这一示威游行；还有因加泰罗尼亚的地主在马德里集会而引起的马德里的总罢工和巴塞罗那的示威游行，有 20 万工人参加；还有马德里罢工，罢工中有两名宪兵和两名工人丧生，一名宪兵和多名工人受伤；还有在马德里体育场举行的统一战线大游行，有 7 万劳动者参加；最后还有 10 月 5 日的总罢工和武装斗争，在阿斯图里亚斯、加泰罗尼亚、马德里、巴斯克地区和其他地区，斗争发展为暴动。

从这一切运动中，我们可以得到一个清晰的印象，即向政府进攻的思想是怎样在广大群众中成熟的。加泰罗尼亚的民族问题不时地在群众的压力下激化，群众强烈地要求摆脱中央政府的压迫。加泰罗尼亚自治政府和中央政府之间的关系一天比一天紧张，有可能要爆发一场暴动。

在巴斯克地区，对马德里政府的不满也在增长。政府已无力阻止革命运动的发展。

我们建立统一战线的建议日益得到工人们越来越多的理解，但却被社会党的领导人和工团主义者顽固地拒绝了。

然而，社会党和共产党的下层组织在建立统一战线。因此社会党的领导人就不得不施展阴谋诡计，寻找出路，摆脱已经形成的局面。为此他们成立了工人同盟，社会党人、"工农同盟"和托洛茨基分子加入了这一同盟。

社会党对我们建立统一战线的建议作了这样的回答，即如果我们想建立统一战线，那么我们就应该加入这个同盟。在我们召开的中央委员会非常会议上，政治局提出了这个问题：有必要加入同盟，把它变成一个真正统一战线的机构，以便工人进行反对法西斯主义和夺取政权的斗争，并使这一同盟变成其代表是由各个组织在工人大会上以民主方式选举产生的机构。中央委员会一致同意采取这一立场，并开始执行这一方针。

这就是我们在十月斗争前的状况。随着加入同盟，我们开始和社会党建立了联系，但是在存在着代表比例问题的那些地方，社会党仍一如既往地反对我们加入同盟，这就使组织统一战线的工作在斗争临近之前处于落后状态。我们看到，运动正在临近。我们向全体无产阶级发出号召，要求他们参加这场阻止法西斯主义进攻和应当发展为夺取政权的斗争。我们知道，运动的准备工作由于社会党的缘故而存在着巨大的缺陷，即社会党人把农民看做是和这一运动无关的一支力量，并认为，民族问题是人为地提出来的。我们也知道，暴动的组织形式是十分幼稚的，并且看到，鉴于工人阶级仍是分裂的，我们的目标是在几个月内坚决致力于推动运动进一步发展，以建立最广大群众的统一战线，在技术上和组织上更好地准备暴动，我们党从前对这一暴动的准备是很少的。当政府出现危机的时候，我们建议，举行一次抗议总罢工，以阻止成立一个更加反动的半法西斯政府，并使我们有可能赢得必要的时间。共产党知道，资产阶级选择了最好的时机，挑起了运动，因为几个月后当统一战线建立起来时，这一运动有可能在实际上成为资产阶级的灾星。它有可能意味着西班牙资本主义制度的灭亡。

我们的党懂得，尽管这一运动发生得太早，但是如果拒绝参加这一运动，就等于巩固半法西斯主义的政府。因此我们参加了十月斗争，并站在各地运动的前列。群众拿起了武器，尽了极大的努力想在共产党的领导下把这一运动转变为广泛的胜利的人民起义。我们在阿斯图里亚斯做到了这一点，在那里我们的力量和社会党一样强大，在那里我们有一个比较好的党组织；但是即使在那里也未能夺取政权，因为我们的党还是少数，共产党员就像真正的布尔什维克一样，英勇地斗争在最前线。只有在塞维利亚，无产阶级的大多数站在我们一边，但是我们的同志却不懂得十月运动是怎么一回事，竟让它以和平的总罢工而告结束；这次罢工持续了数天，却没有提出这样的问题：应该独立地拥有武器并武装起来，尽管他们本来是明白这一点的。

开展斗争在这样的形势下是正确的吗？我们确信是正确的，尽管我们也承认，运动组织得不够好，社会民主党在运动中的作用发挥得也不够。

共产党是怎样参加十月运动的呢？我想报告一下阿斯图里亚斯的情况。社会党发出了关于运动的指示。我们的同志动员了党和共产主义青年团的所有力量，并加入了革命委员会。某些领导同志暴露了各种弱点并表现出动摇，尽管如此，光荣的苏维埃旗帜在阿斯图里亚斯仍飘扬了15天之久，这要归功于我们的同志和社会党工人的积极主动、大胆勇敢，他们站在斗争的第一线，完全有权赢得劳动人民的英雄儿子、阿斯图里亚斯矿区的英雄儿子的信任。甚至在社会党领袖擅离指挥岗位后，斗争仍在我们同志的坚强领导下坚持到最后一刻，这完全是由于我党的同志们和共青团员们采取了行动的缘故。

在阿斯图里亚斯无产阶级掌权的短时间里，清楚地显示了在工人阶级中蕴藏着多么巨大的组织才能和领导才能。勇敢的阿斯图里亚斯矿工用他们的进攻性行动，用他们的斗争方法，在世界革命运动丰富经验的史册上写下了光辉的一页。光荣的阿斯图里亚斯的英雄史诗向我们表明了：在其斗争中受共产党领导的武装起来的无产阶级能取得什么样的成就；它告诉我们，资产阶级政权和法西斯是怎样在革命部队的进攻下崩溃的。我们千百个优秀同志为保卫苏维埃旗帜而献身。他们的牺牲使作为唯一的解放之路的苏维埃政权的思想，深深地扎根在西班牙无产阶级群众的意识之中。因此阿斯图里亚斯是我们党的骄傲，是我们共产国际和世界革命的骄傲。（掌声）

我想向大会讲几个斗争片断，从中可以看到我们党和共青团是怎样参加这次运动的。

运动是在阿斯图里亚斯最重要的矿工区米耶雷斯爆发的。

共产党和共青团动员了米耶雷斯的工人。在最初的夺取武器的斗争中,党的省委领导成员巴萨里奥同志被杀害了。当米耶雷斯落到革命者手中时,成立了战斗队,这些战斗队后来胜利地进驻了奥维耶多;进军阿斯图里亚斯首府的第一支战斗队来自米耶雷斯,其指挥员是一个共青团员和一个社会党员。在最后的日子里,那位共青团员一个人领导了这支战斗队。

虽然应该肯定,社会党工人表现得并不逊色,在战斗中他们和我们的同志一样勇敢,但是发起进攻和组织的主要是共产党员。

当政府军被打败后,于10月6日上午10时30分成立了工人战斗队,向他们报告了战斗成果和同样是经过战斗而获得的胜利。

五人组成的地区领导立即开会并作出决定,提议接纳两名共产党员和一名来自(无政府工团主义者的)全国劳工联盟的同志加入革命委员会。同时还决定,委员会应命名为"工人农民联盟",并任命一名共产党员为红色武装力量的指挥员。社会党人同意了共产党的所有这些提议。

我们的同志在委员会里起草了工农政权的纲领和法令,并发布了命令,既有一般性的命令,也有组织供给和保健的命令、建立红军的命令,这些都是共产党创议的。社会党领导并不反对,因为群众对苏维埃西班牙的胜利表示满意;在发出向苏维埃西班牙致敬的欢呼声的同时,枪声齐鸣。不久就组成了保健、供给、新闻和军事委员会,这些委员会在工人农民联盟委员会的领导下工作。此外,还组织了其他一些机构,例如有一个看管资产阶级俘虏的机构。

在图龙,我们的同志是占领大部分指挥机构的发起人,并把党的口号付诸实施。

特鲁比亚在革命中起了重要的作用。那里有大型国营兵工厂。当需要投入战斗的时候,兵工厂工人毫不犹豫,用自己手中的武器,在共产党支部和工厂委员会的领导下，占领了工厂的各个部门。

当工人们有了大炮以后，他们就开始炮轰奥维耶多，以便把政府军从那里赶走；与此同时，矿工战斗队也发起了进攻，无比坚决地向首都进军。

经过多次战斗，红军大队占领了奥维耶多车站的机车库，并占领了存有2.2万支步枪的兵工厂，这样红军就得到了最好的武装。战斗很艰苦，矿工们向政府军阵地冲锋，不但使用了步枪，而且也使用了炸药。在机车库成立了一个委员会，它是由民众投票选举的。这个委员会采取了如下的措施：向工人们发出了关于生产的组织问题和居民的供应问题的呼吁。还组织了从特鲁比亚起始的铁路交通，以运送武器、食品等。此外，还组织生产装甲车，并为战士们生产食品等。为农民的役畜建立了饲料场，农民同时还得到了食品、煤和其他物品。作为交换，农民向红军提供了充裕的牛奶、鸡蛋和鸡等，在小商人的支持下，委员会组织了向工人、农民的食品分配。

革命在阿斯图里亚斯胜利了，然而其他地区的运动失败了。在加泰罗尼亚，自治政府投降了，无条件放下了武器。阿斯图里亚斯是坚持和继续战斗的唯一地区。这就使政府有可能把军队调往阿斯图里亚斯。22架飞机轰炸了矿工们藏身的山岭。正规的摩洛哥部队和外籍军团向奥维耶多进军，革命者进行了抵抗，并组织撤退到山区。出现了大量真正的英雄壮举，许多工人为掩护大多数革命者撤退而献出了生命。成百上千个志愿者报名去抵抗奥乔亚将军的部队，为有组织的撤退创造机会。当外籍军团准备占领北车站的机车库时，革命者的总司令部进行了抵抗。一名17岁的年轻女共产党员艾达·拉富恩特用一挺机枪挡住了整整一个营的外籍士兵，使我们的人有可能撤退，拯救了许多革命者的生命。她一直开着机枪，直到把子弹打完，使敌人遭到了巨大的伤亡。外籍士兵的子弹打中了艾达·拉富恩特，但她还没有死，她挥着一块红布高呼："共产主义万岁！苏维埃革命万岁！"

虽然阿斯图里亚斯的战士们已经精疲力竭、弹尽粮绝，并面对着持有最现代化装备的敌军，但反动派的总司令洛佩斯·奥乔亚在进军山区以前，仍不得不和光荣的红军领导人谈判。

这就是我们的党和我们的共青团参加阿斯图里亚斯暴动的情况，在这场暴动中，发起暴动和打先锋的，在大多数情况下都是我们共产党员。在图龙、米耶雷斯、特鲁比亚、特贝尔加、格拉多和因菲耶斯托这些最重要的山区据点，领导权都掌握在共产党人的手中。阿斯图里亚斯的暴动是在最广泛的统一战线基础上发展起来的；共产党员、社会党工人和无政府工团主义者一样，英勇地战斗在那些无政府工团主义者还拥有组织的地方，如希洪和费尔格拉。当然，如果没有共产党人的首创精神，如果他们不参加运动的领导，那么要在阿斯图里亚斯夺取政权并坚持15天是不可能的。

在加泰罗尼亚，当将军们的政府向中央军投降的时候，在运动中起重要作用的工人农民联盟不是实行独立的政策以推动斗争深入发展，而是跟在加泰罗尼亚的左派民族主义党和将军们的政府后面亦步亦趋。加泰罗尼亚的共产党是在运动开始前一天被接纳加入联盟的。在加泰罗尼亚，共产党也不是以共产党的有组织的形式出现在群众面前的，而是由共产党员和共青团员以个人身份拿起武器英勇斗争的。共产党人参加运动的结果是，我们党在加泰罗尼亚的影响扩大了。无政府主义领袖可耻地背叛了运动，他们在广播里劝告工人按照巴泰特将军的要求恢复工作。

在巴斯克地区，十月运动在许多地方也具有暴动的性质。共产党在大多数地方是运动的发动者和领导者。在毕尔巴鄂，我们党的地区委员会遇到了由右翼改良派组成的社会党领导的强烈反对，运动因而未能达到山区那样剧烈的程度。

在马德里，十月武装运动也带有暴动的性质。武装斗争持续了15天，共产党和共青团战斗在最前线。随着时间的推移，共产党人取得了领导地位，特别在无产者聚居地区更是如此。在攻打兵营、内务部和其他政府大楼的多次尝试中，共产党人冲在最前面。他们只有少量武器。社会党曾答应给共产党武器，但是并没有兑现。

无产阶级遭到了暂时的失败。革命运动遭受了沉重的打击，大多数工人组织被解散了，但是工人的斗争精神并没减退。在阿斯图里亚斯，政府对工人进行了血腥的清算，工人受到了非人的折磨，在"企图逃跑"时被杀害，劳动者成群地被集体枪杀。但是工人还是举起了拳头，象征着他们正在等待时机，重新拿起武器。

最近，面对席卷全国所有省份的反法西斯浪潮，政府在加泰罗尼亚把战争状态延长到9月份，并在全西班牙实施"紧急状态"。8万多工人在牢狱中受折磨。成千上万个劳动者被判处12年至30年的监禁。在阿斯图里亚斯，有5名社会党和共产党工人被判死刑并被处死。有70多名工人被判死刑，其中20人由于全国掀起了强烈抗议而被赦免。像往常一样，最令人愤慨的死刑和报复措施被用来对付革命的劳动者。

在战斗之后，党尽管遭到了很大的损失，但它的干部还是保存下来了，他们有可能迅速地开展工作，把工人组织在党的周围，开展反对死刑、反对镇压、反对虐待被捕者的斗争。

中央委员会在运动受挫后首先关心的是使受追捕的同志撤离阿斯图里亚斯，虽然遇到了种种困难，还是达到了目的。我们成功地救援了有危险的成百上千个同志，不仅有共产党员，也有社会党工人、无政府主义者和无党派人士。西班牙共产党领导的反对镇压和死刑的运动的口号是："不再有死刑！"这一运动动员了工人，反法西斯主义者和小资产阶级阶层。在空前的白色恐怖下，共产党保存了它的出版机构。地下的报纸、宣言、号召、传单、党和共青团的文件在西班牙成千上万份地散发。即使在党完全合法地存在的时候，它也没有出版过这么多的文献；省和区的领导以及支部利用它们拥有的手段加印号召和传单。在运动失败后的几个月里，我们党是唯一进行各种宣传的党，而且还准备了它在最近 10 个月里领导的运动。

我们通过抗议运动使 20 人获得了特赦，这引起了勒鲁—希尔·罗布莱斯政府的第一次危机，因为当希尔·罗布莱斯主张处死革命者的时候，勒鲁却在寻求民主方法，作为共和派，他努力散布幻想，企图以此把广大劳动群众新的抗议浪潮引入歧途。独立右派政党联盟退出了政府，政府日益动摇，它无法再使自己巩固起来了。共产党中央委员会认为，这是十月运动以后赢得的反对法西斯主义和反对反动派的第一个重大战役。

从这一刻起，斗争的规模越来越大。争取大赦的运动始于国际救援会在马德里的一次会议，参加这次会议的有左翼共和派的许多组织，成立了一个争取特赦的全国委员会，这一委员会在全西班牙受到热烈欢迎。许多地方成立了省和地方的争取特赦委员会。政府禁止使用"特赦"这个词，但却没有能力阻止这场运动的开展，它正在日益高涨和不断发展。

在贝斯泰罗领导下的改良派背叛了十月运动，反对社会党左翼。这样一来，我们与社会党左翼的兄弟般的关系日益密切。他们准备和共产党建立统一战线。如果说我们在与社会党执委会的相互关系方面只能做到共同签署一份宣言的话，那么我们在建立工人农民联盟方面却能取得巨大的成功。我们在西班牙有 200 多个工人农民联盟，分布情况如下：

省委员会	13 个
地方委员会	150 个
企业中的联盟	21 个
地区中的联盟	23 个

总计　　　　　　　　207 个

我们在巴斯克地区取得了最大的成就，那里有 64 个联盟，这些联盟不但致力于团结群众的工作，而且胜利地领导了多次斗争。

党的出版物激增。目前出版的报纸和小报有：

公开报纸　　　　　　9 种
地下报纸　　　　　　15 种
企业报纸　　　　　　18 种
小报　　　　　　　　13 种
总计　　　　　　　　55 种

这些报纸的总印数为 6 万份。此外，党中央的地下机关刊物《红旗》的印数在 10 月份后达到 5000 份，今天达到 1.7 万份。

虽然形势很有利，预示着反动力量将被摧毁，但在西班牙，法西斯主义的危险还是很大的。工人从十月运动的经验中认识到，统一战线对胜利来说是必不可少的。我们将沿着这一方向大踏步前进，但是资产阶级也从运动中吸取了教训，并努力重新组织自己的力量。

西班牙最危险的法西斯党是独立右派政党联盟，它在政府里有 5 名部长，特别是国防部长的位置由这个党的领袖希尔·罗布莱斯占据着。独立右派政党联盟的煽动是十分危险的，这个党主要在农村和失业者中进行工作。

希尔·罗布莱斯以国防部为根据地采取措施，想迅速铲除兵营里仍残存的那么一点点共和主义的和反法西斯主义的东西，他用天主教的、法西斯的军官和官员来取代共和派军官，他特别想发动一次军事政变，如果成功的话，他就可以用"合法手段"上台了。

当前，党所面临的主要任务是建立统一战线。为了争取广大群众参加反法西斯斗争，我们党应该在什么方向上进行工作呢？我党中央委员会向社会党、无政府主义者和左翼共和派组织发出了建立反法西斯人民阵线的号召，受到了热烈的欢迎，并开始迅速地结出了果实。

关于在全国范围内建立这样一个联盟的问题，社会党执委会是这样回答的：他们暂时不参加这个联盟，但是他们认为这是个好主意。

已经由下列党派建立了一个全国性的反法西斯人民联盟：共产党和共青团、联合共和党、激进社会党、左派共和青年团（阿萨尼亚的追随者），有1.5万名成员的烟草工人自治联盟、教师联合会、全国公职人员联合会、全国工人联合会、反法西斯阵线和全国工会联合会。无政府主义者没有参加这一联盟，关于参加统一战线的必要性的问题，他们正在进行一场大讨论。在有些地方以及在许多省份，反法西斯人民联盟正在组建之中。

必须围绕着工人农民联盟来建立反法西斯人民联盟。在这种情况下，无产阶级将是运动的领导者，人民阵线将进行斗争，直到反动议会被解散和宣布进行新的选举；在新选举中，联合起来的反法西斯力量将保证人民联盟的候选人获得胜利。这将引起强大的革命反响。

为了实现这一纲领，我们建议成立一个革命政府，它将满足工人和劳动群众以及所有反法西斯主义者的要求，它对群众负有实现上述人民联盟的纲领的责任。

我们正在准备群众参加斗争，以实现他们的要求，反对战争和法西斯主义。我们正在准备群众，使他们在共产党的领导下，尽快地实现西班牙的胜利的十月。

富里尼（意大利）：

同志们！皮克同志的报告具有历史性的意义，因为他提出了我们在一个时期内的行动路线，这是一个正在准备对人类命运具有决定性意义的事变的时期。皮克同志报告中的批评和自我批评部分有着特别重要的意义。（掌声）依靠批评和自我批评，共产国际的机关有可能对各支部进行坚强的领导。至于对青年共产国际的领导，我们就不能说同样的话了，它迄今为止还是共产国际中唯一一个不懂得自我批评在政治上的必要性的支部。

皮克同志谈到了"阶级合作还是阶级斗争"的问题，以揭露社会民主党政策的实质。我们认为，鉴于法西斯主义的政策，讨论这个问题不是多余的。因为我们切不可认为，群众已经完全清楚法西斯主义政策所具有的资产阶级反动内容。经验告诉我们，争取最广大群众的问题不能只限于争取社会民主党工人，而应该更加扩大，还要争取那些尚处在法西斯主义影响下的工人和劳动群众的其他阶层。

这里有必要引用一下共产国际第六次代表大会关于法西斯主义的论述："法西斯主义的主要特征是，在资本主义经济制度动摇的时刻，由于主观环境和客观环境的缘故，资产阶级利用了城乡中小资产阶级，乃至社会地位下降的无产阶级某些阶层的不满，以造成反动的群众运动来阻止革命的发展。"下面进一步写道："法西斯主义实现一种新的国家模式，其基础明显地是暴力、强制以及不仅是对小资产阶级阶层的腐蚀，而且也是对某些工人阶级分子的腐蚀。"

实际情况是：如果说法西斯主义的主要要素之一是反动的恐怖暴力的话，那么法西斯主义的特征之一就是它表现为一种群众运动，这一运动在某种程度上以各种不同的形式触及了居民的各个阶层。我们以往对此注意不够，因此犯了一系列错误。

当我们讲到法西斯主义的影响时，我们看到的是法西斯主义的直接影响，也就是说，看到的是存在着法西斯主义的群众这一事实；但是，我们还要看到它的间接影响，也就是说，存在着这样的群众，他们并不是法西斯分子，但是认为反对法西斯主义是不可能的，或者认为，法西斯主义只是做了其他任何政权都不得不做的事情，甚至认为，法西斯主义最终将会兑现一些它的诺言，等等。

当人们讲到法西斯主义的影响时，我们就会想到萨尔。亲爱的德国同志们，没有任何人比我们更能理解你们反对欧洲前所未有的反动的野蛮浪潮的英勇斗争的世界意义。但是，同志们，如果你们以为，法西斯主义在工人阶级内部没有什么影响的话，那么请允许我说，你们理解错了。如果没有这种影响，法西斯主义怎么可能在德国胜利呢？它怎么可能维持政权呢？

请你们看一看，在意大利，墨索里尼几年前就像你们的坏蛋戈培尔一样宣称，工人阶级是拥护法西斯主义的。而我们在我党第四次代表大会的提纲中写道，法西斯主义千方百计想接近工人阶级，但是它的一切努力都落空了。

现在，在我们懂得了这是一个错误的提纲之后，我们开始在争取群众方面取得重大的进展。我们曾经一直强调德国和意大利的不同。但是现在，我们也想强调这两个国家的相似之处。

掌权的法西斯撕下了假面具，这是事实。但是这一过程并不像某些同志想象的那样是直接发生的。掌权的法西斯也拥有许多手段（其中暴力是主要的手段，但并不是唯一的手段），用这些手段它甚至可以影响大批群众的态度。

这里，我想驳斥两种说法。

有的同志认为，意大利的法西斯之所以能攫取政权，是因为意大利无产阶级没有进行斗争。实际上，意大利无产阶级进行了一场英勇的、有大批群众参加的、历时数年之久的斗争。举行过许多次总罢工，也进行了武装斗争。为什么它不能击败法西斯呢？人们总是习惯地回答说：因为还没有一个共产党，因为社会民主党把无产阶级引向了失败。这一切都是对的，但是远远不够。

一个强大的共产党应该做些什么呢？诚然，意大利无产阶级斗争过，但是它的根本弱点是脱离了本该是其同盟者的劳动阶层，这些劳动阶层反而被法西斯主义争取过去了。因此,胜利的基本条件是必须有一项全面的、能把所有劳动群众都组织起来的政策。而这就是在这一时期我们的法国兄弟党的值得钦佩的行动的伟大意义及其全部政治含义。在这个讲台上,我们的**加香**同志已经非常好地阐述了他们的行动。

另一种说法是:在法西斯取得政权后,我们在意大利没有立即重新开展斗争。这是不对的。这里散发的一份青年共产国际的报告中说,我们的共青团在某一时期曾信奉这样的观点:反对法西斯主义是不可能的。

我们最坚决地抗议这种说法。我们有数十名共青团的领导人被判处了10年或20年的徒刑,还有几百名年轻的青年干部平均被判处了5年的徒刑。我们党也是这样。可以说,有数千名党的干部在坐牢。而青年共产国际的报告中所说的那些倾向,始终是受到坚决反对的,而且也完全不是具有决定意义的倾向。

我们反对这样的幻想:只要反对法西斯主义就够了,至于如何反对是无关紧要的。我们证明了,为了阻止法西斯主义的胜利或者为了推翻法西斯主义,仅仅进行英勇的斗争是不够的,这一斗争必须不仅同先锋队,而且也同广大群众结合在一起,并且要有助于发动一场广泛而有效的运动。

在意大利存在着一种法西斯主义的极权主义政权,它有一套完整的组织系统,以这样或那样的形式掌握了广大的群众。这些组织构成一个真正的工作场所,以便在群众中开始工作。

长久以来,我们一直在谈论利用"合法"的可能性,谈论有必要在法西斯主义的群众组织里开展工作,但是我们并没有这样去做。这是为什么呢?因为我们并没有将其视为我们群众工作的中心任务,而只是将其看做许多任务中的一项而已。

组织问题是我们关注的中心问题,但是我们并不懂得,没有一项正确的群众政策，要想解决我们的组织问题是不可能的。

这是不是说，在完全转入地下之后，我们在意大利的活动是没有意义的？不，这种观点是一种机会主义的观点，而不是一种严肃的自我批评。

我们参加了群众斗争，甚至发动了这些斗争，但是在某一时期，我们失去了和群众的联系。这是一场争夺千千万万工人的斗争。也有一些是自发的斗争，在平原地区有的具有暴力的性质，在某些情况下则具有起义的特点。每当发生了这些运动的时候，我们总是倾向于认为："现在时机到了，这一次法西斯主义真的是彻底动摇了。"对于法西斯主义来讲，所有这些运动确实都是一种打击。但是我们常常是估计过高了，并提出了不符合形势的口号。

只是当我们懂得我们在合法的群众组织中的活动不应该被放在第二位，而应该是我们群众工作的中心的时候，我们才取得了重大的进步。

把在企业中的工作和在群众组织中的工作对立起来是错误的。

实际上自从我们认真地在法西斯主义的群众组织中展开工作以来，我们在企业中取得了以前从未有过的巨大成就。

革命斗争要求全面地联系群众。一切联系群众所需要的做法都是正确的，而一切使我们脱离群众的做法都是错误的。

我们的秘密组织、我们的地下工作、党的地下出版物的散发，这一切都是在合法群众组织中进行活动所必需的条件；然而对于每天都和群众接触来讲，这一切当然是不够的。

为了每日每时都能影响群众，需要长期的、耐心的、艰苦的工作，为此就要在基层群众组织中占有立足点。

我们的陶里亚蒂同志在1931年写道：

"只要工会小组只是作为一个工会的宣传小组在活动，那么它和一个党小组就没有什么明显的区别。只有当一个工会小组实际上在做工会的日常工作时，这一区别才开始明显起来。

但是，如果不能开展合法活动，那么日常的工会工作也是不可能的。我所讲的合法活动的可能性并不存在于法西斯主义的'法律'中，而主要是在法西斯主义的某些一般特征中，是在它一贯地倾向于要建立一种群众基础，是在它在社会上进行的欺骗宣传中。"

对于我们党的领导人的这些指示的意义，我们并不是十分清楚的。在相当长的时间里，我们不是强调必须积极地开展这一工作，而是强调会由此产生机会主义的危险。结果就是意料之中的。所有反对的借口就是有这样的危险。甚至在党的领导机构内都有人表示反对。人们叫喊着要提防危险，而不去做任何工作。我们党内的这种反对直到一年前才被克服。但这并不是说，现在就已经没有这种残余了。

现在我想谈一谈我们在意大利进行工作的方式问题。我举一个比较重要的工业区的组织为例。几年前，我们在这一地区有一个党委会。

在一个企业里，我们由年轻同志组成的支部善于利用法西斯的工会，在为日常的经济要求而进行斗争的基础上，与天主教工人、大多数法西斯工人、同情社会主义的老工人进行联系。

在另一个工厂里，我们依靠同样的方法，与社会党人结成统一战线，从而动员了全部群众，并成功地实现了提出的几项要求。在第三个工厂里，群众还是落后的，我们不得不用更简单得多的方法为许多小的要求而进行斗争。

我所举的例子就是反对削减工资。但在最近几个月里，我们开始了争取提高工资的斗争。

另一个重要成果是，在受党的活动影响的群众的压力下，法西斯的领导不得不取消了工人憎恨的野蛮残酷的合理化制度。

从我们的工作中产生了这样的问题：我们是否应该在群众组织中进

行争取内部民主的斗争？

我们认为，这是一个很好的口号，可以把我们的直接的经济要求和我们的直接的政治要求结合起来。

同时，我们抛弃了某些同志提出的口号："要求在中央联合会选举工人代表。"我们拒绝这一口号是因为它并不能使我们加强与群众的联系和在群众中的工作，它只能使群众的注意力从他们可以施加影响的群众生活、企业和组织的直接问题上转移到远离群众的组织问题上去。

随着我们开始接近法西斯主义工人，接近在法西斯主义的组织中成长起来的工人阶级新干部，我们不得不提出另一个问题：和法西斯主义工人的统一战线问题。我们是从肯定的意义上来回答这一问题的，因为和法西斯主义工人为了直接的日常要求而结成的统一战线击中了法西斯制度的要害部分。

在企业里进行斗争的过程中，我们在所有我们工作过的地方建立了和社会党工人的联系。尽管如此，我们仍有许多关门主义的做法。

此时社会党对真正的统一行动仍是极力反对的。国内并没有真正的社会党组织；社会党工人一般来讲是孤立的。但不无意义的是，有一个自称社会党杂志的"国内编辑部"的社会党小组，公开地、十分坚决地支持建立统一战线，采取了同该杂志恶毒地反对统一战线的国外编辑部相反的立场。

不久前，在国外的社会党总委员会作出了有利于统一行动的决定，这是社会党工人施加了压力的又一个证明。

同志们，我还没有谈到对阿比西尼亚的战争，因为我们认为有必要向你们报告我们的最基本的经验，战争问题我们将以后再详细地谈到。法西斯主义在阿比西尼亚的战争就要开始了，这种情况将造成一种使我们党面临**伟大**任务的新形势。

目前国内的形势十分紧张。战争是极其不得人心的。各种困难刚刚开始。通货膨胀将对构成法西斯主义最广泛群众基础的城市小资产阶级产生巨大影响。我们必须准备迎接最伟大的任务,我们必须十分清楚,这不仅不会削弱我们利用合法可能性的群众政策的作用,而且还会增强其作用,因为正是在这些组织里,将会发生法西斯主义在它和群众联系方面的最严重危机。

不仅群众对战争抱有许多幻想,甚至我们党内对战争也抱有许多幻想,我们必须坚决地与之斗争;我们要分析这些幻想的谬误,特别是要剖析自发性理论,这种理论希望法西斯主义会由于战争而自我崩溃,因此希望发生战争。在这方面有许多奇谈怪论。

同志们,我想在这里向国际反法西斯和反战委员会表示感谢,感谢它给予我们的帮助,我特别要向巴比塞同志致谢。他不倦地积极地斗争,反对在阿比西尼亚的战争。

我们的斗争阵线在扩大,在我们的宣传鼓动中,为解决非无产阶级劳动群众所面临的问题而引进的新的提法已经产生了影响,例如对旧民主党人的某些成员已经产生了影响。

我们国家的前途如何呢?几年前,卑鄙的反动分子托洛茨基为意大利提出了这样的前途:拯救只能来自小资产阶级和来自大资产阶级本身的"反法西斯主义"立场。这一论点已经被事实粉碎。拯救只能来自共产党领导的无产阶级,它站在斗争的第一线,正在开始把一切怀有不满情绪的居民阶层组织在自己的周围。

同志们,最后我还想谈一谈最近几年来我党的工作成果。我们取得了什么成就呢?我们犯了许多错误。但我们的党是唯一的一个始终不断地进行反法西斯主义斗争的党,它不断地动员工人阶级中新的力量,以补偿敌人对它造成的损失。

我们拯救了许多东西,不仅只是拯救了工人阶级的旗帜。我们国内的战士用他们的牺牲,用他们不倦的斗争拯救了未来。他们准备了未来的胜利。

多年以来,群众把我们看做是唯一的领导反法西斯主义斗争的党。但是他们除了把我们看做是他们自己的日常斗争的领袖外,对我们的了解是很少的。

今天,我们的队伍越来越壮大,我们正前进在广阔的大道上。我们将胜利地完成我们的职责。

(全体起立,长时间地鼓掌、欢呼。德国代表团三次有力地高呼"红色阵线",西班牙代表团高呼"乌拉"和发出欢呼声。)

第十二次会议

(1935 年 7 月 31 日晚)

继续讨论共产国际执行委员会工作报告

南非黑人女同志**比阿特丽斯·亨德森**担任 7 月 31 日晚会议的主席。

约翰内斯·汉森(丹麦):

直至 1931 年,丹麦共产党还是一个和群众没有联系的派别组织。

我们曾作过多次尝试,想通过对当时党领导的同志式批评谋求改变这种局面,但都失败了。1929 年秋,共产国际执委会公开致信丹麦共产党的党员,这封信在党内引起了一次激烈的、日益深入的讨论。

1931 年,党已经是失业者群众斗争的领导者,为在工会中的活动打下了基础,建立了坚强的党的领导,党员人数在增长,从那时以来已增加了四倍。党领导了重大的工会斗争,组织了大规模的示威游行,并加强了在工会中的影响和地位。在党的领导下,建立了红色工会反对派,它在许多工会中有着巨大的影响并完全控制了轮船锅炉工联合会。党虽然还很弱小,但已开始在农村工作,并在农业地区建立了党的组织。党的中央机关报《工人报》发展为日报。在 1932 年秋天的议会选举中,党获得了 17179 张选票,并第一次在议会中获得两个席位。

由于丹麦特殊的社会结构,直到 1930—1931 年间它才受到世界经济危机的侵袭。发生了严重的农业危机,销售锐减,价格降低。失业人数在1930—1931年间创了纪录，登记的失业者约有20万。

在丹麦起主导作用的执政党是社会民主党，它在斯陶宁格的领导下，是第二国际的极右翼。这也表现在政府的危机对策中。它想通过法律剥夺工会作为独立的斗争组织的性质，并使它的罢工权利实际上化为泡影。

丹麦共产党的主要任务是：联合劳动者共同反对资本进攻、战争危险和法西斯主义，在反对资产阶级进攻和保卫民主权利的斗争中组织统一战线。

1931年，改良主义工会领导人成功地大大削减了大批工人的工资。1932年他们延长了工资协定，而不让工会会员参与决定此事。1933年，议会根据政府的建议通过一项法律，把所有的工资协定延长了一年，并禁止在这一年举行罢工和解雇工人。1934年，议会通过了一项新的调解法，其中关于表决和合并的条款完全剥夺了工人的决定权。

针对这些工资决定和强制立法，广大工人群众掀起了强大的反对浪潮。但是社会民主党依靠强制立法使强大的群众运动没能变为强大的罢工斗争。只有几个工人阶层进行了斗争，例如在1932年有屠宰工人的斗争；1934年爆发了海员大罢工，这一罢工部分地是在共产党的领导下举行的，并以局部的胜利结束。

早在1932年，红色工会反对派就在全国范围内组织起来了，后来又得到了扩充，现在它在大多数最主要的工会联合会和工业部门中拥有小组。然而它未能发展为群众运动，其原因就在于它是模仿德国的红色工会反对派建立起来的。它被建设为一种"工会党"，它虽然拥有一个由工人组成的自觉的革命反对派的核心，但却没有群众基础。

1934年产生了一种自发的、广泛的对改良派领导的不满，改良派领导支持关于工会的强制立法和削减失业救济。1934年夏，丹麦最大的工会——非熟练工人工会的18个地方小组率先举行会议，这次会议首先发出了战斗号召，反对大幅度削减失业救济。红色工会反对派依靠这次会议，创立了广泛的工会统一战线运动。1934年10月，总共拥有5.5万会员的97个工会在哥本哈根集会。会议的大多数代表是有组织的社会民主党人和无党派人士。

会议讨论的主要问题是反对失业、工会运动的自由和工会会员在组织内的自决权。决议规定了斗争的口号和路线，并选举了一个领导委员会。这一"十月运动"是第一次真正的、在丹麦工会内部开展广泛的统一战线运动的尝试。但不久就可以看到它有一个缺点，即只有很少几个社会民主党工会成员被选进了领导委员会，这当然就使这一运动很容易遭到改良派的攻击。

十月运动的活动结果是，在许多联合会内部掀起了一场扩及全国的抗议运动。

党也致力于农村工作。对贫农的工作，至今仍主要局限于进行一般性的宣传，这一宣传就其主要方面来说是错误的，具体的工作做得很少或没有去做。而法西斯组织恰恰是在农民中有着很大的影响。

1933年以前，党在组织上取得了很大的成就。但近两年又处于停滞状态，这主要是由于党的顽固的关门主义在作祟。党必须集中主要火力对这种关门主义作斗争，同时也不能忘记警惕和反对机会主义。

我们的弱点部分地也和党的干部还很年轻有关。地区和地方党组织以及支部的90%的领导同志是1931年后才入党的，因此党的教育工作和干部培养是我党的一个迫在眉睫的问题。

列华尔（西乌克兰）：

当兹布鲁奇河这一边的乌克兰人民胜利地建设光明的社会主义生活时，殖民地的强盗剥削却在西乌克兰横行，这一剥削靠的是一种军事—警察的、法西斯主义的专制统治制度。

随着危机的加深和战备的扩充,民族压迫也加剧了。

与希特勒法西斯结盟的波兰法西斯,越来越热衷于为反对苏联和反对苏维埃乌克兰的强盗般的反动计划的实施准备后方。在这种情况下,乌克兰资产阶级的反动积极性大大提高,它把德国帝国主义看做靠山,同时又加强了和帝国主义波兰的资产阶级的阶级同盟。

乌克兰资产阶级各政党无一例外地都参加了狂热的民族主义的反苏运动,这一运动在波兰法西斯的支持下,在苏维埃乌克兰开展了广泛的服务于破坏和间谍活动的恐怖行动,同时在西乌克兰组织和煽动反苏行动。

1933年,反苏宣传达到极其疯狂的程度。这时西乌克兰共产党并不懂得应该立即相应地清除资产阶级的乌克兰民族主义并予以坚决的反击。

与沙皇的将军、地主及资本家等全俄罗斯的反动派结盟的乌克兰资产阶级、大地主反动派,在公开的斗争中被粉碎了,在这之后,特别是在无产阶级政府转而执行新经济政策以后,乌克兰资产阶级暂时改变了其对付苏维埃政权的策略,从采用公开的内战和反革命暴动的方法变为采用隐蔽的破坏和寄希望于苏维埃政权内部发生蜕变的方法。根据这一策略,在西乌克兰,面对着西乌克兰人民群众对苏维埃乌克兰的强烈同情,广泛地派民族主义分子混入年轻的共产主义运动和民族解放运动中去,目的是瓦解这一运动,从内部粉碎这一运动,以及更易于潜入苏维埃乌克兰进行间谍和破坏活动,以有利于资产阶级、大地主反动派和帝国主义侵略势力。

所有这一切阻碍了一个强有力的无产阶级核心的建立,妨碍了党组织的思想锻炼,使间谍易于在西乌克兰共产党内播下反对波兰共产党的分裂主义的种子,以及易于在党内进行隐蔽的民族主义活动。

只是在党的领导改组和清除了阶级敌人的间谍以后,西乌克兰共产党才坚决清除了民族主义的反苏狂热，多年来第一次领导了城乡新的群众斗争。这第一批成就证明了西乌克兰共产党具有顽强的生命力，证明了无论是最野蛮的白色恐怖，还是阶级敌人最卑鄙无耻的警察和政治的挑拨煽动方法，都不能瓦解一个真正无产阶级的、和劳动群众打成一片的党。

即使在将来，党也必须表明它有着布尔什维克式的警惕性，也必须把思想上的不妥协性提到最高度，以粉碎敌人的新阴谋。

西乌克兰共产党最重要的、至今仍未解决的组织方面的政策问题，**仍旧是克服党在那些最重要的和决定性的中心（如石油产区）力量薄弱，以及严重缺乏无产阶级干部的状况。**

由于党的巨大努力，特别是在争取建立反对法西斯选举法的统一战线的斗争中作出的巨大努力，使许多地方爆发了群众性的政治罢工。

在重又掀起罢工运动的基础上，党实行了**一种新的统一战线策略。**

西乌克兰的统一战线首先必须实现乌克兰、波兰和犹太工人群众的国际统一斗争，克服反动资产阶级挑起的国家社会主义的分裂主义。

近半年来，西乌克兰共产党在争取统一战线的斗争中取得了第一批重大成果。一个证明就是1934年12月社会民主党的"工人大会"在德罗戈贝奇召开的代表大会。在这次大会上，240名代表中有160名代表坚决反对乌克兰社会民主党和波兰社会党右派领导人的反苏挑拨，并要求建立工人阶级的统一战线。另一个证明是乌克兰社会激进党内的反对派运动，该党在波科特的一大批组织参加了这一运动。

第三个证明是在工会运动的国际统一和阶级统一的基础上，成功地开始了将一批平行的左派工会与改良主义工会联合起来的运动。

最后还有一个证明是在几个地区达成的一系列地方性的统一战线协定，以及特别是5月1日在利沃夫和斯特雷的许多联合示威游行。

统一战线策略的实现不仅遇到了客观上的障碍，而且在很大程度上，在党和共青团的某些机构中，还遇到了关门主义的阻碍。对于无产阶级统一战线的实现起决定性作用的是争取西乌克兰的波兰无产阶级，它主要集中在重要的工业中心。我们党在这方面必须做大量的工作。应该耐心地说服波兰劳动群众，使他们确信，争取西乌克兰民族解放的斗争符合波兰无产阶级和波兰人民的切身利益，而且波兰的民族独立只有在如下的情况下才能得到保证：摆脱法西斯主义的奴役，粉碎皮尔苏茨基分子和希特勒法西斯的罪恶的反苏联盟，实现被压迫人民的充分自决权和民族独立权。

在最近的斗争中，工业无产阶级的作用得到了加强，对被剥削农民的新的群众斗争的高涨发挥了日益强烈的影响。

对于推动农民斗争进一步发展具有决定性意义的是今年5月1日沃尔希尼亚的革命工人和农民的示威游行。成千上万的农民群众在我们党和共青团的旗帜下游行。在科加有10个农民被警察强盗的机枪杀害，大约50人受伤。科加的大屠杀引起了沃尔希尼亚大多数行政区农民群众的自发反抗。

然而在谈论沃尔希尼亚斗争的全部意义时，我们一刻也不能忽视如下的情况：在西乌克兰加利西亚地区的大多数地方，农民运动还是很薄弱的，乌克兰民族主义政党的影响还是相当强大的。我们党在粉碎了敌人的间谍以后，展开了一场大规模的保卫苏联、反对乌克兰资产阶级的反苏挑拨的运动，并给了乌克兰民族主义反动阵线一系列沉重的打击。例如，工农代表大会的一次这样的运动，在无产阶级国际主义的旗帜下，联合了100多个地方的成千上万的乌克兰、波兰和犹太工人和农民，并在一定程度上形成了广泛的人民阵线组织的雏形。作为对卑鄙地杀害基洛夫同志的回答，党举行了成百上千次的集会，通过决议，表达了对无产阶级专政政策的声援和保卫苏联、保卫苏维埃乌克兰的意志。

然而直到现在，我们仍未能把东加利西亚的反对主要敌人、反对波兰统治的分散的运动联合起来。

尽管遇到了特殊的困难，在西乌克兰建立人民阵线，作为全波兰反法西斯阵线的一个组成部分的可能性正在增长。

为了实现人民阵线，党必须提出那种具有全国意义的民主口号和要求，此外还要提出一些带有地方色彩的特殊的局部要求，这样才能把那些对反对波兰法西斯的斗争感兴趣的波兰人的，以及乌克兰人的和犹太人的政党和组织，在共同斗争的基础上联合起来。

无情地反对沙文主义和民族主义的共产党，必须同时克服关门主义和虚无主义的倾向，这种倾向无视人民群众中，特别是农民群众中根深蒂固的民族感情，阻碍了争取至今仍囿于民族主义的广大群众和基层组织的斗争。

直到不久前还相当稳固的资产阶级民族主义的乌克兰联盟，现在开始出现严重的裂缝，这是由于广大人民群众对那些妥协性政党的奴颜婢膝政策感到愤懑而造成的。乌克兰社会激进党领导人不久前还在帮助那伙执政党强行通过反动的宪法，为此它在波兰共和国议会表决时弃权，而现在在本党群众的压力下，它不得不在我们争取统一战线的斗争中采取了反对新选举法的立场。

乌克兰社会党、波兰社会党和乌克兰联盟抵制了波兰共和国的议会选举。我们党反对这种消极的抵制形式，而宣布要进行积极的抵制，要把群众的憎恨引导到强大的反法西斯人民阵线的轨道上，展开广泛的斗争，争取民主权利和完全的民族独立。

根据全波兰具体的阶级力量对比，作为广泛的反法西斯人民阵线的口号，波兰共产党最近提出了国民议会的口号，以此夺回人民被剥夺的民主权利。

在这一责任重大的时刻，西乌克兰共产党再一次向各个社会党，向乌克兰社会激进党、乌克兰社会民主党、波兰社会党和乌克兰联盟的组织,向工人农民的所有群众组织,向合作社和体育组织,向乌克兰民族民主组织中的群众,向一切忠于自由和和平的人们发出呼吁:建立劳动群众的人民阵线,以实现西乌克兰和全体波兰群众的迫切愿望:在反对疯狂的法西斯主义和帝国主义战争的斗争中结为战友。

安德鲁斯(新西兰):

第二国际的走狗们常常把新西兰说成是工人的天堂。新西兰虽然远离国际事件的中心,但是资本主义世界的危机对它的影响也是很强烈的。新西兰有近1500万居民,却有着一支15万人的失业大军。约有4万个未婚失业者被强迫安置在失业者营地里,过着非人的生活。有数千名失业妇女,政府对她们置之不理。农产品价格下降,各工业部门工资减少,开除和监工制盛行。

从1929年至1934年,各工业部门举行了172次罢工,有3.6万名工人参加。除了这些在业工人的罢工外,全国几乎每一个未婚失业者营地也都发生了罢工,结果是不得不关闭了许多营地,或者是营地里工人的要求得到实现。

党在1928年出版了一份不定期的很小的月报,印数也十分有限。1933年,为了庆祝俄国革命16周年,我们开始出版一份周报,印数达2000份,今天则已经达到了5000份。(掌声)1933年3月,为庆祝国际妇女节,我们第一次出版了一份妇女报,经费是我们向全国各地的妇女一分一分地募集而来的。该妇女报今天已印到2000份。(掌声)党还出版了一份印数为1000本的理论月刊,此外党在全国各地的各个党小组也出版了许多小报。

政府震惊于我党的进展,就向我们的中央委员会进攻。1932年,我们3位领导同志被监禁3个月,而1933年,整个中央委员会都被逮捕。

党胜利地领导了反对战争和法西斯主义的运动。今天，在新西兰存在着强大的反对法西斯主义和战争的运动，这一运动起源于今年春天举行的一次会议，各组织的52名代表参加了这次会议。

自经济危机以来，新西兰的阶级力量对比发生了明显的变化。阶级力量对比的变化有多大，可从对今年4月新西兰各地地方选举结果的分析中看出来。选举表明，居民的积极性有了很大的提高。例如在奥克兰，有43712名选民参加了1933年的选举，而今年投票的选民数上升为6.3万人。其他地区也发生了同样的情况。

地方选举也表明群众已明显地向左转。

另一方面，选举也表明了，在最近两年里，群众对我们小小的共产党的信任也大大地增加了。1933年，我们的候选人韦布同志在惠灵顿获得了3196张选票。

在克赖斯特彻奇，我们的候选人获得1164张选票，而1932年是110张选票。

在达尼丁，我们的两位候选人分别获得1093张和855张选票，而1933年只有450张。

北帕默斯顿是一个较大的内地城市，坐落在一个大的奶酪生产地区的中心。共产党的候选人获得了约1000张选票.

总之，从已获得的消息来看，9个候选人获得了18173张选票，而我们党在1933年总共只获得了大约7000张选票。值得注意的是，新西兰最重要的工业中心奥克兰的选举结果尚未揭晓，因此我党候选人的总票数估计至少能达到3万张。这些数字十分清楚地表明了，共产党的影响在最近几年里有了明显的增长。

鉴于这些成果，正确运用统一战线策略的问题正在成为我党的有着突出意义的问题，党必须善于巧妙地运用其正在增长的影响，以进一步发展强大的统一战线，以便尽可能地阻止改良派领袖把群众引导到阶级合作的道路上去，以便争取群众支持自己的阶级斗争政策。

新西兰是一个农业国，农业是国家的命脉。1930—1931年，农业提供了国家全部出口产品的58.4%。因此党在农业地区的工作是十分重要的。

新西兰有一个高度发达的资本主义农业，土地占有极其集中。1933年，仅仅6%的农场主就占有32%的土地，每人超过1万摩尔干[①]。8.12%的农场主占有全部土地的66%，每人超过1000摩尔干。小农场主在全体农场主中占30.27%，而在全部土地中只占有不到1%，每人不到50摩尔干。拥有5—200摩尔干土地的农场主占农场主总数的44.39%，他们总共只占有全部土地的2.9%。

阶级对立十分尖锐。全国有3.5万—3.8万名农业工人，而农场的总数为83780个。这只是附带说一下的，尽管如此，仍说明了在新西兰，资本主义的农场经济发展到了十分高的程度。根据官方的材料，在某些地区，雇工人数超过了参加劳动的男农场主的人数。

但是，新西兰农业具有的高度发达的资本主义性质不仅表现在雇工的百分比很高，而且也表现为这样的事实：农场主极大地依附于金融资本。金融资本使农场主屈服于自己，并且剥削他们。它占有银行、各种公司、奶油和奶酪公司、冷藏库、运输和轮船等公司的大量股票，农场主不得不按照金融资本规定的价格把产品卖给这些公司。农场主实际上成了垄断的工厂主和企业主的附庸，向他们提供必需的原料。农场主和雇工的不同只在于，他的收入是完全不固定的，在大多数情况下，他的收入可以使他还不至于挨饿。

农业的资本投资是十分重要的，并在不断增长。

---

① 摩尔干（Morgen），欧洲各国土地面积单位，大约等于0.25—0.34公顷。——译者注

新西兰的农业也受到国际经济危机的沉重打击。农产品价格的暴跌使农场主破产。奶制品价格从1928年到1935年4月下跌了49%，棉花下跌了60%。根据官方的估计，农场主的收入从1928—1929年的6.67亿镑下跌为1932—1933年的3.95亿镑。

随着从危机转向特殊形式的萧条，去年牧羊农场主的收入略有增加，但还是比危机前低25%。很明显，增加收入的主要是大农场主，在危机时期，当小农场主处境困难时，他们也还是很好过的。

农场主债务累累。总的抵押债务目前已上升为2.4亿镑，其中1.35亿镑是农业债务。从下列事实可以看出债务之重：农业的抵押债务比农场主的年总收入高两倍半。在危机时期，债务从1.22亿镑上升到1.35亿镑。债务还在继续增加，因为利息和本金的分期还款额还是和危机前一样高，而农产品价格却平均降低了40%。因此大多数负债累累的小农场主受打击最重。

财政部长说，有5万农场主处于破产边缘。其中有3万至3.5万是生产奶酪的农场主。资本家的新闻机构说，新西兰将很快落入日本债权人的手中。

在小农场主和中农场主的支出中，地租也是一个大头，而且也比大农场主的要高得多。小农场主和中农场主交付的地租实际上要比大农场主高，这一点可从下列事实看出来：1397个大农场主为1147.7万摩尔干交的地租总计为196499镑，而16460个小农场主为413.7万摩尔干交的地租总共为648262镑。

劳动农场主群众的另一个沉重负担是赋税。

这些因素为党的工作任务提供了基础。首要的任务是在平原地区的农业工人中站稳脚跟，并在他们中间进行工作。实际上，这一工作至今一直是被完全忽视的。

此外，还必须开始赢得对小农场主和中农场主的影响，并组织他们为他们的直接需要而斗争。

党必须投身到艰苦的工作中去，以打破农场主们至今仍抱有的幻想，使他们完全摆脱工党的影响，并用这种方式创造条件，以建立在我们党领导下的有广泛基础的工人和农场主的统一战线。

新西兰共产党将毫不迟疑地把它所面临的各项任务互相联系起来，不久，它就将成为我国经济生活和政治生活中的一个强大的政治因素。（掌声）

孔原（中国）：

我想简单地谈一谈我们党在国民党地区的工作，我们党的成就和不足。

六大以来的时期是中国革命不断发展的时期，是帝国主义、国民党、军阀和一切内外敌人加紧向中国革命进攻的时期。"文明"的帝国主义和出卖中国人民的国民党匪帮，在中国共产党领导的反对帝国主义的苏维埃和红军的伟大胜利面前发抖。大家知道，在蒋介石的大本营里坐着一个德国法西斯的将军、一个社会民主党的警察头子、日本军事顾问和美国飞行员。大家知道，蒋介石围剿红军使用的现代化武器是各帝国主义国家最大的军火工厂制造的。

所有这些反动顾问和将军们完全明白，革命的危险不仅来自主要的发源地——苏维埃和红军，而且也是由于在中国共产党领导下的白区的反对帝国主义和国民党的工农群众的英勇斗争。这一斗争也是为什么"后方行动计划"是第六次围剿苏区计划的一个不可或缺的组成部分的原因。根据这一计划，在中国所有的大城市和农村中要建立一大批新的反共机构。例如，单是在上海，除了常设的对付革命组织的警察和宪兵机构外，帝国主义者和国民党还建立了40多个负有"铲除共产主义"特殊使命的组织。除了蒋介石的法西斯"蓝衣社"外，国民党还高薪雇用了 2000 多个职业特务、恶棍和叛徒，把他们分派到工厂、学校、街道和胡同去监视、逮捕和杀害共产党人。

不但是共产党人，还有普通工人——罢工运动参加者、反日斗争的普通参加者，都随时可能被逮捕或被暗杀。在过去两年里，全中国被杀害和被逮捕的英勇的共产党人，包括领导成员和普通党员超过了 1 万人，其中光是在南京就有 7000 多人。

在这种白色恐怖的空前恶劣的条件下，我们党以布尔什维主义自我牺牲的精神进行了艰苦的工作，组织广大群众抗日救国的英勇斗争，组织示威游行、罢工等运动。

1931 年 9 月 18 日事变发生后，我们党参加领导了中国各大城市的广大工人、学生和店员群众的罢工和示威游行。提出了"人民自己武装起来，驱逐日本帝国主义！"的口号。

在英雄的上海保卫战时期，我们党组织了沪西日本纱厂 4 万名工人进行强大的反日罢工，组织了工人和学生的义勇军，和十九路军士兵一起战斗在前线。我们党组织后方最广大群众支援抗日斗争。我们党在十九路军将士中做了大量的工作。

所有这些事实都告诉 4 亿中国人民，中国共产党是唯一的一个为拯救国家而坚决斗争到最后胜利的党，共产党人是为拯救国家而斗争到最后胜利的最坚强的战士。

在过去几年里，工人罢工运动发展的最重要动力之一是中国共产党领导下的红色工会工作。从康生同志的讲话中我们可以看到，过去几年中的罢工浪潮已达到了中国大革命时期罢工斗争的水平。

中国共产党的工会工作无疑落后于革命浪潮高涨时期的客观可能性，但是，中国共产党和红色工会在许多大罢工中起了领导作用。

以下的事实可以证明我们的工会工作所取得的成果：在贵州省偏僻的赤水市，当红军接近这个城市时，兵工厂的 500 名工人在党支部领导下发动了暴动，解除了国民党军队一个营的武装，帮助红军攻占该城。暴动的工人夺取了兵工厂储存的全部武器。

在农民运动中，我们同样也取得了显著的成就。特别光辉的成就是我们在陕北取得的，那里的农民群众在我们党组织的领导下分了地，建立了一个由10个县组成的新苏区，组建了新的红二十七军。

我只举了我们在国民党地区艰苦斗争的几个典型例子。尽管国民党和帝国主义者实行白色恐怖，但它们并未能达到目标——彻底消灭"赤匪"，而且由于我们党的布尔什维主义领导和英勇斗争使我们党成了唯一能够拯救中国的众望所归的革命领导者。

我们不但在苏区，而且也在白区领导了英勇艰苦的斗争，并取得了伟大的成就和胜利。但是胜利并没有冲昏我们的头脑，我们清楚地看到在我们的工作中，特别是在白区的工作中存在的缺点和错误。

在广泛开展抗日反帝统一战线的过程中，我们还不够主动和灵活。我们甚至还犯了一系列"左"倾关门主义的错误。

在党和红色工会的企业工作中，在黄色工会内的工作中，特别是在争取无产阶级统一行动的斗争中，以及在其他问题上，我们犯了许多错误，后面我们将专门谈到这些错误。

我们在敌军中的工作仍很薄弱；我们还不能尽快地阻止和瓦解国民党军队向红军的进攻。

全国各地都在发生着小农群众以及盐矿职工的斗争、暴动甚至武装起义；但我们却未能把所有这些行动都置于我党的领导之下，特别是我们未能在国民党军队进攻苏区时，展开声势浩大的游击运动。

我们在小资产阶级知识分子阶层中的工作也有着严重的缺点。在日本占领满洲以后，小资产阶级的大学生和知识界发生了有利于革命的大转变，他们失去了继续学习的可能性，处于失业者的境遇之中，当时教育机构中开始对学生实行强迫军训，并开始实行残酷的法西斯恐怖和

"围剿赤匪的运动"，但我们恰恰放松了对这些阶层的工作。

党在白区的工作落后于客观可能性，与苏维埃和红军的发展也是不相称的。我们党明白这一落后的严重性，并为克服这些现象而进行了坚决的斗争。

党已成为一个真正的群众性政党。它今天已拥有40多万党员。在白区，尽管遭受种种迫害，党还是成功地将它的党员人数保持在7万人。在白区，党组织的扩大是极其困难的，但是许多地方组织由于争取到了新党员而有了很大的发展。在我党四中全会以来的五年中，党员人数增加了一倍，这在白区这样的情况下，具有特别重要的意义。

与此同时，必须指出，党在白区并未能克服一系列十分严重的缺点和不足之处。这主要是由于党内仍保持着1925—1927年大革命时期的旧传统。

当然在四中全会期间，组织结构有所变动，但是为了适应客观形势的需要，这些变动仍是不够的。

一个严重的弱点是，培养干部的政策还未被全党正确地掌握。

同志们！毫无疑问，我们党的中央委员会在注意运用我们兄弟党极其丰富的经验的同时，将善于在白区开展革命运动，把它同扩大发展苏维埃和红军的斗争结合起来，并领导全中国人民在列宁—斯大林的战斗旗帜下，在各兄弟共产党的支持下，走向苏维埃革命在全中国的胜利。

内代莱克（法国）：

我们的**加香**同志在这个讲坛上说，法国党对共产国际是有贡献的。自从共产国际第六次代表大会以来，我们党历经坎坷。今天，它已变得极其强大，不但在政治上极其成熟，就其影响和党员人数而言，也是空前的。

1928年，在共产国际第六次代表大会以后，法国的群众运动（罢工、示威游行等）取得了很大的进展，但自1929年和1930年以来，党走的是下坡路。这种特殊情况有许多原因：

1. 我们的政治路线是不正确的。我们过高地估计了群众激进化的程度，提出了极左的口号。

把社会民主党看做是统一的，不是对其使用统一战线的策略，而是满足于用理论性的、抽象的宣言来反对它。

这样一来，我们和群众的联系就不断地减弱。与我们有关系的组织经历了严重的危机。

2. 组织方法是错误的。我们的地区组织是按照不可能加以领导的方式建立起来的。

3. 我们的干部政策是一种有害的政策。当时领导党的巴尔贝集团不顾党内民主，亲自任命地区领导，用过分的集中代替党内民主。

目前的形势有了变化：今年我们发了7.5万张登记卡，估计我们的党员数在1935年6月将达到6万名。而1933年我们只有此数的一半。

我们的《人道报》每天的发行量为：1930年17.3万份，1931年15.9万份，1932年16.1万份（2月份30.2万份），1933年15.4万份，1934年20.1份万，1935年19万份。

共青团在1932—1933年的团员数为3500名，现在在1200个基层组织里有1.7万名团员。

我们党威望的提高对友好组织产生了有利的影响。

法国统一总工会维持了它的会员数。它还未能增加它的会员数，但是1929年的机会主义少数派遭到了清算。

此外，在改良主义的法国总工会里，形成了一股有利于阶级斗争和工会统一的潮流。

失业工人运动组织了多次饥饿进军、示威游行等行动，并能够实现某些要求。

然而它还一直是我们工作的薄弱环节。1935年4月，对89个行政区中的48个所作的调查表明，我们控制着拥有136350名失业者的519个委员会。而同一时期受救济的失业者的人数则是484463名。

我们党在我国政治生活中已成为一个极其重要的因素。

我们以10万张选票成为巴黎最强大的政党。在巴黎和塞纳区我们有25万张选票。在巴黎周围我们掌握55个乡镇管委会，它们组成一条红色地带包围了巴黎，而从前我们在塞纳和塞纳—瓦兹只掌握15个乡镇管委会。

官方的统计承认，我们控制的居民在5000人以上的乡镇管委会已从38个增加到90个。

我们之所以能够改善和加强我们党的地位，并赋予它一种真正的战斗力，是因为我们进行了反对机会主义和反对关门主义的两条战线斗争。

但这并不是说，这一斗争已经结束。我们的成就并不能使我们看不到自己的弱点。尽管我们在组织方面取得了进展，但它还是落后于我们所具有的影响。合法地位的幻想阻碍了党对非法斗争的准备。我们的发展工作必须加快速度。

经验告诉我们，某些地区进展迟缓的原因是由于我们在实践中还没有彻底克服关门主义，从而造成了在人民阵线问题上和在为群众的要求而斗争中缺乏主动性。

相反的，在那些我们成功地为无产阶级统一战线斗争的地方，在那些我们真正起到了人民阵线先锋战士作用的地方，那里的工人就靠拢我们，就加入到我们的行列里来。

工人阶级对有利于它的统一的努力是很敏感的。

此外，我们应该注意到，如果说社会党在它的米卢斯大会上失去了2万名党员，那么这首先要归因于它的那些联合会反对采取统一行动。

为了完成我们面临的困难的任务，我们必须在一切受我们影响的居民阶层中加强我们的发展新党员的工作，并在方法上加以改进。

根据各地的报告，新党员的社会成分一般来说是好的。这些同志大多数是工人。有些地区失业者人数达30%，然而许多人并没有加入工会，这表明共产党人在工会中的工作还是做得不够。

我们必须在一切有工人的地方进行我们的发展工作。**我们也必须努力保持我们的党员人数**。它的波动还是很大的。

为了消灭这种上下波动的情况，中央委员会采取了措施。这些措施得到了全党的赞同。

工作要更具体，更接近群众，这种必要性促使中央委员会在1932年10月提出了地方分权的问题，以便领导更接近基层，并有可能实行真正的领导。

地方分权是一个重要的因素，它使我们除了有一条正确的政治路线外，还能做到下列几点：

1. 增加我们的党员人数；
2. 巩固我们的基层组织；
3. 建立新的基层组织；
4. 发挥从上到下的主动性；
5. 实行更具体的领导。

虽然我们取得了成就，但我们的最大弱点——在企业中的组织太少——还存在着。我们的企业支部虽然有了增加，但还不足以改变其与街道支部和地方支部的比例，这些支部同样在发展着。

目前在法国举行的反对紧急法令的行动是以企业为基础组织起来的。这是否会昙花一现，在很大的程度上要取决于我们的工作。

有些地区已经在这方面取得了积极的成果。

保持我们的支部，特别是保持大企业（这些大企业里都有特务组织）的支部的问题，是我们党领导研究的对象，并已取得了积极的成果。

我们**在农民中**的发展工作的速度将快得多，如果我们的农村支部能变成真正的村支部，不是只满足于同地方上的政客作斗争，而是为农民的要求而斗争的话，这些要求所涉及的问题，从乡村道路的保养直到争取免除赋税和反对财产抵押。

现在我要谈一下干部问题，这方面的错误从一开始就成了地方分权的阻碍。我们在某些情况下遇到了困难，这些困难还没有完全克服。但总的来讲，地方分权有利于培养干部，有利于把新干部吸收到领导层中来，让他们担任负责的工作和监督他们的工作。

那些我们当前要克服的困难源于我们的影响和我们的党员人数的增加快于我们的领导干部的增加。党的中央委员会组建了一批全国的和地区的学校。

组织了一所全国性的学校，党派了一名教师，31名党的和共青团中央的年轻干部在那里学习了一个月，效果甚佳。正准备在好几个地区建立学校。不久将举办一个全国性的训练班。

现在谈一下无产阶级的统一政党的问题。

我们的组织方法在统一战线中取得了成功。许多接近我们的社会党工人惊讶地、常常是钦佩地观察着我们的组织活动。

我们把布尔什维主义的组织原则写进了统一政党的纲领中，我们已把这个纲领交付全体工人阶级讨论。

结果如何呢？我们看到了社会党塞纳联合会的书记齐罗姆斯基在米卢斯大会上的表现，他表示同意我们的建议。齐罗姆斯基批评了社会民主党组织。他实事求是地指出了它的缺点。他表示同意民主集中制。这使我们感到欣慰。

但是我们知道，我们才刚开始统一战线的工作。

我们愈是前进，困难就将愈多。在统一政党内，在和社会民主党的接触中，我们队伍中的机会主义危险不可避免地会增加。

最小的错误、最小的缺点，也会带来不可估量的后果。因此我们必须比以往任何时候更坚决地维护共产国际的路线和原则。因此我们必须毫不迟疑地进一步加强我们的共产党。

完成这些任务将使我们成为一个巩固的、有能力胜利地进行革命的无产阶级政党。

阿尔比诺（葡萄牙）：

葡萄牙当前形势的特点在于这样的事实：特殊形式的萧条在葡萄牙使经济危机较之最严重时期（1932年年中）并没有什么明显的好转。

危机年代的特点是，资本主义垄断的发展和对劳动者可怕的剥削。工资锐减，在某些情况下，工资削减了40%—50%。同时，在近三年内生活费用上涨了20%。另一方面，强迫劳动制度在很大程度上得到实现，特别是在失业救济工程和在与战备有关的生产部门中更是如此。全失业和部分失业达到了特别高的水平。估计失业人数大约达到10万人，这一估计毫无夸大之嫌。

农业危机十分严重，在过去几年里，席卷了整个农业。根据政府通报，早在1934年底，小麦库存（不包括最近一次收获）已增加到预计可供应全国10个月的口粮。酒业是葡萄牙的基本农业部门，目前正处在灾难之中。1933年的产品还必须由生产者保存一年左右，才能拿到市场上去。酒的批发价下降了60%。农业至今仍无好转。政府考虑到危机的长期性，发布了一个销毁1931年建立的葡萄园的法令。葡萄牙的农民还从未处于这种困境。

这种情况不可避免地导致阶级斗争的新发展和反法西斯主义运动的高涨。1932年全年的特点就是一系列强大的无产阶级和农民行动。国际反对失业斗争日（2月20日）引起了里斯本的大罢工和南方以及粮食生产地区的大地主农场的总罢工。玻璃工业工人通过一系列罢工争取到了八小时工作日和工资提高20%—50%。塞图巴尔和里斯本的码头工人举行了总罢工。在鱼罐头制造地区阿尔加维也举行了一系列罢工和饥饿进军，以部分胜利（失业救济等）而结束。几乎在全国都发生了政治斗争，例如反对国家工团主义的斗争。这些斗争都采取了反法西斯群众运动的形式。1934年1月18日，爆发了抗议取消民主自由的最后残余和抗议解散独立工会的运动。与这场运动同时，还发生了总罢工和群众示威游行，在大马里尼亚，总罢工后发生了局部暴动的尝试。有6万工人参加了这些行动。我们也必须提一下今年冬天我们党组织的运动，我们吸引全国各地的广大群众参加了这场运动。这场运动的标志是抗议专制镇压和资本进攻，并提出了一系列直接要求。这场运动后不久，巴雷鲁3000工人举行了示威游行，要求释放政治犯。这次示威游行的特点是，它是由劳动妇女组织的。

还在审讯被处死刑的阿斯图里亚斯革命者的时候，葡萄牙就成立了一个知识界代表的委员会，它的反对死刑的抗议书征集到了成千上万名签名者。不久前，有300多个记者要求取消书报检查。专制政权不久前发布了清洗军政机构的命令，学生界组织了一次抗议示威作为对这一命令的回答，几个大学的几乎90%的学生参加了这一抗议运动，并组织了一个向部长递交抗议书的斗争委员会。这些运动的特点是有天主教学生参加。值得强调的是，这些运动的大多数都已处于我党的领导之下，而相比之下，以前的中立工会委员会则是在我们影响的基础上产生的。

葡萄牙共产党在第六次代表大会时还是一个完全脱离群众的宗派组织。

自从我党在1929年改组以来，我们已取得了重大成就。尽管面临着残暴的白色恐怖和流放非洲的威胁，尽管我们许多最优秀的战士被杀害，尽管革命工人受到了酷刑和折磨，我们党的人数还是大大地超过了旧领导时期。共产党在工人阶级、农民和城市小资产阶级中的影响不断增加。这主要是共产党积极活动的结果，它是唯一的一个从地下领导着维护劳动群众利益和反法西斯专政斗争的组织。多年以来，无政府主义者几乎完全控制着工人运动。有一个时期，劳工总同盟拥有大约10万名会员。那时红色工会运动还没有兴起。1933年12月，在工会法西斯化前不久，无政府主义的劳工总同盟的会员已不到1.5万名。而在革命工会的领导中心——工会联合委员会周围，在最重要生产部门的工会中联合了2.5万名会员。（铁路工人联合会有6000名会员，玻璃工人联合会有5000名会员，造船工会有2000名会员，等等。）

那时只有改良主义工会的4000名工人还追随社会党，社会党在工人群众中的重大影响早已丧失殆尽。

专制独裁政府本身不得不承认共产党在群众中影响的增长。法西斯已好几次借用共产党的名义发出号召，企图利用我们的影响解除进行具体斗争的工人的武装。例如，法西斯在今年发布了一个号召，他们使用了共产党的语言，要求工人加入法西斯工会。

在宣传方面，共产党同样也取得了重大的进展。目前，葡萄牙共产党中央的机关刊物每月定期出版一次。里斯本的大多数企业支部出版了胶印报纸、小册子和传单。共产党领导的革命工会在里斯本出版8种地下刊物。我们的报纸和号召书的总印数在1934年达到了17万份。我们的出版物几乎传遍全国。

在军队中的工作是我们的活动的一个积极方面。

我们党的工作除了这些成就外，也还存在着重大的弱点。

我们党不善于展开艰苦的思想斗争，使群众首先是全体党员确信：工人阶级的群众斗争，特别是经济斗争、失业工人的斗争等等，是胜利地进行反法西斯斗争的最牢固的基础。为了组织局部斗争，争取实现群众的经济要求，我们应该在党和群众间建立起密切的联系，但我们在这方面表现得软弱无能，这特别明显地表现在我们的出版物的内容中，它们总是只就基本的口号进行一般的宣传鼓动，而不是把这些口号和直接的具体的目标紧密地联系起来。

许多同志对我们在法西斯和半法西斯群众组织中的工作还总是采取一种关门主义的立场。

地下革命工会干部的这种倾向表现得特别明显。但是党也不善于做说服工作，去促使这些同志利用法西斯分子在其组织中提供的那些合法工作的可能性，而不论这是否是法西斯分子所愿意的。

在工会运动方面，我们的工作同样存在着大的缺点。我们在几个特别重要的生产部门组织了地下工会，有几个这样的工会在人数上超过了相应的法西斯工会，这是正确的。然而从实践的角度来看，地下工会并没有做什么认真的群众工作。有几个工会只是把自己局限于合法地出版刊物。

法西斯专政之所以能巩固的一个因素是，共和党领袖和某些无政府主义、无政府工团主义领袖散布的思想。他们宣布必须消极地等待"革命"，好像革命会从天上掉下来似的。

经济危机、无产阶级和农民群众的苦难是造成他们对法西斯主义越来越愤怒的一个因素，危机和苦难促使群众把一切共和的许诺抛在一边，走上直接反对资本和法西斯主义进攻的道路。

葡萄牙的力量分布具有不同于别的国家的特点。我们亲眼看到了广大群众对专制统治的日益不信任。同时他们又相信，我们党是唯一的一支有组织的、能领导群众反对资本主义剥削和法西斯主义的力量。

因此我们党就面临着下述迫切任务：

在组织战线上，要发挥和提高主动性，克服党从组织上巩固其群众影响的落后状态。我们必须克服我们队伍中的关门主义立场，在工会、合作社、体育组织和互助会等劳动人民的群众组织中开展广泛的工作，而且也要在直接受法西斯分子监督的那些组织中开展广泛的工作。我们应该用这种方式建立与广大群众的联系，促使他们为实现具体而直接的要求而斗争。

我们的第二个基本任务是农村工作。我们应该推进和领导农民群众反对纳税、反对农业中的垄断、争取自由市场和反对封建残余、提高农业工人的生活水平和争取土地的斗争。

我们也必须特别注重反帝工作。同时要克服我们在组织捍卫受葡萄牙帝国主义压迫的殖民地人民的利益的斗争中的不足之处，并帮助他们把斗争进行到获得完全的解放。

运用统一战线的策略是我们党当前全部工作的基础。我们必须在争取实现工人阶级和全体劳动群众的直接要求、反对资本主义进攻的斗争的基础上，在维护民主权利和自由的斗争的基础上，在我们的行动中，运用统一战线的策略。这是唯一正确的策略，只有这样，我们才能反对资本主义的剥削，并促使群众转而向法西斯主义进攻，转向推翻资本主义制度。

尤素福（巴勒斯坦）：

对英帝国主义来说，巴勒斯坦有着极其重要的政治的、军事战略的和经济的意义。巴勒斯坦政局的特点是，英帝国主义在这个国家除了依靠它的殖民机器及其社会基础——封建阶级外，主要还依靠犹太复国主义的资产阶级，利用犹太族这个少数民族，以推行它的帝国主义政策。巴勒斯坦的犹太少数民族就其本质而言是一个受英帝国主义支持的殖民的民族和统治的民族。自1921年以来，英国和犹太复国主义的金融资本在巴勒斯坦安置了25万名犹太流亡者。

阿拉伯工人的工资比犹太工人要低2—3倍，而劳动时间则又长得多。复国主义者用暴力把阿拉伯工人从犹太人企业和种植园里赶出来，并用犹太流亡者来取代他们。

在过去的三年中，就有2.2万阿拉伯农民被逐出家园。

这种情况使阿拉伯工人群众不断奋起反抗。1929年反帝斗争的特点是声势特别浩大，这一斗争发展为人民大暴动。1929年暴动后，阿拉伯工人强烈要求组织工会的愿望表现得十分明显。罢工斗争开始加强。与复国主义组织及警察的街头斗争时有发生。阿拉伯农村的暴动风起云涌。1931年在纳布卢斯发生的拒绝纳税、反抗警察、加强志愿军战士运动和示威游行，农民为土地而对复国主义强盗开展的不间断的斗争（如在旺迪、查瓦罗斯、麦泰、苏贝斯达特等地），以及1933年的暴力事件，这一切都清楚明白地说明了阿拉伯群众革命解放运动的战斗力和发展。特别重要的是1935年海法伊朗石油公司的罢工，公司的650名巴勒斯坦工人都参加了这一罢工。这一罢工发生在严重危机和失业的时期，持续了16天之久，并以工人的胜利而告结束。

这一切表明，巴勒斯坦无产阶级政党的革命活动有着无穷无尽的可能性。当然，党多年以来也受到犹太民族主义的损害。党的高层领导大多数来自犹太复国主义政党，他们的思想意识始终未变，从党成立之日起直至他们离开巴勒斯坦的党的工作，他们有时公开、有时隐蔽地反对党的路线，阻碍了党在政治上和组织上的发展，因而也阻碍了阿拉伯群众的革命解放运动。

党领导竭尽全力破坏巴勒斯坦共产党的阿拉伯化，并继续推行早已受到谴责的政治路线和组织路线。

在铲除了巴勒斯坦共产党领导内的机会主义分子后，也就是说，在1935年初，党有可能取得重大成就。党通过阿拉伯化向建立与广大阿拉伯群众的联系迈出了一大步。党在最重要的企业里建立了企业支部，以取代从前的街道支部。党打入了许多大工会，活跃了以前完全被忽视了的阿拉伯工人的工会工作。

在这场争取阿拉伯群众的斗争中,对于我们来说,最主要之点是建立与民族革命派和民族改良派的团体和组织的反帝统一战线。

巴勒斯坦共产党的阿拉伯化绝不意味着在犹太工人和农民中的工作可以有一刻的放松。

我们的任务是无情地反对犹太复国主义的大国倾向,反对阿拉伯的地方沙文主义。我们党将在理论上和实际政策中,无情地反对各种倾向,在这一斗争中,我们党将得到加强和富有战斗力。

第十三次会议

(1935年8月1日上午)

继续讨论共产国际执行委员会工作报告

上午会议的主席是**坎贝尔**同志（英国）。他请卡尔同志发言。

卡尔（德国共产主义青年团）：

争取德国青年的斗争是推翻法西斯专政斗争的一个主要问题。

在魏玛时期，青年不仅承受了普遍危机的沉重负担，而且他们最基本的经济权利和政治权利也被完全剥夺了。青年群众寻找出路，在那个时候觉醒了，投身到政治生活中去，参加了政治斗争。青年成了威胁着资本主义的一种危险。

社会民主党作为魏玛政府的主要支柱采取了敌视青年的措施，从而破坏了马克思主义在青年中的威信。

法西斯利用这种情况，向青年灌输对马克思主义的仇恨，把马克思主义说成是青年不幸的根源。青年失业了，成千上万地流落街头，失去了一切生活的乐趣。饥饿把大批青年群众赶进了纳粹设立的赈济食堂和冲锋队的兵营。身着褐衫的骗子手们的反对银行资本和交易所资本、反对凡尔赛和约的反资本主义的和国家社会主义的口号，对青年有着很大的吸引力。

千百万人产生了新的希望：国家社会主义将使他们的苦难终止，将使企业的大门重新打开。

青年在德国法西斯的战争计划中占有重要地位，这就使希特勒独裁政权不得不采取一系列措施，以唤起广大青年群众新的幻想。但实际上，广大青年群众被赶出了生产部门，或根本不允许参加生产。100多万青年生活在劳动营里，参加农村援助年和农村年的活动，以及在兵营里为帝国主义的战争目的而接受训练。

我们在合法存在的年代里，就已经脱离了在业的和领取救济金的广大青年群众。我们在那些青年们为了娱乐活动、体育运动和漫游而集聚在其中的大型团体里并没有什么影响。共青团不是考虑青年们的天然需要，而是机械地模仿党，并常常要求那些本该先接受共产主义教育的想入团的青年们，马上就成为一个彻底的共产主义者。

这也就说明了，为什么共青团会脱离和疏远青年群众。

新的团领导确实不可能在希特勒上台前的短时间内改正过去的错误，**认真地把整个共青团都转移到做真正的群众工作**上去。

在反对戈林和沙赫特计划的斗争中，我们成功地组织了被激怒的青年的反抗行动，反对把他们从企业中开除和反对把他们派往农村。我们巧妙地利用了合法的和半合法的可能性。这些行动在某些情况下发展为公开的集会和在企业里进行消极反抗。在某些情况下，我们通过让农村援助队员的亲朋好友成群结队地和他们一起去火车站，和他们一起坐上火车或站在轨道上，成功地阻止了运送农村援助队员。姑娘们的反抗特别强烈。

由于**青年群众处于被一体化的法西斯团体之中**，我们的共青团现在开始有计划地在这些团体里进行工作。

我们必须和我们的社会民主党青年朋友一起组织这一工作。

迄今为止，我们还没有及时地看到社会主义工人青年团向左转，还没有看到与作为一个反法西斯组织的社会主义工人青年团进行伙伴式合作的巨大可能性。

最近，我们的共青团已开始用卓有成效的方式和社会主义工人青年团小组及其领导进行兄弟般的合作。这主要是在企业中一起工作，以培养同一企业青年之间的友谊，选举青年代表，共同出版传单和报纸。我们决定，同样也在青年义务劳动军和军队中组织共同行动。**在我们对社会党青年的态度方面，我们必须坚决地和一切偏见决裂**。他们和我们一样都是工人青年，他们和我们一样想为被压迫青年的事业贡献一切。

天主教青年争取组织自由和信仰自由的斗争是很激烈的。

德国共产主义青年团将完全支持英勇的青年天主教徒反对希特勒、争取组织自由和信仰自由的斗争。我们将为全德意志青年的每一份权利和自由而斗争，德国青年的任何一个小组和团体，不管它们是在哪一个问题上要求进步、反对希特勒独裁政权，我们都将全力予以支持！我们不要疏远国家社会主义青年团员，而将和他们一起为一切符合劳动青年利益的目标而斗争！

我们愿意和一切争取自由的德国青年小组、团体和阶层建立兄弟的联盟！

我们的青年同志已经开始作为好伙伴和好运动员在体育团体里同爱好体育运动的青年群众合作，这些体育团体拥有大量青年群众，可以看出他们是反对一体化和反对特派员管理的。我们在体育团体里的同志已经慢慢地学会为青年的斗争而利用合法的可能性。我们也正在学会和企业青年一起利用法西斯对青年的欺骗宣传来实现我们的要求。例如，法西斯说，取得真正成就的前提是青年工人的健康和休息。在许多企业里，青年工人利用这句话成功地提出了如下一些要求，如延长早餐和午休时间，取消加班和夜班，三周休假，向在有害健康部门工作的学徒免费供应牛奶。

我们的青年同志在劳动营里学会组织劳动营员的斗争。发展了反对军国主义斗争的新形式。在一个青年人必须从事繁重劳动和只能得到又差又少的食品的营地里，他们在城里上下工的路上，为军歌的曲子填上了这样的歌词："我的儿子是劳动营员，他是一个饿肚子的艺术家！"在另一个营地里，对延长休假禁令的回答是消极抵抗。他们在敞篷货车上写下了辛辣嘲讽的口号，例如"健康来自娱乐——休假禁令"。

我们应该从这些不同的青年反抗运动和从上述例子中得出什么样的主要教训呢？那就是毫不动摇地、勇敢地走与各青年阶层广泛合作的道路，共同为青年的权利、自由和要求而斗争。

维登（奥地利）：

两年前，我作为社会民主党干部在许多集会上的讨论发言中反对共产党的发言人。今天，我作为共产党员对共产国际代表大会的代表们讲话。两年前，我们这些属于社会民主党内反对派的干部，内心充满了矛盾，无所适从。工人阶级的分裂渗入到我们的思想和感觉里。今天，我们怀着一个坚定的信念，一种铁打钢铸的思想：我们属于一个坚如磐石的世界党，我们无保留地赞同它的政策。那时，表里不一使我们深感压抑，今天，我们可以作为一个完整的人，为一个完整的事业而发挥作用，我们享受着巨大的幸福。

同志们！我们这些社会民主党从前的干部们直到最后一刻仍致力于使社会民主党的政策革命化。我们没有做到这一点，我们也不可能做到这一点。我们想作为社会民主党党员阻止法西斯，但是没有一个社会民主党能做到这一点，只有在革命领导之下的统一的工人阶级才能做到这一点。反对法西斯，为无产阶级革命而斗争，在过去几年里是我们的唯一目标，是数千名社会民主党干部和数万名社会民主党工人的目标。反对法西斯，为无产阶级革命而斗争，今天仍旧是我们的目标。只有共产主义才指出了通向这个目标的道路。因此，我们成了共产党员。我们已经认识到，我们从前的道路是错误的，并从这种认识中得出了结论。

我们这些共产党里的前社会民主党党员认为我们的总任务是什么呢？我们认为，我们的总任务是争取群众和无数得力的干部，我们曾经和他们一起工作过许多年，由于某种争执而分开了，但是团结和一起为运动效力又把我们和他们紧紧地联系在一起。我们不想抛弃任何一个阶级斗争的战士，也一直能够承受得住某些意见的分歧，我们想把那种依靠深刻的献身精神建设老社会民主党的力量变为无产阶级革命的力量。在1934年2月以前，社会民主党把我们和他们从组织上联合在一起。现在，无产阶级的统一战线，反对法西斯主义的严酷斗争，对社会主义的热烈向往，应该把我们和他们联合在一起。

数千人找到了加入共产党的道路。数万人还在犹豫不决，没有作出明确的决断。他们中的许多人说：我们是真正的共产主义者。尽管如此，他们拒绝加入共产党。这又是为什么呢？

这里，我想首先谈一谈社会民主党干部的想法，谈一谈成千上万个既不属于我们，又不属于革命社会党的人的想法。我们不要低估这些干部的重要性。奥地利共产党认为，争取这些干部是非常重要的。争取这些干部，让他们加入群众组织，在地下时期有着双倍的重要意义。社会民主党一再颂扬那个没有姓名的忠诚之士不是没有道理的。他是党的化身，他用自己默默的艰苦的工作建设了党。他把一切都献给了党，把他的热爱和忠诚献给了党，既是自觉自愿的，又是值得崇敬的。他的生命和党融为一体，他和党同心同德，因此他对自己的党忠诚至极。由于他的党的崩溃，这位忠诚之士成了无家可归的人。我们应该对这位干部说：你的政治前途，你的党的政治前途是不对的。但是你把你的阶级同志组织起来了，你教育他们团结一致和具有阶级意识，你建立了强大的群众组织。这一切都付诸东流了吗？不，这是不会付诸东流的。请你帮助我们，保卫你原来的群众组织，在新的革命的基础上继续发展它们。

我们能够赢得，我们将会赢得这些得力的有经验的干部，为了群众组织，为了统一战线和为了共产党。如果我们不是错误地对待他们，如果我们能使他们意识到工人运动要继续下去，那么他们就会用曾经为社会民主党工作的那种爱和忠诚来为共产党工作。

在一次讨论中，有一位这样的干部对我说："我认为共产主义是正确的。但是我不想否认我的过去。有两个东西——你们对老社会民主党的态度和你们的领袖独裁妨碍了我和我的朋友成为共产党员。"同志们，这并不是个别人的借口，而是成千上万人的申辩。我们应该认真友好地批评这些申辩。

在对待老社会民主党的态度问题上，难道我们应该在原则上作出让步，以争取新的党员吗？不，我们不会这样做，这会在将来造成恶劣的后果。但是同样的，我们也不能过激地或敷衍了事地对待这个重要问题。我们将坦率真诚地说：社会民主党在1918年拯救了资本主义，拯救了资产阶级。这不仅是我们的看法，这是社会民主党的领袖们在抱怨资产阶级不知报恩的时候常常强调的。他们把自己说成是抵御布尔什维克、拯救资产阶级的救星。他们一直不断地对资产阶级嚷道：如果不是有我们，你们早就被布尔什维克的暴乱吞掉了！社会民主党的政策阻碍了无产阶级革命，拯救了资产阶级，在工人阶级中培植了腐朽的改良主义幻想，这是事实。尽管如此，把社会民主党的所有领袖都说成是叛徒，也许是错的，或者简单地说，工人是革命的，只有领袖是改良主义的，也许也是错的。工人中间存在着许多矛盾，而社会民主党把所有这些矛盾全集于一身。一个党，例如像奥地利社会民主党的性质是什么呢？奥地利社会民主党代表了一种什么类型的党呢？它几乎容忍和兼顾了所有的矛盾、声音和主张——然而，它的意图也很坚定：不作出任何一个革命的结论。它向革命的呼声让步，但阻止革命的决定。这就是一个社会民主党、一个机会主义党的本质，它走的永远是一条贪图安逸的道路，一条只顾眼前利益的道路，而从不走艰难的历史必由之路。这当然并不是盖棺论定，我只是想描述一下社会民主党的内在矛盾而已。

奥地利社会民主党身上集中的矛盾比其他任何一个第二国际的党更多。它的特征也是回避革命的决断，不相信群众和企图用改良主义来解决问题。但是它比其他的党更多地考虑到它的党员的革命情绪，它宣扬的原则是，为了不让革命情绪继续蔓延就要作出一定的让步。在由此达到的工人统一的基础上，它就能够主要在维也纳地区推行一种坚定不移的、多年来行之有效的改良主义。它在社会改革范围内取得的成就是重大的。但是它把这些成就说成是一种社会主义，从而蒙骗了工人。然而它和别的第二国际党的根本区别不是维也纳地区的成就，根本区别是在工人自卫队。工人自卫队本应该只保卫民主，保卫共和国；但是奥地利的马克思主义不是绝对地相信选票，而是把武装的工人自卫队作为最后的预备队保留了下来。这却是超出改良主义范围的。社会民主党的那些坚定的改良派是很明白这一点的。他们在好几年里私下要求解散工人自卫队，这不是没有道理的。他们预见到了工人自卫队的后果，它的自身规律性。我在这里并不想指出，党的领导在1934年2月以前每当时局紧张的时候，都要遣散工人自卫队。我只是想指出奥地利社会民主党的深刻矛盾。对这种内部矛盾没有认识，就不能理解二月斗争：它是在这样的时刻发生的，革命力量赢得了优势并把社会民主党打碎了，但对胜利来讲为时已晚。此外，我们也不应该忽视这些情况：左的观点在社会民主党内仍得到宽容，社会民主党领导对这些观点时多时少地让步，虽然在好几年里阻止了社会民主党工人和干部转向共产党，但在2月以后却促进了这种转向。社会民主党要对工人阶级的惨败负责，但同时它又在群众中保持了社会主义的思想、社会主义的感情，它并没有压制群众对苏联的同情。这对2月以后革命进程的加速也是有好处的。

我们反对"领袖不灵了"这种简单的说法。共产党的领袖也会不起作用的,这并不是决定性的。至关重要的是:社会民主党没有能力使工人阶级胜利,只有共产党能争取这种胜利和消灭资本主义,尽管它有时也会犯错误。难道我们否认领袖对工人阶级的斗争的作用吗?不,我们不像社会民主党那样模棱两可。我们懂得要正确地评价革命领袖的作用。我们必须坦率地和社会民主党工人谈谈这个问题。当法西斯用它的既矛盾百出、又行之有效的领袖原则欺骗小市民群众时,德国社会民主党曾讨论过这样一个荒唐的问题:难道我们不应该也制造出我们的领袖来吗?好像可以用"制造",用人为的吹捧把一个党的官员变为一个伟大领袖似的,好像这仅仅取决于表面形式似的!革命领袖的本质是什么呢?他的本质是在他身上体现了群众的意志,在每一个关键时刻他会负起责任来,并把群众的意志和历史的必然性,与最大限度的政治可能性统一起来。正因为如此,列宁就是工人阶级的伟大领袖。斯大林和列宁一样,在每一个关键时刻把群众的意志与历史的必然性统一了起来。**谁把这说成是领袖独裁,就像个别社会民主党领袖所说的那样,谁就不懂得我们的群众运动的本质,就不懂得无产阶级革命的本质。**

那么德国、奥地利的情况怎样呢?当社会民主党的所有领袖都在散布可怕的失败情绪的时候,当德国工人群众对社会主义丧失信心的时候,有一个人站出来了。千百万社会民主党工人并不知道他的名字,千百万社会民主党工人直到那时对这个人仍一无所知,这个人与法西斯的莱比锡血腥审讯及德国人民的刽子手对抗。他讲起德语来磕磕巴巴,但是他会流利地讲无产阶级革命的世界语。千百万工人看到了他的充满信心的行为,他的勇敢机智,他作为明天的胜利者站在可鄙的今天的赢者面前。千百万工人站起来了,并且懂得了:我们将胜利!我们是不可战胜的!在这一时刻,季米特洛夫成了国际工人运动的领袖。他成为领袖,因为他代表了千百万工人阶级的意志,因为他只是不可战胜的、不朽的无产阶级的完整化身。

那么奥地利的情况怎样呢？2月后，有一个人一下子变成了奥地利工人的领袖，直到那时他还只是领导了一个小党，他就是我们的科普莱尼格同志。那么为什么他成了工人的领袖，成了我们的领袖呢？因为他在失败以后的那几周里体现了群众的意志，群众的斗争意志，统一的意志，保卫和继续领导我们的群众组织的意志，因为他在我们全体面前代表的不是一个昨天的小党，而是明天的群众性的党。

我们就将这样和过去的社会民主党人来谈谈这个问题，坦率地、无保留地，而且我们还想对他们说：我们来自社会民主党，来自第二国际。在过去几年里，我们越来越清楚地感觉到第二国际的涣散、摇摇欲坠、分崩离析，而这种感觉减弱了我们的力量。我们和一个供电中心连在一起，但它供给我们的电流很弱，因为供给它的水力流失为许多小溪了。那么，同志们，今天又怎样呢？今天我们有着强大的电流，我们充满了工人的统一意志，一个统一的国际的强大而集中的力量。那时我们预感到的是失败，今天我们充满了必胜的信心。今天我们感激地、自豪地懂得，不再是第二国际的人，而是第三国际即列宁的、胜利的、革命的国际的人，这意味着什么。

雷内（哥伦比亚）：

同志们！哥伦比亚共产党是在共产国际第六次代表大会之后才登上世界革命运动舞台的一支新生力量。在这之前，哥伦比亚只有社会革命党，一个小资产阶级的反帝国主义的党，它同情苏联革命，它的最优秀成员成了1930年7月组织共产党的基础。

我们的党是在1928年3.2万香蕉园工人大罢工后成立的。罢工期间有1200名工人被保守的教会政府杀害。这一罢工使社会革命党人的暴动策略破了产，向工人们指出了建立一个自己的党的必要性。我们的党把11月6日这个遭受野蛮镇压措施的日子变成反对帝国主义和争取实现群众要求的斗争日。尽管党在组织上是弱小的，它还是在香蕉园工人中赢得了影响，这一点不久就在这些工人的罢工中表现出来了；党受到了他们的热烈欢迎，斗争结束后，罢工重又掀起；工人们要求释放共产党领袖艾伦·奥尔蒂斯同志。

这几年里，被卷入罢工浪潮、农民运动和人民斗争的劳动者不下30万人。这些巨大斗争的锋芒始终针对着控制国民经济全部命脉的帝国主义。例如去年11月，有1.5万名香蕉园工人奋起反对联合果品公司，要求增加1倍的工资，取消计件工资，取消强迫在企业食堂买东西，取消特派员办事处及其他帝国主义入侵我国时使用的封建剥削形式。去年5月，3000名金矿工人宣布罢工反对垄断哥伦比亚白金和大部分黄金开采的查科太平洋公司；工人们提出了和香蕉园工人相同的要求。卡塔通博石油公司工人也提出了同样的要求。去年年中，属于帝国主义公司的咖啡种植园（哥伦比亚国民经济的主要部门）工人举行罢工。农业工人也参加了斗争：在萨乌塔塔甘蔗种植园接连爆发了两次反对外国剥削者的罢工，同年5月卡尔达斯地区雇用的收获咖啡的农业工人宣布罢工，要求增加一倍工资；斗争以工人的胜利而结束。部分归帝国主义者所有的国营铁路的工人为提高生活水平而进行的斗争不断高涨。里奥玛格达莱纳的海员和码头工人罢工的参加者超过1.8万人；汽车司机的罢工席卷全国；马德莱恩、巴隆奎拉、波哥大和卡利的纺织工人举行罢工；建筑工人罢工的参加者超过了2.2万人。"巴伐利亚"啤酒厂的工人在共产党的领导下，在最近两年的时间里宣布了4次以上的罢工，并取得了比所有其他工人更好的条件，他们甚至在最近一次罢工时占领了工厂。

特别应该强调的是，这些运动都很容易发展为重要工业中心的总罢工。例如马德莱恩、卡尔达斯和巴勒的铁路工人罢工、波哥大的汽车司机罢工、巴隆奎拉的海员罢工，以及不久前马德莱恩的纺织工人罢工都发展为总罢工，席卷了经济生活的所有部门，采取了政治斗争的形式，反对当局的镇压措施，反对帝国主义压迫和反对保守的教会政府。

同时，在农村爆发了广泛的群众运动，反对封建压迫，反对劳役，反对压榨，反对赋税和要求减租。桑坦德地区的破产村民在最近四年里一直处于一种真正的内战状态之中。根据政府的材料，被杀害的农民超过7000人。维斯塔的农民已经第五年不交地租，并**在共产党的领导下组织了自己的自卫队**。每一次都迫使被派来"讨伐"他们的警察部队不得不撤退。在舒马波、查科、巴加和许多其他地方，政府把土地分成小块卖给农民，农民们拒绝付款和服劳役，并组织起来阻止强制搬迁。在利巴诺、卡尔达斯和其他地方，农民帮助工人斗争，向他们提供食品；而在另一些场合，工人又为农民而斗争，有时还发展为罢工，例如在托利马，工人们抗议杀害17个农民。

但所有这些运动大多数都是自发的，这是由于共产党还不够成熟，由于工会组织和农民组织还很薄弱的缘故。尽管如此，这些运动显示了强大的团结一致，它们力图加强自己的组织和建立统一的组织，就像国际铁路工人联合会、纺织工人联合会、地方统一联合会、建筑工业联合会等组织所表现出来的那样。

然而，我们党至今仍未坚决地转向最重要的企业和重要的工业中心。党并不能提出一个局部要求的大纲，更不能使这些要求按各个工业部门的情况加以具体化。**它没有把统一战线策略看做是各阶层工人的联盟，以实现他们的局部要求**。党本身把统一战线看做是一种揭露改良派领袖的手段。因此我们向群众发出的建立统一战线的号召并没有经常性的行动相伴随；对于在基层组织提出统一战线的问题，党是不够积极的，并拒绝和改良派领袖达成任何协议。这种立场阻碍了统一战线的实现，阻碍了革命运动的发展。我们党必须在这方面实行根本的转变，以执行国际执委会关于建立统一的无产阶级战线的指示。它应该考虑我们的兄弟共产党，首先是法国共产党和巴西共产党的重要经验，它们在实行这一策略方面取得了重大的成就。

除了工人和农民的斗争外，印第安群众的广大阶层也奋起反对封建占领者，反对帝国主义，争取夺回被掠夺的土地，反对把他们沦为奴隶并争取解放。科切尔地区的10万居民事实上已经宣布独立，他们不承认中央政府，在卡塔通博，他们武装反抗帝国主义的石油企业家，这些人动用了飞机、毒气、猎狗以及一切可能的武器，以消灭印第安人。在有些情况下，印第安人潜入兵营，缴了"白人"的械。在考卡、托利马和内华达山区，印第安人的斗争尤为激烈。

我们党在参加群众的斗争时是涣散而软弱的，此外它还犯了一系列的错误。在同秘鲁的战争期间，我们的队伍中出现了动摇，出现了机会主义的倾向和背叛行为。总书记埃尔南德斯·罗德里格斯胆怯地逃往国外，幸亏党领导的努力，我们的许多基层组织执行了一条正确的革命路线，反对帝国主义战争，反对沙文主义和白色恐怖。统治阶级推行白色恐怖的目的是想阻止群众参加抗税和争取哥伦比亚同秘鲁劳动者建立兄弟关系的斗争。反对派集团反领导的无原则派别斗争（争夺领导权的斗争一开始就是以这一斗争为掩护的）利用中央领导犯错误来达到自己的目的，以及支持一条比领导推行的路线更加关门主义的路线，以便掩盖变节行为，掩盖向自由主义的屈膝投降，这一切都已开始受到了回击。

这些错误说明了，为什么尽管客观形势很有利，我们党目前在全国还只拥有1300名党员的原因。党的构成也不尽如人意；它主要是由农民和印第安人组成；许多党员出身于小资产阶级阶层，有相当数量的党员是手工业者。大企业工人的比例还很低。我们已经在铁路、矿山、咖啡种植园、香蕉产区、石油工厂、纺织工业、食品工业拥有支部，在军队中也有几个支部。这证明了，扩大党的无产阶级基础及其在群众中的影响的条件已经存在。我们党在议会里有1名议员，有7名市议员。党的中央机关报现在每周出版两期；此外我们还有 4 种地区报刊。

党和革命运动进一步发展的前景如何呢？

哥伦比亚是一个落后国家，封建残余统治着这个国家，帝国主义的统治，特别是美帝国主义的统治是十分强大的，金融资本的渗入比拉丁美洲所有其他国家都要厉害得多。由于哥伦比亚地处大西洋和太平洋岸边，因此它在帝国主义之间的斗争中占有重要的地位。

尽管国内有反对从事剥削的帝国主义公司的强大的人民运动，我们党却不懂得提出能够作为基础，以利于把一切反帝力量联合在一个统一的斗争战线中的口号或纲领。它不善于在封建的、教会的、帝国主义的反动派与小资产阶级的民族改良主义之间，在工业资产阶级各阶层与在当前的革命阶段不得不联合反对帝国主义的人民群众之间作出区分。

我们党正充满信心、决心、勇气和斗志，去完成这一任务。

希罗基（喀尔巴阡乌克兰—捷克斯洛伐克）：

捷克斯洛伐克共产党目前对喀尔巴阡乌克兰居民的工人阶层有着巨大的影响。在 1935 年 5 月 19 日的议会选举中，它得到的选票翻了一番，1929 年议会选举时它的得票为 4 万张，而这次为 8 万张，选举结果表明，它是喀尔巴阡乌克兰最强大的党。

经济危机给喀尔巴阡乌克兰劳动人民造成了最严重的后果，因为这里的危机比捷克斯洛伐克其他地区要深刻得多。与工人总数相比，这里的失业比例比波门和迈伦要高得多。喀尔巴阡乌克兰的失业者得到的救济比波门和迈伦要少得多。在业工人的日平均工资才 7—8 捷克克朗。全体劳动农民十分缺乏土地。97.5% 的农业居民只拥有全部土地的 31%，而只占 2.5% 的大地主和富农却占有 69% 的土地。赋税从 1919 年的 900 万捷克克朗上升到 1932 年的 1.07 亿捷克克朗，也就是说为原来的 12 倍。农产品价格暴跌。简而言之，劳动农民已沦为乞丐。城市中产阶层也同样贫困化了。可怕的饥饿席卷整个喀尔巴阡地区。

捷克资产阶级也加紧了喀尔巴阡地区的乌克兰居民和匈牙利居民的捷克化，加强了民族压迫。几乎整个国家机器都由捷克官员组成。这里，比其他地区更早用查禁报纸、解散群众组织来限制工人运动的自由。仅在1933—1934年间，就有1000多名工人和农民因革命活动而被法院判刑。

农民群众的领袖、在农民群众中赢得很高威信的洛霍塔同志被监禁，并被判处七年半徒刑。我们从这一讲坛上向这位英雄的革命战士致以最热烈的敬礼。

失业者和农民的群众示威游行在1931年底至1932年初席卷了全喀尔巴阡乌克兰。单是在1932年就举行了140次示威游行，有6万人参加。虽然捷克资产阶级用大恐怖来回答这些斗争，并企图仿照皮尔苏茨基的方法用流放来对付农民。捷克资产阶级并没有成功。共产党坚决地领导了农民运动，及时地发动群众反抗白色恐怖。

我们是怎样成功地发动了劳动农民的群众运动的呢？我们首先感觉到了群众的脉搏，调查了劳动农民的情绪，并及时地提出了符合这些情绪的口号和这些群众的部分经济要求。在1930—1931年间，国家机器企图用判刑向农民征收捐税，我们就提出了停止判刑的口号。1931年粮食大歉收，政府提高了进口税以阻止廉价的匈牙利和罗马尼亚粮食的输入，这时，我们提出了免税进口粮食和免费供应饥饿群众粮食的口号。我们用这些口号把劳动人民的各个阶层团结起来去进行斗争。同样的，我们还及时地提出了如下的口号：无偿使用领主的牧场，自由砍伐国家森林和地主森林的木材，降低市场税，取消各种行政处罚，取消银行和高利贷债务，等等。

但是，光提出正确的口号和要求还是不够的，还必须找到正确的组织方法和斗争方法。我们带着上述那些要求走家串户，征集农民在决议上签名，并用这样的方式把劳动农民动员起来，参加群众集会、公开的大会和公开的地区会议。在这些大会和会议上，劳动农民对这些要求表示赞成并选出代表团，向有关当局转达这些要求。这时我们就广泛地应用了统一战线策略。

我们就这样在我们的大会和会议上把劳动者不分党派地联合在一起，他们共同选举自己的行动委员会，我们依靠这些委员会，把最广泛的劳动农民群众掌握在手里。在 1932 年，我们拥有这样的委员会达 2000 多个。这些委员会在共产党人的领导下，在斗争中发挥了很大的积极性和主动性。

捷克斯洛伐克共产党在喀尔巴阡乌克兰取得的成就，是由于它用正确的方式把争取劳动群众，特别是劳动农民的日常要求的斗争与民族问题、与无产阶级总的革命前途联系在一起。我们采取了民族自决权的立场，我们反对来自捷克资产阶级的压迫，同时也反对法西斯的合并企图，并为乌克兰人民群众和捷克人民的兄弟同盟而斗争。我们在民族问题上提出了一系列局部要求，并通过在捷克地区举行大规模的团结运动而实现了和乌克兰及捷克劳动群众的兄弟同盟。我们宣传苏联的和平政策。在这一基础上，我们最激烈地反对乌克兰沙文主义和法西斯主义，它是德国和波兰的反苏反动派的代理人，同时我们也反对反动的匈牙利沙文主义。德国和波兰的法西斯企图把喀尔巴阡乌克兰变为一个进攻苏联的基地。共产党以最尖锐的方式提出了进行斗争的问题，反对和反苏的法西斯波兰合并，反对和匈牙利合并，以及争取和捷克劳动人民群众结成兄弟同盟。我们就这样在上次大选中取得了成功，并打击了乌克兰和匈牙利资产阶级的法西斯政党，其沉重的程度在任何其他民族压迫地区都是至今仍不可能达到的。这一成就在目前的形势下还有着极其重大的国际意义。我们在捷克斯洛伐克的乌克兰共产党人宣布，我们主要的斗争方向指向希特勒、皮尔苏茨基和霍尔蒂的法西斯代理人，他们想把捷克斯洛伐克的乌克兰地区变为中欧的反苏桥梁。我们宣布，我们将竭尽全力把喀尔巴阡乌克兰变为保卫苏联的一个坚固堡垒。我们反对捷克资本家压迫乌克兰人民，并为乌克兰人民要求决定自己的运动的权利，我们以此向捷克劳动者宣布，捷克人民的民族独立只有通过和我们结为兄弟同盟、反对捷克资产阶级对捷克斯洛伐克的乌克兰民族和其他民族的压迫才能实现。

丰克（德国）：

在讨论中曾多次提出这样的问题：当前，德国共产党应怎样组织工人的统一战线，以及怎样在群众中工作？我想就组织方面的经验谈一谈，这些经验是我们在争取群众的斗争中和在运用统一战线策略时收集到的。

过去我们曾经不得不使用各种各样的组织形式和方法。我们必须继续发现某些形式，以便我们可以避开纳粹党战斗组织和秘密警察正在不断加强和越来越巧妙狡猾的白色恐怖，并使这种恐怖不能危害我们。这时我们明白了，在组织问题和工作方法上，对我们这个地下党来说是没有固定的模式的，以及形式是取决于群众运动的发展程度的。

那时，我们的同志在合法时期积累起来的某些经验的基础上，得到了用新的方法回答这种恐怖的力量和勇气。那时我们**完全只是依靠**我们的基层组织的主动性出版了一大批地下材料。我们找到了鼓动群众的新形式。我们的同志孜孜不倦地从事这方面的工作。我们的同志表现了堪称楷模的勇敢精神和不怕牺牲的勇气。

但是，同志们，我们不能光讲这些肯定成绩的话。那时我们有能出版优秀报纸的干部，他们在这一方面表现得很勇敢，很有经验。但我们却没有和群众打成一片，没有参加到他们的组织里去。我们获得了这样的经验：在我们那里，其他一切组织问题和政治问题实际上都服从于宣传材料的出版工作。因此就形成了一种脱离群众的做法，孤立于群众组织之外的做法。

起初我们和党员的联系也是非常薄弱的。社会民主党工人靠拢我们，但我们却不和他们接触。而是相反，在这一方面延误了许多时机和犯了不少错误，我们排斥他们，没有找到正确的方法，以便把他们接纳到组织中来，使他们马上就感觉到自己是享有平等权利的同志，因此我们就不能取得像我们的奥地利同志今天历数了的那些成就。

同志们，起初我们使用的是秘密工作的形式，在许多方面是与群众隔绝的。我们的同志不是用打入纳粹党的群众组织的办法来伪装自己，我们不知道秘密工作和群众工作之间的正确关系。有些同志感觉到了这种孤立，并想打破这种孤立，他们抛弃了秘密工作的基本规律。曾经发生过许多次这样的情况：指导员把材料带到基层组织中去，这样不但毁了他自己，也毁了那个千辛万苦建立起来的联络网。

我们必须找到这样的工作方法，它使我们有可能像列宁同志教导我们的那样，实行一种真正的群众工作。

我们几乎在所有的领域，如在体育、工会和文化领域都有相应的从发展中建立起来的组织。当法西斯着手摧毁工人组织和推行所谓的一体化的时候，我们为群众组织提出了这样的口号：在准备被并入法西斯的群众组织的同时要保卫工人的组织。

在那些没有及时地这样做的地方，工人组织就失去了它们的群众性。

现在，同志们，我想举一个例子来说明，我们是怎样在反面经验的基础上，向共产党的群众工作方法过渡的。

有一个地区的领导机构直到1934年年中还想在一个大企业里建立一个企业支部。当它委托这一地区的一个最好的同志去做这件工作的时候，它实际上就达到了目的。他在这一企业所在的地区和工人们分散居住的那个地区的基层领导的帮助下,收集到了可靠的党员和同情者的姓名和地址,没过几个星期,他就建立起了一个 15 人的支部,其中有一半是社会民主党工人。他还建立了 4 个下属部门支部。这一支部不久还出版了一份起初规模很有限的报纸。这时我们从错误中已经懂得了,过去我们出版了印数很多的报纸,并因而使我们的同志陷于险境。这时有可能在社会民主党工人的帮助下,组织一个临时的工会领导。我们从这个企业开始接近几个月来要找的社会民主党领导,然后就有可能依靠最初的工作,与社会民主党领导达成一项在全地区统一行动的协议。

早些时我们遇到过这样一个居民支部,它是由女同志组成的,她们从前是些社会民主党人,她们向自己提出了这样的任务:在德国女青年联盟和纳粹党妇女中工作,她们主张在没有男同志参加的情况下工作。

我们认为,在这方面我们不应有什么固定的模式。只要居民区的组织不向自己提出具体的任务,就会没有工作能力。如果它们现在在失业救济金发放处、在残废军人和残废工人中、在防空洞中,简言之,在一切群众集中的地方和这些群众结合在一起,并在他们中工作,那么我们就将形成新的组织形式。

过去曾经有过把我们的支部划小的必要。但由此规定一个支部应该有多少人则是错误的。支部的大小要看地区的结构。支部应该提出它们能够完成的具体的政治任务。

在地下活动的条件下,领导的任务是规定工作的基本政治路线,并帮助下属支部去执行这一路线,这首先是为了最大限度地发挥同志们的创造性,让同志们放手去工作。我们在合法工作时期忽略了这一点,因此我们特别有兴趣倾听报告法国共产党工作的那位法国同志的讲话,因为我们从他的讲话中,看到了我们在许多方面坐失了时机,妨碍了我们转入地下。

我们的出版部门在这场围绕组织工作的斗争中,有着重要的地位,但它直到现在还不善于发挥它的组织作用。它应该用工作和斗争的具体例子，不仅在党内，而且首先向群众介绍经验，并帮助他们联合起来，迈出正确的下一步。

在我们已经转入地下的群众性政党和正在发展着的群众性政党之间有什么区别呢？

那时我们有一大批党员，他们是由一个比较狭小的干部群和一大批普通党员组成的，这些普通党员或者不做群众工作，或者在党的领导和监督下虽然做些群众工作，但是很不够。今天，我们的党在克服了大的缺点和障碍以后，**正走在与群众结合的道路上**，每一个党员都将是群众的组织者和领袖。我们的年轻干部继承了我们党的传统，为了工人阶级的事业献出了他们的力量和生命，表现出空前的勇敢和伟大的牺牲精神。如果我们在政治上完全铲除了我们党内的关门主义并执行共产国际执委会的路线，他们就将能够在群众工作和发展同社会民主党同志们的统一战线的工作中，创造出真正的英雄业绩来。

第十四次会议

(1935年8月1日)

弗洛林同志（德国）担任会议主席，在代表们的热烈掌声中请皮克同志讲话。

皮克关于共产国际执行委员会工作报告讨论情况的总结

六天来，有46个国家的60位代表参加了对共产国际执行委员会工作报告的讨论。讨论表明，共产国际，世界无产阶级的先锋队，从第六次代表大会以来，已经走过了多么伟大的发展道路。各国共产党壮大了，并领导了劳动者伟大的群众运动。我们在第六次代表大会时，还不得不指出许多支部内的宗派斗争，而今天，共产国际及其各支部已空前的团结统一。讨论令人信服地证明了，我们各支部在思想上和政治上都是团结的，它们的群众影响在增长。（暴风雨般的掌声）

执委会的报告得到了各国共产党发言代表的完全赞同。讨论中发言的同志们对他们在斗争中取得的经验所作的一切描述充分证明了，**共产国际的布尔什维主义路线是正确的，证明了它对国际形势的分析和前景的估计是正确的。**

建立无产阶级的统一战线，建立全体劳动者的人民阵线，反对资本进攻，反对法西斯主义和战争是各支部的主要任务，许多支部已经在完成这一最重要任务的斗争中取得了一些成就。遗憾的是，我们必须指出，发言者在讨论时对报告中指出的国际经验注意不够，而绝大部分是限于谈一谈本国的事件以及取得的经验。

共产国际执委会的报告对我们各党的工作和错误作了特别严肃的批评。大多数同志在讨论发言中承认批评是对的，但不是所有的同志都能进一步作出必须作出的结论，以改进他们的工作。我们希望这些同志在讨论提出统一战线问题的第二项议题时，将弥补这一缺陷。

也应该引起注意的是，有几个发言者在发言中流露了对已取得的成就的自满情绪，没有作出足够的解释，说明为什么我们不能在群众中扩大和巩固影响，虽然条件很有利。

加香同志讲到了法国共产党在争取无产阶级统一战线、争取全体劳动者的人民阵线和反对法西斯主义的斗争中所做的伟大工作。法国同志的策略经受了考验，并使党取得了伟大的政治成就，当然已取得的成就还需巩固。但是法国法西斯的危险是非常大的，因此我们有权要求法国同志在反对法西斯主义的斗争中，在党所实行的、对整个共产国际具有典范作用的正确路线的基础上，进一步做出成绩来。

在法国，我们正面临着伟大的斗争。两个阵营都在为这些斗争动员起来，人民阵线成功与否对整个国际工人运动，对整个国际形势有着极其重大的意义。

法国党善于唤起和组织法国各阶层广大人民反对野蛮法西斯的意志，我们的法国党的工作应该成为各国党的榜样。

西班牙共产党的代表**加西亚**同志向我们生动地描述了伟大的十月斗争和党为了建立无产阶级统一战线而作出的努力。

然而，西班牙共产党也暴露了很大的弱点。我们的西班牙同志在1934年10月的武装斗争以后，并不像奥地利共产党那样善于向群众指出社会民主党对斗争的错误领导，促使大批社会民主党群众转向共产主义。

我们绝对地相信，正处在正确道路上的西班牙同志们不仅将克服自己工作的缺点，而且也将取得更加伟大的成就。

富里尼同志以意大利代表团的名义表示完全同意我的关于意大利工人的情绪正开始发生转变的论断。但光是同意还是不够的。意大利共产党在法西斯组织中的工作仍很薄弱。不在这些组织中认真地进行工作，就不可能和广大群众息息相通。应该克服关门主义立场的残余，以便更好地在法西斯的群众组织中开展工作。由于对阿比西尼亚的战争正迫在眉睫，形势需要党成为广大工人阶级群众的真正领袖，因此克服关门主义的残余就变得更有必要了。

参加这次大会的三位中国同志向我们介绍了在中国进行的斗争的情况，并告诉我们，中国党在最困难的情况下是怎样组织反对国内外压迫者、建立苏维埃政权的斗争的。他们的发言使我们看到了中国共产党在第六次代表大会至第七次代表大会这段时间里所走过的道路，这条道路使全世界共产党人的内心充满了骄傲和欢乐。（热烈的掌声）中国同志们向我们指出了，中国共产党是怎样变为一个伟大的群众组织的，红军是怎样创立起来的，新的苏维埃国家是怎样建立起来的。他们向我们指出了，过去的工人、农民、手工业者和大学生是怎样变为军队指挥员和政治家的，以及受帝国主义者践踏和蹂躏的4.5亿人民是怎样在党的领导下进行解放斗争的。

中国共产党是殖民地和附属国共产党的榜样。但是，除了中国共产党，还有几个殖民地国家的共产党在第六次代表大会和第七次代表大会期间领导了广泛的群众运动，它们都被帝国主义镇压了。这些国家的共产党现在应该积聚力量，以进行新的斗争。

许多殖民地国家的共产党还是无足轻重的先锋小组，现在，它们必须把自己的注意力集中于：通过组织争取实现最低的日常要求的斗争，把革命意识输入到广大的工人群众中去，以及培养革命干部。关门主义仍盛行在这些国家支部中，必须加以彻底铲除。

所有发言的同志都承认，我们必须在所有劳动者的群众组织中进行工作。这种对于群众工作必要性的认识，我们早已在执委会的全体会议上听到过了，但是这一工作进展却很迟缓。这只能是由于共产党人只肯在革命组织中工作，而把在改良主义的、资产阶级民主主义的或法西斯主义的党建立的组织中做日常琐碎的工作看做是第二位的，不怎么重要的或对一个共产党员来说是一件不光彩的任务。我们必须坚决地克服这种观点和立场。

执委会的工作报告不仅指出了个别支部工作中的许多重大缺点，而且也指出了共产国际执委会工作中的许多重大缺点。共产国际执委会认为改进自己的工作是极其迫切和重要的。许多支部就改进共产国际执委会的工作提出了自己的建议，有几个建议我已在执委会报告中提到了。在这些代表团建议的基础上起草了一份决议草案，把这些改进建议提交给你们，请你们批准。

执委会的工作有许多缺点。如果在某些情况下，执委会没有及时地答复这一封或那一封并不涉及我们运动的重要政治问题的信件，那当然并不是太要紧的。发生这样的情况是完全可能的，卢森堡共产党的弥勒同志埋怨这一点也完全是对的。而重要得多的倒是这样的情况：执委会没有及时地在重要的政治问题上支持这一个或那一个支部。英国共产党的代表坎贝尔同志在讨论中谈到了执委会工作中这些普遍的政治缺点。我们要强调指出，我们完全欢迎坎贝尔同志的批评。但是这一批评并不完全正确。如果我更详细地谈一谈这一批评的话，那么也只是为了这样一个目的：使坎贝尔同志提出的问题引起我们更多的注意。

执委会和各支部一样，对我们的一切缺点负责。执委会致力于加强和改进它的工作，但是在这一方面，执委会也只能依靠各支部本身。我们强调指出的大缺点是，执委会的工作没有得到各支部足够的支持。只有当各支部的最优秀代表经常参加执委会的工作，只有当各支部本身把有关事情提交给执委会时,我们才能克服我们工作中的错误和缺点。

坎贝尔同志特别详细地谈到了**工会工作**及工会工作中出现的关门主义立场。他提出了这样的问题:对于在罢工战略和策略中出现的关门主义错误是否完全应该由某些党来负责,执委会是否及时主动地与否定在改良主义工会中工作的倾向作了斗争。

执委会的报告引述了施特拉斯堡决议的相应部分,详细批判了工会工作中出现的关门主义错误。但是坎贝尔同志在他的批评中并没有充分注意到,共产国际执委会第十、十一和十二次全会反对施特拉斯堡决议在工会问题上的关门主义倾向。因此我就有必要略作引证了。

执委会第十次全会决议强调指出,共产党"决不能要求工人退出改良主义工会"。关于在改良主义工会中的工作则指出:"相反,这一工作还必须加强。"还有,执委会第十次全会表示坚决反对"放弃在改良主义工会中工作的危险倾向",反对对关于在改良主义工会内工作的"决议作任何修正"。在执委会第十次全会的这一决议中还引用了列宁《共产主义运动中的"左派"幼稚病》里的话:

> "要想善于帮助'群众',赢得'群众'的同情、爱戴和支持,就必须不怕困难,不怕那些'领袖'对我们进行挑剔、捣乱、侮辱和迫害……**哪里有群众,就一定到哪里去工作**。"①

执委会第十一次全会决议说,共产国际大多数支部工作中的主要缺点是"机会主义地和关门主义地轻视和放松**在改良主义工会中**的极其重要的工作"。

执委会第十二次全会对反工会的倾向也持尖锐的反对态度。我只引用决议中的下述段落:"共产党和革命工会组织动员群众反对资本进攻

---

① 《列宁全集》中文第 2 版第 39 卷第 33 页。——编者注

的工作做得不够,其最重要的原因之一是令人不能容忍地放松了在改良主义工会中的工作。……改良主义工会官僚的影响……既不能用摧毁工会的叫喊(共产党不能去做这种事情),也不能用退出工会的办法去打破,而只能通过在改良主义工会中的艰苦工作,通过争取工会中任何一个**可竞选的职位**……来打破!"

因此,我想没有理由指责执委会没有主动地去反对工会工作中的关门主义倾向。

尽管如此,执委会实际上还是有可能在某些情况下,没有立即积极地去反对在党的工作中,特别是在工会工作中出现的关门主义倾向。

在纠正施特拉斯堡会议决议方面,执委会也有所拖延,这是由于它没有立即改变被证明是错误的、使各支部工作走了弯路的和不适应改变了的形势的提法。

坎贝尔同志埋怨说,英国共产党是被迫接受施特拉斯堡决议在所有细节和提法上都是完全正确的说法的。共产国际执委会一直注意着英国的特殊情况,要我们的英国同志特别注意,在党的工作中要考虑到英国有着根深蒂固的工会传统,要特别注意工会工作和同工会组织里的工人建立最密切的接触。如果英国共产党的工作犯了右的错误和共产国际不得不批评这些错误的话,那么也不能把这解释为是包庇关门主义的错误。

现在来谈一下**青年问题**。美国共产党代表团白劳德同志批评说,执委会报告对青年问题谈得太少。他提得是对的。我们应该在报告中更多地指出在我们各支部的工作中,在争取劳动青年群众和支持我们的共青团方面都还存在着大的缺点。

争取劳动青年群众是我们最主要的任务之一,特别是在反对法西斯主义和帝国主义战争的斗争中更是如此。那些处于合法工作和非法工作条件的国家的支部必须特别注意争取青年和采取切实措施,这些措施要考虑到青年喜欢积极参加文体活动和政治活动,应该有利于把青年吸收到统一战线中来和防止他们成为法西斯主义欺骗宣传的牺牲品。

意大利代表团的**富里尼**同志十分严肃地指责了青年共产国际执委会。他指责青年共产国际执委会采取关门主义的立场,并因此说明它不能正确地领导共青团。这一指责无疑是太过分了。但事实是,长期以来,在青年共产国际里确实存在着强烈的关门主义的东西,妨碍了建立一种具有真正群众性的青年运动。青年共产国际的情况近年来已有根本的好转。尽管如此,青年运动仍没有群众性,并显示了十分强烈的关门主义成分。

以青年共产国际执委会名义发言的**安德烈**同志指出,青年共产国际曾怎样致力于促进使共青团在劳动青年中从事真正的群众工作。他对关门主义错误的批评是十分正确的。但是他的批评有这样的缺点:并没有超出泛泛而谈,缺少对青年共产国际工作的具体的自我批评。也没有对关门主义错误的原因作深刻的分析,并提出具体的建议,以克服这些错误。

青年共产国际当然要对青年工作的薄弱负高度的责任。但是我们共产国际执委会,我们各国共产党,也和青年共产国际一起对争取劳动青年参加革命斗争负有完全的责任。共产国际各支部必须把青年运动看做它们工作的最重要的组成部分之一,必须领导争取劳动青年群众的斗争,结成统一战线,把他们吸引到革命斗争中来。

执委会的任务是把它的工作重点放在制定国际工人运动基本的政治观点和策略观点上,与以往相比,更要避免介入各支部的内部组织事务。我们是一个和第二国际不同的、有着铁的纪律的世界党。

当然,如果我们各国支部的工作出现了大的错误,执委会还是会继续进行干预的。但是重点还是应该(我再强调一次)放在制定国际工人运动的基本的政治观点和策略观点上。

同志们！

群众现在所面临的问题是：

法西斯主义，还是社会主义；战争，还是和平？

结果取决于我们这一阶级的力量，取决于它的先锋队的工作，取决于共产党人。

我们各支部都负有重大的责任，在最短的时间内扩大对群众的影响，以使我们的支部有可能领导这些群众参加决定性的斗争。

我们正在进入一个克服工人阶级分裂的时期，从而在工人阶级中创造能够推翻资本主义和建立无产阶级专政的力量。

我们党的道路是建立无产阶级统一战线，是建立工会的统一，是建立全体劳动者的人民阵线，是在马克思、恩格斯、列宁和斯大林学说的久经考验的理论和组织基础上，建立统一的无产阶级革命党。

我们共产党人是争取和平、自由和面包，反对剥削者和压迫者阵线的最广泛的工人斗争阵线的倡导者和组织者。

要建立这样一条阵线是不容易的。我们共产党人必须使群众理解我们，用他们的语言和他们讲话，赢得群众并领导群众。

我们必须学会把千百万有着不同观点、不同信仰和不同世界观的人引导到共同的斗争中去。为此我们必须改变我们的工作作风和方法，使我们能尽快地和这些群众最广泛地联系在一起。

我们共产党人必须善于利用各国资产阶级政策的每一个变化，善于利用统治阶级的每一个矛盾，以反对反动派，反对法西斯主义，反对战争危险和资本进攻。

在列宁和斯大林的党领导下的苏联工人和农民为全世界工人指明了道路。

社会主义在苏联的胜利给了我们共产党人和群众以追随这一榜样的力量。

波普夫同志在他的给人留下深刻印象的讲话中,把苏维埃乌克兰的发展和波兰统治者统治下的西乌克兰的发展作了比较,这一比较从一个侧面揭示了两个世界——社会主义世界和资本主义世界的鲜明对比。

资产阶级急于走向法西斯主义,走向战争,以摆脱劳动群众革命阵线的包围。资产阶级能否得逞,则要取决于我们,取决于我们共产党人,取决于工人阶级。

共产党的责任从未像今天这样重大与严肃。

共产国际第七次代表大会及其各支部号召劳动群众为自由、和平、面包、苏维埃政权和社会主义而共同斗争。

在争取无产阶级多数的斗争中,我们的口号是:

结成更广泛的战线!更加深入到群众组织中去!

我们共产党内部的任务是:

加强党和提高我们党组织的政治水平!

同志们!为实现我们的最高历史任务——**全体劳动人民的解放、富裕和幸福**而斗争!

(暴风雨般的经久不息的掌声,高唱《国际歌》。)

第十五次和第十六次会议

(1935年8月2日)

在大会第九天——8月2日上午的会议还未开始之前很久,圆柱大厅里就已经座无虚席了。当要在今天作报告的**季米特洛夫**终于出现在大厅里的时候,全场响起了一阵欢呼声和鼓掌声。德国代表团齐声高呼:"红色阵线!"接着,从大厅的各个角落响起了用五大洲各种语言发出的革命致敬声,一阵接着一阵。最后,在11时15分,**库西宁**宣布大会开始。

他宣布第二项议程是季米特洛夫作题为《法西斯主义的进攻和共产国际在争取工人阶级统一、反对法西斯主义斗争中的任务》的报告。

季米特洛夫登上主席台时,又响起了一阵暴风雨般的掌声。这一次首先是从中国代表团的座位中响起了一阵集体的欢呼声,然后捷克斯洛伐克代表团和英国代表团也跟着欢呼起来,最后用各种语言唱起了《国际歌》。然后又是长时间的鼓掌,这时季米特洛夫才能开始作报告。

季米特洛夫关于《法西斯主义的进攻和共产国际在争取工人阶级统一、反对法西斯主义斗争中的任务》的报告

一、法西斯主义和工人阶级

同志们!早在第六次代表大会时,共产国际就已向国际无产阶级发

出了警告：新的法西斯主义进攻正在酝酿之中，并号召进行反对法西斯主义进攻的斗争。大会指出："几乎在任何地方都可以看到发展程度不一的法西斯倾向和法西斯运动的萌芽。"

在经济危机极其深刻、资本主义总危机极其严重、劳动群众正在革命化的情况下，法西斯主义已发动了广泛的进攻。占据统治地位的资产阶级越来越乞灵于法西斯主义，目的在于用最恶劣的掠夺手段来对付劳动者，在于准备发动一场帝国主义的掠夺战争，袭击苏联，奴役瓜分中国，并用这一切手段来阻止革命。

各帝国主义集团正企图把危机的**全部**重担转嫁到劳动人民的身上。**为此它们就需要法西斯主义**。

它们正企图通过对弱小民族的奴役、加强殖民压迫和用战争来重新瓜分世界的方法来解决市场问题。**为此它们就需要法西斯主义**。

它们正企图通过挫败工人、农民的革命运动和对世界无产阶级的堡垒苏联进行军事进攻，来预防革命力量的发展。

在有些国家中，特别是在德国，这些帝国主义集团在广大群众坚决地转向革命**之前**，就击败了无产阶级，建立了法西斯独裁。

但是法西斯主义的胜利有一个特点，那就是这个胜利一方面表明无产阶级的软弱，因为无产阶级已被社会民主党的分裂政策及其与资产阶级的阶级合作政策弄得涣散而麻痹了；然而另一方面也显出资产阶级本身的软弱，他们害怕工人阶级统一斗争的实现，害怕革命，而且不再能够以资产阶级民主和议会制度的旧方法来维持他们对广大群众的专政。

斯大林同志在联共（布）第十七次代表大会上说：

"不仅应当把法西斯主义在德国的胜利看做工人阶级软弱的表现，看做替法西斯主义扫清道路的社会民主党叛变工人阶级的结果，而且应当把它看做资产阶级软弱的表现，看做资产阶级已经不能用国会制度和资产阶级民主制的旧方法来实行统治，因而不得不在对内政策上采用恐怖的管理方法的表现，看做资产阶级再也不能在和平的对外政策的基础上找到摆脱现状的出路，因而不得不采用战争政策的表现。"①

法西斯主义的阶级性

同志们，就像共产国际执行委员会第十三次全会所正确指出的那样，**执政的法西斯是金融资本的极端反动、极端沙文主义、极端帝国主义分子的公开的恐怖的独裁。**

最反动的一种法西斯主义是**德国式的**法西斯主义。虽然它与社会主义毫无共同之处，然而它竟厚颜无耻地自称为国家社会主义。希特勒的法西斯主义不仅仅是资产阶级民族主义，而且是兽性的沙文主义。它是一种政治匪帮的政体，是一种对工人阶级、农民、小资产阶级及知识分子中的革命成分进行挑衅和迫害的制度。它是中世纪的野蛮行为和兽性行为，它是对于其他民族和国家的肆无忌惮的侵略。

德国的法西斯主义正在充任**国际反革命的先锋，帝国主义战争的主要煽动者，反对全世界劳动人民的伟大祖国苏联的十字军的创始人。**

法西斯并不是所谓凌驾于无产阶级与资产阶级这两个阶级之上的一种国家政权形式，例如像奥托·鲍威尔所说的那样。法西斯并不是"夺取了国家机器的小资产阶级的叛变"，就像英国社会主义者布雷斯福德所说的那样。不是的，法西斯并不是凌驾于阶级之上的一种政权，也不是小资产阶级或是流氓无产阶级控制金融资本的一种政权。法西斯就是金融资本本身的政权。法西斯是对工人阶级，对农民和知识分子的革命阶层进行恐怖报复的组织。就对外政策而言，法西斯主义是煽动野蛮地

---

① 《斯大林全集》第13卷第260—261页。——编者注

仇视其他民族的、在方式上极端残暴的沙文主义。

我们必须特别强调指出法西斯主义的这一真正本质，因为法西斯主义在许多国家中，在对社会问题进行蛊惑宣传的掩饰下，已经能够取得因危机而坠落的小资产阶级群众的拥护，甚至取得无产阶级最落后阶层的某些部分的拥护。如果这些人懂得法西斯主义的真正的阶级性质及其真正本质，他们是决不会支持法西斯主义的。

依照一定国家在历史、社会和经济方面的情况及其民族特点和国际地位，法西斯主义的发展和法西斯独裁本身在不同国家采取了**不同的形式**。在某些国家中，主要是在法西斯主义还没有广泛的群众基础，而法西斯资产阶级本身阵营内部各个集团之间的斗争又相当尖锐的那些国家中，法西斯并不敢立即取消议会，而是允许其他资产阶级政党，甚至社会民主党仍具有一定程度的合法性。在另外一些国家中，由于统治的资产阶级害怕革命**即将爆发**，法西斯就会或者直截了当地，或者用对互相竞争的政党和集团加紧恐怖和迫害的手段，来建立不受限制的政治垄断。这并不妨碍法西斯主义在其处境**特别**危急时竭力扩展它的基础，也不妨碍它在不变更其阶级本性的情况下，竭力把公开的恐怖独裁与极端虚伪的议会制**结合**起来。

法西斯获得政权，**并不是**一个资产阶级政府对另一个资产阶级政府的**简单的取代**，而是资产阶级阶级统治的一种国家形式——公开的恐怖独裁——**代替**资产阶级阶级统治的另一种国家形式——资产阶级民主。如果忽视这个区别，那就是极其严重的错误。现在**在资产阶级民主国家中，资产阶级正在加紧推行各项反动措施**，如压制劳动人民的民主自由、歪曲并削弱议会的权利、加紧镇压革命运动等等，如果**轻视这些反动措施**对建立法西斯独裁**的意义**，其错误是同样严重和危险的。

同志们，我们不要以为法西斯是轻而易举地就获得政权的，好像金融资本的什么委员会只要决定在某一天建立起法西斯独裁就行了。实际上，法西斯获得政权通常要经过反对一些旧资产阶级政党，或者反对这些政党中某一部分的相互的、有时是严酷的斗争过程，甚至要经过法西斯阵营内的斗争过程，而这种斗争有时要导致武装冲突，如我们在德国、奥地利及其他国家所看到的那样。然而这一切并不会使如下事实变得不重要了，那就是在建立法西斯独裁之前，资产阶级政府往往通过一些准备步骤，采取一些反动措施，直接促使法西斯易于获得政权。谁如果不同准备阶段中资产阶级的反动措施和正在发展中的法西斯主义作斗争，**谁就不但不能阻止，而是相反地助长法西斯主义的胜利。**

社会民主党的领袖们对群众掩盖并隐瞒了法西斯主义的真正的阶级性质，没有号召他们为反对资产阶级日益反动的措施而斗争。在法西斯进攻的决定性时刻，德国和其他一些法西斯国家的大部分劳动人民没有认识到法西斯就是嗜血成性的、贪得无厌的金融资本，就是他们最凶恶的敌人，因而就没有作反抗的准备，社会民主党的领袖们对这一事实负有巨大的**历史责任**。

法西斯主义对群众影响的根源是什么呢？法西斯主义之所以能够吸引群众，是由于它用蛊惑人心的方式迎合群众的**迫切需要和要求**。法西斯主义不仅仅激起群众根深蒂固的偏见，并且也利用群众的高尚情感，利用他们的正义感，有时甚至利用他们的革命传统。为什么德国法西斯分子，这些大资产阶级的走狗和社会主义的死敌，要在群众面前伪装成"社会主义者"，把他们攫取政权说成是"革命"呢？因为他们企图利用德国广大劳动群众对革命的信念和对社会主义的渴望。

法西斯是为极端的帝国主义者谋利益的，但是它在群众面前把自己打扮成是保护受欺侮的民族的战士，来迎合受损害的民族感情。例如，德国法西斯用"反对凡尔赛和约"的口号，赢得了群众的支持。

法西斯的目的在于肆无忌惮地剥削群众，但是它却以巧妙的反资本主义的蛊惑人心的宣传来接近他们，利用劳动人民对掠夺成性的资产阶级，对银行、托拉斯及金融巨头的深刻仇恨，提出了一些在一定时间内最能诱惑政治上不够成熟的群众的口号。在德国是"公共利益高于个人利益"，在意大利是"我们的国家不是资本主义的国家，而是社团主义的国家"，在日本是"争取没有剥削的日本"，在美国是"共享财富"，等等。

法西斯将人民置于最腐败的贪官污吏的最残酷剥削之下，却在人民面前提出"公正廉洁的政府"的要求。法西斯利用群众对资产阶级民主政府深感失望的情绪，假仁假义地攻击贪污（例如德国的巴尔马和斯克拉雷克事件、法国的斯塔维斯基事件以及其他许多事件）。

法西斯为资产阶级最反动集团的利益抵挡那些脱离旧资产阶级政党的失望的群众。但它同时又以对资产阶级政府的**严厉攻击**，以不同旧资产阶级政党妥协来打动群众。

法西斯的无耻和伪善超过其他一切类型的资产阶级反动派，它竟针对每一国家的民族**特点**，甚至每一国家的不同的社会阶层的特点进行煽动。小资产阶级群众，甚至一部分工人，由于贫困、失业和生活没有保障而陷于绝望，他们成了法西斯的社会问题和沙文主义煽动的牺牲品。

法西斯是作为向无产阶级革命运动，向处在不安定状态中的人民大众**进攻的政党**而获得政权的，但是它竟把自己获得政权说成是一个为了"整个国家"，为了"拯救国家"而反对资产阶级的"革命"运动。让我们想一想墨索里尼的"进军"罗马，皮尔苏茨基的"进军"华沙，德国希特勒的国家社会主义"革命"等等。

但是，无论法西斯戴上什么样的假面具，无论它以什么样的形式出现，无论它以什么样的方式获得政权——

法西斯都是资本对劳动群众的最猖狂的进攻；

法西斯都是肆无忌惮的沙文主义和掠夺战争；

法西斯都是疯狂的反动和反革命；

法西斯都是工人阶级和全体劳动人民的最凶恶敌人!

法西斯主义的胜利给群众带来什么后果？

法西斯许诺要给工人们以"合理的工资",但实际上给他们带来的是更低的乞丐式的生活水平。它许诺要给失业者以工作,但实际上给他们带来的是更大的饥饿折磨,是奴隶劳动和强迫劳动。实际上它把工人和失业者变成资本主义社会中被剥夺了一切权利的贱民,摧毁他们的工会,剥夺他们的罢工权利和工人阶级的出版权利,强迫他们加入法西斯组织,抢夺他们的社会保险基金,把工厂变成资本家横行霸道地统治的集中营。

法西斯许诺要为劳动**青年**打开通向光明未来的康庄大道,但实际上它带给青年的是大批解雇,劳动营地和为侵略战争而不断举行军事训练。

法西斯许诺要保障**职员、小官员以及知识分子**的生活,摧毁托拉斯至高无上的地位,取消银行资本的暴利,但实际上它给他们带来的是更大的绝望和朝不保夕的感觉;它使他们屈从于它驯顺的爪牙组成的新官僚政治的统治,它正在建立不堪忍受的托拉斯独裁,造成空前普遍的腐化堕落。

法西斯许诺要取消穷困破产的**农民**的债务,取消地租,甚至要为了无地破产农民的利益而无偿征用地主的土地,但实际上它把劳动农民置于托拉斯和法西斯国家机器的空前奴役之下,使农民群众受大地主、银行家和高利贷者的极其残酷的剥削。

希特勒一本正经地宣布,"德国将是一个农民的国家,否则它就不成其为国家了"。然而德国农民在希特勒的政权下得到了什么呢？延期偿付法？这早已经被撤销了。还是农民财产继承法？这使得几百万农民子女被挤出农村而沦为乞丐。雇农们已经变成半农奴，连自由迁徙的起码权利都被剥夺了。劳动农民在市场上出卖他们农产品的机会也被剥夺了。

那么波兰的情形怎样呢？

波兰《时报》写道："波兰农民采用的方法或许只是在中世纪才使用过。他把火保存在火炉里，然后借给他的邻居，他把火柴分成好几片。农民把脏的肥皂水借给别人；他煮咸鱼桶来取盐卤。这并不是虚构的故事，而是农村的实际情况，任何人都会确信不疑。"

同志们，写这段话的并不是共产党员，而是波兰的一家反动报纸！

但还不止于此。

每天，在法西斯德国的集中营里、在盖世太保的地窖里、在波兰的刑讯室里、在保加利亚和芬兰的秘密警察监牢里、在贝尔格莱德的监牢里、在罗马尼亚的监牢里和在意大利的监狱岛上，工人阶级最优秀的儿子、革命的农民、争取人类光明前途的战士，正在受着可恶的迫害和侮辱，沙皇特务最可恶的行为与此相比也要相形见绌。万恶的德国法西斯把丈夫在妻子面前打得血肉模糊，把被杀害的儿子的骨灰用邮包寄给他们的母亲。阉割已经成为政治斗争的一种方法。在酷刑室里，被囚的反法西斯主义者被强迫注射毒药，被断臂，被挖眼，被吊起来把冷水灌进他们的身体；他们的皮肤上被刻上了法西斯的卐字符号。

我面前有国际红色救济会的一份统计资料，那是关于德国、波兰、意大利、奥地利、保加利亚和南斯拉夫被杀、致伤、被捕、被打成残废和被用刑致死的人数统计，仅就德国来说，从纳粹党执政以来，就有4200多个反法西斯的工人、农民、职员、知识分子、共产党员、社会民主党员、反政府基督教组织的成员被杀害，31.78万人被捕，21.86万人受到伤害和酷刑。在奥地利，自去年二月斗争以来，"基督教"法西斯政府已经杀害了1900名革命工人，伤残了1万人，逮捕了4万人。

而同志们，这个统计还是很粗略的。

每当我们想起劳动人民在一些法西斯国家中所遭受的苦难，我们就充满了非语言所能形容的愤怒。在许多资本主义国家中，白色恐怖所施行的剥削和迫害，成为工人阶级日常生活的一部分，我们所引证的数字和事实**绝不能反映其真实情况的万分之一**。法西斯加诸劳动人民的无数残暴行为真是罄竹难书。

我们以深厚的感情和对法西斯刽子手的深切仇恨，降下共产国际的旗子，来纪念德国的舍尔、费特·舒尔策、吕特根斯，奥地利的科洛曼·瓦利什、米尼希赖特尔和匈牙利的萨莱、菲尔斯特，保加利亚的考法希夫、吕蒂布洛茨基、沃伊科夫的不朽英名，来纪念在反法西斯斗争中牺牲的成千上万共产党人、社会民主党人、非党工人、农民及先进知识分子的不朽英名。

我们从这个讲台上，向德国无产阶级的领袖和我们大会的名誉主席——台尔曼同志致敬。（暴风雨般的掌声，全体起立）我们向拉科西、葛兰西（暴风雨般的掌声，全体起立）、安蒂凯宁和J.帕诺夫等同志致敬。我们向被反革命分子囚禁的西班牙社会党领袖卡瓦列罗致敬。我们向已在监狱中被折磨了18年的汤姆·穆尼致敬。我们向成千上万被资本主义和法西斯主义所囚禁的其他同志们致敬。（暴风雨般的掌声）我们对他们说："战友们！同伴们！我们没有忘记你们！我们和你们在一起！我们要献出我们全部的生命、我们的每一滴鲜血，争取把你们，把一切劳动人民从法西斯的可恶统治中解放出来。"（暴风雨般的掌声，全体起立）

同志们，列宁曾向我们指出过：资产阶级也许能在几个很短暂的时期中，以野蛮的恐怖压倒劳动人民，阻止日益发展着的革命力量，然而这并不能使它免于灭亡。列宁写道：

"生活总是会给自己开辟出道路的。就让资产阶级疯狂挣扎，暴跳如雷，肆意横行，干出许多蠢事来吧！让它对布尔什维克杀一儆百，错杀（在印度、匈牙利、德国等国）几百、几千以至几十万个明天的或昨天的布尔什维克吧！资产阶级这样做，正和历史上一切注定要灭亡的阶级所做的一样。共产党人应当知道，未来终究是属于他们的，因此我们可以（而且应当）把进行伟大革命斗争的最大的热情同对资产阶级的疯狂挣扎的最冷静最清醒的估计结合起来。"①

是的，只要我们以及全世界无产阶级坚定不移地走列宁和斯大林为我们指出的道路，那么资产阶级就一定会灭亡。

法西斯主义的胜利是不可避免的吗？

法西斯主义为什么会胜利？它是怎样胜利的？

法西斯是工人阶级和劳动人民的最凶恶敌人，法西斯是 9/10 的德国人民、9/10 的奥地利人民、其他法西斯国家的 9/10 的人民的敌人。这一凶恶的敌人是怎样和用什么方法获得胜利的呢？

法西斯之所以能够获得政权，**主要是**因为工人阶级在社会民主党领袖们所推行的与资产阶级的阶级合作政策下是**分裂**的，在资产阶级的进攻面前**在政治上和组织上是被解除了武装的**。而另一方面，共产党又**不够强大**，不能在没有社会民主党和反对社会民主党的情况下去发动群众，去领导群众同法西斯作决定性的斗争。

确实，但愿正在和共产党兄弟们共尝法西斯野蛮恐怖滋味的千百万社会民主党的工人们认真地回想一下这样的问题：如果 1918 年奥地利和德国爆发革命时，奥地利和德国的无产阶级不听从奥地利的奥托·鲍威尔、弗里德里希·阿德勒和伦纳，德国的艾伯特和谢德曼的社会民主

---

① 《列宁全集》中文第 2 版第 39 卷第 80 页。——编者注

党的领导，而走俄国布尔什维克的道路、列宁和斯大林的道路，那么现在奥地利和德国、意大利和匈牙利、波兰和巴尔干就不会有什么法西斯主义。欧洲局势的主人就早已不是资产阶级，而是工人阶级了。

让我们以**奥地利**社会民主党为例。1918年的革命把它提到很高的地位，它大权在握，在军队中和国家机器中都占有强大的阵地。凭借这些阵地，它就能够铲除萌芽中的法西斯主义。然而它毫无抵抗地放弃了工人阶级的一个又一个阵地。它让资产阶级巩固它的政权，取消宪法，清洗国家机器、军队和警察中的社会民主党干部，从工人手中夺走兵工厂。它让法西斯强盗们安然无恙地杀害社会民主党工人，接受了许滕贝格协定的条件，这就使法西斯分子能够进入工厂。同时，社会民主党领袖们以规定不用暴力反对资产阶级和不建立无产阶级专政的林茨纲领来欺骗工人，并向他们保证，如果统治阶级用暴力反对工人阶级，党就用号召总罢工和武装斗争来回答他们。好像法西斯在宪法的掩盖下准备向工人阶级进攻这一整个政策不是一连串反对工人阶级的暴力行为！即使在二月斗争的前夜及其过程中，奥地利社会民主党的领袖们还让英勇战斗着的工人自卫队孤立于广大群众之外，致使奥地利无产阶级遭受失败。

难道法西斯在德国的胜利是不可避免的吗？不，德国工人阶级本来是能够加以阻止的。

但是要这样做，德国工人阶级就必须建立反法西斯的无产阶级统一战线，迫使社会民主党的领袖们停止反共活动，并接受共产党反复提出的反法西斯统一行动的建议。

在法西斯采取攻势和资产阶级逐步废除资产阶级民主的时候，德国工人阶级就不应该满足于社会民主党的美妙的纸面上的决议，而应该以真正的群众斗争作为回应，这样才能使德国资产阶级比较难于实现它的法西斯计划。

德国工人阶级不应该听凭布劳恩和泽韦林政府取缔红色前线战士联合会,而应该使这个联合会与拥有近100万会员的帝国旗帜团建立战斗的联盟,并迫使布劳恩和泽韦林武装这两个组织,以抵抗并摧毁法西斯匪帮。

德国工人阶级应该迫使主持普鲁士政府的社会民主党领袖们采取反法西斯的防御措施,逮捕法西斯的首领们,封闭他们的报馆,没收他们的物资和资助法西斯运动的资本家的财产,解散法西斯组织,夺取他们的武器,等等。

此外,德国工人阶级应该向银行和托拉斯征税,以重建并扩大一切方式的社会救济,并对在危机影响下破产的农民实施延期偿付法和危机补助法,这样就可以得到劳动农民的支持。没有这样做,是德国社会民主党的错误,也就是法西斯主义之所以胜利的原因。

在**西班牙**,无产阶级暴动的力量与内战很有利地结合起来了,但资产阶级和贵族却得到了胜利,这是不可避免的吗?

西班牙社会党人从革命初期就参加了政府。他们曾在包括共产党人和无政府主义者在内的持各种不同政治见解的工人团体之间建立过战斗联系吗?他们曾把工人阶级团结成一个统一的工会组织吗?他们曾替农民要求没收地主、教堂、寺院的全部土地,以争取农民参加革命吗?他们曾尝试过为加泰罗尼亚人和巴斯克人的民族自决、为摩洛哥的解放而战斗吗?他们曾清洗过军队中的保皇党和法西斯分子,并准备使军队转向工农这一边吗?他们曾解散过作为一切民众运动的刽子手而为人民所痛恨的民防军吗?他们曾打击过希尔·罗布莱斯的法西斯党和天主教会的势力吗?不,这些事情他们一件也没有做过。他们拒绝共产党反复提出的反对资产阶级、地主反动派和法西斯主义的进攻的统一行动的建议;他们通过了使反动派能够在议会中获得多数的选举法,通过了取缔民众运动的法律,通过了现在据以审讯英勇的阿斯图里亚斯矿工的法律。他们借民防军之手杀死为土地而斗争的农民等等。

同志们，社会民主党就这样瓦解并分化了工人阶级的队伍，为德国、奥地利、西班牙的法西斯获得政权扫清了道路。

同志们，法西斯之所以获得政权，**也是**由于无产阶级离开它的天然同盟军而陷于孤立。法西斯之所以获得政权，是因为它能争取**广大农民群众**，而它之所以能争取广大农民群众，则是由于社会民主党假借工人阶级的名义推行实际上反农民的政策。农民看到一些社会民主党执政的政府，在他们的心目中就是工人阶级的政权，但是其中没有一个是消除农民的贫困，给农民以土地的。社会民主党在德国就没有触动地主，反而打击农业工人的罢工，因而远在希特勒上台以前，德国农业工人就脱离了改良派的工会，在大多数情况下都投向钢盔团和纳粹党去了。

法西斯之所以获得政权，也是由于它能够深入**青年**群众，而社会民主党却使工人青年离开阶级斗争，同时革命无产阶级既没有在青年中展开必要的教育工作，也没有充分注意他们争取特殊利益和要求的斗争。法西斯抓住青年的特别强烈的战斗积极性，诱骗相当数量的青年投到了它的队伍里。这一代青年男女没有遭受过战争恐怖。他们亲身感受到了经济危机、失业和资产阶级民主解体的沉重压力。大部分青年由于感到前途渺茫而特别易于接受法西斯的煽动宣传，这种煽动向他们描绘了如果法西斯获得胜利就会出现一个迷人的前景。

讲到这里，我们也不能不提到**各国共产党所犯的一些错误**，这些错误妨碍了我们的反法西斯斗争。

在我们的队伍中，对于法西斯的危险，有一种不能允许的低估，这一倾向直到现在也还没有被完全克服。从前在我们党内可以听到这样一种观点："德国不是意大利"，意思是法西斯能够在意大利成功，但不可能在德国成功，因为德国是一个工业和文化高度发达的国家，有40年工人运动的传统，在德国实行法西斯主义是不可能的。或者那样一种观点，这种观点现在仍可以听到，即在"老牌"资产阶级民主国家中，没有滋生法西斯主义的土壤。这样的观点不仅过去会，而且今天仍然会松懈对法西斯危险的警惕性，并且使我们在反法西斯的斗争中更难于动员无产阶级。

我们可以举出共产党遭到法西斯政变的突然袭击的不少例证。想一想保加利亚吧，我们党的领导机关对于1923年6月9日的政变竟采取中立的、实际上是机会主义的立场。再说波兰吧，在1926年5月，共产党领导机关对于波兰的革命动力作了错误的估计，没有洞察皮尔苏茨基政变的法西斯主义性质，以致做了事变的尾巴。芬兰呢，我们党依据法西斯化是缓慢和逐渐的这样一种错误的看法，忽视了资产阶级领导集团正在准备法西斯政变，使党和工人阶级猝不及防地遭到这个政变的打击。

当国家社会主义在德国已经变成具有威胁性的群众运动时，还有些同志，如海因茨·诺伊曼还认为布吕宁政府已经是法西斯独裁政府，并且自夸地说："如果希特勒的第三帝国有一天出现的话，那么它也是出现在一米半深的地下，而站在上面的将是胜利的工人政权。"

我们在德国的同志们长期以来没有充分考虑到受损害的民族感情和群众对凡尔赛和约的愤怒；他们认为农民和小资产阶级的动摇性无足重轻；他们很迟才拟订出他们的社会和民族解放纲领，在他们提出纲领时，也未能使纲领适应于群众的具体要求和水平。他们甚至也未能把纲领尽量在群众中加以宣传。

在许多国家中，关于"一般的"法西斯主义的性质问题的无聊争辩和以**狭隘的关门主义**态度说明并解决党的当前政治任务，代替了反法西斯主义的群众斗争的必要开展。

同志们，我们要说到法西斯主义胜利的各种原因，我们要指出社会民主党对工人阶级失败所应负的历史责任，我们也要指出在反法西斯主义的斗争中我们自己的错误，不仅是因为我们要挖掘过去。我们不是脱离生活的历史学家，我们是工人阶级的战斗领袖，有责任回答正在困扰着千百万工人的问题：法西斯主义的胜利能够阻止吗？怎样才能阻止？那么，我们回答这千百万的工人：是的，同志们，我们可以阻止法西斯主义。这是完全可能的。这要靠我们自己，靠工人、农民和一切劳动人民。

阻止法西斯主义的胜利，**首先**要靠工人阶级本身的战斗积极性，要靠工人阶级把自己的力量联合成一支统一的战斗部队，以对抗资本和法西斯主义的进攻。无产阶级凭着建立战斗的统一战线，就能消除法西斯主义对农民、城市小资产阶级、青年和知识分子的影响，就能中立他们中间的一部分，争取他们中间的另一部分。

第二，要靠一个强大的革命政党，以便正确地领导劳动人民的反法西斯主义斗争。一个党如果经常地号召工人在法西斯主义面前退却，让法西斯资产阶级巩固它的阵地，那就必然会使工人走向失败。

第三，要靠工人阶级对于农民和城市小资产阶级群众的正确政策。群众是什么样的，就把他们看做什么样，不要依主观的愿望去看待他们。他们只有在斗争过程中才会克服自己的怀疑和动摇。只有耐心地对待他们不可避免的动摇，只有无产阶级在政治上帮助他们，才能把他们的革命意识和积极性提到更高的水平。

第四，要靠革命无产阶级的警惕性和及时行动。无产阶级不能让自己遭到法西斯的袭击，不能把主动权让给法西斯，而要在它还未能集中力量之前就给它以决定性的打击，不能让法西斯巩固它的阵地；无论它在什么地方出现就在什么地方立即把它打退，不能让法西斯得到新的阵地，就像法国无产阶级正在尝试成功地做到的那样。（鼓掌）

这些就是阻止法西斯的发展及其获得政权的最主要条件。

法西斯——一个残暴但并不稳固的政权

资产阶级法西斯独裁是一个残暴但并不稳固的政权。

法西斯独裁不稳固性的主要原因是什么呢?

法西斯力图克服资产阶级阵营内部的意见分歧和对立,但它反而使对立更加尖锐化了。法西斯力图建立自己的政治垄断和用暴力摧毁别的政党。但是资本主义制度的存在,各种阶级的存在和阶级矛盾的激化,不可避免地趋于动摇和摧毁法西斯的政治垄断。苏维埃国家就不是这样的情形,那里的无产阶级专政也是由一个垄断政治的党来实现的,但是那里的政治垄断符合千百万劳动人民利益,而且日益以建设无阶级的社会为基础。在一个法西斯国家中,法西斯党不能长久维持它的垄断,因为它不能把消灭阶级和消灭阶级矛盾作为自己的目的。它取消了一些资产阶级政党的合法存在。但是许多这样的党还依然非法地存在着,而共产党即使在非法的情况下,仍然继续发展,受到锻炼,并领导无产阶级反法西斯独裁的斗争。所以,在阶级矛盾的打击下,法西斯的政治垄断必然是要崩溃的。

法西斯独裁不稳固的另一个原因是,法西斯一方面进行反资本主义的宣传,另一方面实行以极端的强盗作风使垄断资产阶级发财致富的政策,二者的对比,使法西斯的阶级本质更易于被揭穿,并使它的群众基础日趋动摇,日趋缩小。

而且,法西斯的胜利又激起群众的深刻仇恨和愤怒,促使群众的革命化,并给无产阶级反法西斯的统一战线以有力的刺激。

由于采用经济国家主义(所谓经济自足)政策,并将国民收入的大部分用来准备战争,法西斯损害了国家的全部经济,激化了资本主义国家之间的经济战争。它使资产阶级内部存在的矛盾具有尖锐的,有时是流血的冲突的性质，这种冲突在人民的眼中损害了法西斯政权的稳固性。一个政府谋杀它自己的党羽，如去年6月30日德国所发生的情况；一个法西斯政府遭到另一部分法西斯资产阶级的武装进攻，如奥地利纳粹党的政变，以及波兰、保加利亚、芬兰和其他国家的个别法西斯集团猛烈攻击本国的法西斯政府。这样一种政权的威信，在广大小资产阶级群众的心目中是不能长期维持的。

工人阶级必须善于利用资产阶级阵营内的矛盾和冲突，但不应抱有法西斯会自行灭亡的幻想。法西斯是不会自动垮台的。只有工人阶级的革命运动才能帮助我们利用资产阶级阵营内必然发生的冲突，来破坏并推翻法西斯独裁。

由于法西斯摧毁了资产阶级民主的残余，把公开的暴力提升为政治制度，它就在劳动人民的心目中动摇了民主的幻想，削弱了法律的尊严。例如，在奥地利和西班牙这些国家中，甚至有这样的情形，那里的工人已经拿起武器来反对法西斯了。在奥地利，工人自卫队和共产党人的英勇斗争虽然失败了，但一开始就动摇了法西斯的稳固性。在西班牙，资产阶级没有能够用法西斯制服劳动人民。奥地利和西班牙的武装斗争终于使越来越多的工人群众逐渐认识到革命阶级斗争的必要性。

只有像第二国际老朽的理论家考茨基这样一些不值得相信的市侩、资产阶级的走狗，才会责备工人们，说他们不应该在奥地利和西班牙拿起武器。如果这些国家的工人阶级接受考茨基之流的叛卖意见，奥地利和西班牙的工人运动今天将会是什么样子呢？工人阶级队伍的士气就会极度消沉。

列宁说：

"而内战这所学校，人民并没有白进。这是一所要经受严重考验的学校，它的全部课程必然包括反革命的胜利、凶恶的反动派的猖獗、旧政权对反叛者的野蛮镇压等等。但是，只有愚蠢透顶的书呆子和没有头脑的木乃伊才会因人民进入这个受苦的学校而痛哭流涕；这个学校教被压迫的阶级进行内战，教他们取得革命的胜利，并且把现代奴隶群众中的仇恨集中起来。这种仇恨长期隐藏在闭塞的、迟钝的、无知无识的奴隶的心中，他们一旦意识到自己奴隶生活的屈辱，这种仇恨就会引导他们去建立最伟大的历史功勋。"①

如我们所知，继法西斯在德国的胜利，造成了一股法西斯进攻的新浪潮，在奥地利导致了陶尔斐斯的挑衅，在西班牙导致了反革命对群众革命果实的新进攻，在波兰导致了法西斯篡改宪法，而在法国则鼓舞法西斯武装部队企图在1934年2月发动政变。但是这一胜利和法西斯独裁的猖獗，却又激起了国际规模的无产阶级反法西斯统一战线的反击运动。国会纵火事件（这是法西斯对工人阶级总进攻的一个信号）、工会和其他工人团体被抢劫和被破坏、从法西斯兵营和集中营的地窖中发出的身受酷刑的反法西斯主义者的呻吟，都在使群众明白：拒绝共产党提出的对正在发动进攻的法西斯作共同斗争的建议的德国社会民主党领袖们所起的反动分化作用已经产生了什么后果。这些事情使工人阶级确信，有必要团结工人阶级的一切力量来推翻法西斯。

希特勒的胜利也强有力地推动了法国工人阶级去建立反法西斯统一战线。希特勒的胜利不仅使工人们害怕遭到德国工人同样的命运，不仅激起了对屠杀德国阶级兄弟的刽子手的仇恨，而且也加强了工人们的决心，在任何情况下，不让本国发生德国工人阶级所遭遇的情况。

在所有资本主义国家，对统一战线的强烈渴望表明，失败的教训不是没有用处的。工人阶级正开始以新的方式行动起来。共产党在组织统一战线上所表示的主动性，以及共产党人和革命工人在反法西斯斗争中所表现的无上的自我牺牲，已使共产国际的威信空前提高。同时，深刻

---

① 《列宁全集》中文第2版第17卷第156页。——编者注

的危机正在第二国际中发展着，其标志就是德国社会民主党的破产。

社会民主党的工人正越来越明确地相信，法西斯德国及其一切恐怖和野蛮行径，说到底，乃是**社会民主党对资产阶级的阶级合作政策的结果**。这些群众日益清楚地认识到，他们一定不能再走德国社会民主党的领袖们曾经领导无产阶级所走过的道路了。在第二国际的队伍内，从未存在过像现在这样的思想分歧。所有的社会民主党都在分化。在他们的队伍中，正形成**两个主要阵营**：一方面是反动分子的现有阵营，他们正以一切方法企图保持社会民主党和资产阶级之间的同盟，丧心病狂地拒绝与共产党建立统一战线；与此并行的另一方面是**开始形成的革命分子的阵营**，他们怀疑与资产阶级的阶级合作政策的正确性，赞成与共产党建立统一战线，并逐渐开始采取革命的阶级斗争的立场。

因此，法西斯主义本来是资本主义制度没落的结果，但它最终又成为使资本主义制度**进一步解体**的因素。因此，法西斯主义本来企图埋葬马克思主义，埋葬工人阶级革命运动，但由于生活的辩证法和阶级斗争的结果，法西斯主义本身又正导致**某些力量的进一步发展**，这些力量必然要成为法西斯主义的掘墓人，资本主义的掘墓人。(掌声)

二、工人阶级反法西斯的统一战线

同志们，资本主义国家的千百万工人和劳动人民都提出了这样的问题：要怎样才能阻止法西斯取得政权，以及在法西斯取得政权之后要怎样才能推翻它？对于这一问题，共产国际的答复是：**必须做的第一件事，即以此为开端的事**，就是要把各企业的、各县区的、各省区的、各国的、全世界的工人都组织起来，结成统一战线，实行统一行动。全国和国际规模的无产阶级统一行动，是一个强有力的武器，能使工人阶级不但胜利地防御，而且胜利地反击法西斯和阶级敌人。

统一战线的重要性

共产国际和第二国际这两个国际的政党和团体的拥护者的统一行动，会使这些群众更容易打退法西斯的袭击，并会提高工人阶级的政治地位，这一点难道还不清楚吗？

两个国际所属各党的反法西斯统一行动，不仅会对它们现在的拥护者，对共产党员和社会民主党员产生影响，还会对**天主教的、无政府主义的和未组织起来的工人队伍**，甚至对那些曾经一时为法西斯的煽动所欺骗的人们，产生强有力的影响。

此外，无产阶级强有力的统一战线，对于**劳动人民的其他一切阶层**，对于农民，对于城市小资产阶级，对于知识分子，也会产生巨大的影响。统一战线会使这些动摇的阶层相信工人阶级的力量。

但是，即使这样，也还是不够的。对帝国主义各国的无产阶级，不仅其本国劳动人民是他们可能的同盟者，而且**殖民地和半殖民地的被压迫民族**也是他们可能的同盟者。无产阶级在国内和国际两方面都是分裂的，其中有一部分赞成与资产阶级合作的政策，特别是支持资产阶级在殖民地与半殖民地的压迫制度，这样一个事实使工人阶级和殖民地与半殖民地的被压迫民族之间产生隔阂，并削弱了世界反帝国主义战线的力量。帝国主义各国的无产阶级在统一行动的道路上，朝着支持殖民地人民解放斗争的方向前进的每一步骤，都意味着把殖民地与半殖民地变成世界无产阶级最重要后备军之一。

最后，如果我们看到，无产阶级的国际统一行动有赖于无产阶级国家、社会主义国家苏联力量的不断发展，那么，我们就会看到如果无产阶级实现了全国规模的和国际规模的统一行动，将会展现出多么远大的前景。

工人阶级的各部分，不论它们属于什么政党或团体，**甚至在大多数工人阶级还不曾为了推翻资本主义和争取无产阶级革命胜利而联合起来的时候，就必须实行统一行动。**

在个别国家和全世界，实现无产阶级的这种统一行动，是不是可能呢？是的，是可能的。而且是马上就可以做到的。共产国际**对于统一行动除了提出唯一的一个基本的全体工人都能接受的条件外，不提任何别的条件，就是说，要使统一行动指向反对法西斯主义，反对资本的进攻，反对战争危险，反对阶级敌人。**这就是我们的条件。

统一战线的反对者的主要论据

统一战线的反对者可能提出什么样的反对意见和正在提出什么样的反对意见呢？

有些人说："对共产党来说，统一战线的口号不过是一种手腕。"我们的答复是：如果真是一种手腕，那么，我们就要问，为什么你们不老老实实地加入统一战线，来揭露"共产党的手腕"呢？我们要坦率地说：我们之所以需要工人阶级的统一行动，目的就在于使无产阶级在反对资产阶级的斗争中壮大起来，以期无产阶级在今天保卫它现在的利益，反对进攻着的资产阶级，反对法西斯主义，而在明天就能够创造条件，争取最后的解放。

另有些人说："共产党在攻击我们。"但是，请听我讲吧，我们已反复宣布过：我们不会攻击任何人，不论是个人、团体或政党，只要他们拥护工人阶级的反阶级敌人的统一战线。可是同时，为了无产阶级及其事业，我们有责任批评那些阻碍工人统一行动的个人、团体和政党。

还有一派人说："我们不能和共产党结成统一战线，因为他们的纲领和我们的不同。"可是，你们确实说过，你们的纲领与资产阶级各政党的纲领也不一样，然而，这在过去和现在都没有阻碍你们去和这些政党联合。

统一战线的反对者和同资产阶级联合的拥护者们则说："资产阶级各民主政党，都是比共产党更好的反法西斯的同盟者。"但是，德国的经验说明什么呢？那里的社会民主党确实和那些"更好的"同盟者结成了联盟，然后结果又是什么呢？

"如果我们和共产党建立统一战线，那么，小资产阶级就会害怕'赤祸'而跑到法西斯方面去。"我们确实常常听见有人说这样的话。难道统一战线威胁农民、小商人、手工业者、劳动知识分子吗？不，统一战线威胁的是大资产阶级、金融巨头、容克地主和其他剥削者，他们的政权使农民、小商人、手工业者、劳动知识分子各阶层完全破产。

"社会民主党主张民主，共产党主张专政，所以我们不能和共产党结成统一战线。"社会民主党领袖中间有些人这样说。难道我们现在建议你们结成统一战线，是为了宣布建立无产阶级专政吗？我们现在绝对没有提出这样的建议。

"只要共产党承认民主，只要共产党起来保卫民主，那么，我们就准备参加统一战线。"对这一问题，我们的答复是：我们所信奉的是苏维埃民主，是劳动人民的民主，是世界上最彻底的民主。但是，在资本主义各国内，我们现在保卫，并且将来仍要保卫遭受法西斯和资产阶级反动派侵犯的资产阶级民主的全部权利，这是因为无产阶级阶级斗争的利益要求我们这样做。

"小小的共产党加入工党所建立的统一战线，是于事无补的。"例如英国工党的领袖们就这样说。但是，请你们想一想，奥地利社会民主党的领袖们对于小小的奥地利共产党也说过同样的话。但是结果又如何呢？正确的不是奥托·鲍威尔和卡尔·伦纳领导的奥地利社会民主党，而是小小的奥地利共产党，它及时地预言了奥地利存在着法西斯危险，并号召工人进行斗争。工人运动的全部经验已经表明，共产党虽然在数量上相对弱小，但却是无产阶级的斗争动力。此外，我们也不应该忘记，奥地利和英国的共产党，不但代表了成千上万加入了共产党的工人，它们还是全世界共产主义运动的**一部分，是共产国际的支部**，而共产国际的**领导政党**，则是早已获得胜利并统治着地球 1/6 的土地的无产阶级政党。

"可是，统一战线并未能阻止法西斯在萨尔区的胜利。"这是反对统一战线的人们所提出的另一种反对意见。这些先生们的逻辑多么古怪！首先他们竭尽全力保证法西斯的胜利，然后他们幸灾乐祸地**断言**，统一战线并没有导致工人的胜利。而他们是在最后关头才加入统一战线的。

"假如我们要和共产党结成统一战线，那么，我们就不得不退出联合政府，而反动的和法西斯的政党就会加入政府。"在各国政府任职的社会民主党领袖们都这样说。这话不错，可是，德国社会民主党不是加入过联合政府吗？加入过。奥地利社会民主党不是也加入过政府吗？也加入过。西班牙社会民主党不是曾和资产阶级在同一个政府里共事吗？是的。它也这样做了。试问，在这些国家里，是否因社会民主党参加了资产阶级联合政府，而阻止了法西斯对无产阶级的进攻呢？没有。由此可见，社会民主党人加入资产阶级政府，显然并没有成为反法西斯的屏障。

"共产党的作风就像独裁者，他们在每件事情上都要对我们发号施令。"不，我们决不发号施令。我们只提出我们的建议。我们深信，实现我们的建议，是符合工人阶级的利益的。这不仅仅是一切代表工人利益的人民的权利，而且是他们的义务。你们是怕共产党"独裁"吗？那么，让我们把一切建议，你们的和我们的，一并提交工人和所有工人一起讨论，并选择那些最有益于工人阶级事业的建议。

这样看来，所有这些反对统一战线的论据，**都经不起任何推敲**。这些论据乃是社会民主党反动领袖们的借口，他们宁愿加入资产阶级的统一战线，而不愿加入无产阶级的统一战线。不，这些借口都站不住脚。国际无产阶级饱尝了工人运动分裂的苦果，而越来越深信：**统一战线，即全国规模的和国际规模的无产阶级的统一行动，既是必要的同时也是十分可能的**。

统一战线的内容和形式

在现阶段，统一战线的基本内容是什么，而且应该是什么呢？保卫工人阶级直接的经济利益和政治利益，保卫工人阶级反抗法西斯，应该是所有资本主义国家的统一战线的**出发点和主要内容**。

我们不能满足于仅仅发出为无产阶级专政而斗争的号召，而必须找到和提出这样一些口号和斗争形式，这些口号和斗争形式，是从群众的迫切需要中产生出来的，是符合他们在发展的现阶段所具有的斗争能力的水平的。

我们必须向群众指出，**今天**为了保卫自己不受资本主义的掠夺和法西斯的暴虐，他们必须做些什么。

我们必须借助于不同派别工人组织的共同行动，来努力建立最广泛的统一战线，以维护劳动群众的切身利益。这就是说：

第一，必须共同斗争，把危机的后果真正转移到统治阶级的肩上，转移到资本家、地主的肩上——一言以蔽之，转移到富人的肩上。

第二，必须共同斗争，来抵抗各式各样的法西斯主义进攻，维护劳动人民的利益和权利，反对对资产阶级民主权利的践踏。

第三，必须共同斗争，反对日益迫近的帝国主义战争的危险，进行斗争使法西斯更难准备这场战争。

我们必须不倦地使工人阶级准备，在时局发生变化时**迅速地改变斗争的形式和方法**。随着运动的发展和工人阶级统一的加强，我们必须更进一步准备从**对资本的防御转变为对资本的进攻**，并向着**组织群众性的政治罢工**的方向前进。这种罢工的绝对条件必须是：吸收有关各国的主要工会参加罢工。

当然，共产党**一刻**也不能而且也不应该放弃他们用共产主义来教育、组织和动员群众的**独立工作**。然而，为了保证工人能找到统一行动的道路，必须同时力求缔结短期的和长期的两种协定，规定**与社会民主党、改良主义工会和其他劳动人民团体**建立反对无产阶级敌人的共同行动。在这一切工作中，必须把主要的注意力放在在各个地方开展**由基层组织根据地方性协议进行的群众行动**上。

在忠实地履行与他们所订立的一切协议的条件时，我们要无情地揭露参加统一战线的个人和团体的任何破坏共同行动的行为。对于任何破坏这些协议的企图，这样的企图是可能发生的，我们的对策是发动群众和继续不倦地进行斗争，来重建被破坏了的统一行动。

当然，统一战线在不同国家具体实现时要采取**不同的**形式，这取决于工人组织的情况和性质以及它们的政治水平，取决于个别国家具体的形势，取决于国际工人运动的变化，等等。

例如，这些形式可能有：在具体的场合，应个别的要求，或按照共同纲领，**根据各自的具体情况**商定工人的共同行动；商定地方的、地区范围的、**全国范围的**或国际范围的共同行动；为了组织工人的**经济斗争**，为了进行群众性的**政治**行动，为了组织抵抗法西斯进攻的**联合自卫**而商定的共同行动；为了**援助政治犯及其家属**，为了反对**社会反动势力**而商定的共同行动；为了保卫**青年和妇女的利益**，以及在**合作社运动、文化活动、体育运动**等等方面所商定的共同行动。

如果只满足于订立一种规定共同行动的协议，并由参加统一战线的政党和团体组织联络委员会，例如在法国那样，那是不够的。那不过是第一步。协议是实行共同行动的辅助手段，它本身还不是统一战线。在共产党和社会党各领袖之间的联络委员会，为了便于实行共同行动是必要的，但它本身还远不足以真正发展统一战线，远不足以吸收最广泛的群众来参加反法西斯的斗争。

共产党员和一切革命工人，必须努力**在企业内，在失业者中间，在工人聚居区内，在小市民中间和在乡村**，建立由选举产生的（在法西斯专政的各国，是从统一战线运动的最有威望的参加者中间选出的）超党派的统一战线的**阶级机构**。只有这样的机构才能通过统一战线运动把无组织的劳动人民的广大群众吸引过来，才能在反对资本进攻、反对法西斯和反动派的斗争中有助于发挥群众的主动性，才能在这一基础上建立一支**统一战线所需要的浩浩荡荡的工人干部队伍**，并在资本主义各国内，造就千千万万非党的布尔什维克。

有**组织的**工人的共同行动是开端，是基础。然而我们不应忽视，无组织的群众占工人的绝大多数。因此，**法国**有组织的工人——共产党员、社会党员、各种派别的工会会员——共约100万，而工人的总数却是1100万。**英国**约有500万各种派别的工会会员和政党党员，而工人的总数却是1400万。**美国**约有500万工人是有组织的，而该国共有3800万工人。其他许多国家的情况也大致相同。在"正常"时期，这些群众基本上是不参加政治生活的。可是，现在这一大批群众一天比一天活跃起来，被吸收到政治生活中来，并且出现在政治舞台上。

建立超党派的阶级机构是在最广大群众中间建立、扩大和加强统一战线的**最好形式**。这些机构将来又是最好的堡垒，足以抵御统一战线的敌人破坏工人阶级已经建立起来的统一行动的任何企图。

反法西斯人民阵线

在动员劳动人民群众进行反法西斯斗争时，**在无产阶级统一战线的基础上建立广泛的反法西斯人民阵线**，是一个特别重要的任务。无产阶级整个斗争的胜利，是同建立一个无产阶级与劳动农民和城市小资产阶级基本群众的战斗联盟密切相关的，即使在工业发达国家，小资产阶级也占人口的大多数。

想要争取这些群众的法西斯在进行煽动时，总想唆使城乡劳动群众反对革命的无产阶级，并拿"赤祸"这个幽灵来吓唬小资产阶级。我们必须以其人之道还治其人之身，并向劳动农民、手工业者和知识分子指出真正的危险来自何方。我们必须向他们**具体地指出**，是谁使农民负担苛捐杂税并从他们身上榨取重利的，是谁占有最好的土地和各种财富，而把农民及其家属从他们的小片土地上驱逐出去，使他们陷于失业和贫穷。我们必须具体地指出，耐心地、坚持地说明，是谁以手工业者和手艺人负担不起的捐税、高额租金和竞争使他们破产的，是谁使大批劳动知识分子流落街头并失业的。

可是，这还**不够**。

在建立反法西斯人民阵线时，基本的、最有决定性的事情，就是**革命的无产阶级采取坚决行动**，维护这些阶层，特别是劳动农民与无产阶级基本利益相一致的要求，并且在斗争过程中把工人阶级的要求和这些要求结合起来。

在建立反法西斯人民阵线时，至关重要的一件事情，就是正确地对待那些拥有许多劳动农民和城市小资产阶级基本群众的团体和党派。

在资本主义国家，这些党派和团体（无论是政治的或经济的）的大多数，都仍受着资产阶级的影响，并跟着资产阶级走。这些政党和团体的社会成分是庞杂的。它们中间有富农和无地农民,有大商人和小店主,但都由富农和大商人,即大资本的代理人操纵着。这就使我们**不得不用不同的方法去对待这些团体**。考虑到它们的大多数会员常常不知道他们自己的领导机关的真正政治面貌,在某些情况下,我们可能而且必须不顾它们的资产阶级的领导,努力把这些政党和团体或其中的某些部分,吸收到反法西斯人民阵线中来。例如,关于法国的激进党、美国的各种农民团体、波兰的人民党、南斯拉夫克罗地亚人的农民党、保加利亚的农民联盟、希腊的农民党等等,今天的情形就是如此。不管有没有机会把这些党派和团体吸收到人民阵线中来,我们的战略方针都必须着眼于把属于它们的小农、手工业者、手艺人等吸引到反法西斯人民阵线中来。

因此,你们也就可以明白,我们必须彻底消灭在我们的实践中常常发生的无视或蔑视农民、手工业者和城市小资产阶级群众的各种团体和党派的做法。

某些国家统一战线的基本问题

每一个国家都有某些**基本问题**,在现阶段正激动着广大的群众,建立统一战线的斗争必须围绕着这些问题来进行,如果能正确地把握这些基本要点或基本问题,那么,就能够保证并促进统一战线的建立。

1. 美国

让我们拿资本主义世界中像美国这样一个重要的国家来做例子吧。在这里,千百万人民因危机的影响而骚动起来。企图使资本主义恢复原状的计划已经失败。广大群众正开始离弃资产阶级的政党,现在正站在十字路口上。

美国的法西斯主义还处在初级阶段,它正想把这些群众的失望和不满引到反动的法西斯主义的轨道上去。美国法西斯主义的发展特点是，它在现阶段主要是以反对法西斯的形式出现的，它指责法西斯主义是外来的"非美"倾向。德国的法西斯主义是打着反宪法的口号出现的，而美国的法西斯主义却和德国的相反，是想把自己扮成宪法和"美国民主"的维护者。它还不是一支构成直接威胁的力量。可是，如果它能够深入到已对旧资产阶级政党失望的广大群众中去，那么，它可能在最近的将来成为一种严重的威胁。

法西斯主义在美国的胜利将意味着什么呢？对于劳动群众来说，当然就意味着剥削制度的空前强化和工人运动受挫。法西斯主义的这一胜利会有什么国际意义呢？美国当然既不是匈牙利，也不是芬兰；既不是保加利亚，也不是拉脱维亚。法西斯主义在美国的胜利，将会从根本上改变整个国际形势。

在这样的情况下，美国无产阶级能不能只满足于把有阶级觉悟的、准备沿着革命道路前进的先锋队组织起来就行了呢？那是不行的。

显而易见，美国无产阶级的利益，要求美国无产阶级毫不迟疑地使它所有的力量脱离资本主义各政党。它必须找到方法和适当的形式，及时阻止法西斯主义把不满的广大劳动群众争取过去。我们在这里应该说一下，在美国的情况下，建立一个劳动人民的群众党，一个"**工农党**"，也许就是这样一种适当的形式。一个**这样的政党将是美国广大群众的人民阵线的一种特殊形式**，它**必须**反对托拉斯和银行的各政党，以及正在发展着的法西斯主义。一个这样的政党，当然**既不是社会党，也不是共产党**。可是，它必须是一个反法西斯主义的党，而**不应该是一个反共产主义的党**。这个党的纲领必须反对银行、托拉斯和垄断企业，反对人民的主要敌人——他们是靠人民的灾难发财的。只要这个党维护工人阶级的迫切要求；只要它为真正的社会立法，为失业保险而奋斗；只要它为白人和黑人佃农分得土地，并为他们解除债务负担而奋斗；只要它为废除农民的债务而尽力；只要它为黑人的平等地位而奋斗；只要它为维护退伍军人的要求，为维护自由职业者、小商人和手工业者的利益而斗争，以及其他等等，那么，这样一个政党就是名副其实的"工农党"。

当然，这样一个政党将争取使它的代表被选入地方政府，被选入各州立法机关，以及众议院和参议院。

我们在美国的同志们发起建立这样一个政党的行动是正确的。可是，他们还必须采取有效的措施，务使这样一个政党的建立成为群众自己的事业。"工农党"的建立问题和该党的纲领，必须在群众大会上加以讨论。我们必须展开极广泛的运动来建立这样一个政党，并对这一运动加以领导。绝对不要让组织这样一个党的主动权落到那些人的手里，这些人想利用对两个资产阶级政党（民主党和共和党）失望的千百万人民的不满，以便在美国建立一个"第三党"，一个反对共产主义的党，一个反对革命运动的党。

2. **英国**

在**英国**，由于英国工人的群众运动，莫斯利的法西斯团体已经暂时不得不销声匿迹了。可是，我们不能无视这样一个事实，即所谓"国民内阁"正在实施许多反工人阶级的反动措施，借以在英国也造成这样一种情况：使资产阶级在必要时容易过渡到法西斯统治。在现阶段，要反对英国的法西斯危险，首先就要反对"国民内阁"及其反动措施，要反对资本的进攻，要维护失业者的利益，要反对削减工资并为取消所有那些帮助英国资产阶级降低群众生活水平的法律而斗争。

但是，工人阶级对于"国民内阁"的仇恨日益加深，因而团结在建立英国**新工党内阁**的口号之下的人数有增无减。群众既然仍旧信任工党内阁，试问共产党能不能忽视群众的这种心理呢？同志们，那是不能的。我们必须寻找一条接近这些群众的道路。我们要像英国共产党第十三次代表大会那样，公开地对他们说：

"我们共产党人是苏维埃政权的拥护者，只有苏维埃政权才能使工人摆脱资本的奴役。但是，你们是需要一个工党内阁吗？那么，很好。我们过去是而且现在仍然是为了推翻'国民内阁'而和你们并肩战斗的。尽管前两届工党内阁都没有履行工党对工人阶级的诺言，我们还是准备支持你们建立新工党内阁的斗争。我们并不指望这个政府实行社会主义的措施。可是，我们将要代表千百万**工人向这一内阁提出要求**，要它保护工人阶级和全体劳动人民的直接的经济利益和政治利益。我们愿意和你们一起讨论这些要求的共同纲领和实现无产阶级所需要的统一行动，以抵抗'国民内阁'的反动攻势，抵抗资本和法西斯主义的进攻以及新战争的准备。在这一基础上，英国的同志们准备在下一次国会选举时，与工党各支部合作反对'国民内阁'。而且还要反对劳合-乔治，因为他想耍弄手腕，为了英国资产阶级的利益，诱使群众去反对工人阶级的事业。"

英国共产党的这种立场是正确的。这种立场将帮助他们与千百万英国工会和工党群众一起建立战斗的统一战线。

共产党人始终站在战斗的无产阶级的前列，并向群众指出唯一正确的道路，即用革命推翻资产阶级统治和建立苏维埃政权的斗争道路，但在规定当前的政治任务时，他们不应该企图越过群众运动的必要阶段，因为必须经过那些阶段，工人群众才能根据他们自己的经验克服幻想，并站到共产主义这一边来。

3. 法国

众所周知，**法国**是这样一个国家，那里的工人阶级正向整个国际无产阶级树立反法西斯斗争的榜样。法国共产党正向共产国际的一切支部树立一个应用统一战线策略的榜样；法国社会党的工人们都在树立一个榜样，使其他资本主义国家社会民主党的工人知道现在在反法西斯斗争中应该做些什么。（掌声）今年7月14日在巴黎有50万人参加的反法西斯示威运动,以及在法国其他城市举行的许多示威运动,都有着重大的意义。这种运动不单是工人的统一战线运动,也是法国广泛普遍的反法西斯人民阵线的开端。

这一统一战线运动,使工人阶级更加相信它自身的力量,使工人阶级更加意识到它对农民、城市小资产阶级和知识分子的领导作用。它扩大了共产党在工人群众中的影响,并因而使无产阶级在反法西斯斗争中更加强大起来。这个运动及时地动员群众警惕法西斯主义的危险,它对于其他资本主义国家反法西斯斗争的展开也将是一个有力的范例,并将鼓舞受法西斯独裁压迫的德国无产阶级。

毫无疑问,这是一个伟大的胜利,可是还没有决定反法西斯斗争的胜负。绝大多数法国人民无疑都是反对法西斯主义的。但是资产阶级能够依仗武力来强奸民意。在垄断资本、资产阶级的国家机器、法国陆军总参谋部以及天主教会——一切反动派的堡垒的积极支持下,法西斯运动仍在绝对自由地继续发展着。最强大的法西斯团体"火十字团",现在拥有35万武装人员,它的骨干是6万预备役军官。在警察、宪兵、陆军、空军中间,以及在整个国家机器中,它都占有强有力的地位。最近的地方选举表明,在法国不仅革命的力量在增长,法西斯的力量也在增长。如果法西斯能够广泛地深入到广大农民群众中去,并得到部分陆军的支持,并使其他部分中立的话,那么,法国劳动群众就无法阻止法西斯获得政权。同志们,不要忘记法国工人运动在组织方面的弱点,这一弱点使得法西斯主义的进攻容易得到成功。法国的工人阶级和一切反法西斯人士,绝对没有理由满足于已有的成绩。

法国工人阶级当前的任务是什么呢?

第一,不仅要在政治领域,而且要在经济领域建立统一战线,以便组织反资本进攻的斗争,并依靠斗争的压力来粉碎改良主义的法国总工会领袖们对统一战线的反对。

第二，要统一法国的工会，在阶级斗争的基础上建立统一工会。

第三，要在反法西斯人民阵线的纲领中，特别注意广大农民群众及小资产阶级群众的直接要求，以争取他们参加反法西斯运动。

第四，要在组织上加强并进一步扩大这个已经开始了的反法西斯运动，方法是建立群众性的、超党派的、由选举产生的反法西斯人民阵线的团体，这些团体的群众性将比现在法国劳动人民各政党和团体更加广泛。

第五，要强迫解散那些法西斯团体，并解除它们的武装，它们是共和国的叛徒和希特勒在法国代理人的组织。

第六，要切实肃清政府机关、军队和警察内部策划法西斯政变的阴谋分子。

第七，要开展对天主教反动教派领袖们的斗争，天主教会是法西斯主义最重要的堡垒之一。

第八，要把军队和反法西斯运动联系起来。方法是在军队的官兵中间建立一些保卫共和国和宪法的委员会，来反对那些想利用军队发动反宪法政变的人们。（掌声）不允许法国的反动势力破坏保卫和平事业、防御德国法西斯侵略的法苏条约。

如果法国的反法西斯运动导致建立一个政府，这个政府不仅在口头上而且在行动上真正进行反对法国法西斯主义的斗争，并实行反法西斯人民阵线所要求的纲领，那么，始终是一切资产阶级政府不可调和的敌人和苏维埃政权的拥护者的共产党人，面对日益增长的法西斯危险，**愿意支持这样一个政府**。（掌声）

统一战线与法西斯的群众组织

同志们，在法西斯执政的国家为建立统一战线而斗争，这或许是我们面临的最重要的问题。当然，在这些国家，这种斗争是在比那些有合法工人运动的国家更加困难得多的情况下进行的。但是，在法西斯国家，仍具备在反对法西斯独裁的斗争中发展真正的反法西斯人民阵线的一切条件；因为社会民主党的、天主教会的和其他的工人们，例如在德国，都能够更直接地认识到有必要和共产党共同斗争来反抗法西斯独裁。小资产阶级和农民的广大阶层早已备尝法西斯统治的苦果，现在一天比一天更加不满、更加失望，因而他们更容易被吸收到反法西斯人民阵线中来。

在法西斯国家，特别是在德国和意大利，法西斯已经能为自己创造一个群众基础，并强迫工人和其他劳动人民加入法西斯组织，所以我们的主要任务就在于把从外部反对法西斯独裁，与从内部即从法西斯的群众组织和团体中破坏法西斯独裁的斗争巧妙地结合起来。我们必须根据这些国家的具体情况，试验、掌握和运用特殊的方法和形式，以促成法西斯群众基础的迅速崩溃，并为推翻法西斯独裁做好准备；我们必须试验、掌握和运用这些方法和形式，而不单是空喊"打倒希特勒！"和"打倒墨索里尼！"是的，我们要试验，要掌握，要运用。

这是一个困难而复杂的任务。我们反抗法西斯独裁的成功经验极其有限，所以更是难上加难。例如，我们意大利的同志们，曾经在法西斯独裁的情况下奋斗了13年左右。可是，他们仍不能展开真正的反法西斯群众斗争，因此很可惜，他们很少能在这方面用他们的正面经验来帮助其他法西斯国家的共产党。

德意两国的共产党员和其他法西斯国家的共产党员，以及共产主义青年团员，都曾表现出惊人的勇敢；他们已经而且仍在每天作出牺牲。我们大家都十分钦佩这种英雄气概和牺牲精神；可是，光有英雄气概还是不够的。（掌声）英雄气概必须与经常性的群众工作相结合，与反法西斯的具体斗争相结合，才能在这方面取得切实的成就。在我们反法西斯独裁的斗争中，把愿望当成现实是特别危险的。我们必须实事求是，必须从真实的具体的情况出发。

例如，德国现在的实际情况怎么样呢？

对于法西斯独裁的政策，群众一天比一天更加不满、更加失望，这种情绪甚至表现为局部的罢工和其他行动。法西斯虽然竭尽全力、想方设法，仍不能在政治上把工人的基本群众争取过去；它甚至正在并将愈来愈多地失去它从前的拥护者。可是，我们必须知道，相信能够推翻法西斯独裁，并准备为此目的而积极奋斗的工人暂时还是少数。只有我们共产党人和社会民主党工人中的革命分子才准备这样做。相反，大多数劳动人民暂时还没有认识到推翻法西斯独裁的实际的、具体的可能性和方法，而仍采取观望的态度。当我们制定我们在德国进行反法西斯斗争的任务时，当我们寻找、学习和应用种种特殊方法以推翻和动摇德国法西斯独裁时，我们就必须考虑到上面的情况。

为了能够给法西斯独裁一个致命的打击，我们必须首先找出它的致命的弱点。那么法西斯独裁的致命要害究竟在什么地方呢？就在它的社会基础上。它的社会基础是七拼八凑的，是由社会中各色各样的阶级和各色各样的阶层拼凑起来的。法西斯曾经宣布，它是居民中一切阶级和阶层——工厂主和工人、百万富翁和失业者、容克地主和小农、大资本家和手工业者的唯一代表，它假装要保障所有这些阶层的利益、民族的利益。可是，法西斯既然是大资产阶级的独裁，它就不可避免地要和它自己的社会基础、它自己的群众发生冲突，由于在法西斯独裁之下，金融巨头与绝大多数人民之间的阶级矛盾表现得极其明显，所以那种冲突就更是不可避免的了。

如果我们能把那些被迫加入法西斯组织或因缺乏阶级意识而加入法西斯组织的工人争取过来，使他们加入到维护他们的**最基本的**经济、政治和文化利益的运动中来，我们就能引导这些群众参加推翻法西斯独裁的坚决斗争。正因为如此，共产党员就必须在这些组织里做工作，成为这些组织中广大成员日常利益的最优秀的保卫者，同时还要牢记，当这些组织的工人开始越来越经常地要求自己的权利并保护自己的利益时，他们就不可避免地要与法西斯独裁发生冲突。

在保卫城乡劳动群众的最迫切利益，首先是保护他们最基本利益的基础上，不仅和那些有觉悟的反法西斯主义者，而且和那些仍赞成法西斯主义，但对它的政策感到失望和不满，因愤愤不平而想找机会发牢骚的劳动者，找到共同语言是比较容易的。总之，我们必须明白，在法西斯独裁国家，我们采取的全部策略必须具有这样一种特征：不要排斥法西斯主义的那些普通拥护者，不要把他们重新抛入法西斯主义的怀抱，而是要加深法西斯首领与劳动阶层中赞成法西斯主义但已感到失望的普通群众之间的鸿沟。

同志们，如果由于这些日常利益而被动员起来的那些人，或者自认为与政治无关，或者甚至自认为是法西斯主义的拥护者，我们对此也不必大惊小怪。对我们来讲重要的是，要把这些群众吸引到运动中来，这种运动，虽然起初并不是公开地在反法西斯主义的口号下进行的，但客观上已经是一种反法西斯运动，因为它使这些群众与法西斯独裁对立起来。经验告诉我们：有人认为在法西斯独裁国家，这些运动**一般地不可能以合法的或半合法的形式出现**，这种观点是有害的，而且是错误的。坚持这种观点，就会陷入消极，就是完全放弃实际的群众工作。固然，在法西斯独裁的环境下，要找出合法的或半合法的行动形式和行动方法，确是一桩困难而复杂的任务。可是，就像在许多其他问题上一样，途径是由生活本身，是由群众自己的创造性所指明的，群众早已向我们提供了许多范例，我们必须使之系统化和有组织、有目的地加以应用。我们必须十分坚决地清除那些轻视在法西斯群众中进行工作的倾向。在意大利、在德国，以及在其他许多法西斯国家，我们的同志总是把在企业中的工作和在法西斯群众组织中的工作对立起来，企图以此掩饰他们的消极态度，甚至往往借以掩饰他们直接拒绝到法西斯群众组织中去工作。然而实际上，由于机械地把这两者对立起来，不但法西斯群众组织中的工作，而且企业里的工作都十分薄弱，有时甚至根本就没有去做。

因此，对于法西斯国家的共产党人来说，特别重要的是应该到任何有群众的地方去。法西斯已经剥夺了工人自己的合法组织，强迫他们加入法西斯组织，在这些组织中的群众，既有被迫的，也有部分自愿的。法西斯的这些群众组织，能够而且必须变成我们的合法或半合法的活动场所，在那里我们可以接触到群众。法西斯的这些群众组织，能够而且必须变成我们保卫群众日常利益的合法或半合法的起点。为了利用这些可能性，共产党人必须在法西斯群众组织中争取由选举产生的职位，以便联系群众，并且必须断然放弃自己的偏见，不要以为这种活动是革命工作者不该做的和不值得做的。

例如在德国，有所谓"企业职工代表委员会"的制度。可是，哪里写着我们必须让法西斯分子垄断这些组织呢？难道我们不能设法把企业里的共产党的、社会民主党的、天主教的和其他反法西斯的工人团结起来，以便在表决企业职工代表委员会候选人名单时，把企业主的公开代理人划掉，而把工人信任的其他候选人填进去吗？实践早已证明这是可能的。

难道实践没有告诉我们，可以和社会民主党的及其他不满的工人一起要求企业职工代表委员会切实维护工人的利益吗？

试以德国的**"劳动阵线"**或意大利的法西斯工会为例吧。难道不能要求"劳动阵线"的工作人员应由选举产生而非指派吗？难道不能主张地方团体的领导机关应向该组织的会员大会提出报告吗？难道不能在地方团体议决后，向企业主，即劳动的"受托管理人"，向"劳动阵线"的上级主管机关提出这些要求吗？这是可能的，只要革命的工人真正在"劳动阵线"内工作，并设法取得职位。

在其他法西斯的群众组织——希特勒青年团、体育团体、快乐健身社、意大利的业余俱乐部、合作社等等，类似的工作方法也是可能的和必要的。

同志们，大家都记得攻占特洛伊城的古老传说吧。特洛伊依靠它攻不破的城墙抵御了进攻的军队。攻城的军队损失惨重，无法取胜，直到后来借助特洛伊木马才攻进了城，才攻进了敌人的心脏。

据我看来，我们革命工作者应该不惜使用同样的策略来对付我们的法西斯敌人（掌声），法西斯敌人是用他的刽子手组成的活的城墙来抵抗人民的。

不懂得必须用这种策略对付法西斯的人，以为这样做是"可耻"的人，或许是一个非常优秀的同志，但是，如果允许我这样说的话，那么，他就是一个空谈家，而不是一个革命家，他不能领导群众推翻法西斯独裁。（掌声）

争取统一战线的群众运动，正在法西斯拥有群众基础的德国、意大利和其他国家的法西斯组织的内部和外部兴起，它是从保卫最基本的需要开始的，随着斗争的扩大和发展，它的形式和口号也在变换，这种群众运动，将成为摧毁今天许多人认为不可攻克的堡垒的大炮。

社会民主党执政的国家的统一战线

建立统一战线的斗争，也提出了另外一个十分重要的问题，那就是，在社会民主党掌握政权的国家，或有社会党人参加联合政府的国家，例如丹麦、挪威、瑞典、捷克斯洛伐克和比利时的统一战线问题。

众所周知，我们的态度是绝对反对社会民主党政府，这些政府都和资产阶级妥协。虽然如此，我们却认为，**社会民主党的政府**或由社会民主党和资产阶级政党组成的政府的存在，并不是我们在某些具体问题上与社会民主党建立统一战线的**不可克服的障碍**。我们相信，在这种情况下，建立一个统一战线以保卫劳动人民的切身利益和进行反法西斯主义的斗争，**也是可能的而且是必要的**。在社会民主党有代表参加政府的国家，社会民主党领袖们会坚决反对无产阶级统一战线，这是理所当然的，是完全可以理解的。社会民主党领袖们总想对资产阶级表明，只有他们才能比所有其他的人更好地和更巧妙地控制那些不满的工人群众，并使他们免受共产主义的影响。可是，仅仅是社会民主党部长反对无产阶级统一战线的事实，绝不能作为**共产党不设法建立无产阶级统一战线**的理由。

斯堪的纳维亚各国的同志们往往选择走阻力最少的道路，**他们只限于进行揭露社会民主党政府的宣传**。这是错误的。例如在**丹麦**，社会民主党领袖们当政已有 10 年之久，而在这 10 年里，共产党日复一日地说丹麦政府是一个资产阶级的、资本主义的政府。我们不得不认为丹麦工人已经熟悉这种宣传。可是，事实上大多数工人还是投了执政党——社会民主党的票，足见共产党光是在宣传上揭露政府**是不够的**。然而这并**不表明**，成千上万的工人对社会民主党部长们的一切施政措施都表示满意。不，他们**不满意**社会民主党政府利用它所谓"危机协定"来帮助**大资本家和地主**，而不是帮助工人和贫农。他们不满意 1933 年 1 月政府颁布的剥夺工人**罢工权**的法令。他们不满意社会民主党领袖鼓吹的危险的**反民主的选举改革**（大大减少议员人数）。如果我们说丹麦工人有 99% 都**不赞成**社会民主党的领袖和部长们所采取的这些政治措施，那也是不会错的。

共产党难道不能要求丹麦的工会和社会民主党的团体来讨论这些现实问题中的这一个或那一个问题，提出对这些问题的意见，并一起争取无产阶级的统一战线以实现工人的要求吗？去年 10 月，我们的丹麦同志曾要求工会采取行动，反对减少失业救济金并保障工会的民主权利，结果约有100个地方工会组织加入了统一战线。

在瑞典，社会民主党现在是第三次执政，但瑞典的共产党实际上已经很长时间不运用统一战线的策略了。为什么？是因为他们反对统一战线吗？当然不是；他们在原则上赞成统一战线，赞成**一般的**统一战线，但是，他们不懂得，要出于什么动机、在什么问题上、拥护什么要求，才能胜利地建立无产阶级的统一战线，以及要在什么地方并用什么方法着手去做。在社会民主党政府成立前的几个月，社会民主党在选举期间提出了一个纲领。其中许多要求正是无产阶级统一战线的纲领所应包含的。例如下面这些口号"**反对关税**"，"**反对军国主义化**"，"**取消对失业保险问题的拖延政策**"，"**保证发给足够的养老金**"，"**禁止慕尼黑军团（法西斯组织）一类的组织**"，"挫败资产阶级政党所要求的**反工会的阶级立法**"。

1932年，100多万瑞典劳动人民投票赞成社会民主党所提出的这些要求，并在1933年欢迎成立社会民主党政府，希望这些要求这时就会实现。在这种情况下，除了由共产党建议一切社会民主党的和工会的组织采取共同行动来促成社会民主党所提出的这些要求之外，还能有什么更合理的做法吗？还有什么更符合工人群众的要求吗？

假如我们真能动员广大群众来实现社会民主党自己所提出的这些要求，并把社会民主党和共产党的工人组织结成一个统一战线，那么，**瑞典的工人阶级**无疑会因此而得益。瑞典社会民主党的部长们对此当然是不会很高兴的，因为在这种情况下，政府就不得不至少满足其中的几项要求。无论如何，总不会像现在这样，政府不是取消关税，而是提高了一些关税；不是限制军国主义，而是增加了军事预算；不是废止一切反工会的法律，而是由政府本身向国会提出了这样的法案。真的，关于最后一个问题，瑞典共产党曾经以无产阶级统一战线的精神发动了一场群众运动，结果是连社会民主党的国会议员都觉得不能不否决政府所提出的法案，因而这个法案暂时归于失败。

挪威共产党正确地号召工党各团体来组织五一劳动节的联合示威运动，并正确地提出了许多要求，那些要求大体上和挪威工党竞选纲领的要求是一致的。虽说这一有利于统一战线的步骤准备得不够，而且挪威工党领袖都反对它，可是**仍有 30 个地方举行了统一战线的示威。**

过去许多共产党员常常有所顾虑，以为如果他们不提出加倍激烈的要求来对抗社会民主党的**每一个**局部要求，那就是机会主义的表现。这是一种天真的错误。比如说，如果社会民主党要求解散法西斯组织，我们就绝没有理由加上"并且解散国家警察"（应当在别的情况下提出这一要求才是合适的）。我们还不如向社会民主党工人说：我们愿意接受你们党的这些要求，把它们当做无产阶级统一战线的要求，而且我们决心为实现这些要求而斗争到底。让我们共同来奋斗吧。

在捷克斯洛伐克，也可以而且应该利用由捷克和德裔社会民主党人以及由改良主义工会所提出的某些要求，来建立工人阶级的统一战线。例如当社会民主党要求使失业工人就业，就像该党 1927 年以来所做的那样，要求废除那些限制地方自治权的法律，那么，我们就应该使这些要求在各个地方、各个地区具体化，而且应该和社会民主党各组织肩并肩地为实现这些要求而共同奋斗。或者，当各社会民主党都"一般地"谴责国家机关中的法西斯主义代表人物的时候，我们就应该在各地区把**具体的**法西斯主义代言人揭发出来，并和社会民主党工人一起要求把他们逐出国家机关。

在**比利时**，以埃米尔·王德威尔得为首的社会党领袖们已经参加了联合政府。他们之所以获得这一"成就"，是由于他们进行了长期的和广泛的运动，提出了以下两项主要要求；（1）**废除紧急法令**；（2）**实行德曼计划**。第一项要求至关重要。前一任政府一共颁布了 150 种反动的紧急法令，成了劳动人民极其沉重的负担。应该立即废除它们。比利时社会党提出了这一要求。可是，新政府究竟有没有废除许多这样的紧急法令呢？它连一种也没有废除。它只是略微修改了几种紧急法令，作为一种"象征性的兑现"来履行比利时社会党领袖们的慷慨诺言（正像某些欧洲国家只用"象征性美元"来偿还它们积欠美国的千百万美元的战争债务一样）。

关于曾经大吹大擂的德曼计划的实现问题，已经发生了劳动群众完全没有预料到的变化：社会党的部长们已经宣布，**必须首先克服经济危机**；至于德曼计划，只应该实行其中足以改善工业资本家和银行家的地位的那些条款，然后才可能采取改善工人状况的那些措施。可是，究竟要等候**多少时日**，工人才能分享德曼计划许给他们的"好处"呢？比利时**银行家们**却早已得到真正**像下雨般的黄金**了。比利时法郎已经贬值28％，由于这一巧妙手法，比利时银行家已经从工资收入者和小额储蓄存户身上，掠夺了45亿法郎。这和德曼计划的内容有什么相干呢？如果我们要相信这个计划的条文，那么，它所保证的却是"要严惩垄断操纵和投机倒把"。

根据德曼计划，比利时政府现已指派一个委员会去监督银行。可是，这个委员会是**由银行家组成的**，现在他们可以兴高采烈地、无忧无虑地监督他们自己了。

德曼计划还保证要做许多好事，比如**"缩短工作日"、"工资标准化"、"规定最低工资"**、"建立全面的**社会保险制"、"建造新住宅**方便生活"等等。这些要求都是我们共产党人可以支持的。我们应该到比利时的工人团体中去，并向他们说：资本家已经赚够了，甚至赚得太多了，让我们要求社会民主党的部长们履行他们对工人的诺言吧。让我们**结成统一战线来胜利地保卫我们的利益**吧。王德威尔得部长，我们支持您的纲领中所包含的工人的要求；可是，我们要坦率地说：**我们严肃地**

对待这些要求，我们需要实行而不需要空谈，所以我们现在正团结千千万万的工人，为这些要求而**斗争**！

这样，在社会民主党执政的国家，共产党由于利用社会民主党自己纲领中的一些合适的个别要求，以及社会民主党部长们的选举诺言，作为和社会民主党及其团体联合行动的出发点，以后将更易于以群众在反对资本进攻，反对法西斯主义和战争危险的斗争中的其他要求为基础，来展开建立统一战线的运动。

此外，我们还必须记住，一般地说，要和社会民主党及其团体开展共同行动，共产党就必须严肃彻底地批判社会民主主义是与资产阶级进行阶级合作的理论和实践，还要不倦地像对待同志一样地向社会民主党工人说明共产主义的纲领和口号。在社会民主党执政的国家，在争取统一战线的斗争中，这一任务具有特别重要的意义。

为工会的统一而斗争

同志们，实现全国的和国际的工会统一，必须成为巩固统一战线最重要的阶段之一。

众所周知，改良主义的领袖们在工会里大力施展他们的分裂策略。这也是可以理解的：在这里，他们直接在工厂里彻底实践了他们与资产阶级的阶级合作政策，结果是损害了工人群众的切身利益。这当然激起共产党领导的革命工人的尖锐批评和反抗。共产主义与改良主义因此在工会领域发生了十分激烈的斗争。

资本主义的处境越是困难和复杂，阿姆斯特丹工会联合会领袖们的政策就越是反动，他们对工会内部的反对分子就攻击得越厉害。甚至在德国已经建立法西斯独裁和在所有资本主义国家资本加紧进攻的时候，这种攻击也没有减弱。仅就1933年而言，在英国、荷兰、比利时和瑞典都发出了极可耻的通告，要把共产党员和革命工人逐出工会，这难道不是一件典型的事实吗？

在英国，1933年发出了一个通告，禁止各地方的工会支部参加反战团体和其他革命团体。那就是英国工联总委员会的有名的《黑色通告》的前奏曲，《通告》宣布：凡让"直接或间接与共产党各团体有联系"的代表参加的工会委员会，都是非法的。至于德国工会领导机关对工会的革命分子所施加的空前压制手段，那还有什么可说的呢？

可是，我们在决定策略时，必须首先以**何处有工人群众**这一事实为根据，而不以阿姆斯特丹工会联合会个别领袖的举动为根据，不管他们的举动对阶级斗争来说会造成多大的困难。而且在这里我们必须公开宣布，工会工作是所有共产党最紧迫的问题。我们必须使工会工作有真正的转变，并把为工会统一而斗争的问题当做中心问题。

早在10年前，斯大林同志就说过：

"西方社会民主党的力量在哪里呢？

在于它依靠工会。

我们西方各国共产党的弱点在哪里呢？

在于它们还没有和工会结合起来，而且这些共产党内的某些分子不愿意和工会结合。

因此，目前西方各国共产党的基本任务就是：进一步开展统一工会的运动并且把它进行到底；让所有的共产党员个个都加入工会，在那里有系统地耐心地进行工作，团结工人阶级去反对资本，从而使共产党能够依靠工会。"[1]

我们是否执行了斯大林同志的这一指示呢？没有，同志们。还没有执行。

---

[1] 《斯大林全集》第7卷第88页。——编者注

我们许多同志否认工人加入工会的迫切心情，在阿姆斯特丹工会联合会的工作也遇到了困难，于是他们就放弃了这个复杂的任务。他们不停地谈论阿姆斯特丹工会联合会中的组织危机和工人脱离工会，但却没有看到，这些工会在世界经济危机初期虽然有所削弱，但以后又开始发展起来了。过去工会运动的特点恰恰是：由于资产阶级侵害工会权利，许多国家（如波兰、匈牙利等）企图"调整"工会，削减社会保险，并降低工资，所以尽管改良主义的工会领袖们没有表示抵抗，工人却不得不更加紧密地团结在这些工会的周围，因为工人过去和现在都想把工会当做准备为他们最重要的阶级利益而斗争的保护者。因此，最近几年间阿姆斯特丹工会联合会的大多数工会——法国、捷克斯洛伐克、比利时、瑞典、荷兰、瑞士等国的工会会员人数已有增加。美国劳工联合会在过去两年内也增加了不少会员。

假使当初德国的同志们对于**台尔曼**同志说过多次的工会工作的任务理解得更好一些，那么，工会的处境一定会比法西斯独裁建立时好些。虽说在共产国际第六次代表大会以后，共产党领导过许多罢工，但在1932年底，还是只有10%左右的党员属于自由工会。我们的同志常在报刊上写文章说，必须把我们90%的力量放到工会工作中去，但在实际上却把一切工作都集中于革命的工会反对派，而这个工会反对派实际上却是想要代替工会的。在希特勒夺取政权以后，情形又是怎样的呢？两年来，我们的许多同志一直顽固地、有计划地反对争取重建自由工会的正确口号。

关于所有其他资本主义国家，我都可以举出类似的例子来。

可是，在欧洲各国争取工会统一的斗争中，我们也已经取得了初步的重大成就。我想到小国奥地利，那里由共产党带头，已经为非法的工会运动打下了一个基础。在二月斗争以后，以奥托·鲍威尔为首的社会民主党提出了这样的口号："只有等法西斯垮台以后才可能重建自由工会。"而共产党却在从事**重建工会的工作**。这一工作的每一方面,都是奥地利无产阶级活生生的统一战线的一部分。在地下状态胜利地重建自由工会,是法西斯主义的一大失败。社会民主党站在了十字路口。他们中间的一部分人企图与政府协商。另一部分人看到我们的胜利,就创立了几个与我们的工会平行的非法工会。可是,只存在一条道路:**或者是向法西斯主义投降,或者是通过反法西斯主义的共同斗争走向工会的统一**。在群众的压力下,由旧工会领袖们创立的平行工会的那些动摇不定的领袖们,决定赞成合并。这一合并的基础就在于对资本和法西斯主义的进攻作不可调和的斗争,并保证在工会内部实行民主。同志们,我们欢迎这一合并,这是战后工会正式分裂以来第一次实现这样的合并,所以具有**国际性的意义**。

在**法国**,统一战线无疑已经成为促进工会统一的强大动力。劳工总联合会的领袖们一向千方百计地阻挠统一的实现,提出种种附带的、次要的或形式的问题,来对抗工会的阶级政策这一主要问题。在争取工会统一的斗争中,一个不容置疑的成就就是建立了地方性的统一联盟,以铁路工人为例,参加统一联盟的会员几乎占双方工会会员的3/4。

我们坚决主张重建各国的和国际范围的工会统一。我们主张每个工业部门只有一个统一的工会。我们主张每一个国家只有一个工会联合会。我们主张按照工业部门分别组织统一的国际工会联合会。我们主张建立一个以阶级斗争为基础的工会国际。我们主张要有统一的阶级工会,作为工人阶级反对资本进攻和法西斯主义进攻的主要堡垒之一。我们对统一工会的唯一条件就是:**为反对资本,反对法西斯主义并争取工会内部民主而斗争**。

时不待人。对我们来说,全国规模的以及国际规模的工会运动的统一问题,是把我们的阶级团结成反对阶级敌人的强大的统一的工会组织这个伟大事业的问题。

我们欢迎红色工会国际在今年五一劳动节前夕向阿姆斯特丹工会国际提出的要求共同讨论统一世界工会运动的条件、方法和形式问题的建议。阿姆斯特丹工会国际的领袖们用陈腐的理由拒绝了这个建议，硬说工会运动的统一只有在阿姆斯特丹工会国际的范围内才能办到，而这里不妨附带说一句，阿姆斯特丹工会国际只包括欧洲一部分国家的工会组织。

可是，在工会工作的共产党员必须坚持不懈地为工会运动的统一而斗争。红色工会和红色工会国际的任务，在于尽其力之所能，促成一切工会反对资本和法西斯主义进攻的共同斗争的时刻尽快到来，并不顾阿姆斯特丹工会国际的反动领袖的顽固反对，实现工会运动的统一，我们必须在这一方面全力支持红色工会和红色工会国际。

在有小型红色工会的国家，我们建议设法把它们并入大型的改良主义工会，但要求有保持自己观点的权利和重新接纳被开除的会员入会。可是，在大型红色工会和大型改良主义工会并存的国家，我们建议在反对资本进攻的斗争纲领和**保证工会民主**的基础上，召开统一大会。

应该特别强调的是，一个共产党的工人、一个革命的工人，如果他不属于本工业部门的群众工会，如果他不为把改良主义工会改造成为真正的阶级工会而斗争，如果他不争取在阶级斗争基础上的工会运动的统一，那么，这样一个共产党的工人、这样一个革命的工人，就没有尽到他的无产阶级的基本责任。（掌声）

统一战线与青年

同志们，我早已指出，青年被拉进法西斯组织这件事对法西斯主义的胜利所起的作用。讲到青年，我们应该坦率地承认，我们忽略了我们的任务，没有去争取劳动青年群众参加反对资本进攻，反对法西斯主义和战争危险的斗争；我们在许多国家都忽略了这个任务。我们低估了青年对反法西斯斗争的巨大的重要性。我们没有经常地考虑青年在经济上、政治上和文化上的特殊利益。对于青年的革命教育，我们也没有给予必要的重视。

法西斯却很巧妙地利用了这一切，因此在某些国家，特别是在德国，大部分青年都被诱惑而走上了反无产阶级的道路。我们应该牢记在心，法西斯诱惑青年并非单靠军国主义的浪漫色彩。它把一部分青年分派在它的军事组织中供给衣食，给另一部分青年分配工作，甚至为青年设立所谓文化机构，想用这种手段使青年认为，法西斯是真的愿意，并且能够为劳动青年群众提供面包和衣服，施以教育并给以工作。

在大多数资本主义国家，我们的共产主义青年团多半还是脱离群众的宗派组织。它们的基本弱点在于它们仍旧想要模仿共产党，模仿共产党的工作形式和工作方法，而忘记了**共产主义青年团并不是青年人的共产党**。它们没有充分地考虑到，共产主义青年团是有着其自身特殊任务的一种组织，其工作方法和工作形式、教育和斗争，都必须符合青年的实际水平和需要。

我们共产主义青年团团员在反抗法西斯暴政和资产阶级反动的斗争中，已经提供了许多令人难以忘怀的英雄主义范例。可是，他们现在还不善于具体地不懈地去使青年群众摆脱敌人的影响，这表明他们至今仍反对到法西斯群众组织中去工作，仍不能一贯正确地对待社会党青年和其他非共产党青年。

对于这一切，必须领导和支持共产主义青年团工作的共产党，当然也要负很大的责任。青年问题不仅是共产主义青年团的问题。**这是一个整个共产主义运动的问题**。在争取青年的斗争中，共产党和共产主义青年团组织必须实行一种决定性的真正转变。在资本主义国家，共产主义青年运动的主要任务就是勇敢地走实现**统一战线**的道路，就是走组织和团结青年一代劳动者的道路。近来**法国和美国**的事例表明这一任务对于革命青年运动具有多么重大的意义。在这两个国家里，一旦开始建立统一战线，就立刻取得了重大成就。在国际统一战线方面，巴黎反法西斯反战委员会成功地发起了一切**非法西斯**青年组织的国际合作，这一点也是值得注意的。

近来在青年统一战线运动中这些成功的步骤也说明，青年统一战线不应采取千篇一律的形式，也不必模仿在共产党的实践中所运用的形式。共产主义青年团必须用各种形式努力把一切非法西斯青年群众组织的力量都团结起来，包括建立各色各样的共同组织来反对法西斯，反对剥夺青年一切权利的史无前例的做法，反对青年的军事化，并争取青年一代的经济权利和文化权利，以便争取这些青年工人站到反法西斯阵线这边来，而不管他们是在什么地方——无论是在企业，在青年义务劳动营，在职业介绍所，在陆军兵营、海军舰队，在学校，在各种体育、文化或其他组织。

在发展和巩固共产主义青年团的同时，我们共产主义青年团的同志们还应该致力于建立以阶级斗争纲领为基础的共产主义青年团和社会党青年团的反法西斯联盟（即反法西斯的联合和统一组织）。

统一战线与妇女

同志们，对于在劳动妇女，在女工、失业妇女和家庭妇女中的工作，也和在青年中的工作一样，我们过去重视得不够。法西斯一面对青年提出最苛刻的要求，一面极其残忍无耻地利用母亲、主妇、单身女子朝不保夕的内心情感来奴役她们。法西斯装作慈善家，施舍一点残羹剩饭给挨饿的家庭，想借以消除法西斯的空前的奴役所激起的仇恨，尤其是劳动妇女的仇恨。法西斯把劳动妇女赶出企业，强制遣送贫穷少女到农村去，使她们成为富农和地主的不付报酬的奴婢。法西斯口头上许诺妇女享受天伦之乐，实际上却比其他任何资本主义制度更残酷地逼迫她们走上卖淫的道路。

共产党员，尤其是我们的女党员必须牢牢记住，如果不把广大妇女群众都吸引到斗争中来，就不能成功地进行反对法西斯主义和反对战争的斗争。单靠鼓动是做不到这一点的。我们必须考虑各种具体情况，尽可能地动员劳动妇女群众为她们的切身利益和要求而斗争。反对涨价，要求依照"同工同酬"的原则提高工资，反对大量开除女工，反对任何男女不平等的现象，反对对妇女的法西斯奴役。

在努力争取劳动妇女参加革命运动的时候，我们必须毫无顾虑地在任何需要的地方，组织单独的妇女团体。

有一种偏见认为，为了反对工人运动中的"妇女分裂主义"，我们必须取消资本主义国家中共产党领导的妇女团体，这种偏见往往造成重大的损失。

我们必须找到最简单、最灵活的形式，以便在革命的、社会民主党的、进步的反法西斯主义的和反战的妇女组织之间，建立联系和战斗合作。我们必须不惜一切代价，使女工和劳动妇女都在工人阶级统一战线和反法西斯人民阵线的队伍中，与她们的阶级弟兄并肩战斗。

反帝国主义的统一战线

随着国际形势和国内形势的变化，一切殖民地和半殖民地国家的**反帝国主义的统一战线**问题就成为极其重要的问题。

在殖民地和半殖民地建立广泛的反帝国主义斗争的统一战线时，首先必须注意群众的反帝国主义斗争是在各种不同的情况下进行的，必须注意民族解放运动不同的成熟程度，无产阶级在其中所起的作用，以及共产党对广大群众的影响。

这个问题在巴西就和在印度、中国及其他国家有所不同。

在**巴西**,由于民族解放同盟的建立,共产党已经为反帝国主义统一战线的发展奠定了适当的基础,现在它必须首先吸收千百万农民来竭力扩大这一战线,然后逐渐组成全力从事革命并创立民族解放同盟政权的革命的人民军队。

在**印度**,共产党必须参加、支持和扩大一切反帝国主义的群众运动,不要排斥那些民族改良派所领导的行动。共产党必须一面保持党在政治上和组织上的独立性,一面在参加印度国民大会党的团体中进行积极的工作,在这些团体中促进民族革命派的形成,以便进一步开展印度人民反对英帝国主义的民族解放运动。

在**中国**,一方面人民运动已使好几个苏区在中国广大的领土上建立起来,并组织了一支强大的红军;另一方面,日本帝国主义的掠夺性进攻和南京政府的卖国已经危及伟大的中国人民的民族生存。只有中国的苏维埃地区才能成为反抗帝国主义者奴役和瓜分中国的斗争的团结中心,成为集中一切反帝国主义力量进行中国人民民族解放斗争的团结中心。

所以我们赞成我们英勇的中国兄弟党的倡议,即建立一个反对日本帝国主义及其中国代理人的最广泛的反帝统一战线,这一统一战线要联合中国境内所有那些愿意为救国救民而真正斗争的有组织的力量。我相信:如果我宣布,我们以全世界革命无产阶级的名义向中国的各个苏维埃,向中国革命人民致以最热烈的兄弟般的敬礼,那是表达了我们整个代表大会的感情和思想。(暴风雨般的掌声,全体起立)我们向身经百战的英勇的中国红军致以热烈的兄弟般的敬礼。(暴风雨般的掌声)而且我们向中国人民保证,我们坚决支持中国人民争取从一切帝国主义强盗及其中国走狗那里完全解放出来的斗争。(暴风雨般的掌声,全体起立。长达几分钟的欢呼声。代表们的致敬声。)

关于统一战线政府

同志们,我们已经坚决果断地实行了建立工人阶级统一战线的路线,并且决心要把它进行到底。

如果有人问我们共产党,我们只是在争取局部要求的斗争中才主张统一战线,还是准备在将来,在统一战线的基础上成立政府时也分担责任,那么,我们将十分负责地说:是的,我承认将来可能出现这样一种形势,到那时,不仅可能建立**一个无产阶级统一战线的政府**,或**反法西斯人民阵线的政府**,而且为了无产阶级的利益,也必须建立一个这样的政府。(掌声)在这种情况下,我们将毫不犹豫地赞成建立这样一个政府。

我现在所说的并不是在无产阶级革命胜利**之后**可能成立的政府。当然,并不排除这样的可能性,即在某一个国家,在革命刚把资产阶级推翻以后,在共产党和参加革命的某一政党(或它的左派)政治联盟的基础上,建立一个苏维埃政府。在十月革命之后,胜利的俄国布尔什维克党,如大家所知,曾经吸收左派社会革命党的代表参加苏维埃政府。这是十月革命胜利后第一届苏维埃政府的一个特点。

我所要说的不是这样一种情形,而是在苏维埃革命的前夜和胜利之前,可能建立一种统一战线政府的情形。

这是什么样的政府呢?而且在什么样的情况下才能提出这样的政府的问题呢?

它主要是**对法西斯主义和反动派作斗争的政府**。它必须是作为统一战线运动的结果而产生出来的政府;它决不限制共产党和工人阶级群众组织的活动,相反地,它对反革命的金融巨头及其法西斯代理人采取坚决镇压的措施。

在适当时机依靠蓬勃发展的统一战线运动，具备条件国家的共产党将赞成以一定的反法西斯纲领为基础，建立这样一个政府。

将来在什么样的客观条件下才可能建立这样一个政府呢？概括地说来，对于这个问题可以作这样的答复，即在**政治危机**的条件下，当统治阶级已不能抵挡反法西斯群众运动的高涨的时候。但这只是一般远景，否则实际上几乎就不可能建立统一战线的政府。只有具备某些**特殊的前提条件**时，才能把建立一个这样的政府作为**必要**的政治任务提到议事日程上来。我觉得特别值得注意的是如下几个前提条件：

第一，资产阶级的国家机器已经充分**解体和瘫痪**，以致资产阶级不能阻止对反动派和法西斯主义作斗争的政府的建立。

第二，最广大的劳动群众，特别是群众性的工会，猛烈地**反对法西斯主义和反动派，但还不准备**举行起义，以便在共产党领导下为取得苏维埃政权而斗争。

第三，参加统一战线的社会民主党和其他政党的队伍中的分化和进步，已经导致其中有很大一部分人要求**用无情的手段反对法西斯分子和其他反动分子**，与共产党人一起反对法西斯主义，并公开反对他们自己党内敌视共产主义的反动分子。

究竟在什么时候，在哪些国家会真正出现一种充分具备这些前提条件的情况，这是不能预言的。但**任何资本主义国家都不能排除这样的可能性**，所以我们必须考虑到这种可能性，不仅我们自己要为争取实现这样的可能性做好准备，而且也要使工人阶级相应地遵循同样的方针。

我们今天提出这一问题来加以讨论，当然是与我们对于目前和不久将来的形势的估计是有关的，同时也与近来许多国家统一战线运动的实际发展有关。而过去十余年间资本主义各国的情况使共产国际用不着讨论这一类问题。

同志们，你们都记得，在我们1922年的第四次代表大会和1924年的第五次代表大会上，曾经讨论过**工人政权或工农政权**的口号问题。起初，就事情的本质而言，几乎可与我们今天提出来的问题相类比。当时，共产国际关于这一问题进行的争论，特别是关于这一问题所犯的一些政治**错误**，直到今天还有着重要的意义，**足以提高我们的警惕，以免在这一问题上发生离开布尔什维主义路线的、右的或"左"的危险**。所以我要简略地指出这些错误中的几个，以便从中吸取对于我们共产党目前的政策所必不可少的教训。

第一类错误的根源，恰恰在于工人政权问题没有明确地和牢固地与政治危机的存在联系起来。因此，**右倾机会主义者**就能对事情作这样的解释，好像在任何情况下，例如在"正常"情况下，我们都应该力求建立为共产党所支持的工人政权。而**极左派**却相反，只承认通过武装起义推翻资产阶级**以后**所建立起来的工人政权。这两种见解都是错误的。因此，为了避免重复类似的错误，我们现在**特别着重强调要正确地考虑政治危机及群众运动高涨的特殊的具体的条件**，在这样的条件下，统一战线政府的建立是可能的，而且在政治上也是必要的。

第二类错误的根源，在于工人政权的问题没有与战斗的**统一战线的群众运动**的发展联系起来。因此**右倾机会主义者**就能曲解这个问题，把它说成只是在议会合作的基础上，与社会民主党建立政治联盟的无原则的策略。而**极左派**则相反，大叫大嚷："决不与反革命的社会民主党联合！"并把所有的社会民主党人在本质上都视为反革命分子。

两者都是错误的。现在，我们一方面强调，我们决不想要一个无非是扩大了的社会民主党政府的"工人政府"。我们甚至宁愿不用"工人政府"这个名称，而要**称做统一战线政府**，就其政治性质而言，它是与一切通常自称为"工人政府"的社会民主党政府绝不相同的，**原则上不相同的**。社会民主党政府是与资产阶级进行阶级合作的工具，为的是要保存资本主义制度,而**统一战线政府**却是无产阶级的革命先锋队与其他反法西斯各政党合作的工具,为的是全体劳动人民的利益,是一个对法西斯主义和反动派进行斗争的政府。很显然,这是两种**根本不同的**东西。

另一方面我们强调,**必须看到社会民主党内两个不同阵营之间的区别**。像我曾指出的那样,有一个社会民主党的反动阵营,可是,和它并存着和发展着的还有社会民主党左派的阵营,正在革命化的工人们的阵营。实际上它们之间的明确区别就在于它们对待工人阶级统一战线的态度。反动的社会民主党人都是**反对**统一战线的;他们污蔑统一战线运动,破坏并分化统一战线运动,因为统一战线粉碎了他们与反动资产阶级妥协的政策。社会民主党左派却**赞成统一战线**,他们保卫、发展并巩固统一战线运动。因为这个运动是反对法西斯主义和反动派的斗争运动,所以它是一种经常的推动力量,推动统一战线政府去进行反对反动资产阶级的斗争。这一群众运动进展得越猛烈,它能够给予这个政府向资产阶级斗争的力量就越大。而且这一群众运动将来自下而上地组织得越好,**超党派的统一战线机构越是遍布于企业、失业者、工人区、城乡贫民**,就越能保证防范统一战线政府政策可能的蜕变。

第三类错误,就是在从前的讨论中暴露出来的错误观点,它们恰好涉及"工人政府"的实际**政策**。**右倾机会主义者**认为,"工人政府"应该"留在资产阶级民主体制之内",因而不应采取任何越出这一体制的步骤。反之,**极左派**却实际放弃了任何建立统一战线政府的政策。

1923年在**萨克森**和**图林根**明显地出现了右倾机会主义的"工人政府"的实例。共产党人和社会民主党左派(蔡格纳集团)一同加入萨克森政府,这本身并没有什么错误,相反地,德国的革命形势充分证明了这一步骤是正确的。可是,共产党人在参加这个政府的时候,就应该利用他们的地位,首先达到**武装无产阶级**的目的。而他们却没有这样做。他们甚至没有没收富人的一间房屋,虽然在工人中房荒很严重,有许多工人带着老婆孩子无处住宿。共产党人也没有把工人的革命群众运动组织起来。他们的举止就像"资产阶级民主体制"内对国会负责的**一般的**部长。大家都知道,这本是布兰德勒及其同伙所实行的机会主义政策的结果。这个结果是如此的失败,以致直到今天我们仍不能不提到萨克森政府,把它当做革命者执政时的前车之鉴。

同志们,我们要求所有统一战线政府都实行一种全然不同的政策。我们要求它实行时势所需要的明确的**基本的革命要求**。例如,监督生产、监管银行、解散警察而代之以武装的工人民兵等等。

15年前,列宁号召我们要集中一切注意力来"**找到转向或走向无产阶级革命的形式**"①。也许在许多国家里可以证明**统一战线政府**是最重要的过渡形式**之一**。"左"倾教条主义者却始终回避列宁的这一指示。作为孤陋寡闻的宣传家,他们一向只谈"目标",而从来不考虑"过渡形式"。因此他们力图把"工人政府"的口号变为一句空话,变为无产阶级专政的"同义词"。而右倾机会主义者却想要利用这一口号,在资产阶级专政和无产阶级专政之间建立一个特殊的"民主的中间阶段",以便给工人一种幻想,以为可以经过和平的议会道路由一种专政过渡到另一种专政。这一虚构的"中间阶段",他们也把它称为"过渡形式",甚至还引证了列宁的话!可是,这种骗局不难揭穿:因为列宁所说的是过渡到和接近"**无产阶级革命**"的形式,也就是过渡到和接近推翻资产阶级专政的形式,而**不是在资产阶级专政和无产阶级专政之间**的什么过渡形式。

为什么列宁要这样特别重视无产阶级革命的过渡形式呢?因为他想到**"一切伟大革命的基本规律"**,这规律告诉我们:如果不把广大劳动

---

① 《列宁全集》中文第2版第39卷第72页。——编者注

群众真正吸引到革命先锋队这边来，夺取政权的斗争就不可能胜利；因为单靠对群众宣传和鼓动，不能代替群众**本身的政治经验**。常见的"左"倾错误是：凭空想象政治的（或革命的）危机一旦发生，共产党的领导者只要提出革命起义的口号就够了，广大群众就会响应这个口号。不对，即使发生了这样的危机，群众也不是常常愿意这样做的。这一点我们在**西班牙**的事例中已经看到了。要帮助**千百万群众**通过他们自己的经验尽快地领会他们应该做什么，应该到哪里去找彻底解决的办法，以及什么政党值得他们信任，就需要过渡的口号和特殊的"过渡到或接近无产阶级革命的形式"。否则广大人民群众囿于小资产阶级民主的幻想和传统的影响，甚至在革命形势到来时也可能会动摇，会迟疑不决和误入歧途，找不到通向革命的道路，就会遭受法西斯刽子手的屠杀。

因此，我们要看到在政治危机的条件下有建立反法西斯统一战线政府的可能性。只要这样的政府真的是进行反对人民敌人的斗争，并放手让工人阶级和共产党采取行动，那么，我们共产党人就要以各种方式去支持它，并且作为革命战士战斗在**第一道火线**上。可是，我们要坦白地对群众说：

彻底地拯救群众不是这个政府**所能办到的**。它不能推翻那些剥削者的阶级统治，因而也不能彻底消除法西斯主义反革命的危险。所以，必须**为社会主义革命而武装起来**！只有**苏维埃政权**才能拯救群众。

在估量目前世界形势的发展时，我们看到，在许多国家，**政治危机**正趋于成熟。因此，我们的代表大会就统一战线政府问题作出一个明确的决议，就是非常迫切和重要的了。

如果我们共产党善于利用建立统一战线政府的可能性，善于利用为建立和维持这样一个政府而进行的斗争来**对群众进行革命教育**，那么，这将是对我们建立统一战线政府的路线**最好的政治证明**。

反法西斯主义的思想斗争

我们各国共产党反法西斯主义斗争的最大弱点之一,就是**对法西斯主义的蛊惑宣传反应得不够有力和不够及时**,而且直到今天仍旧对反法西斯主义的思想斗争问题不够重视。许多同志以为,像法西斯主义思想这样一种反动的资产阶级思想常常愚蠢到荒唐的程度,绝不会在群众中产生影响。这种想法是十分错误的。资本主义极其腐朽,它的思想和文化的核心都烂透了,但是广大人民群众的绝望处境却使某些阶层容易感染这一腐化思想的余毒。

在任何情况下,我们都决不能轻视法西斯主义思想毒素的这种力量。相反地,在我们这一方面,应该根据通俗易懂的论据,并根据符合人民群众的民族心理特点的正确而周密的方法,来展开广泛的思想斗争。

法西斯分子正在翻查每一民族的全部**历史**,以便装作是民族历史上一切丰功伟绩的继承者,而把一切贬低和侮辱人民的民族感情的东西都作为武器,用来打击法西斯主义的敌人。在德国正出版着成百上千种书籍,却只有一个目的——用法西斯主义的方式伪造德国人民的历史。

那些纳粹党豢养的历史学家企图把德国的历史写成这样,似乎根据某种"历史规律",曾有一条发展路线像一根红线那样贯穿了两千年,直到有一个民族"救星",一个**德意志**民族的"救世主"、一个原籍**奥地利**的著名"二等兵"在历史舞台上出现。在这些史书里面,把过去德意志民族中最伟大的人物都写成法西斯主义者,同时又把那些伟大的农民运动都写成法西斯主义运动的直接先驱。

墨索里尼自己就竭力利用了加里波第这个英雄人物。法国的法西斯推崇贞德做他们的女英雄。美国的法西斯借助于美国独立战争的传统,华盛顿和林肯的传统。保加利亚的法西斯利用 70 年代的民族解放运动及其受人爱戴的民族英雄瓦西尔·列夫斯基、斯特凡·卡拉卓等人。

共产党人如果觉得这一切事情都和工人阶级的事业毫无关系，不是忠于历史地，用真正马克思主义的、列宁斯大林的精神向劳动群众讲解本民族的历史，不是**把今天的斗争与本民族过去的革命传统联系起来**，那么，这样的共产党人就是自愿地把本民族历史上一切可贵的东西交给法西斯主义的历史伪造者，让他们去欺骗人民群众。（掌声）

不，同志们，**我们关心每一个重要问题，不仅是现在的和未来的，而且也关心我们本民族过去的问题**。我们共产党人并不追求那种基于工人行会利益的狭隘政策。我们不是气量狭小的英国工联工作人员，也不是中世纪手艺人和工匠的行会首领。我们是现代社会中最重要最伟大的阶级——工人阶级的阶级利益的代表，而工人阶级的使命就是要把人类从资本主义制度的折磨中解放出来，工人阶级已经在世界 1/6 的土地上摆脱了资本主义的枷锁，并且成了统治阶级。我们保卫一切被剥削劳苦阶层的切身利益，即每一个资本主义国家的绝大多数人的切身利益。

我们共产党人**原则上坚决反对**任何形式的资产阶级民族主义。但是**我们并不是民族虚无主义的拥护者**，也决不应该这样做。以无产阶级的国际主义精神教育工人和一切劳动人民，是各国共产党的基本任务之一。可是，任何一个共产党员，如果以为这就是允许他或者甚至促使他蔑视广大劳动群众的一切民族情感，那么，他就绝不是一个真正的布尔什维克，他对于列宁和斯大林关于民族问题的指示一窍不通。（掌声）

列宁始终一贯地坚决反对资产阶级的民族主义，他在 1914 年的《论大俄罗斯人的民族自豪感》一文中，为我们提供了一个正确对待民族感情问题的范例。他写道：

"我们，大俄罗斯的觉悟的无产者，是不是根本没有民族自豪感呢？当然不是！我们爱自己的语言和自己的祖国，我们正竭尽全力把**祖国**（即**祖国**十分之九的居民）的觉悟提高到民主主义者和社会主义者的程度。我们看到沙皇刽子手、贵族和资本家蹂躏、压迫和侮辱我们美好的祖国感到无比痛心。而使我们感到自豪的是，这些暴行在我们中间，在大俄罗斯人中间引起了反抗；在**这些人**中间产生了拉吉舍夫、十二月党人、70年代的平民知识分子革命家；大俄罗斯工人阶级在1905年创立了一个强大的群众性的革命政党……

……我们满怀民族自豪感，因为大俄罗斯民族**也**造就了革命阶级，**也**证明了它能给人类提供为自由和为社会主义而斗争的伟大榜样，而不只是大暴行，大批的绞架和刑讯室，普遍的饥荒，以及对神父、沙皇、地主和资本家十足的奴颜婢膝。

我们满怀民族自豪感，正因为这样，我们**特别**痛恨**自己**奴隶般的过去……和自己奴隶般的现在，因为现在这些地主在资本家协助下又驱使我们去打仗，去扼杀波兰和乌克兰，镇压波斯和中国的民主运动，加强那玷污我们大俄罗斯民族声誉的罗曼诺夫、鲍勃凌斯基和普利什凯维奇们这帮恶棍的势力。"①

这就是列宁对民族自豪感的论述。

同志们，法西斯分子在莱比锡审讯中企图诬蔑保加利亚人为野蛮民族，我认为当时我的做法是正确的，我保卫了保加利亚劳动群众的民族荣誉，现在他们正在英勇地对法西斯强盗、真正的野蛮人作斗争。（暴风雨般的、长时间的掌声）我曾宣布，我绝没有耻于做保加利亚人的理由，相反地，我却因为自己是英勇的保加利亚工人阶级的儿子而感到自豪。（掌声）

同志们，无产阶级的国际主义必须做到所谓的"入乡随俗"，以便在它所在的土地上深深地扎下根来。在个别国家，无产阶级阶级斗争的和工人运动的**民族形式**，并不与无产阶级的国际主义相矛盾，相反地，

---

① 《列宁全集》中文第2版第26卷第109—110页。——编者注

正是这些形式能够胜利地保卫无产阶级的**国际利益**。

当然必须**随时随地**向群众指明并向他们具体地证明，法西斯资产阶级借口维护全民族利益，正在实行它的利己政策，不但压迫和剥削本国人民，而且掠夺和奴役别国人民。但是，**光是这样做还是不够的**。我们必须同时以工人阶级的斗争和共产党的行动来表明，正在奋起反对任何一种奴役和民族压迫的无产阶级，确是争取民族自由和民族独立的唯一的真正的战士。

无产阶级反对本国剥削者和压迫者的阶级斗争利益，并不与民族的自由幸福前途的利益相矛盾。相反地，社会主义革命就是**拯救民族**，并会给民族开辟日益向上的道路。工人阶级正在建立它的阶级组织并巩固它的地位，它正在拥护民主的权利和自由以免受法西斯主义的侵害，它正在为推翻资本主义而斗争，由此可见，它正在为民族的前途而奋斗。

革命的无产阶级正在奋斗，以拯救民族文化，以使民族文化摆脱腐朽的垄断资本的枷锁，摆脱摧残民族文化的野蛮法西斯的枷锁。只有无产阶级革命才能使文化不致毁灭，并使其高度繁荣，成为真正的民族文化——**形式是民族的，而内容是社会主义的**。我们亲眼看到，在斯大林的领导下，这种文化正在苏联实现着。（掌声）

无产阶级的国际主义不仅不与个别国家劳动人民争取民族的、社会的和文化的自由这一斗争相矛盾，而且，由于国际无产阶级的团结和斗争的统一，也保证了这一斗争能得到胜利所必需的**支持**，**只有**与伟大苏联的胜利的无产阶级结成**极亲密的联盟**，资本主义国家的工人阶级才能胜利。**只有**与帝国主义国家的无产阶级共同奋斗，殖民地人民和被压迫的少数民族才能得到自由。只有通过帝国主义国家工人运动与殖民地及附属国民族解放运动的革命联盟，帝国主义国家的无产阶级革命才能走向胜利，因为正如马克思所教导我们的，"压迫其他民族的民族，是不能够自由的"①。

属于被压迫的附属国民族的共产党员,如果**不同时**在群众运动的实践中**证明**,他们是真正为了使其民族摆脱外国奴役而奋斗,那么,就不能在本国人民中间战胜沙文主义。而另一方面,属于压迫民族的共产党员,如果不是为反对"本国"资产阶级的压迫政策,不是为那些被资产阶级奴役的民族获得充分的自决权而进行坚决的斗争,那么,就不能采取必要的措施,以国际主义的精神去教育本国劳动群众。如果不这样做,那么,他们也就不能使被压迫民族的劳动人民更容易地克服其民族主义的偏见。

如果我们本着这种精神来采取行动,如果我们在我们的全部群众工作中令人信服地表明,我们既没有沾染民族虚无主义,也没有沾染资产阶级民族主义,那么,到那时候,而且只有到那时候,我们才能进行一种反对法西斯沙文主义煽动的真正胜利的斗争。

所以,正确具体地应用列宁、斯大林的民族政策是如此的重要。这个民族政策**无疑地**是战胜沙文主义这个法西斯使群众受其思想影响的主要工具的主要的先决条件。(掌声)

三、巩固共产党并为无产阶级的政治统一而斗争

同志们,在建立统一战线的斗争中,共产党领导作用的重要性大大地增加了。只有共产党才确实是工人阶级统一战线的创始者、组织者和推动者。

---

① 引文有误,较贴近的是恩格斯的名言:"压迫其他民族的民族是不能获得解放的。"参看恩格斯:《流亡者文献。一波兰人的声明》,《马克思恩格斯文集》第3卷第355页。——编者注

只要各国共产党在各方面加强自己的队伍，只要它们发挥自己的主动性，实行马克思列宁主义的政策，并正确地、灵活地应用考虑到阶级力量的实际情况和对比的策略，它们就能保证动员极广大的劳动群众，来进行反对法西斯主义和反对资本进攻的统一斗争。

巩固共产党

在第六次代表大会和第七次代表大会之间的那个时期，我们在资本主义国家的各国共产党，无疑地**已经壮大起来并且已经锻炼得很坚强了**。可是，如果对此感到自满，那就是极危险的错误。工人阶级的统一战线愈是扩大，我们所面临的复杂的新任务就愈多，我们就愈是必须从政治方面和组织方面来巩固我们的党。无产阶级的统一战线造就着工人大军，只要有一支领导力量给以领导，给它指出目标和道路，它就能完成自己的使命。这一领导力量**只能是一个强大的、无产阶级的革命政党**。

如果说我们共产党人竭尽全力来建立统一战线，那么我们之所以这样做，并不是抱着要为各国共产党争取新党员那种狭隘的目的。可是，我们必须全面地巩固各国共产党并增加它们的党员数量，却正是因为我们想认真地加强统一战线。巩固各国共产党，这不是党的狭隘的利益，而是整个工人阶级的利益。

各国共产党的统一、革命团结和斗争准备，不仅是属于我们的，而且也是属于整个工人阶级的最宝贵的资本。我们准备与各国社会民主党及其团体共同进行反法西斯主义的斗争，同时要对作为与资产阶级妥协的思想和实践的社会民主主义作不调和的斗争，因而也要对这种思想对我们自己队伍的**任何侵蚀**作不调和的斗争。我们已经把这两种斗争结合起来，并且今后还要继续把它们结合起来。

当大胆地和坚决地执行统一战线政策的时候，我们在自己的队伍中遇到一些阻碍，我们必须不惜任何代价在尽可能短的时间里克服它们。

共产国际六大以后，资本主义各国的共产党都进行了一次**卓有成效的斗争，反对适应资本主义稳定环境的机会主义倾向，反对沾染改良主义的和合法主义的幻想**。我们各国党已经肃清了自己队伍中各色各样的右倾机会主义者，因而加强了其布尔什维主义的统一和战斗力。成效较差的，甚至有些地方根本未进行的，就是反对**关门主义**的斗争。关门主义的表现形式已经不像共产国际成立初期那样幼稚、公开，而是在表面承认布尔什维主义纲领的掩护下，阻碍布尔什维主义群众政策的推行。在当今时代，这种表现往往已经不再是像列宁所写的"**幼稚病**"了，而是一种**根深蒂固的恶习**，这种恶习必须克服，否则我们就不可能解决建立无产阶级统一战线和引导群众脱离改良主义立场转向革命的问题。

就目前的情况来说，阻碍我们为实现统一战线而斗争的**主要**是关门主义，我们在决议草案中称之为**自高自大的**关门主义。关门主义满足于**教条主义的狭隘观念**，满足于脱离群众的实际生活，满足于以其**极简单的方法**，按照一成不变的公式来解决工人运动中极复杂的问题。关门主义自以为无所不知，用不着向群众学习，用不着从工人运动的教训中学习。总之，在关门主义看来，如大家所说的，一切都是轻而易举的。

自高自大的关门主义**不愿意并且不可能**了解，共产党对工人的领导权不是自然得来的。共产党在工人阶级斗争中的领导作用是必须争取的。为此所需要的不是空谈共产党人的领导作用，而是凭日常的群众工作和正确的政策**去赢得和争取劳动群众的信任**。只要我们共产党人在政治工作中认真地考虑到群众阶级觉悟的实际水平，考虑到群众革命化的程度，只要我们不凭自己的愿望而凭实际的情况，清醒地估计实际情况，那么，我们就能做到这一点。我们必须耐心地、一步一步地使广大群众更容易转向共产主义的立场。我们决不应该忘记列宁的话，他曾特别告诫我们：

"可是问题恰恰在于**不能认为对于我们**已经过时的东西，**对于阶级、对于群众**也已经过时。"①

同志们，难道在我们的队伍里不是仍有不少这样的教条主义分子，他们随时随地只感觉到统一战线政策的危险吗？在这样一些同志看来，整个统一战线就是唯一的危险。可是，这种关门主义的"坚持原则"，不过是在直接领导群众斗争遇到困难时在政治上束手无策罢了。

关门主义的**主要**表现，在于过高估计群众革命化的程度，在于过高估计群众放弃改良主义立场的速度，在于企图越过这个运动的困难阶段和复杂任务。实际上，关门主义常用领导狭小的党小组的方法来代替领导群众的方法。它过低估计群众与其组织和领导之间的传统关系的力量，并且在群众不立刻割断这种关系的时候，就像对待他们的反动的领导者一样，对群众采取粗暴的态度。由于不考虑各个国家实际情况的特点，它对一切国家都使用千篇一律的策略和口号。它忽视在群众中间进行顽强的斗争来争取群众信任的必要，忽视维护工人局部要求的斗争以及在改良主义工会和法西斯群众组织中的工作。它常常使用空洞的呼吁和抽象的宣传来代替统一战线政策。

关门主义的观点同样阻碍了正确选拔人才，训练和培养**干部——与群众保持联系的、为群众所信任的、经过革命锻炼的和在阶级斗争中经受过考验的**干部，善于把**群众工作的实际经验与布尔什维克原则的坚定性**结合起来的干部。

因此，关门主义曾经大大地阻碍各国共产党的成长，使正确的群众政策难以实行，使我们不能利用阶级敌人的一些困难来巩固革命运动，

---

① 《列宁全集》中文第 2 版第 39 卷第 38 页。——编者注

并使我们不能把广大无产阶级群众争取到共产党方面来。

在最坚决地为铲除和克服自高自大的关门主义残余而斗争时，我们必须尽量提高我们对**右倾机会主义**的警惕，并加强**反对右倾机会主义和反对它的一切具体表现的斗争**，不要忘记，右倾机会主义的危险是会随着广泛的统一战线的发展而增长的。现在已经存在着削弱共产党在统一战线队伍中的作用和与社会民主党思想妥协的倾向。我们也不应该忽视这个事实，即统一战线策略乃是一种方法，其作用是使社会民主党工人确信共产党的政策是正确的，而改良派的政策是不正确的，统一战线策略**不是对社会民主党的思想和实践的妥协**。要使建立统一战线的斗争取得胜利，就必须在我们的队伍中不断地进行斗争，来反对**削弱我们党的作用**的倾向，反对**合法主义的幻想**，反对在消灭法西斯主义和实行统一战线问题上依靠**自发性和自动性**的观点，反对**在采取决定性行动时的任何动摇**。

斯大林教导我们：

"必须使党在自己的工作中善于把最高的原则性（不能和宗派主义混为一谈！）和与群众最广泛的联系及接触（不能和尾巴主义混为一谈！）结合起来。不然，党不但不可能领导群众，而且也不可能向群众学习；不但不可能引导群众并把他们提高到党的水平，而且也不可能倾听群众的呼声和预料到他们的迫切需要。"①

工人阶级的政治统一

同志们，共产党工人和社会民主党工人为反对法西斯主义和资本进攻而共同斗争的统一战线的发展，也提出了**工人阶级政治统一**的问题、

---

① 《斯大林全集》第7卷第35—36页。——编者注

工人阶级统一的群众性政党的问题。社会民主党工人根据经验日益相信，反对阶级敌人的斗争需要统一的政治领导，因为**双重领导**阻碍工人阶级统一斗争的进一步发展和加强。

为了无产阶级阶级斗争的利益和无产阶级革命的胜利，每个国家都必须要有一个**统一的无产阶级政党**。当然，要达到这一目的不是那么容易、那么简单的，必须经过顽强的工作和斗争，而且必须经过一个比较长久的过程。各国工人既然日甚一日地希望社会民主党或个别组织与共产党统一起来，那么，各国共产党依据工人的愿望，就必须坚决地和有信心地来发动这种统一工作。国际工人运动正在进入结束工人队伍分裂的阶段，在此时刻，把工人阶级的力量联合成一个统一的革命无产阶级政党这一事业，就是**我们的事业**，就是共产国际的事业。

如果说，为了建立共产党和社会民主党的统一战线，有一个为反对法西斯主义、反对资本进攻、反对战争而斗争的协定就够了，那么，要实现政治统一，就必须根据许多具有原则性的具体条件才有可能。

只有根据下列这些条件，才可能实现统一：

第一，完全脱离对资产阶级的依赖关系并完全打破社会民主党与资产阶级的联盟；

第二，首先实现**行动统一**；

第三，承认用革命手段推翻资产阶级的统治并建立**苏维埃形式**的无产阶级专政的必要性；

第四，拒绝在**帝国主义战争**中支持本国的资产阶级；

第五，把党建立在**民主集中制**的基础上，因为民主集中制保证意志与行动的统一，而且是由**俄国布尔什维克**的经验考验过了的。

我们必须耐心地并以同志式的态度向社会民主党工人说明，为什么没有这些条件就不能做到工人阶级的政治统一。我们必须同他们一起讨论这些条件的意义和重要性。

为了实现无产阶级的政治统一，为什么必须完全脱离对资产阶级的依赖关系并打破社会民主党与资产阶级的联盟呢？

因为工人运动的全部经验，尤其是德国15年的联合政策的经验已经证明，阶级合作政策即依赖资产阶级的政策，必然导致工人阶级的失败和法西斯主义的胜利。只有对资产阶级进行不调和的阶级斗争的道路，即布尔什维主义的道路，才是真正达到胜利的道路。

为什么必须首先实现行动统一，作为政治统一的先决条件呢？

因为打退资本和法西斯主义进攻的行动统一，哪怕在大多数工人还没有在一个推翻资本主义的共同政治纲领上统一起来时，也还是可能的和必要的，但是，关于无产阶级斗争的根本道路和目标的观点统一，却需要比较长的时间才能完成，如果不先取得这种观点统一，那么，各党派的统一是不可能的。最好**今天**就在反对阶级敌人的共同斗争中实现观点统一。如果不先建立统一战线而打算马上就做到政治统一，那就等于把马放在马车的后面而以为马车就会向前转动了。（笑声）正因为我们不像许多社会民主党领袖那样把政治统一看做一种策略，所以我们才坚持自己的意见，认为统一行动的实现是争取政治统一的最重要阶段之一。

为什么一定要承认必须用革命手段推翻资产阶级，并建立苏维埃政权形式的无产阶级专政呢？

因为一方面有十月革命伟大胜利的经验；而另一方面在整个战后期间又在德国、奥地利和西班牙获得了惨痛的教训。这些经验和教训再一次证明了：只有用革命手段推翻资产阶级，无产阶级才可能得到胜利；资产阶级是宁愿把工人运动溺死于血海而不愿让无产阶级用和平方法建立社会主义。十月革命的经验已经清楚地指出，无产阶级革命的基本内容就是无产阶级专政问题，无产阶级专政的职能就是镇压被推翻了的剥削者的反抗，武装反对帝国主义斗争的革命并领导这个革命达到社会主义的完全胜利。为了使无产阶级专政成为绝大多数人对极少数人、对剥削者的专政（只有这样才能实现无产阶级专政），就必须要有包括工人阶级的一切阶层、农民的基本群众和其他劳动人民的苏维埃，如果他们不觉悟，如果他们不加入革命斗争阵线，那么，无产阶级的胜利就不能巩固。

为什么在帝国主义战争中拒绝支持资产阶级是政治统一的条件呢？

因为资产阶级所发动的帝国主义战争，无论是在什么借口下，总是为了自身的掠夺目的，而违反绝大多数人民的利益。因为一切帝国主义者的疯狂备战都是与极端加紧剥削和压迫本国劳动人民相联系的。在这样一种战争中支持资产阶级，就等于背叛祖国的利益和国际工人阶级。

最后，为什么把党建立在民主集中制的基础上是统一的条件呢？

因为只有在民主集中制的基础上建立起来的党，才能保证意志和行动的统一，才能领导无产阶级战胜资产阶级，战胜掌握着中央集权国家机器那样的强有力武器的资产阶级。民主集中制原则的应用已经在俄国布尔什维克党、列宁斯大林党的经验中经受了历史的光荣考验。

是的，同志们，我们主张建立统一的工人阶级群众性政党。可是，如斯大林同志所说，这个党必须是：

"战斗的党，革命的党。这个党要有充分的勇气，能够引导无产者去夺取政权；这个党要有充分的经验，能够认清革命环境的复杂条件；这个党要有充分的机智，能够绕过横在前进道路上的一切暗礁。"①

因此，我们必须根据上面所指出的那几项条件来努力争取政治统一。

我们赞成工人阶级的政治统一。因此，我们愿意与一切赞成统一战

---

① 《斯大林全集》第 6 卷第 149 页。——编者注

线而又真诚地支持按照上述原则实现统一的社会民主党人进行最紧密的合作。可是，正因为我们赞成统一，所以我们将对一切"左派"煽动家进行坚决的斗争，这些煽动家企图利用社会民主党工人的失望心理去创立反对共产主义运动的新社会党或新国际，这样就会加深工人阶级的分裂。

社会民主党工人日益努力要与共产党人结成统一战线，这是我们所欢迎的。在这一事实中，我们看到他们革命意识的高涨和工人阶级的分裂开始被克服。由于确信行动统一是迫切需要的，而且是建立无产阶级政治统一的最可靠的途径，所以我们宣布，**共产国际及其支部准备与第二国际及其支部谈判建立工人阶级统一的问题，以反对资本的进攻，反对法西斯主义和帝国主义的战争危险**。

四、结束语

同志们，我就要结束我的报告了。大家知道，我们考虑了第六次代表大会以来形势的变化和我们斗争的教训，并依据我们各国共产党已经达到的巩固程度，用**新的方式**提出了许多问题，主要是统一战线问题和对待社会民主党、改良主义工会及其他群众组织的问题。

有些自作聪明的人会觉得这一切都是违背我们基本立场的，有些是离开布尔什维主义的路线的。那么，我们保加利亚人有句话说得好，挨饿的小鸡总是梦见小米。

让那些政治小鸡们去那样梦想吧。（笑声，暴风雨般的掌声）

这种想法引不起我们多大兴趣。与我们有重要关系的是，我们各国共产党和全世界广大群众应该正确地了解我们现在努力的目标。

如果我们不依据变化着的形势和国际工人运动中所发生的那些变化来相应地改变我们的政策和策略，我们就不是革命的马克思主义者、列宁主义者，就不是马克思、恩格斯、列宁、斯大林的优秀学生。

如果我们不从我们自己的经验和群众的经验中吸取教训，那么，我们就不是真正的革命家。

我们要求资本主义国家的共产党以**真正的工人阶级政党**的姿态出现，并行动起来，要在实际上成为本国生活中的**政治因素**，要始终执行一种**主动的布尔什维主义的群众政策**，而不仅限于宣传和批评，以及空喊为无产阶级专政而斗争的口号。

一切呆板的公式都是我们的死敌。我们要随时随地考虑到具体情况，而不要在任何地方**都按照一种固定的模式**去行动，我们不要忘记，在**不同的**条件下，共产党人不能采取**同样的**立场。

我们要严肃地考虑到阶级斗争发展中的和群众本身阶级意识成长中的**一切阶段**，要能够在各阶段找出并解决那些符合该阶段的革命运动的**具体**问题。

我们要与最广大的群众**打成一片**，以便进行反对阶级敌人的斗争。我们要找到方法和途径，以彻底克服**革命先锋队脱离无产阶级群众和一切劳动人民而孤立的现象**，同时也要克服**工人阶级本身**在反对资产阶级、反对法西斯主义的斗争中脱离它的天然同盟者而**孤立**的危险现象。

我们要吸引日益广大的群众参加到革命的阶级斗争中来，**以他们的切身利益和需要为起点，以他们的经验为基础**，领导他们去进行无产阶级革命。

我们既然仿效我们光荣的俄国布尔什维克的榜样，共产国际的领导党、苏联共产党的榜样，我们就要把德国、西班牙、奥地利及其他各国共产党人的**革命英雄主义与真正的革命现实主义**结合起来，并彻底铲除用烦琐哲学的空谈处理重大政治问题的作风的残余。

我们要全面地武装我们的各国共产党，使它们能够解决它们面临的一些极其复杂的政治任务。为此，我们要不断地提高它们的**理论水平**，要以活的马克思列宁主义而不是死的教条主义的精神来教育它们。

我们要清除我们队伍中的一切**自高自大的关门主义**,因为自高自大的关门主义最能堵塞我们接近群众的道路,而且妨碍我们实行真正布尔什维主义的群众政策。我们要竭力加强反对**右倾机会主义**一切具体表现的斗争,因为我们认识到这一方面的危险恰恰会在实行我们的群众政策和群众斗争的实践中增加起来。

我们要求各国共产党人及早吸取并应用他们从自己的经验中,从无产阶级革命先锋队的经验中所能吸取的**一切教训**。我们要求**他们尽快地学会在阶级斗争的波涛汹涌的大海中游泳**,而不要停留在海岸上,做滚滚浪潮的观察员或记录员,并期待风平浪静。(掌声)

这就是我们的要求!

我们之所以要提出这些要求,是因为站在一切劳动人民的前列,联合成千百万人的革命大军,受共产国际领导,又有像我们的领袖斯大林同志(暴风雨般的掌声)那样伟大英明的舵手的工人阶级,只有沿着这样道路才能保证完成其历史使命——把法西斯主义连同资本主义一起,从地球上扫除干净!

(全体起立,向季米特洛夫致以暴风雨般的欢呼。从四面八方传来的代表们用不同语言发出的欢呼声。"乌拉,季米特洛夫同志万岁!"用世界各国语言唱起了雄壮的《国际歌》。又一次暴风雨般的掌声。高呼:"斯大林万岁!季米特洛夫万岁!"高呼:"季米特洛夫同志,共产国际的旗手,布尔什维克式的乌拉!用保加利亚语高呼:"季米特洛夫同志,共产国际反法西斯的英勇战士,乌拉!"各代表团唱起了它们各自的革命歌曲,意大利代表团唱起了《红旗歌》,法国代表团唱起了《卡马尼奥拉之歌》,德国代表团唱起了《红色韦丁区之歌》,中国代表团唱起了《义勇军进行曲》。)

第十七次会议

(1935年8月3日下午)

讨论季米特洛夫的报告

会议由**加香**同志担任主席。他请多列士同志（法国）第一个发言。

多列士（法国）：

季米特洛夫同志向我们共产国际第七次代表大会所作的关于法西斯主义的进攻和为争取工人阶级统一、反对法西斯主义而斗争的报告，提出了十分重要的问题，具有极其重大的国际意义。对这些问题的阐述，没有一个人能够比我们的**季米特洛夫**同志、莱比锡战役的胜利者（掌声）更在行、更有权威性的了。

季米特洛夫同志在莱比锡的帝国最高法庭上，与罪魁祸首希特勒、作恶多端的部长戈培尔和戈林对质，他自豪地宣布，以共产国际和全世界劳动人民的名义，控诉法西斯的血腥暴行。

季米特洛夫同志冷静沉着和无所畏惧的榜样也有力地推动了工人阶级的统一和所有反法西斯主义者的团结，去反对法西斯的滔天罪行。在全世界，千百万人，共产党人、社会党人、反法西斯主义者、工人和知识分子都密切注视着季米特洛夫同志怎样大无畏地打击德国人民的刽子手、迫害我们的英雄台尔曼的人。

每一个愿意团结起来反抗法西斯主义野蛮进攻的人，都深情地、赞许地、热烈地呼喊着季米特洛夫这个布尔什维克的名字。

马尔赛·加香同志已经向代表大会深刻地描绘了进步的和革命的反法西斯力量在法国进行的伟大反法西斯斗争的情况。我们在法国的斗争，无疑具有伟大的国际意义。法国人民和欧洲人民的命运，在许多年里都取决于这一斗争的结果，取决于我们的反法西斯运动的前途。

法国人民阵线7月14日的强大示威游行在全世界引起了强烈反响。巴黎还从未发生过这样大规模的群众集会。50万男女从巴士底广场出发，经过富有革命传统的老城区圣安托万区，向国民广场前进。在巴黎和全法国，有许多组织响应阿姆斯特丹工会委员会的倡议，参加了7月14日的人民集会，其中有共产党、社会党、激进社会党、两大工会组织、人权联盟、各种各样的前线战士联合会、统一体育联合会，以及共产党、社会党、激进党和共和党等的青年组织。人们群情激昂，热烈地欢迎人民阵线及其发出的立即为和平和自由而斗争的口号。他们表示特别信赖我们党，视我们党为工人统一的先锋、人民阵线的发起人和组织者。他们成了今天在法国最广泛流传的口号"处处实现苏维埃！"的实行者。

如同我们的季米特洛夫同志昨天强调的那样，如果抱有法西斯已经被战胜的幻想那是很危险的。当巴黎人民宣布自己的意志，不要法西斯时，伯爵德拉罗克上校正在检阅他的准备打内战的部队。其中的3.5万人应政府首脑的邀请在无名战士墓碑旁重新燃起了纪念之火，他们以分列式的队形，踏着正步从墓碑前走过。大家知道，这支"火十字团"拥有武器、摩托车、汽车和飞机。

敌人没有被粉碎。他们在集结力量，准备新的进攻。危险正在与日俱增。造成法西斯主义并使其易于发展和壮大的原因是根深蒂固的，这些原因并没有消失。

法国的生产再次跌落，并接近1932年的最低点。

强烈的不满情绪正在全国高涨。共产党的影响在增长。基于这一原因，法国资产阶级正在走法西斯独裁的道路，武装它的雇佣军。

此外，大资产阶级的某些集团正在反对《法苏互助条约》。它们推行反苏反共运动，鼓吹与希特勒德国结盟，依靠反动分子和法西斯团体，这些团体的代表曾和希特勒会谈过。他们甚至找来变节分子多里奥充当自己的发言人。

与别的国家相比，法国的法西斯有它自己的特点。它在农村没有什么市场，它的市场主要在城市里，它对大企业和政府机关的职员和上层工作人员、对小商人和自由职业者有比较大的影响。

如果我们分析一下法西斯运动发展的一般条件和特殊条件，那么我们必须特别注意那些使法西斯主义在许多国家易于取得暂时胜利的主观原因。这些原因主要有：工人阶级的孤立，或者说，它对中产阶层的影响不够，中产阶层已经被法西斯主义控制并被置于大资产阶级的政治领导之下，此外，还有社会民主党的改良主义政策所造成和维持的工人阶级的分裂。

德国、奥地利和西班牙的事变十分清楚地说明了形势，并向我们的大部分社会党兄弟指明了道路。这些事变使他们睁开了眼睛，让他们看到了还有另一种政策，即马克思、恩格斯、列宁和斯大林的政策，共产国际的政策。

两种政治路线向工人阶级推荐了两条道路，一条是社会民主党推荐的，另一条是共产国际推荐的，它们的结果形成了多么鲜明的对比。

一方面是失败和作为其后果的实行白色恐怖的法西斯主义，经济危机及其对工人阶级来说可怕的种种后果：失业、困苦、饥饿和人的堕落，一片阴暗悲惨的景象，疯狂的军备竞赛和将把世界推入废墟血泊之中的可怕的战争准备。

另一方面是胜利地建设社会主义，工业化和集体化的奇迹，幸福，自由的人民的文化繁荣，在对创造性劳动的热爱中重新发现生活的乐趣，一个新的世界，它以在全国发展集体主义意识的方式史无前例地提高人格。这就是为和平而奋斗的苏维埃国家。

仅仅苏联的存在就使资本主义的内外矛盾暴露无遗，而且更加明显。

由于这些矛盾，由于总的形势的特点是法西斯主义的进攻和革命力量相应的发展，在法国，群众的反抗和反法西斯运动的强大力量具有重大的国际意义。

1924年底，为把饶勒斯的遗体送进万贤祠举行了强大的群众集会，结果出现了法国第一批十足的法西斯团体。这是第一次左翼联盟的时代，即社会党支持的激进政府的时代。由于我们党反对占领鲁尔区和反对彭加勒政府的运动，共产党的影响增长了。

资产阶级出钱组织了一支反对工人阶级的战斗部队。这第一次尝试失败了，不仅是因为总的形势，也是因为党对此作出了强硬的反应。对法西斯战斗联盟的活动，共产党用更大规模的活动来回答。当时，我们单独领导了劳动人民反对摩洛哥战争，后来又在1926年反对彭加勒政府。

1929年，出现了对共产党及其《人道报》的新的进攻，又在策划成立法西斯团体。这一时期的特点是：法国资产阶级鼓动反动的白卫军流亡者小组并支持它们的罪恶活动。

那时，由于党的有威信的领袖被捕，巴尔贝—塞洛尔集团得以篡夺了党的领导权。他们把革命运动引导到关门主义的轨道上，使我们的侧翼暴露在资产阶级的进攻面前，并鼓励"无产阶级统一党"领导人的背叛行为。

当这一集团受到揭露，它的关门主义的机会主义政策遭到清算时，党又开始前进了。1932年是第二次左翼联盟时期，同时，经济危机也加剧了，出现了财政危机和国家财政的长期亏空。这也是法西斯主义在中欧的进攻使人感到十分震惊的时期。群众的不满在增长，共产党制定了维护群众迫切要求的政策，这一切增强了争取统一战线和工会统一的倾向；响应**罗曼·罗兰**和**亨利·巴比塞**的号召而开展的阿姆斯特丹—普莱耶尔运动得到发展并取得了成效。

1933 年底揭露了一件大的财政丑闻。

法西斯战斗联盟的领袖们、反动的政治家们力图使群众不去同情共产主义，把法国人民对高级骗子及其帮凶——议员、部长、高级官员、大使、省长和退役将军、荣誉勋章获得者的理所当然的愤怒引导到符合资本家利益的轨道上去。他们展开了猛烈的新闻攻势，试图举行大量群众集会。2 月 6 日，法西斯领袖和反动派命令他们的军队进攻议会。工人阶级立即给予有效的反击。早在 2 月 6 日，我们党就已组织了针锋相对的群众集会。2 月 7 日，警觉的郊区开始行动。达拉第政府引退了，反动的杜梅格被召上台。禁止一切集会，社会党取消了原先宣布的 2 月 8 日在巴士底广场举行的群众集会。

共产党不顾警察的禁令，坚持原来宣布的 2 月 9 日在共和国广场举行的群众集会。巴黎公社社员的后代、巴黎市和红色郊区的无产者们以令人钦佩的热情响应了党的号召。在巴黎 1/3 的地区，在东区和在共和国广场周围，人们同警察战斗达 5 小时之久，并且高呼："处处实现苏维埃！""打倒法西斯主义！"

社会党领袖把工人们隔离在某些地方，不让他们参加运动，但许多工人离开了那里，参加了他们的共产党兄弟的集会。有 10 人死在马路上，死者中有一个属于改良主义工会的泥瓦匠和几个无党派工人。

共产主义巴黎的英勇战斗使全省都受到了鼓舞。它既是一个信号，又是一个榜样。2 月 12 日，有 450 万职工参加了在革命总工会（法国统一总工会）和共产党压力下举行的总罢工。共产党员、社会党员和两个总工会（法国统一总工会和法国总工会）的会员第一次一起组成强大的队伍参加了群众集会。法西斯的第一次大的进攻被响应共产党号召的法国工人阶级挫败了。（掌声）

共产党和社会党签订了联合反对法西斯主义的协定。中产阶级开始感到联合起来的工人阶级的吸引力。

在1934年10月的地区选举中，共产党取得了决定性的成功，挡住了取悦于法西斯的右派政党的进攻。杜梅格被迫下台。

法西斯团体面对共产主义影响的增长和统一行动的发展加紧活动。它们中的有些团体只是些雇佣兵团体，对群众并没有什么大的影响。而相反地，"火十字团"正在发展和加紧准备内战。

在最近的政府危机中，"火十字团"的主席、伯爵德拉罗克上校宣布，**"如果左派政府接手领导政务，那将是个笑话"**。

德拉罗克的无耻威胁和他对未来的惩罚性进军所做试验的结果是，激进派向人民阵线靠拢。他们参加了7月14日的力量集结。

现在，斗争在继续发展，由于赖伐尔紧急法令的运用而引起的不安使这一斗争正在深入。

目前，法西斯主义在法国的影响已不再增长，在有些地方甚至正在减弱。各法西斯团体之间的争论以及许多此类团体内部的讨论已经开始。法国的法西斯分子未能使他们的运动完全统一起来。

天主教徒中反对法西斯分子渗入天主教组织的情绪正在增长。希特勒对教会的进攻在法国不是没有反响的。7月27日，在巴黎附近的**布洛涅**举行了有1万人参加的大规模集会，要求释放台尔曼。在这次集会上，一个天主教神父继共产党员、社会党员和以前的激进党部长皮埃尔·科特之后，抨击希特勒的迫害措施，并号召进行有组织的反法西斯斗争。

但是，为自己的统治而忧心忡忡的大资产阶级在形势的逼迫下，再一次催促法西斯的最坚决最好斗的领袖和成员重新集结自己的力量。"火十字团"的急剧发展就是一个证明。"火十字团"和"国民志愿军"现在宣布，它们拥有30万成员。他们被编成支部，支部又分成小组。它们的领袖伯爵德拉罗克上校的兄弟在为法国王储效劳；德拉罗克上校从前是二局谍报处的军官。他告假停职，以便作为一个高薪职员去为电力托拉斯效力。作为"火十字团"运动的主席，他领导着这个货真价实的法西斯运动。他的纲领就包含在这样一个简单的公式中：所有法国人的和解、爱国、宪法改革。把它翻译成工人阶级的语言就是：虽然空喊反对资本，实际是为资本服务；反对工人阶级，为资产阶级服务。"火十字团"运动的反资本主义、反议会制、反政府的欺骗宣传只是拙劣地掩盖它的纲领的真正要点，如取消社会保险法、实行紧急法令。很明显，他们是由以"火十字团"成员梅西耶为首的电力托拉斯、以菲纳利为首的法国大银行家、以持有"火十字团"联盟第13号会员证的德文德尔为首的冶金工业公会和法兰西银行所豢养的。

1935年6月23日，德拉罗克在沙特尔的最近一次讲话中用和希特勒一模一样的口吻说道：

"我是完全意识到我的讲话的严肃性的。我对你们、火十字团成员们说：你们正走向应该使用武器的那一天。我们的思想将在几周内使我们掌权。我向你们发誓保证这一点。抓紧我们仅有的一点时间，扩大你们的支部，以便根据我的命令，在我规定的时刻，把一切细枝末节都准备好。我们将铲除议会制……法兰西的旗帜必须在全国每个角落高高飘扬。"

他们进行沙文主义的、敌视外国人的煽动。他们具有反犹太主义的倾向。他们想和希特勒达成反苏协议。

"火十字团"和高级军官、将军，特别是和现任空军部长有联系。法国法西斯已经杀害了工人。他们使用一种恬不知耻的语言。他们在摩泽尔省散发了一张传单，上面写道："我们要切开他们（指反法西斯主义者）的肚皮，挖出他们的心脏并把他们的内脏扔得满地都是。法西斯主义将会胜利！"

他们在自己的报纸上讲什么"准备开枪"，他们在练习射击，他们也殴打了激进党人，特别是那些倾向人民阵线的激进党人。

法西斯主义在法国的胜利，意味着劳动群众政治上和经济上被宰割，对于工人来说，就是饥饿工资，就是取消本来就少得可怜的社会立法，就是禁止罢工，禁止对资本进攻的任何反抗，摧毁工会，解散或统一合作社。

法西斯主义的胜利对于公职人员来说，就是减少收入，解雇，盲目服从。小商人和小手工业者将受到大资本、大地主、托拉斯、运输公司、电力托拉斯的梅西耶先生、冶金工业公会的德文德尔先生的肆无忌惮的剥削，而不能反抗。

法西斯主义的胜利对于农民来说，就是为了垄断资本家和财阀的利益，为了这些人的特权而牺牲农民。

法西斯主义的胜利对于知识分子则意味着极大的嘲笑和迫害。像**皮兰和郎之万**这样最伟大的科学家、最杰出的学者已经受到法西斯分子恶毒的攻击。

法西斯主义的胜利就是对一切自由的压制，就是血腥的白色恐怖，就是对劳动人民的完全奴役，就是监禁和杀害工人阶级的先锋战士，就是消灭共产党人、社会党人、共和派、民主派。就像在德国那样，继犹太人之后，天主教徒和基督教徒将遭到打击。

法西斯主义的胜利对于整个国家来说，就是一场灾难，就是肆无忌惮的反动派在全欧洲的胜利。

法西斯主义的胜利就是对苏联的进攻。

我们将不惜一切代价避免这场灾难，为了我们的国家，为了欧洲，

为了全世界，我们要不惜一切代价阻止这种暴虐。（掌声）

我们已经开始行动！

我们党在组织反法西斯主义统一战线和人民阵线方面的成功，是由于我们注意劳动群众的直接要求，是由于我们注意保护他们的日常利益。

我们曾反对并正在反对减少工资和收入，争取每周工作40小时而不减少工资，争取缔结集体合同，争取真正的、任何情况下都有的社会保险，其费用完全由企业和国家负担。

我们为失业工人获得工作，为救济他们，为提高失业救济金，为无偿提供和分发煤、服装、牛奶给失业工人的孩子们而进行了斗争，并将继续为之斗争。

在我们掌权的地区，我们为失业工人做了一切可能做的事情。例如，我们在**伊夫里**用市政交通工具把牛奶免费送到有小孩的失业工人家里（掌声），大一点的孩子则由学校食堂免费供膳。

我们为保护工人的孩子和青年进行了斗争并将继续进行斗争。我们的共产主义青年团在中央委员会的领导下，制定了一个关于保护劳动青年利益的措施的纲领，这一纲领已经成了青年统一战线的基础。

我们为保卫小公务员、铁路职工、邮局职工的利益，反对紧急法令，反对开除和撤职进行了斗争，并将继续进行斗争。

我们为保卫退伍军人和战争牺牲者的权利，反对降低他们的年金进行了斗争，并将继续进行斗争。

我们为维护房客、小商贩、手工业者和农民的利益进行了斗争，并将继续进行斗争。我们要求减租减税，要求为所有的危机牺牲者组织紧急救济。

我们进行了反对涨价的斗争，并将继续进行斗争。我们吸收劳动妇女参加反对大中间商的斗争，同时努力防止消费者被煽动起来反对农民和小商人。相反地，我们把他们联合起来，反对共同的敌人——大资本。

我们支持农民示威游行反对他们的产品的低收购价，我们为他们申请延期偿还债务，我们为他们要求危机救济、无息贷款、分发种子和肥料。

我们提出了某些要求，对于别的团体，甚至敌视共产党的团体的要求，如果符合某些劳动阶层的意愿和工人阶级的利益，我们也毫不迟疑地表示支持。下面一段话引自巴黎7月21日的《共和国报》，它对我们的活动成就作了最好不过的描述，这家报纸说：

"共产党人日益完善他们的策略。这一策略是简单的，但却有着无可争辩的吸引力：他们有计划地依靠不满分子。哪里有不满分子，他们就去对他说：同志，共产党人和你在一起。退伍军人触犯了紧急法令？同志，共产党人和你在一起。公职人员触犯了紧急法令？同志，共产党人和你在一起。共产党支持佃农、半佃农，一般地说，支持农民，支持房客。因为全法国都是不满的，所以**他们就是全国的代言人。**"（掌声）

但是，我们实际上做得更多，我们不但提出了劳动群众的迫切要求，而且指出了怎样在财政上兑现；我们要求减少军事预算和警察预算。我们要求首先要提高特别财产税和累进财产税。我们的全部运动是在这样的口号下进行的："**富人应该出钱。**"在那些我们自己管理从而能够支配资金的大乡镇，我们实现了我们自己的建议。国家允许乡镇提高向那些为商业和手工业目的服务的设施征收的分级累进租金税。在巴黎这种税一律为3%。

在我们共产党管辖的**伊夫里**，我们实行这样的分级累进：1万法郎以下的（小商人）的租金为1%；1—2万法郎为2%；超过2万法郎为6%。这种税为我们的地方财政提供了127.5万法郎，用从伊夫里的企

业主那儿征来的这笔钱,我们就可以向失业工人的孩子们免费供应牛奶。(掌声)

中央委员会在前些天制订了一项**整顿财政的计划**。这项计划主要是向大财产征税,对法兰西银行实行国有化和对私营银行实行监督,此外还有各种反对富人的措施。

我们在法国组织广泛的反法西斯统一战线取得成功的另一个条件是:党对资产阶级民主问题和法国人民的革命传统的态度,我们正在使这种革命传统重新发扬光大。

法国是一个旧资产阶级民主的国家,是资产阶级革命的典型国家。工人阶级参加了多次革命,巴黎公社是无产阶级专政的第一个范例。法国农民仇恨过去的封建统治者的后代和接班人。他们仇恨城堡主人、牧师和过去的贵族。他们知道,法国大革命给了他们土地。1848年时,他们不理解第二共和国并投向路易·波拿巴,因为大资产阶级,也就是金融贵族,从二月革命一开始就把新的赋税和抵押加在他们的头上,结果就威胁了小土地所有制。在第三共和国统治下的法国农民得到了值得一提的好处。法国农民还始终是我国人民中人数最多的部分。资产阶级直到最近仍在保护他们。农民存有幻想,以为依靠普选权可以成为国家的主人。实际上他们曾经是,现在也还是举足轻重的。法国农民是共和主义者。这并不是一句空话。布卢瓦选区的农民虽然对受到法西斯发言人多热尔攻击的政府成员的作为不满,但是只要揭露多热尔是保皇派就足以使他们在一次补选中让他落选。

我们共产党坚定地和这种革命传统相联系。

我们以工人阶级的名义,以他们的要求的名义,要求继承18世纪百科全书派的精神遗产和革命遗产,他们用自己的著作为1789年的大革命作了准备。我们指出,他们的唯物主义学说被马克思、恩格斯、列宁和斯大林的天才所深化、发展和丰富,成了辩证唯物主义,即马克思列宁主义，革命无产阶级的理论和实践，无产阶级已经在地球 1/6 的土地上成了统治者和社会主义的建设者。

现在是这样一个时代，资产阶级尤其是法西斯主义想把我们投入到早已过去了的世纪的野蛮之中，抛弃百科全书派的事业，把达尔文学说逐出学校，在柴堆上焚烧马克思的著作，散播迷信和无知。

我们以工人阶级的名义要求继承雅各宾派的革命勇气和革命热情。

我们发扬巴黎公社的传统。我们发扬 1793 年和 1871 年的传统。

针对法西斯分子的沙文主义和军火商的爱国主义，我们宣传我们对祖国的热爱，对我国人民的热爱。

因此，我们认为，我们为祖国的过去，为它反对奴役和剥削而进行了几百年之久的斗争感到自豪。我们是 1792 年的无套裤汉——瓦尔米战士的后代，我们否认贵族——科布伦茨流亡者后裔的权利，他们是随着外国反动军队返回法国的，我们否认伯爵德拉罗克上校先生的权利，他的曾祖父曾在孔戴伯爵和普鲁士国王的军队中服役，我们否认他们有权以祖国的名义发言，我们揭露他们是昨天和明天的叛徒，他们就像当年他们的祖先一样，就像今天俄国的白卫军一样，准备手持武器反对自己的国家，以维护或重新获得自己的特权和利润。

反动报刊嚷嚷说，引导 7 月 14 日游行队伍的除了红旗外还有三色旗。反动资产阶级当然知道，三色旗是小资产阶级和工人阶级联盟的标志，反动资产阶级最怕的就是这一联盟。无论是大革命的旗帜还是国民大会士兵的《马赛曲》，我们都不能让其被法西斯主义所窃取。（掌声）

当我们的**杜克洛**同志在 7 月 14 日这个人民的节日宣读共产党的声明时，他说明了过去的圣歌《马赛曲》和现在及未来的圣歌《国际歌》对我们来说意味着什么。这时与会者唱起了《马赛曲》的一段歌词和《国际歌》的一段歌词，以此向共产党的代表表示欢迎。（掌声）

从去年起，我们就已经开始对士兵——人民的儿子，以及对共和派军官做工作。我们表示，希望他们不被滥用来反对人民，希望他们能够挫败法西斯主义的反动军官和将军们反对人民自由和反对国家的阴谋。

在人民群众的眼里，我们是国家的自由和独立的先锋战士，是法国人民当前利益和未来利益的代表。我们的活动、讲话、文章和传单的语气，就已经表达了对由自己的革命政党组织和领导的工人阶级的历史任务的这种认识。

这一政策也使法国共产党有可能发起、激励和真正影响一场规模浩大的群众运动。至今在政治上仍不统一的工人阶级的成员被唤醒投入政治生活。小资产阶级的主要阶层被吸引参加了反法西斯主义的斗争。

在以人民阵线为标志联合起来的各种社会成分中间，当然存在着特殊的、不同的、互相矛盾的利益。因此，党必须善于实现所有这些阶层的物质要求，从思想上和政治上影响整个运动，并把它组织起来。党必须善于站在代表全体法国劳动人民利益的无产阶级的立场上。但是仅仅提出要求还不够，这只是第一步。如果我们想要为工人、职员、农民和现役军人，哪怕只是取得极其微小的成果，我们也必须采取群众行动，当然我们应该说明这样做的理由。

此外，我们还必须提出这样一些推动运动深入发展的口号和建议。我们是无产阶级的党，无产阶级受剥削最重，但也是最统一的阶级，它最贫困，但也是最革命的阶级，它是一个期望从社会的彻底变革中获得其自身的完全解放的阶级。共产党是用马克思列宁主义理论武装起来的，因此只有它才能执行一种始终一贯的政策，它在苏联已经在这方面进行了光辉的尝试。我们的盟友是谈不上这一点的。城乡小资产阶级憎恨资本，首先是掌握信贷的银行家，但是他们相信财产永存，甚至相信有可能增加财产。自由职业者的代表、中高级职员存有幻想和其他偏见。他们相信当今的社会有可能和平地逐渐改善。这些人的反法西斯主义有时和沙文主义混杂在一起。他们眼中的法西斯主义主要是希特勒主义及其纳粹集团。中产阶级各党派团体体现了这种幻想和偏见。这些党派团体不可能实行一种坚决一贯的政策。它们倾向于动摇。我们努力向它们说明，只有当工人阶级成为反法西斯主义运动的核心，非无产阶级的劳动群众像围绕着一个轴心一样团结在工人阶级周围时，这一运动才能成功。

城乡人民群众、中产阶层尤其是农民、激进民主党和社会民主党，无疑发挥着一种十分重要的历史作用，然而它们从未发挥过独立的作用，它们有时屈从于大资产阶级和资本的影响，成为大资产阶级政策的工具；有时又和工人阶级联合。在第一种情况下，其结果是加重对所有劳动人民的剥削和压迫，而在当代就是法西斯主义。1848年至1852年法国的经验，1918年至1931年德国的经验，1931年至今西班牙的经验，都生动地证明了这一点。

在第二种情况下，其结果是消除对人民的剥削和压迫，是民主和人民自由的兴盛。苏联的经验最有力地证明了这一点。

最后，我们共产党必须创造"组织上的奇迹"，以统一和加强反法西斯主义的人民运动。

尽管取得了明显的进步，组织工作仍是我们的重点。我们有成千上万个委员会。光是在巴比塞热心领导下的阿姆斯特丹运动就拥有2000个委员会。但这还是远远不够的。党必须设法使这些委员会在乡村、城区和企业的群众大会上以民主方式选举出来。

同志们，我们的党致力于实现所有劳动者阶层的要求，对一切问题都表示我们的态度，由此我们就善于使人民阵线在全法国取得胜利。我们就善于显著地扩大我们对工人阶级和对中产阶级的普通百姓的影响。

中央委员会在1934年10月提出了人民阵线的思想，阐述了阵线的纲领，当时我们并没有想到，这一政策会如此迅速地取得成功。

而现在呢？党已使中产阶级的广大群众向左转，转到了工人阶级一边。在群众的强烈要求下，党使两个部长接连被撵下了台。现在，我们党面临着新的问题，就是关于统一战线或反法西斯人民阵线的政府的可能性问题。

当然，对我们来说，并不存在着这样的问题，即我们会按照1923年布兰德勒在萨克森的做法搞议会中的联合。这也不是一个"工人政府"的问题，就像在英国或某些斯堪的纳维亚国家中曾经有过的或仍存在着的那样；也不是一个联合政府的问题，就像比利时、捷克斯洛伐克和西班牙曾经有过的那样。这不是一个领导资产阶级事务的问题，而是一个依靠群众的推动以及议会外的群众行动来反对法西斯和阻止它攫取政权的问题。

作为共产党人，我们为苏维埃政权，为无产阶级专政而奋斗。我们知道，这是永远结束危机、贫困、法西斯主义和战争的唯一手段。但是，我们也知道，在法国暂时还只有少数工人阶级，尤其是还只有少数劳动人民赞同我们的信念，并准备为建立苏维埃政权而斗争。因此，苏维埃政权不能成为我们目前斗争的直接目标。但是，我们虽然是少数，却能够并且必须向现今已决心不惜任何代价阻止法西斯专政的法国大多数人民指明道路，并且要使群众在斗争过程中通过他们自己的经验相信，必须继续向苏维埃共和国前进。

不满正在增长，其表现就是举行了许多次反对紧急法令的示威游行。由于人民阵线的发展，可能会出现这样一种局面：人民阵线必须占据"民族统一"政府空出来的位子。

一次新的政府危机将是一次严重政治危机的开始。共产党作为人民阵线的先锋战士能够对事态发展起决定性影响。如果人民阵线不够坚定，没有勇气，那么继赖伐尔的"民族统一"政府之后就可能出现一种更反动、更能为法西斯开辟道路的政治形式，甚至可能出现法西斯专政。因此，共产党人必须竭尽全力，使局势不会这样发展。我们不应忘记,从赫尔曼·弥勒,经布吕宁、冯·巴本和施莱歇到希特勒,走的也是表面上合法的道路。

如果共产党在革命危机的条件下,及时地提出、宣传、普及和使人们接受关于过渡措施的最低纲领,这些措施能"更进一步动摇资产阶级的经济权力和政治权力,能加强工人阶级的力量",那么群众运动的风暴就一定能造成一个人民阵线的政府,我们党将支持这个政府,甚至可能参加这个政府。

这无疑是一种大胆的政策,它需要无比坚定和远见卓识。我们党能实行这样一种政策。这并不会给党造成这样一种危险:被其他党同化或和它们混杂在一起。我们在15年的艰苦斗争后,已经在政治舞台上占据了一席之地。不仅共产党及其党员和干部以及党的同情者已经意识到,他们正在完全独立地完成特殊的作用和目标,而且共产主义的盟友及其敌人现在也都以自己的方式承认我们无产阶级的革命眼光,并考虑我们的力量和行动。

这种独立性首先是由于我们执行了"阶级反对阶级"的策略,它使我们党作为一个完全不同类型的、和所有其他的政党——也包括社会党——完全不同的党出现。

共产国际进行了持续不断的斗争,以实现工人阶级争取统一的愿望。它没有停止过为所有无产者的斗争统一而努力奋斗。它在许多年里要求社会主义工人国际在各国组织统一战线,但都没有成功。

因此,在法国实现的统一战线有巨大的作用。

从1922年以来,在12年里,我们向社会党提出过26次建议。每一次它都加以拒绝,有时是极粗暴地加以拒绝。

认真迈出的第一步是在1932年7月阿姆斯特丹大会期间。在这次大会上,法国代表团人数很多,其中有社会党人,他们是支部、地区、甚至联合会的正式代表。

当我们在1933年3月,在共产国际发出信件后不久,向社会党工人及其领导提出建议时,他们并没有直接答复我们。

与此同时,就像在巴黎普莱耶尔厅举行的大会所表明的那样,国际事件,特别是德国的事件影响了社会党工人的情绪。

这种情绪的重大发展和突破发生在1934年2月6日以后,自那时以来,社会党工人和共产党工人肩并肩地投入战斗,参加共产党决定在巴黎及各地举行的行动。

5月30日,我们向社会党执行委员会提出要求组织共同斗争以营救台尔曼。我们和勃鲁姆、齐罗姆斯基举行了第一次会晤。会谈持续了好几个星期,并再一次以社会党领导的拒绝而告终。但与此同时,社会党塞纳联合会接受了我们地方党领导的好几个建议。特别是它表示同意于7月8日参加反对"火十字团"的示威游行。从此以后,在整个社会党内部,社会党工人群众对共产党人倡议的响应越来越引人注目。当社会党全国委员会于7月15日开会时,由于我们公开建议缔结关于进行反对战争和法西斯主义的斗争协议,它被迫接受了统一战线。

这一协议对法国工人阶级颇为有利。它加强了实现工会统一的势头,提供了打入中产阶层的可能性。我们必须强调,我们党在协议缔结前和缔结后一刻也没有忘记过统一战线的基本内容,即行动。

1934年2月9日,主动权仍操在我们手里,1935年2月10日,我们决定号召巴黎无产阶级纪念它的2月9日的牺牲者。这一决定是由我们单独作出的,我们向社会党发出了邀请,请他们参加我们的示威游行。

我们又倡议在今年5月19日公社墙传统游行日那天举行示威游行。在共产党中央委员会的领导下,成功地组织了这一次示威游行。社会党塞纳地区组织向我们提议也在5月19日举行一次示威游行。我们这样答复他们:我们已经作出了这样的决定,如果你们同意,如果你们准备

5月19日在公社墙旁游行的话,这很好,在游行队伍中将会有你们的位置;如果你们不同意,那么我们将在没有你们参加的情况下举行示威游行。社会党塞纳地区组织看到有必要放弃他们的反建议并参加我们的示威游行。有20万工人参加了由共产党领导的在公社墙附近举行的示威游行。我们努力从下面组织统一战线,与此同时,我们也致力于在各团体内开展争取工会统一的斗争。我们组织法国工人阶级统一的主要阶段的任务,应该是实现工会的统一。

由于实现了统一战线,我们在实现工会统一的道路上虽然遇到了法国总工会,特别是它的几个追随新社会党人的反动领导人的激烈反对,但还是取得了进展。

建立了700个统一工会。

铁路工人工会,除了有两个例外,全都联合了起来。建立了地方的统一工会和部门的统一工会。

法国总工会被迫和法国统一总工会的代表重新讨论实现工会的统一。

由于社会党国际的危机,由于其影响的减弱和党员人数的减少,重大的责任落到了共产党的肩上。这关系到使社会党工人不感到悲观失望,甚至关系到阻止一部分社会党工人转到法西斯方面去。这关系到吸收社会党工人直接参加反法西斯主义的联合斗争,尽管他们还没有完全同意我们的观点,尽管他们还没有克服反对我们的偏见,与我们联合斗争将使他们减少或者完全消除这些偏见。

照勃鲁姆的话来说,我们已致力于使统一战线成为不可避免的,而我们也已经使它成为不可避免的了。

当《法苏互助条约》缔结的时候,特别是在赖伐尔总理和我们的斯大林同志会谈后,公布了附有斯大林声明的公报,在这个声明里,斯大林对法国反对希特勒侵略的国防政策表示谅解,并承认法国有必要把它的物质手段提高到国防所需的高度。这时，不但反动派，而且连社会党方面也猛烈地攻击我们。勃鲁姆带头发起了这次攻击。托洛茨基分子、变节分子、所谓的无产阶级统一党的追随者、多里奥都登台表演了一番。

就在第二天，巴黎的共产党人举行了会议。政治局向这些共产党人说明：第一，苏联的和平政策与由斯大林坚决执行的列宁的历史性指示是一致的，是符合国际无产阶级的利益的；第二，在这样的情况下，特别是由于法西斯在一系列国家攫取了政权，为了保卫和平，法国和苏联的合作为什么是可能的和怎样才是可能的。

我们还补充说：我们，工人阶级及其共产党，将坚定不移地继续进行我们的斗争，反对任何党派之争，反对利用军队反对工人阶级，反对法帝国主义奴役殖民地人民。我们决不和法国资产阶级的阶级政策合作。我们将继续为了工人阶级的利益，领导工人阶级反对压迫，反对退回到二年制兵役制。但是，我们法国共产党人并不会像资产阶级的、改良主义的或和平主义的政党一样来评价战争，我们是从马克思主义的立场来评价战争的，我们宣布，如果有人侵略苏联，我们将会集中我们所有的力量和利用一切手段来保卫苏联。（掌声）

报告后，巴黎地区的5000名共产党员一致（只有1票反对）通过了一份表示赞同的决议。共产党员从那里前去参加党为了大选而组织的集会，并在会上阐述了声明的论点。为了解释国际无产阶级的领袖斯大林同志所发表的谈话，我们马上就张贴了这一声明。

同志们，结果如何可以从八天后举行的选举中看出来：我们共产党的得票比地方选举时有所增加，我们在第一轮选举中得到12个席位，在第二轮得到13个席位，在50个席位中我们总共得到25个，也就是说，在塞纳地区议会中我们的议员占了一半。（掌声）

长期以来，社会党领袖用实现组织上的统一来对抗统一战线；我们党的回答是:"统一战线是统一党的准备。"

由于我们在群众的支持下坚定不移,统一行动迈出了它的最初几步,并有所发展,这时我们提出了自己的关于无产阶级统一党的观点。

去年11月,我们向社会党全国委员会提出建议,召开一次统一的全国代表大会,为了准备这样一次大会,共产党人和社会党人共同举行会议,并在会议上不仅提出直接行动的纲领,而且也提出统一党的纲领。

今年5月,我们在名为《工人阶级统一宪章》的文件中重复了我们的建议。我们提出了如下的原则性要求:

1. 不实行阶级合作;
2. 不实行城堡内的和平;
3. 变帝国主义战争为国内战争;
4. 在任何情况下用一切手段保卫苏联;
5. 支援殖民地人民,用革命推翻资产阶级,实现无产阶级专政;苏维埃政权是工人政府的形式;坚定不移的国际主义和从属于一个统一的工人阶级世界党;民主集中制,在企业中进行工作。

我们还补充了无产阶级国家将要实现的纲领的基本要点,补充了无产阶级国家将要给各劳动人民阶层什么东西的内容。

现在我要就统一战线问题作出如下结论:统一战线已经表明它对工人阶级是有利的,它使工人阶级有可能更好地反对法西斯主义和资本的进攻。统一战线使工人阶级争取到了各小资产阶级阶层。社会民主党领袖关于统一战线会把中产阶层从我们这里推开的论点被事实驳倒了。统一战线使中产阶层接近共产党。统一战线增强了我们共产党。

干部本身已经成长起来。当然,曾经有过严重的困难、动摇、丧失信心,并非总是一切顺利,就是今天也并非一切顺利,但是,同志们,我们的同志在责任感和首创性方面已经发生了怎样的变化啊!

但是，统一战线不仅给我们党，也给我们的共产主义青年团带来了好的结果。为了争取青年，为了使青年积极行动的需求不被法西斯主义的欺骗宣传所利用，必须有一个青年组织，它不是模仿共产党的组织形式和口号，它组织劳动青年群众，争取青年工人，教育他们并为了未来的战斗改造他们。为此，强调大联合，强调已经开始从事的伟大任务，是有益的、正确的。目前，我们的共产主义青年团的人数已经增加了五倍。它积极参与了阿姆斯特丹—普莱耶尔运动。它根据统一战线的纲领，吸收共和派的、无神论的和社会党的青年组织参加运动。它不顾社会党的反对，与社会党青年组织订立了一个协议。

工人体育运动组织已经联合起来，并争取到了1万名新成员。目前它大约有4万名成员。

同志们，我们希望，我们的经验将对其他国家的工人有所帮助。我特别指的是我们的德国兄弟，指的是社会党工人。我希望，在不久的将来，我们能在卡尔·李卜克内西和罗莎·卢森堡的被褐色暴徒亵渎的坟墓旁，和台尔曼一起，并肩庆祝他们由于实现了工人阶级的统一而赢得的胜利。（掌声）

同志们，奥地利和西班牙发生过战斗，我们高兴地向那里我们的兄弟部分地实现了的统一行动致敬。我们很高兴，共产国际再一次极其明确地表示，它准备和社会主义工人国际的领导就组织统一战线和准备实现国际无产阶级的完全统一而进行谈判。

考虑到法国的形势，我们有责任对我们自己的工作，对我们自己的成果，提出越来越高的要求。在我们的运动中，在我们党内，我们在工会工作中，在工会斗争中，在农民工作、妇女工作和一般地说在组织工作中，还一直存在着很大的弱点。我们将来有可能成立反法西斯人民阵线政府，而这一切弱点就会给我们带来巨大的困难。我们的农民工作取得了一些进展，但仍是十分不够的。

我们必须看到党的工作的拖沓，有时还不够活跃，各委员会、地方委员会、大区委员会，党和中央委员会支持不够的各个党组织，都有这个问题。

我们要更加积极主动、更加富有责任心，从最基层的组织直到党的领导机关都要如此。

我们还要作出十分巨大的努力，以提高我们党的思想水平。

我们在法国正面临着伟大的斗争。目前，由于紧急法令的实施，不满情绪正在扩散。公职人员感到怒不可遏；小资产阶级不再相信资产阶级政党的领导。我们看到人们强烈要求建立统一战线，实现统一，建立反法西斯人民阵线。但是，我们也看到另外一个方面，法西斯主义正在日益活跃，它的组织，它的战斗部队正在加强。为了打击我们党，资产阶级将力图孤立我们党。

对于法国工人阶级，对于我国人民，对于国际无产阶级，我们负有重大的责任。我们意识到这一责任和这一责任赋予我们的义务。

要加强政治领域的统一战线，更要加强经济领域的统一战线，要实现工会统一；要扩大和巩固反法西斯人民阵线；要争取广大的农民阶层；要迫使解散密谋反对人民和共和国、与希特勒密谋反对和平的法西斯组织并解除这些组织的武装；要反对各种形式的反动派；反对清洗军队；要保卫自由；要保卫苏联！

为了完成这些任务，就必须加强我们的共产党，就要用斯大林如下的思想来指导我们：

"革命的胜利从来不是自行到来的。它是需要准备和争取的。而能够准备和争取它的，只有强大的无产阶级革命政党。"[①]

[①] 《斯大林全集》第13卷第264页。——编者注

我们决心完成这一任务。

我们决心不玷污法国人民革命的过去，不玷污光荣的公社战士和社会主义新世界的创造者——布尔什维克党的榜样。

我们要使我们的国家免遭法西斯的污辱和暴行，要参加解放我们的受法西斯奴役的弟兄们的斗争，要竭尽全力争取面包、自由、和平和保卫苏联。我们决心要为社会主义的完全胜利而继续前进，我们将在马克思、恩格斯、列宁和斯大林战无不胜的旗帜下去夺取社会主义的完全胜利。

我们知道，斗争将是艰巨的，但是我们必胜。

（热烈的、长时间的掌声。代表们起立，唱《国际歌》。德国代表团发出了暴风雨般的欢呼红色阵线的声音。）

第十八次会议

(1935年8月3日)

继续讨论季米特洛夫的报告

波立特(英国):

英国共产党代表团完全同意季米特洛夫同志所作的报告。

当前国际形势的全部特点,使建立以革命工人阶级为不可战胜的战斗核心的最广泛的统一战线,成了共产国际及其各支部最迫切的政治任务。

目前这一时期是革命危机正在成熟,革命和战争的新周期开始的时期,宏伟的革命前途正在向全体工人阶级展开。

这一前途能否变为现实,取决于统一战线运动能不能得到切实的加强和提高。

共产国际推动和领导着为实现统一战线而进行的斗争,在这一斗争过程中,共产国际在各国工人中的影响无疑大大地扩大了,而第二国际的影响则相应地**大大**减小了。

第二国际中**觉悟**的工人群众越来越多,他们懂得,实现统一战线的主要障碍在于他们旧领导的政策。

统一战线运动是从共产国际1933年3月号召中规定的路线发展而来的,在1934年前后,它已经使一批社会民主党工人和共产党达成了统一战线协议,虽然第二国际禁止他们达成这样的协议。这样就在反对者阵营中打开了一个缺口。然而,那些正需要达成这类协议的国家(特别是英国和斯堪的纳维亚国家)的共产党还不完全懂得,在反对社会党领袖抵制统一战线的斗争中,在群众中利用这一缺口。

第二国际不得不放弃禁止它的各支部和共产党缔结统一战线协议的做法,这一事实以及几位社会民主党代表发表的有利于与共产国际联合行动的少数派宣言,表明了争取统一战线的群众运动正在发展,表明了对社会民主党领袖施加的压力。

这一少数派宣言尽管有种种局限性,但仍不失为一个重要的政治行动。它使人看到第二国际领导层内部已经出现了明显的裂缝。然而共产党没有充分利用这一宣言。

现在,我们在建立统一战线的斗争中已取得了丰富的经验,如果我们能仔细地考虑到这些经验,那么我们就可以避免过去曾经犯过的许多错误,并克服我们工作中目前还存在着的弱点,这样我们就将增强统一战线的阶级特征,同时也能争取大部分小资产阶级积极参加这一运动。

在为统一战线而进行的斗争中,我们必须特别反对一般化的倾向。我们过分相信,只要用一般的号召就能轻而易举地赢得工人的支持,建立起反对资本进攻,反对法西斯主义和战争的统一战线。此外,统一战线问题常常是以抽象的形式提出来的。统一战线被看做就是统一战线本身的事情。统一战线是工人的阶级阵线,它把所有的工人都吸收到保卫**他们的**工资和生活条件、**他们的**失业救济、**他们的**权利和自由、**他们的**反对贪婪的地主的斗争、**他们的**工会和合作社的共同行动中去,这关系到保卫**他们的**家园以抵御法西斯主义和战争的恐怖。如果我们把这一事实作为出发点,如果我们使工人用这种观点理解这一事业,那么我们不久就会看到各方面的统一战线工作都将有所改善。

我们必须学会抓住每一个机会以促使工人们在任何问题上,哪怕是"微不足道"的问题上,都采取共同行动,把它作为一种手段,以便把这一问题和重大的政治问题联成一个整体。

在英国，1934年和1935年的反对削减失业救济金的斗争，无疑是英国从未有过的最大的统一战线群众斗争之一；它也清楚地表明了，怎样才能为反对工人生活条件恶化的统一战线争取同盟者。这一点在南威尔士表现得特别明显，不仅矿工的所有组织和工党的所有地方组织和乡镇组织都被吸引参加了斗争，而且连所有的教师、医生、手工业者和神职人员也参加了斗争。

为什么会这样呢？因为教师和医生不仅感到因存在着贫困和营养不足，他们的工作相当繁重，而且也因为他们的工作性质本身使他们天天接触到并十分强烈地感觉到工人的状况。

争取居民中的所有这些部分——包括农场主和农业工人，以及所有那些反对任何限制所谓民主权利的人，所有那些憎恨和害怕战争的人——作为统一战线斗争中的同盟者，对共产党来说有着重要的意义，而且是我们最重要的任务之一。

此外，还必须仔细地考虑社会民主党、工会和合作社内部正在发生的分化过程。

毫无疑问，社会民主党组织的普通成员对社会民主党领袖的整个阶级合作政策是非常失望的。他们很想和共产党人讨论政治问题和斗争的路线问题，而在过去，他们中的大多数人对共产党人都抱着一种严重的敌对情绪。

从现在起，要用令人信服的方式争取这些工人和干部，划清他们向左转的真诚愿望与公开的反动领袖以及空话连篇、欺骗成性的所谓"左派"领袖之间的界限。我们再也不能像从前那样把他们都混为一谈了。

我们的策略要更为灵活，特别是在对待社会党工人方面更应如此，要更加兄弟般地对待他们，如果我们表示准备更进一步与这些工人合作，而且是在那些他们特别感兴趣的问题上，那么我们就能够争取他们支持统一战线。

争取青年最积极热情地支持统一战线，对共产党来说是同样重要的，实际上是一项必不可少的任务。

为了赢得对青年工人的思想影响，资产阶级从来没有像今天这样肯花大力气。每一个资本家的党和每一个改良主义的党都尽力想赢得青年工人的信任，以便为它们自己的目的而滥用这种信任。

沙文主义的宣传及其无数施加影响的方式，如体育俱乐部、童子军组织、电影院、进修组织等，被用来在青年中进行狡猾的沙文主义宣传。各国共产党，特别是英国共产党大大地低估了这种宣传的作用。

我们大家都十分容易忽视两个被战争煽动者和法西斯分子所利用的重要因素。第一个因素是对上一次世界大战的恐怖和悲惨毫无所知的一代人已经成长起来了。第二个因素是在主要的资本主义国家中，失业的或只是靠做临时工勉强度日的一代人已经成长起来了。

哪里的青年工人被争取参加了统一战线的斗争，或参加了共产主义青年团，哪里的青年工人就是最勇敢积极的战士。

必须反对青年中的沙文主义，粉碎到处泛滥的诽谤共产党是所有其他国家的朋友唯独不是自己国家的朋友的谎言。今天比以往更需要宣传我们本国的历史，今天比过去更有必要重新发扬历史上与争取进步、争取民主权利的斗争有关的伟大传统和那些伟人的精神。我们必须证明，我们非常热爱我们的国家，为了铲除一切辱没我们国家名字的现象——贫困、失业和对殖民地人民的压迫，我们甚至准备献出我们的生命。

共产党人必须用他们过去的和现在的英雄——李卜克内西和卢森堡、列宁和斯大林、季米特洛夫和台尔曼、"切柳斯金"号的英雄们[①]，

[①] 1934年苏联"切柳斯金"号科学考察船在楚科齐海撞上浮冰沉没，100多人被困冰上。苏联政府及时组织营救，被困人员全部被飞行员救出，这在当时被认为是个奇迹。——编者注

来和资产阶级沙文主义及其强盗、匪徒、帝国主义征服者，滑铁卢、色当和凡尔登的杀人凶手及其他的帝国主义占领者相对抗。（掌声）

争取女工和小资产阶级阶层妇女的问题在今天具有加倍重要的意义，必须提出新的方法以吸引她们在反对生活状况的恶化，以及反对法西斯主义和战争的所有斗争中，和男劳动伙伴积极地合作。

人们常说，劳动妇女受剥削最重，法西斯主义和战争对她们的威胁最厉害。但我们没有充分地说明，统一战线的力量会由于工人阶级最积极的部分——女工的参加而增强。

如果我们仔细地考察一下，在英国现有的各种和平运动中谁表现得最积极，那么我们就会发现，多数情况下是妇女。同样，我们在工党的妇女支部中，在某些工会和合作社里，看到对工党领袖推行的阶级合作政策的愤懑正在增长。

为了进行扩大统一战线的斗争，为了完成通过一般地讲能赢得各阶层支持的统一战线来动员各阶层的任务，**领导**的问题就比以往任何时候更重要、更具有决定意义。

英国统治阶级的政策是日益加强国家的行政机器和暴力机器，限制工人阶级的言论自由和反战宣传的自由，扩大议会外行政当局的权力并赋予它们管辖广大工人阶层的行政全权。

在"国民内阁"执行这一政策的同时，从1932年以来，出现了一个具有半军事形式、有一支完整的附属部队的公开的法西斯党，这个党正继续受到金融资本的资助，它就是大家所知道的莫斯利领导的英国法西斯联盟。

莫斯利的法西斯组织是德国法西斯的标准副本，它展开了一场大规模的宣传运动，工人阶级极其仇视这种宣传，这无疑沉重地打击了这一运动并阻止莫斯利建立他的社会基础。

英国统治阶级一方面把莫斯利先放在一边以备将来之用；另一方面

"国民内阁"进行它自己的准备工作,并为此目的而利用群众对莫斯利代表的法西斯主义的仇恨,以便把它自己的政策说成是维护英国一切民主传统的。

英国的反法西斯主义斗争的巨大弱点在于,它主要只是反对莫斯利。在"国民内阁"的政策中反映出来的法西斯主义思潮并没有被看做直接危险。

工党领袖对待"国民内阁"的法西斯主义倾向和对待莫斯利法西斯主义的态度都是极其危险的。他们运用自己的全部权力来破坏反莫斯利法西斯主义的群众斗争,并阻止这一斗争。尽管如此,莫斯利还是受到了沉重的打击,而工党领袖竟然担保说,莫斯利已经完蛋了,法西斯主义在英国是没有土壤的。他们不厌其烦地一再宣布:"英国不是德国!"

任何麻痹工人阶级警惕性的企图都是讨好工人阶级的阶级敌人。

英国共产党在发展统一战线运动的斗争中取得了许多经验。它利用各种机会成功地在统一战线的旗帜下把工人阶级的广大阶层动员了起来。

今年初,革命的、有群众基础的统一战线运动,在反对"国民内阁"的失业法的斗争中达到了高潮。

在南威尔士矿区的许多山谷里,大多数居民在今年头三个月里举行了多次示威游行。实际上,工会、工党和合作社的全部地方小组,以及神职人员、商人和知识分子都参加了在矿区山谷里举行的统一战线游行。工党议员和工会领袖(如厄恩斯特·贝文)过去曾领导过反共产党人的斗争,由于害怕可能失去对群众的影响,他们现在和共产党人一起,在同一个统一战线大会的讲坛上发言。

共产党人被承认为是运动的动力,其实际表现就是,党员人数增加了3倍,在地方选举中共产党的得票几乎翻了一番。

群众运动如此强大,以致"国民内阁"最后被迫作了一些重大的让步。

这些让步被"国民内阁"用来阻挡群众运动的发展,而我们党却未能阻止他们这样做。

就像在有名的《黑色通告》这一文件中所表现的那样,他们试图剥夺共产党人在工会中的民主权利,反对这种尝试的运动取得了巨大的成功。这一运动和我们的统一战线策略有着最密切的联系,英国拥有1111695个工人会员的几个最重要的工会已经拒绝充当工联大会的"黑警察"。

我们不得不在这里简述一下1933年以来独立工党和共产党之间进行统一战线活动的经验。我们在这一方面无疑取得了许多成就,获得了重大进展。我们和独立工党的统一战线运动的突出弱点就是常常局限于进行某些专门的运动。它过去不是,甚至今天也不是以企业、工会和工人区的日常的群众联合运动为基础的。

就整个独立工党而言,它从未被全部发动起来,以积极推进共同协议所要求的统一战线运动。

自从独立工党1932年退出工党以来,它的队伍里不断进行着关于政策问题和关于国际合并问题的斗争。存在着不同的集团。其中最重要的集团有两个,一个是革命政策委员会,它主张作为一个同情党加入共产国际;一个是在领导层起着举足轻重作用的以布罗克韦为首的小集团,它反对共产国际,反对苏联的和平政策,支持所谓第二国际"左派"党的国际局,以及支持变节分子布兰德勒和洛夫斯通。

布罗克韦小集团利用独立工党最近一次年会,把它变成了反对共产国际和分裂独立工党青年团的一次示威,独立工党青年团在此之前曾主张作为同情支部加入青年共产国际。

"革命政策委员会"在独立工党内为直接的日常的统一战线活动,

为成立一个加入共产国际的联合的革命党而继续斗争。

除了成就以外,我们也必须指出许多严重的缺点和错误。

我们的党员对统一战线的迫切性仍缺乏认识,没有认识到,在目前的形势下,不建立统一战线,在决定性的革命斗争的道路上是不可能前进的。

在把统一战线策略运用于工会,特别是运用于企业、工业和工会的日常问题方面存在着重大的缺点,以致我们不能展开一场与普遍要求提高工资有关的,或与对各种合理化形式,特别是对工头制不满有关的大规模的统一战线运动。这就是为什么在数百万工会会员要求提高工资期间,竟不能发动大规模的经济斗争的缘故。在争取无论是全国性的还是国际性的工会统一的运动方面,我们也是很薄弱的。

这样就使已经掀起的群众运动主要仍局限于失业者。

在选举中,我们党在拥有群众基础的地方提出了自己的候选人,并建议支持那些宣布准备为含有直接要求的统一战线纲领而斗争的工党的候选人。我们力图和独立工党达成一项选举协议,以避免候选人之间的冲突,并建议在那些由于选票分散而可能导致阶级敌人当选的选区,举行工人选举大会。

这一路线加强了我们和工党工人的联系,并使我们许多年以来第一次和工党的地方组织举行了会谈。

在我们造成一种整个局势所要求的群众运动之前,仍有重大的障碍需要加以克服。最重要的问题是,怎样才能打破工党领袖的反对,他们和以前一样仍成功地阻止受他们影响的工人参加联合斗争。

这一反对的主要政治原因是什么呢?工党领袖之所以这样做,是由于他们认识到,统一战线政策是积极进行日常阶级斗争的政策,这一政策加强了工人的阶级阵线,并揭示了与继续维持资本主义的阶级合作政策完全不同的前景,工党领袖们的全部实际工作和政策都是以阶级合作政策为基础的。

与这一问题有关的还有一个问题，即怎样才能克服如下的矛盾：一方面，就像《黑色通告》受到抵制所表明的那样，共产党人在维护自己在工会中的充分民主权利，维护对革命群众工作的领导权的斗争中受到支持；而另一方面，人们又反对把共产党作为统一战线运动中的党和它合作。我们必须研究一下，这一矛盾的原因何在？

在工会中，共产党作为热情的战士而受到欢迎。工人们看到，企业和工会里的共产党人为改善劳动条件而斗争，为工会作宣传，推动群众运动，组织工会干部，竭尽全力促进工人在反对企业主的经济斗争中的统一。

工人们也把共产党人看做是在一般的阶级斗争问题上的优秀战士和领袖，如在反对法西斯主义和战争的斗争中，在反对"国民内阁"牺牲失业者和社会救济金领取者利益的节约措施的斗争中。

我们本身的弱点就在于，我们没有不断地对全部斗争加以革命的政治领导，而我们在把"小问题"和总的政治形势真正联系起来方面又不够灵活，这同样使共产党不能被企业和工会里的工人看做是阶级斗争的领袖和组织者。工人们常常说："在有关经济斗争的问题上，你们共产党人说的都对，因为你们想把工人的力量联合起来。但是在选举时，看来你们是想搞分裂的。"

我们必须为把统一战线运用于英国而立即采取进一步的步骤，这些步骤能使共产党和参加工党、工会及合作社的工人建立更密切、更经常的联系。

在我党今年2月召开的第十三次党代表大会上，我们为即将来临的大选制定了我们的统一战线策略。

与今年2月我们召开十三大时相比，英国的形势有什么新的变化呢？首先是国际形势及其不断增长的战争危险这一个总的特点。第二是英国本身事态的发展。军备白皮书以及接踵而来的英国空军扩大三倍的做法，引起了新的国际军备竞赛；保卫国家的沙文主义宣传改善了"国民内阁"在各地大选中的地位。与德国的新海军协议是全部亲希特勒政策的结果，通过这一协议，"国民内阁"促进了法西斯德国的军备。

接着我们又有了劳合-乔治的新"和平和重建运动"，他想让成百上千个候选人在即将来临的大选时上街示威游行，这一欺骗宣传可能发挥一种重要的作用，并可能阻止再一次成立一个工党政府。最后是这样的事实：工党不再想在即将来临的大选中争取执政，这是英国当前政治形势的一个特点，每一个政治观察家都可以证明这一点。

工党领袖对当前国内外形势的性质，特别是对战争危险是很清楚的，他们中以莫里森为首的一部分人准备参加"国民内阁"，以完全参与这一战争政策。他们感觉到了工人们在大选中表现出来的新的阶级斗争的精神，特别是在德国、奥地利和西班牙事件以后更是如此。今天，投工党票的工人们追求的目标和工党领袖的打算是根本不同的。

共产党的作用是什么呢？怎样进一步组织工人的斗争呢？共产党必须在它的革命的宣传鼓动工作中向工人群众普及它的具体地符合英国的情况以及各工业部门情况的纲领，以此作为解决工人的所有基本问题，保证工人居民获得面包、工作和和平的唯一途径。共产党必须孜孜不倦地反对一切改良主义幻想，并使工人们明白，只有依靠他们自己的工人政权才能实现自己的日常要求。

但是，我们十分清楚共产党所面临的主要政治任务。这就是，必须使每一个男女工人都把党看做是使"国民内阁"在选举中失败的斗争的发起人和组织者。这必须通过组织广泛的统一战线运动才能做到，这一统一战线运动的基础是一个包括各种要求的纲领。要使每一个工人都相信，一个工党内阁是可以和必须实行这个纲领的。这个纲领将加强工人反对资本主义的直接斗争，阻止法西斯主义和战争，促进向社会主义的发展。

共产党认为，有些要求对工人阶级和所有那些反对战争、法西斯主义和"国民内阁"反动政策的居民来说，是最利害攸关的。我们建议，把这些要求变成当前统一战线斗争的纲领，以动员广大群众。

在这个基础上，有可能选举产生一个工党内阁，它必须保证立即实行这个纲领。**"维护和平！保卫民主！改善工人生活状况！"** 的口号必须成为英国当前形势下一切即将来临的斗争的基础。

应该特别强调的是，一个工党内阁并不能自动上台执政。为此就要求我们，必须继续克服一切消极被动的态度，克服"事物自动走上轨道"的想法。

今天，我们宣布，英国共产党能够组织和将要组织这样一个运动，通过这一运动，在下一次大选时，"国民内阁"将被工人阶级运动的浪潮冲垮。

在达到这一目标的斗争中，对于当前的工党纲领的性质和政策，我们决不能抱任何幻想；同样，我们也不能为一个违背工人阶级利益的工党内阁的行为负责。

我们并不把这个目标看做是目的本身，除了使"国民内阁"在选举中垮台和代之以一个工党内阁，就再没有更多的目的了，而是把它看做为**达到目的的一种手段**，看做为加强和推进工人的阶级斗争的一种手段；为了在统一行动的基础上战胜"国民内阁"，就必须实现工人的要求，并继续斗争以阻止法西斯主义的进攻和战争的爆发。

为了使一切都马上准备就绪，为了组织让"国民内阁"在大选中失败和让劳合-乔治的候选人在大选中失败，为了避免选举时工人的选票分散，为了发起一场持续的运动，共产党必须建议和工党会谈，以商讨怎样才能最好地做到这一点，以共同制定统一战线纲领，在这一纲领的基础上可以组织联合斗争。

共产党有责任主张通过不断的日常工作选举产生一个劳工政府。此外，它还建议，在有限的情况下，也就是说，在那些共产党拥有群众影响及其候选人是英国每个工人都知晓的反对资本主义、战争和法西斯主义的最无所畏惧的战士的选区里，工党应放弃它目前的候选人，即使这些人现在已经是议员。

尽管工党必然拒绝这样一个竞选协议，我们也必须在企业、工会、合作社、工党地方小组和工人区里进行斗争，以实现这一协议。

通过为此目的而组织的会议，通过在企业和工会里投票进行的表决，必须使工人有机会就哪个候选人最能为实现这一纲领而斗争的问题表达他们的愿望和决定。

共产国际七大决议有一部分谈到共产国际各支部准备立即和各社会民主党谈判，以建立工人阶级的统一，反对资本进攻，反对法西斯主义和战争。英国共产党代表团宣布完全赞同这一部分决议。

工党领袖反对和共产党建立任何一种形式的统一战线，他们的理由是，在英国，统一战线已存在于工党、工会和合作社的形式中。

广大工人群众相信这一点。另外一些工人群众好心地认为，共产党应该加入工党，以迫使工党领袖改变政策。有一种（特别是在工会内部）占上风的观点认为，工党是一个广泛的联合组织，它应该把各种不同的工人组织联合起来，以维护工人的利益。

英国共产党考虑到英国当前政治形势的每一个方面，以及工人们建立统一战线的迫切愿望，共产党无保留地参加这一统一战线，并表示，它认为，它的这一行动与属于工党各团体、工会代表大会和合作社的广大工人的愿望是一致的。共产党真诚地希望消除任何阻碍建立反对企业主的进攻以及保卫一切现有的民主权利和维护和平的统一战线的障碍，共产党准备和工党立即就在英国怎样才能实现工人运动的统一展开谈判。

共产党并不认为可以通过议会道路实现社会主义，它一直宣传这种立场；它也将始终保持与其他国家持革命立场的革命工人政党的联系。实际上，法西斯在德国及其他国家攫取政权，与社会主义在苏联的胜利一样，都使英国工人日益相信，革命立场是唯一正确的立场。一个政党或团体，如果由于部分工人阶级持有这种立场而排斥他们，那么这个政党或团体就不能要求说自己是包括了整个工人阶级的统一战线组织。

如果工党这时宣布准备接纳革命组织，那将是一个进步，我们深信，全体工人阶级将高兴地表示赞同，如果是这样的话，共产党就肯定愿意加入工党。

在这一共同阵线内部和在此基础上，共产党将真诚地实施有利于工人阶级利益的一切决议和行动，我们要全面地参加制定这些决议和行动的工作，共产党将通过它在企业和工人地方组织内工作的性质证明它的坚定而真诚的决心：竭尽全力确保英国工人阶级力量的团结一致，以反对法西斯主义和战争。共产党过去在工人阶级斗争中的所作所为就是它将信守诺言的最好保证。

上述目标的完全实现和统一行动的建立，取决于共产党在每一个斗争阶段的革命领导和政治作用，尤其取决于我们能否克服工党领袖对我们统一战线建议的反对，取决于我们怎样才能在我们提出的主张共同行动的建议和纲领的基础上，成功地争取工党的地方组织、工会的地方联合会、工会的地方组织和合作社。

今天，英国共产党有责任把英国工人阶级的各个部分，包括农业工人以及知识分子和自由职业者各阶层，简言之，就是憎恨法西斯主义和害怕战争的全体人民，都集中在人民阵线里，把他们团结起来进行共同斗争，反对经济状况的任何进一步恶化，反对法西斯主义和战争。

为此，共产党必须运用一切手段，以组织在英国正在兴起的、由于"和平表决"而表现得十分强大的广泛的反战运动，这一运动以这样或那样的形式表达了 1100 万人民的意志。毫无疑问，如果我们发动一场反对法西斯主义的表决的话，就能得到一个相同的结果。

共产党能切实地领导这一运动，帮助这一运动实现它的阻止战争的目标。共产党必须对"和平表决运动"参加者的目标、愿望和担忧表示谅解和同情，必须善于赢得对支持这一和平运动的群众的政治领导权，吸引他们参加反对法西斯主义和战争的政治斗争。(经久不息的掌声)

连斯基（波兰）：

波兰是一个农民占人口多数的国家。经济危机和大萧条使几百万农民群众贫困化，使绝大部分失业的农业无产阶级、半无产阶级和贫困农民的人数剧增，使绝大多数中农破产。这最终使作为无产阶级革命组成部分的日趋成熟的农业革命的力量增大了。

波兰从未有过像法国那样的广泛的资产阶级民主。波兰资产阶级一刻也不能容忍有一个合法的共产党。资产阶级民主受到疯狂的军国主义和波兰作为反苏战争前进基地的作用的限制。资产阶级民主阵营多年来对军国主义顶礼膜拜，并在反对反动派的旗帜下积极地加入法西斯的颠覆活动。

波兰无产阶级用加强斗争来回答对它的社会政治成果的剥夺。波兰法西斯不得不花了长达 8 年的时间，逐步实现它的计划。

尽管波兰的情况与法国很不相同，但波兰的人民阵线和法国的一样，也是为了保卫民主权利而发展起来的。

波兰和法国一样，工人的统一战线已经变为正在形成的人民阵线的杠杆和中心。

波兰革命运动的力量，首先在于无产阶级罢工斗争的几乎是不停顿的发展。而它的弱点是在业工人的斗争和失业者运动，城市无产阶级的斗争和农民的主要是自发的斗争，波兰无产阶级的斗争和西白俄罗斯及西乌克兰民族解放运动斗争之间的巨大差异。很明显，这些弱点不仅仅是客观原因造成的，在相当大程度上，也是由于我们党不能把工人的斗争和农民群众的斗争协调起来，以及由于我们的干部身上还有关门主义的残余。

我们是在去年2月开始**用新的方式**全面地运用统一战线策略的。我们不再按照一种普遍的模式来行事，我们必须考虑到困难和对各个社会民主党、组织和小组采取区别对待的办法。

我们用新方式实施的统一战线策略，使我们党有可能在政治生活中受到更多的注意。

去年，我们在统一战线领域取得的成就，远远没有达到在当前形势下必须达到的程度。

灵活地对待与社会民主党各团体的行动统一，以及把统一战线和罢工斗争紧密地结合在一起，是我们取得成就的基础。

最重要的是向社会民主党工人证明，我们愿意和他们并肩斗争，然后共同斗争的内在逻辑会继续发挥作用。

我们的组织并不是一下子就能掌握这种灵活性的。这需要随着克服各种极左的传统，**在党的实践中实现转变。**

我们以前进行的反对极左的斗争，无疑使我党的实践容易实现转变。我们非常注意接近社会民主党工人，把他们吸收到罢工委员会中来，并反对发号施令的做法。但是，只有大胆地和社会民主党组织建立统一战线才能**真正广泛地接近他们**。这一战线本来可以早在我们和共产国际其他支部开始这样做以前实现。我们犯的一个错误是，我们没有在群众中利用国会纵火后对社会民主党领导的第一次起诉，后来又回到了旧方法上；这一倒退持续了整整一年。

我并非是想说，在社会民主党领导积极支持皮尔苏茨基政府和否认波兰存在法西斯专政的那些年里，我们党可以求助于他们。但是早在

1930年，在所谓的中左政府时期，我们也许就能够与个别的波兰社会党组织合作，向他们表示可以和他们一起行动，反对法西斯恐怖，反对为了使中左派领袖垮台而使用的暴力手段，保卫所有的政治犯。

希特勒攫取政权对工人阶级日益增长的争取战斗统一的愿望的影响，波兰法西斯的疯狂进攻，社会民主党内部激进化进程的加快，都必然要求向统一战线的新方法过渡。多年来日常群众斗争的经验使我们易于不是通过宣传的途径，而是**在阶级斗争的基础上**实现广泛的统一战线。

我们在罢工实践中有过许多"左"的错误。常常是机械地、与斗争的具体发展没有什么相应联系地提出政治要求。

党在策略上必须注意的新东西是改良主义工会提高了在罢工运动中的地位。

我们党在保卫工会、反对法西斯一体化方面及时地采取了主动。我们提出的统一工会的纲领得到了大多数改良主义工会的支持。

我们在法西斯工会中的工作做得并不好，尽管工会左派本来是可以在这些工会中也建立一些据点的。近几个月的经验表明，共产党是可以掌握全部支部的，是可以把正在激进化的群众吸引到统一战线中来的。

新的统一战线的策略，同时还有我们的思想影响和政治影响，加深了各社会党内部的分化过程。

社会民主党内正在出现一大批正直的左派干部，他们开始重新评价思想价值和政治价值，重新评价社会民主党的全部历史。

在"联盟"的最近一次党代表大会上（今年3月），出现了不断深化的激进化过程。有1/3的代表主张退出第二国际，这一事实说明了"联盟"各团体中存在着反改良主义情绪。

共产党密切地关注社会民主党工人及其左派干部要求建立统一战线的情绪。共产党把革命统一党的思想和日常行动的统一结合起来，不管在什么地方都强调，联合工人阶级力量反对共同敌人的统一战线，也将为组织上的联合开辟道路。

由于许多支部都**害怕民主幻想**，由于在法西斯已经开始夺取政权（例如德国）或者已经执政（波兰、意大利）时，这些支部仍把主要矛头对准资产阶级民主，这就阻碍了政治斗争的发展。德国共产党反对"较小祸害"论的斗争是正确的，但却是完全机械地进行的。同志们并没有考虑到资产阶级民主和法西斯主义、社会民主主义和法西斯主义之间的根本区别和对立。德国、波兰和意大利的共产党没有相应地强调保卫劳动人民的民主权利，而代之以抽象地宣传无产阶级专政。

为了使民主幻想不在群众中滋生起来，我们党内有的人回避对政治要求作积极的解释。由于没有估计到法西斯制度会继续发展，没有估计到法西斯主义和社会民主主义的对立，关门主义的论调也出现了。我们正确地说明了法西斯专制统治的波兰变种——皮尔苏茨基专制统治的特征，我们正确地考虑到了阻止其发展的一切因素，如有组织的群众基础的薄弱，波兰这个国家有多民族居住的事实，以及革命运动的高涨，但我们没有充分考虑到，皮尔苏茨基集团由于国内的政治原因和国际原因，有可能迅速过渡到"全面独裁"。

波兰法西斯加快发展为希特勒政权式的"全面独裁"，日益威胁着不服从政府的工农团体的继续存在。我们党对此早已宣布，**它将支持每一个受法西斯主义迫害的和被解散的工农团体**。

波兰共产党正竭尽全力，只要能实现统一行动，愿意就组织形式问题作最大的让步。

我们在实践中已经证明了，并且已经使成千上万的社会党工人相信，我们的统一战线策略不是一种欺诈手段。

1935年给我们带来的是政治斗争在工人运动中占据主要地位。

我们党及时展开了统一战线运动，反对法西斯宪法和关于波兰议会的新法令，并强调有必要把人民的一切力量团结起来，反对政府造成的饥饿、白色恐怖和战争，争取面包、工作和自由。

大多数社会民主党组织表示赞成共产党的建议。几乎在所有的代表大会上都有左派工人出现，我们可以说，这些代表大会已经成了引起无产阶级注意的工人议会。

政治罢工浪潮席卷全国。这一罢工浪潮有力地推进了政治上直接反对法西斯政权的无产阶级阶级斗争。它影响了千百万劳动人民，特别是农民，并使反法西斯人民阵线有了一个坚固的基础。在无产阶级的影响下，破产了的农村（沃尔西尼亚、维尔纳、苏瓦乌基等地）跨入了一个新的群众斗争的时期。

1935年给我们带来的是农民运动的复兴。

所有的反对党都表示要抵制议会选举，这进一步推动了政治斗争。

我们党把重点放在积极抵制上面。这一口号被群众普遍接受。

共产党在一个包含民主和社会要求的全面纲领的基础上建立统一战线。它把制宪会议的口号吸收到这一纲领里，这一口号有可能为还不能接受苏维埃政权口号的群众所接受。

在为无产阶级专政，为工农政府，为苏维埃政权，为劳动人民的真正民主而进行的斗争中，共产党人准备支持任何一种反法西斯政府的民主措施，人民阵线的纲领将把这些措施付诸实施。

这样一个政府是完全可能的。

在波兰，法西斯独裁正在铲除资产阶级民主的全部残余，共产党被迫转入地下，各社会党成了工人阶级内部的主要力量，大批劳动农民群众拥护农民党。在波兰，要直接向无产阶级专政过渡，比像法国那样的其他国家更不可能。在波兰，资产阶级还能尝试在这种形式或那种形式的"民主"的伪装下，挽救自己的统治，免遭革命危机的冲击。

制宪会议的口号集中了统一战线纲领的民主要求。共产党人考虑到了这样的可能性：在某一时期不主张苏维埃政权的群众将把制宪会议视为出路。

在政治危机的情况下，在力量对比还不可能建立无产阶级专政的情况下，也可能出现一个人民阵线政府。

我们把建立人民阵线政府或其他反法西斯政府的可能性与争取推翻法西斯独裁的群众革命斗争紧密结合起来。我们一贯强调，工人阶级统一战线必须成为人民阵线的基础，因此我们坚持无产阶级在发展着的革命斗争中的领导作用。

共产党人能不能在季米特洛夫同志在这次大会上所讲的条件下参加人民阵线政府呢？当然能。列宁说过，只有不相信自己的人才害怕和不可信任的人结成暂时的联盟。没有一个党能够在没有这类联盟的情况下存在。因此，共产党人是可以这样做的。

确切的革命前景绝不等于是一个革命危机应该照此发展的简单模式。重要的是，共产党要善于利用任何一种过渡阶段，以便群众迅速地倾向苏维埃政权、倾向无产阶级专政。

反法西斯人民阵线必须反对波兰法西斯的战争政策，特别是反对与法西斯德国的军事联盟。

波兰人民群众曾不得不忍受德国占领的压迫，他们知道，德国法西斯是波兰人民独立的死敌。他们知道，皮尔苏茨基分子支持的德帝国主义在东方的扩张政策推行的基础，就是牺牲波兰劳动人民的生命，就是波兰臣服于希特勒德国。

共产党人提出的解除与德国法西斯的军事条约，缔结东方条约的要求，在群众中得到越来越广泛的支持，因为东方条约将为波兰提供真正的安全保障，是完全符合劳动人民利益的。

波兰人民群众日益认识到，**苏联是波兰独立唯一的坚定不移的支持者。**

波兰共产党人绝不像资产阶级报刊喋喋不休地鼓噪的那样想要战争，而是期待着波兰和其他资本主义国家革命力量的成熟，以及苏联社会主义建设的和平发展，苏联的榜样激励着国际无产阶级进行斗争。

我们的人民阵线纲领是**反对民族压迫**的。它包含着关于民族平等问题的基本的局部要求。共产党人并不强迫其他政党把从自决权直至为了被压迫人民而解散波兰国家的要求纳入到它们的纲领里。但是，波兰共产党人有责任耐心而顽强地向广大群众说明，没有一个压迫其他民族的民族是能够自由的，实现自决权的无产阶级革命也将保障波兰人民的真正独立。

在有些地区，例如像上西里西亚，共产党人在他们为人民阵线所作的宣传工作中，首先必须反对希特勒德国吞并上西里西亚，并揭露德国法西斯许诺工人在希特勒统治下能得到金山的欺骗宣传。我们必须利用萨尔重新并入第三帝国的沉痛经验。

在西乌克兰和西白俄罗斯，共产党人力求使反法西斯人民阵线变为民族解放斗争的杠杆，变为同西乌克兰和西白俄罗斯法西斯分子的企图作斗争的杠杆，他们妄图把西乌克兰和西白俄罗斯变为德帝国主义和波兰帝国主义的战争基地。

反讨伐的斗争必然变为波兰无产阶级和波兰劳动人民的声誉问题。

今天，包含民主要求的纲领是反法西斯阵线的主要环节。为了能把广大工农群众吸引到人民阵线中来，有必要提出他们共同的经济要求，有必要把政治要求和经济要求紧密结合起来，最后，共产党人还必须有一个正确的农村策略。

农民群众最沉重的负担是劳役和修路义务，主要由无偿的强迫劳动构成的一套体系，每年占用几千万个工作日，从贫困的农民那里夺去一年劳动量的 1/5 至 1/3。所有的公路和道路都是靠这种半奴隶式劳动方式修筑起来的。新的法西斯法令把这种劳役义务变为制度，在农民群众中引起了极大的愤怒。我们不能忘记，两年前，中加利西亚的农民暴动就是在"取消劳役"的口号下进行的。

政府减轻农业危机的企图失败了。

波兰的以及意大利的法西斯在农民暴动浪潮过后，在农村推行所谓"左"的路线，乃是一种欺骗伎俩。

低估法西斯的伎俩在农民群众，特别是在中农阶层中引起的幻想，或者认为法西斯已经黔驴技穷，是错误的。波兰共产党人在1934年初犯了这样的错误，他们还不懂得使他们的策略迅速适应法西斯的新伎俩。这就是农民运动在1934年低落下来的主要原因。共产党的主要任务是加快农民群众在广阔的战线上向新的斗争过渡，**以使我们组织的斗争能让农民的生活状况有所好转，哪怕是微不足道的暂时的好转。**

波兰共产党必须把重点放在某些局部要求上，依靠这些局部要求，可以最容易地把群众动员起来，例如延期交税直至情况好转、取消特别沉重的掠夺性捐税、降低垄断价格等等。共产党人必须支持群众自己提出来的所有局部要求，并围绕这些要求组织反对地主和法西斯的斗争。这就是我党领导一年前在我们的策略上所作的修正。

共产党人必须与农民党中的中小农民加强联系，建立友好关系，加快和加深农民党内的分化过程。

目前，最重要和最具决定意义的是把农民运动的水平提高到无产阶级运动的较高水平上来。

我们人民阵线运动的一个十分薄弱的环节是城市小资产阶级。尽管城市小资产阶级正在激进化，但它仍是皮尔苏茨基分子和国家民主党人从中汲取力量的一支后备军。相反地，反法西斯阵线却得到劳动知识分子的热烈响应，个别小组已经和我们实行统一行动。

国家民主党人把小资产阶级群众的不满引导到野蛮的集体反犹主义的道路上，该党对城市小资产阶级也有着巨大的影响。作为一个反对党，国家民主党目前反对将权力集中在皮尔苏茨基集团手里，反对对希特勒主义"极权统治的盲目仿效"，反对指派议员的波兰议会。这一立场，连同对波兰中小资产阶级阶层利益的维护，使国家民主党成为一支靠牺牲皮尔苏茨基分子的群众基础而增长起来的力量。

在外交政策方面，国家民主党人利用了群众对德帝国主义的憎恨。群众并不愿意在牺牲波兰的基础上靠拢德国。

在揭露国家民主党的反动法西斯主义本质时，**共产党人必须把斗争矛头指向执政的法西斯。**

季米特洛夫同志正确地警告我们不要低估法西斯主义，我们党就吃了这个亏，而且把各种各样的方法都置之脑后，而法西斯主义直至今天仍善于利用这些方法把工人吸引到它的组织中去。

法西斯主义的欺骗宣传在失业者中得到了某种响应。共产党刻不容缓的一项任务是：用共同的要求把在业工人的斗争与失业者的痛苦联系起来，加强维护工会中失业者的利益；在俱乐部、劳动营、失业救济金领取处创立一大批统一战线委员会，以及失业者和在业工人的共同行动委员会。

只有当共产党人善于积极地介入资产阶级的内部斗争，促使法西斯主义阵营分崩离析，才能使小资产阶级脱离这一阵营。这一任务要求共产党人，特别是共产主义青年团在法西斯群众组织中进行艰苦的工作。

共产党争取人民阵线的宣传遭遇的最大反对，来自伪装成左派的"联盟"领袖。

在"左"的激进言辞的掩护下，"联盟"中央委员会把反法西斯人民阵线当做"改良主义的儿戏"而加以拒绝。

"联盟"的领袖表示，人民阵线是破产了的"中左派"的重复，而"中左派"在1930年只是社会党和农民党领袖之间的一个议会联盟。但是，人民阵线必须开展千百万群众的斗争，打碎法西斯主义的枷锁，推翻压迫人民的法西斯集团。

波兰最近的前景是劳动人民的大规模反法西斯主义运动，不仅是在经济发展的基础上，而且也在政治发展的基础上，不仅在城市，而且也在农村开展这一运动。只要共产党善于把无产阶级的、农民的和群众的民族解放斗争结合成一个整体，那么，这一运动就将成为促使革命危机高涨的一个决定性因素。

在当前的历史时期，这一切都取决于工人阶级统一战线的建立，取决于千百万劳动人民反法西斯阵线的建立，以及取决于我们党怎样坚韧不拔地、生气勃勃地实现无产阶级和农民的革命统一。（经久不息的掌声）

在简短的休会后，大会主席**多洛雷斯**同志（西班牙）在热烈的掌声中请弗洛林同志（德国）发言。

弗洛林（德国）：

在德国，我们看到托拉斯资本达到了帝国主义历史上从未有过的权力地位。所有小经济团体和托拉斯以外的人都不得不俯首帖耳。全部对外贸易都屈从于它的政治目标。为了扩充军备，为了它的目标——帝国主义掠夺战争，金融贵族动用了最后的资本和库存。

依靠农业的强制组织和对农业生产及市场的统制，金融资本确立了它对分散的中小经济的统治，**其程度是前所未有的**。

这一切说明了当今德帝国主义的特征和法西斯主义的作用。在从危机向特殊形式的萧条过渡时，这一过程得到了强化。

还在战争爆发之前，战时统制经济的倾向就在增长。

这种资本主义法西斯的统制经济使金融资本家发财致富，但同时也使所有其他阶层受到前所未有的掠夺。

这使基本的阶级矛盾加剧，使中产阶层更加动摇，使资产阶级阵营内的形势在长期的内部空虚和法西斯党的极权统治的威胁下，变得极为严峻。

正是现在，我们在柏林和其他德国城市看到对犹太人有组织的集体迫害，反天主教团体和基督教团体的恐怖在升级，新的广泛的白色恐怖浪潮采用惨无人道的刑讯和杀人方法，其残忍不堪是史无前例的。

此时的一个特点是，对资产阶级的各种反对派团体，对钢盔团，对保守党人等等派别的恐怖压力，目前也在明显地加强。

对希特勒政权普遍的不满在增长。这一政权的几乎每一个措施都引起不满和极大地激起反抗，然而还未能形成一股广泛的反抗浪潮。

摧毁法西斯专政的群众基础、立即推翻这一政权的问题，取决于无产阶级行动力量的发挥，取决于无产阶级统一战线的建立。无产阶级最积极的部分已经集结起来。同时我们也必须指出：在普遍的不满与日益信任共产党，相信它有能力通过其组织的力量发展统一战线之间存在着差距。如果我们的组织在执行其任务时，首先**在基层**得到壮大并提高工作能力，如果各级组织和领导机关尽可能发挥自己的主动性，那么，这个差距是可以消除的。

在德国推翻法西斯独裁和发动无产阶级革命的基本问题，是建立我们党与社会民主党群众及其团体的符合新条件的新关系。

在魏玛时期，德国社会民主党和国家机器紧密地融为一体，基层领导受其影响和桎梏，对资产阶级政策抱有无数的幻想，因此我们必须从基层做起，去接近社会民主党的个别党员和基层干部，以发展统一战线。

统一战线工作曾有过重大的缺陷和弱点。我们向社会民主党工人揭露了社会民主党领袖在普遍的法西斯化过程中所起的作用。但是，我们在1932年没有利用社会民主党领导和群众之间日益增长的矛盾，在资产阶级开始公开改变其统治方法之时就去接近社会民主党的基层组织和领导。因此，我们在7月20日普鲁士政变时向社会民主党领导提出的建议就成为一个孤立的举动。我们并没有从7月20日事变中吸取足够的教训：要考虑不断变化的条件并以极大的勇气不断地去接近社会民主党的基层组织。

今天，在一种全新的形势下，在社会民主党干部的思想已经发生和正在发生重大变化时，为了建立统一战线，我们必须重新去接近所有这些组织和领导，合作的目的是缔结短期的和长期的协议。

在希特勒独裁建立之后，我们的关门主义错误在于，把对魏玛时期与国家机器联系在一起的社会民主党的正确评价，部分地转用于已经变化了的情况，在这种情况下，社会民主党成为非法的了，它的党员和干部已经发生和正在发生着重大变化。

就是这同一种关门主义产生了两种结果。一方面是过低地估计了真正的向左转的倾向，首先是德国社会民主党干部的真正的向左转的倾向，这导致这样的观点，认为不可能建立一条广泛的有组织的统一战线。另一方面是过高地估计了这一过程，我们由此推导出一种错误的、主要是宣传革命教条的策略。我们以为能够阻止社会民主党的重建。

我们并没有看到，经过较长时间的消沉以后，积极的社会民主党工人、帝国旗帜团工人是怎样重新集结起来的。我们没有去接近这些组织，以便用新的方法提出统一战线政策。

我们完全正确地看到了布拉格社会民主党执行委员会的所有反动论调。我们把它拒绝统一战线和向法西斯独裁献媚看做是社会民主党仍然是旧的社会民主党的证明。同时，我们也没有充分地看到，在社会民主党内部，即使在它的干部中间，一个革命的发展过程正在扩散和进行，甚至一直扩及到它的高级干部。

今年初，我们在严肃的批评后，开始转向统一战线和人民阵线政策，开始改变我们的工作方法。当时我们肯定，关门主义特别表现为：反对发展统一战线，反对重建自由工会，对社会民主党的左派领袖和右派领袖不加区别，对时局作貌似激进的分析，低估自我批评的意义。

目前我们正转向帮助社会民主党组织中的左派革命分子，帮助主张统一行动和统一战线的社会民主党工人和干部，反对布拉格社会民主党执行委员会的右派分子，以建立联合斗争阵线。

我们党内曾有过这样一种意见：工人群众在工会委员会选举时投了反政府的票，表达了他们的反法西斯主义意愿，我们就可以把这看做是广泛的统一战线了，是现实存在着的统一战线了。

由于这样一种判断，我们就很难提出和争取一个有组织的统一战线和统一的反法西斯斗争。应该有计划、有目的地继续发展共产党工人和社会民主党工人之间的每一个简单的、偶尔的谅解，这种谅解是发展统一战线的开端。

有这样的例子，企业里的无拘无束的合作发展为统一战线的一种固定形式，这种形式的统一战线可以扩展到整个企业，甚至可以扩展到整个工人住宅区。在某些情况下，这一发展过程从基层开始，超出了本地区，并扩展到其他地区组织。

一批协定和条约、一批统一战线委员会、所有工人团体直接的合作，这就是我们谋求的有组织的新式统一战线。

我们认为，最近缔结的协定的内容比以前更具体。

我们能够使社会民主党工人摆脱反动领袖的影响，这是对的，但是，只有当我们善于在反对降低工资和恶化劳动条件的共同斗争中，在争取重建自由工会的共同斗争中，在共同组织无产阶级团结反对凶恶的法西斯白色恐怖的行动中，以双方加深谅解为起点，我们才能做到这一点。

我们共产党人必须以我们比较丰富的秘密工作经验，负起全部责任，尽可能地确保统一战线机构的安全，强化反对阶级敌人的措施。这对于加深我们和社会民主党人之间的信任关系具有重大的意义。

由于时间关系，**弗洛林**同志中断了他的发言，准备明天继续发言。

大会主席请主席团的一位成员讲话，他宣读了许多给大会的贺词，其中有阿尔汉格尔斯克国际海员大会的贺词，参加海员大会的有德国、英国、挪威和丹麦的海员，此外还有哈尔科夫工厂纠察队的贺词。

第十九次会议

(1935年8月4日)

继续讨论季米特洛夫的报告

8月4日是大会第十一天,上午的会议(第十九次会议)由大会主席**林德罗特**同志(瑞典)宣布开会。弗洛林同志继续他昨天的发言。

弗洛林(德国):
我们看到,社会民主党工人中的革命发展过程,恰恰在最近,在战争危险加剧的影响下,在纳粹加强野蛮凶恶的白色恐怖的情况下,在苏联的和平政策和我们的统一战线政策的影响下,正在取得重大进展。我们可以肯定,鉴于国内工人群众的情绪,社会民主党布拉格执行委员会在重大问题上的一贯立场也有了某些改变。

从德国社会民主党报刊目前的态度来看,我们认为可以断定,缔结反对法西斯恐怖的共同的统一战线协定的可能性有所增加。

为了统一战线和工人阶级的利益,我们最热烈地欢迎向工人群众展示反对希特勒法西斯野蛮的战争政策和饥饿政策的共同行动问题的可能性的任何增加,并将以更大的热情继续我们的争取建立统一战线的斗争。

我们必须同志式地向社会民主党的同志们说明共同行动的必要性。

在这种形势下,我们再一次从国际无产阶级的讲台上,向改组后的社会民主党执行委员会及其每一个党员建议，和我们共产党人建立统一战线，**哪怕最初**只是开展反对白色恐怖的共同斗争也可以。

以法西斯还没有上台的法国为例，即使在那里也有必要指出，缔结一个全国性的统一战线协议具有不可估量的重要意义。而我们在自己的国家里，天天忍受着法西斯独裁的白色恐怖的残酷打击。正在流血的德国无产阶级，每一位劳动者心中最基本的自由冲动，在强烈地要求统一。推翻希特勒独裁政权的早晚取决于统一战线的发展速度。我们要对左派领袖们说，任何迟疑不决都在延长无产阶级的痛苦和推迟它的解放的到来。社会民主党左派领袖们也应该知道，他们说我们是玩弄阴谋，这种说法实际上是在帮助社会民主党内部反对统一战线的右派顽固地坚持他们的保守立场。

许多社会民主党工人以及集聚在革命社会民主党里的左派干部都说，应该建立一个新的统一党。我们迄今仍没有对此作出一个完全令人满意的答复。我们应该给予肯定的答复，并且十分严肃地表示，我们极其热情地主张建立一个无产阶级政党，以消除组织上的分裂。

如果社会民主党干部，特别是左派人士害怕我们要使社会民主党成为一盘散沙，那么我们要说，工人阶级组织上的统一，就是建立一个以马克思主义为基础的革命党，这本身就包含了从基层到领导的无产阶级民主。

有几个德国社会民主党左派领袖写道：要想建立统一战线，必须先有一个纲领。我们的答复是：为和平、自由和面包而斗争，这就是纲领。为争取人民的民主权利，为反对法西斯主义而斗争，这就是纲领。每个人都应该明白这一点。但是，我们也始终准备通过谈判，为一个联合在统一战线和人民阵线内的所有团体都能接受的共同的斗争纲领，重新提出非常具体的建议。

尽管统一战线的中心问题是建立在对社会民主党关系的基础之上

的，但我们并不把统一战线局限于社会民主党。我们同样争取与天主教工人联合会，与部分一直保持联系的基督教工会建立统一战线。

我们必须与基督教的朋友们就维护半宗教性的工人团体问题达成具体的协议，如果这些团体的合法性经过斗争仍不能保住的话，就向这些工人建议，在法西斯团体里与我们联合并进行有组织的斗争。

德国青年中存在着广泛的反对现状的、真正战斗的潮流。这表明，存在着建立一个广泛的、反对派的、包括所有不满者的青年运动的前提条件。

从基层开始和通过上层的谈判，通过在青年人集中的团体内的有计划的、全面的、隐蔽的工作来建立和发展这样一种青年运动，是党和共青团在青年政策方面的新的中心任务。只有展开这样一种工作，共青团才能作为广泛的青年运动的起推动作用的、隐蔽的核心，加强它自己的组织，并改进及保障它的地下工作。

共青团应该在言论和组织形式方面都适应这一政治路线。除了企业支部外，共青团组织形式的主要基础就是在法西斯群众团体内的支部。

我们的同志很看不起一个共产党员在劳动阵线里做工作，并且认为，工人会把他们看成是无产阶级事业的叛徒。

这方面我们已经有了一些转变。我们至今仍吞吞吐吐地说要利用半合法的和合法的可能性，而不是大胆地公开说，在法西斯群众团体内部的工作必须成为我们工作的主要方法。

如果我们能够在德国军队中占有几千个下级军官职位的话，我们的拥护者就一天也不会犹豫不决了。

为什么我们还一直迟疑不决，不去进行真正机智的斗争，以占领法西斯群众团体内的下级职位呢？在这个问题上，我们也必须放弃迄今仍禁锢我们的所有模式。

我们的这种政策可能引起右的危险。但是我们不能由于害怕右的危险，而害怕执行一种正确的政策。我们的党必须学习，把不断地宣传马克思、恩格斯、列宁和斯大林的学说，与在统一战线和人民阵线的政策中实现他们的学说的能力结合起来。

随着法西斯独裁政权在德国的确立，金融资本基本上同时追求两大目标：一是巩固和扩大权力基础以更好地推行它的帝国主义政策；二是挫败和瓦解革命力量，作为在国内维护政权的条件，并尽可能顺利地实施它的扩张计划。

它的沙文主义方法表明它是一种最反动的沙文主义，其特点在于：

1. 全面彻底的白色恐怖，统治一切的、形式巧妙的白色恐怖，它把全体劳动者，把每一个人，直至其范围极窄的私生活，都置于组织的监督和强制之下。

2. 把它的侵略性的民族主义与对社会的欺骗宣传，与反资本主义的空话，与把国家社会主义及其神秘的关于主宰民族的种族理论紧密地结合起来，这种理论把德意志民族的世界使命宣布为千年世界史的新阶段。

这些方法的目的是为了使广大群众处于这样一种**精神状态**，在这种精神状态下，他们应该**毫无反抗地忍受**大资本的暴力压迫、一切自由**被摧毁**，并把为了实现德帝国主义的目标而被驱使，热情地、无畏地看做是**他们自己的**利益的表达和愿望，看做是为了他们自己的可靠的未来而斗争。

这种暴力和欺骗的方法一向是互相交织在一起的，是轮番使用、互相补充的。

当德国社会民主党迫不及待地用希法亭的有组织的资本主义、资本主义向社会主义和平过渡和致力于阶级调和等论点帮助资本主义时，法西斯分子出现了。他们用反资本主义的空话掩盖资本主义的真正本质，阻止反资本主义情绪的蔓延，用把人民引入"人民社会主义"的**所谓**

无阶级的、**国家的**人民共同体的方法来粉碎对资本主义的反抗。

经验表明，法西斯分子一旦掌权就**决不会轻易地**放弃反资本主义的陈词滥调，而是继续不断地利用它们对社会进行欺骗宣传，在困难日益增加时加紧利用这些陈词滥调。

他们自诩用几个法令就可以做到"马克思主义者"15年里都不曾做到的事情。他们将铲除资本主义的**统治**和阶级斗争的一切根源。因此，任何继续进行阶级斗争的做法，都是对从现在起统一的人民共同体犯下的反人民的罪行，必须受到追究。

在我们开会的同时，由于群众**不满的增长**，由于资产阶级阵营的分歧愈演愈烈，德国法西斯分子不得不用对所谓已被打败、又想重新抬头的反动派的**警告**，来掩盖他们反人民的政策。

然而，当我们学会在反法西斯群众组织里接过这些反资本主义的空话并利用这些空话时，对法西斯政权来说，这些空话就成了**致命的弱点**，成了炸药。

我们机械地用无产阶级革命来对抗二次革命的口号，而不是从内部，在冲锋队和劳动阵线之中利用二次革命的情绪，**为这种情绪指出方向和目标**。

正是6月30日事件表明，如果我们置身于法西斯的群众团体之外的话，我们就不能对反对派运动有什么决定性的影响。

法西斯分子的这些反资本主义的陈词滥调，是用**广泛的**、有很大灵活性的社会欺骗宣传来补充的。"快乐健身社"、冬赈、"美化劳动场所"、警告企业、荣誉法庭等等，都是这种欺骗宣传的手法。

简单地把这些手法说成是**诡计**是不够的，而应该把它们变为激发工人奋起斗争的杠杆。不应当将其视为对个人的恩赐，而必须使其具有对所有的人来讲都是合法要求的性质，必须为了实现它们而进行斗争。

社会欺骗宣传是法西斯反对我们阶级的**常用武器**，他们想利用这种欺骗宣传解除无产阶级的武装。我们应该想方设法使他们的**社会欺骗宣传破产**。

法西斯的反资本主义陈词滥调和社会欺骗宣传，在他们关于民族问题的欺骗宣传中达到了**所谓的顶峰**。

法西斯用关于萨尔投票的总口号证明，它是怎样企图通过反资本主义的社会欺骗宣传的**大杂烩**使沙文主义甚嚣尘上的，这一总口号是：反对西方资本主义，保卫德国社会主义。

德国法西斯对反资本主义的社会措施不力**根本就没有否认**，但是把责任推给了凡尔赛和约及其结果，推给了"犹太"国际资本的争夺、出口限制、**缺乏原料**和殖民地销售市场，并用**所谓的**德国人民**缺少生存空间**来加以解释。

更有甚者，法西斯企图利用由于**社会原因**而增长的不满来提高沙文主义情绪，为此它把它的帝国主义占领政策解释为群众的社会事务，而它的这种做法并非总是徒劳的。

这样就出现了**表面上充满了矛盾**的事实，即在群众对法西斯的反动社会政策的不满增长时，有时沙文主义的思潮竟能泛滥起来。

沙文主义不仅吸引了像法西斯政权的拥护者那样的广大阶层，也吸引了部分工人。阶级矛盾、剥削和压迫虽然阻碍了沙文主义思想牢固地在群众中扎下根来，但并不能阻止它的暂时的广泛传播。

必须反对形形色色的沙文主义。第一个前提条件是，我们要坚决揭露法西斯战争的灾难性前途。

第二个前提条件是，我们共产党人要铲除在德国广为传播的社会民主党的理论，即只有爆发战争和依靠外界的帮助才能打败法西斯，因此，在工人对革命缺乏耐心的情况下，甚至出现了希望战争赶快爆发的愿望，这样，这些工人就不会十分认真地去反对法西斯战争策划者和群众的沙文主义狂热。

第三个前提条件是，我们的党组织不能忘记，要反复不断地揭露法西斯领袖在外交上两面三刀的危险性，这种两面三刀在法西斯领袖的矛盾百出的和平空喊及其下层腐化不堪的头头的公开战争宣传中表现得最为明显。

我们作为国际主义者，在反对沙文主义的斗争中能够体察德国人民的民族感情，我们要说，一个民族伟大与否要用是否自由来衡量。

对德国劳动者来说，驯顺地忍受无权状态乃是奇耻大辱。

对每一个德国同胞来说，为言论和结社自由而斗争乃是莫大的光荣。

我们要求对团体和公社资金的使用实行工人和民众监督。我们要求参与制定我国人民的大政方针。

这样，我们就能为工人和劳动人民提出各方面的要求，而又不忘记把这些要求和物质利益结合起来。

这是一条通向反法西斯人民阵线的道路。

当德国法西斯政权的困难增加，劳动人民以各种方式表达他们的不满，极权党的内部纷争加剧时，每一次都掀起了野蛮的反犹暴行，想借此来制造恐惧和顺从。集体反犹暴行是由纳粹党团体和国家机关组织和推行的，假冒和歪曲了人民的意志。

我们共产党人作为所有被压迫者，也包括德国犹太人的朋友，在最近多次组织了直接的反抗行动。这时，我们看到了一切正直人士的广泛团结。反对野蛮的反犹暴行的斗争，得到了世界上所有主张人道主义的人的团结一致的有力支持。

在德国有50万人因为是犹太人而被公开宣布为无权和不名誉的人。这是法西斯的文化耻辱，法西斯把它的野蛮归罪于布尔什维主义。

小资产阶级的情况在法西斯统治下进一步恶化。它大为失望，有的已经绝望，并正在自己的不满之中寻找新的方向。我们必须给他们指出这一方向。

在德国，我们在这方面存在着极大的缺点。我们宣布了反法西斯人民阵线的口号，但是还没有**开展**这一工作。无产阶级统一战线力量的光辉对中产劳动阶层将具有吸引力。我们的法国兄弟党已为我们作出了榜样。

某些德国社会民主党领袖反对统一战线，理由是这样一来就会排斥中产阶层。法国统一战线证明情况刚好相反。

在社会民主党领袖的论调背后，隐藏着继续与资产阶级合作的愿望，而这就意味着拒绝建立反法西斯人民阵线。

我们应该勇敢大胆地接近一切反政府的反对派组织。在对天主教青年组织的禁止中，在对天主教报刊的镇压中，在对天主教职工联合会和天主教神职人员的迫害中，千百万天主教劳动人民看到了对他们的权益的沉重打击，我们必须使他们意识到，在他们反对法西斯暴力措施的斗争中，我们将站在他们一边。

如果不能正确地对待宗教纷争和天主教反对派问题，在德国建立反法西斯人民阵线就是不可能的。

如果天主教的男女信徒和青年教徒不使他们的斗争超出世界观争论的范围，而指向推翻法西斯独裁的政治目标，这一斗争就会是分裂的，希特勒、罗森贝格和施特赖歇尔就将因此而赢得这场斗争。因此，共产党人必须和这些群众联合起来。

我们必须利用农村救济，利用农民在义务劳动营、军队等地与工人的接触，设法在乡村发现可靠的人，建立据点和松散的小组，直至重建乡村组织，以此保证对农民组织内部的农民反对派的真正领导。

但这还不够。我们可以用人民阵线的生动语言，用人民阵线的口号，用人民阵线的具体政策，首先通过与资产阶级反对派小组的协议，大规模地、更快地与千百万农民建立联系。

我们应该从基层做起，即便是在最困难的非法活动的条件下，也应该向知识分子、学者、艺术家们指明，我们是无产阶级革命解放的战士，也是争取艺术和进步的最优秀战士。

劳动者阶层遭受着法西斯政权的压迫，为了向他们指明真正的前途，我们共产党人宣布：

1. 我们准备和一切争取推翻纳粹政府的人联合起来。
2. 我们准备与愿意团结在反法西斯人民阵线里争取推翻法西斯独裁的任何阶层和团体结盟。

最近的目标是争取人民的民主权利和自由，围绕着这个目标，我们可以把一切还不准备采取进一步步骤的人集合在一起并把他们发动起来。

白色恐怖使群众感到有必要团结起来。群众的这种感觉，这种对互相帮助的企求，对统一战线和人民阵线来说，是一个重要的因素。

尽管沙文主义思潮甚嚣尘上，但即使在今天，大多数人民还是想维护和平的。对于建立统一战线和人民阵线来说，这又是一个大的纽结。

例如，我们对但泽的居民说：我们共产党人赞成所有反对纳粹党议会的人联合起来和进行共同斗争。如果通过这样一条斗争阵线，通过人民决定的途径推翻了现政府的话，我们就将支持新的反纳粹党政府的所有符合人民利益的措施。

我们要对社会民主党人和中央党的拥护者以及但泽的所有反对派说，我们将竭尽全力和你们在但泽的组织组成反法西斯人民阵线。我们准备提出建议以制定一个共同的斗争纲领。如果能达成谅解并建立广泛的反法西斯人民阵线的话，那么，我们根据时局同意提出这样的口号：建立一个反法西斯人民阵线的政府。

我们时常听到两种关于推翻希特勒独裁统治的抽象观点。

一种观点认为，推翻希特勒政府要同时推翻资本主义制度。实现这一点是我们的革命愿望。但是一开始就将其说成是唯一的可能性则包含着一种危险：一开始就对推翻希特勒政府的人民阵线政策作了不必要的限制。

另一种观点认为，随着希特勒独裁政权被推翻，不可避免地要出现某种克伦斯基时期。这同样是错误的。这种观点包含着这样的危险：对中间阶层没有一种真正革命的政策和混淆了阶级路线，即没有看到中间阶层也必须成为推翻资本主义的同盟者。

我们必须做到顾此而不失彼。

这就恰恰要求我们在策略上有最大的灵活性，但在执行中也要有坚定的原则性。

我认为，实现这一点的保证就在于政治路线的统一，在于协调一致地克服错误和缺点，在于符合形势的斯大林式的工作作风，也就是根据任务性质挑选和分配干部，在于热情地培养干部，帮助他们克服错误和得到提高。

法西斯正把它的全部仇恨之火对准我们的国际主义这根支柱。

季米特洛夫当时在血腥的莱比锡法庭上维护我党的荣誉是多么坚强有力，共产国际把我们被囚禁的恩斯特·台尔曼选为七大的名誉主席，对我们德国党来说是多么光荣，我们对于与共产国际，与国际无产阶级的伟大领袖斯大林同志的团结一致感到无比的自豪！（掌声）

弗洛林同志发言后，**库恩·贝拉**同志走上讲台，受到长时间掌声的欢迎。代表们从座位上起立。

库恩·贝拉（匈牙利）：

匈牙利共产党代表团不仅同意季米特洛夫同志的提纲和报告，而且**欢迎**这一提纲和报告，它把坚定不移地实行这些方针看做是无产阶级革命胜利**必不可少的前提条件。**

我们欢迎这一提纲，不仅是由于匈牙利工人持续不断的广泛群众运动在最近已**取得了直接而明显的**成果，以及克服了党的**严重危机**，而且也是由于采取了那种在这一开启新时期的提纲中得到论述的策略。

统一战线最重要的条件之一是共产党正确对待工人的日常利益和日常要求、局部要求和局部斗争。不采取这样一种立场的人，虽然只要他愿意，也能**大谈**统一战线的策略，但他并不能在实际上运用统一战线。

有一种意见认为，我们只能提出**在资本主义内部不能实现的**局部要求，如果是这样的话，那么实际上，怎样才能运用统一战线策略呢？

我们想和谁结成统一战线呢？也许只能和这样一些工人，他们已经确信，无产阶级革命已经提上日程，只有推翻资本主义，只有消灭资本主义制度才能消灭工人阶级的饥饿、贫困和痛苦？**绝不是这样的**。我们愿意**和社会民主党工人、和受改良主义影响的**工人结成统一战线，他们直到今天仍有着**另一种**信念。我们愿意和这样一些工人结成统一战线，他们认为，资本主义的丧钟**仍未敲响**，他们相信，从资本主义向社会主义过渡走改良主义的道路**也是**可以实现的。如果我们把他们目前的要求写在我们的写有为无产阶级专政而斗争的旗帜上，他们就会**和我们一起**去斗争。

和社会民主党工人的统一战线问题也是一个**信任问题**。虽然找到适合与这些工人对话的**语调**是如此的重要，虽然找到相应的**论据**以对付社会民主党关于"共产党策略的破坏作用"说法是如此的重要，但是**光有**言论还是不够的。**首先**是要在共同斗争中**取得成功**，才能促使社会民主党工人和共产党人共同斗争，社会民主党工人才能对他的领袖施加压力以建立统一战线。

从匈牙利共产党迄今的斗争中应该得到的另一个教训是对改良主义工会的工作。

在所有存在改良主义的群众性工会的国家里，特别是在像匈牙利、波兰和其他法西斯国家这样一些国家里，除了非法的共产党外，还存在着合法的改良主义工会，在这些国家里，工会可以在反法西斯主义的斗争中发挥一种极其特殊的作用。

改良派领袖领导下的这些工会的**特殊作用**首先在于，它们能够成为**革命工人合法活动的主要场所**。在这些国家，**在争取和社会民主党团体建立统一战线**的斗争中，可以并且必须把工会当做出发点，当作前进基地。

共产党人想通过唯一可能的途径，通过建立工人阶级的反法西斯的统一来夺取本阶级的胜利，他就必须力求把英国共产党员在被工会开除时说的话作为所有共产党员的共同口号：" **我是个好共产党员，因此也是个好工会会员**。"

我们必须彻底改变所有共产党员对受改良派领导的工会的**实际关系**，因为我们能否实现和社会民主党党组织的统一战线，在很大程度上取决于此。

首先，我们必须明确地反对这样的观点，即**在改良主义工会和基督教—社会工会、黄色工会或法西斯工会之间没有区别**，这种观点直到最近有时还在我们的队伍中出现。

被企业主强迫加入基督教—社会工会的好工人越多，违背他们自己的信念，被法西斯白色恐怖的国家机器强迫加入法西斯工会的真诚的工人越多，那么如下一点就越清楚：一个不肯被迫加入基督教—社会工会或法西斯工会、坚持留在他那受改良派领导的工会里的工人，就比一个屈服于企业主和国家恐怖的工人**更接近于**革命的阶级斗争。

强调改良主义工会与法西斯工会，甚至改良主义工会与基督教—社会工会之间的根本区别，并不是低估在法西斯工会中的十分重要和极其必要的工作。特别是在德国、奥地利，这种根本区别主要在于，改良派领导的工会是当初工人自己把它们作为阶级斗争的机构建立起来的那种**团体，因此至今仍是能够尽快地变为阶级斗争机构的那种工会**。虽然在战前和战后，以及在战争期间，改良主义工会领导一再背叛本阶级，但是不仅有组织的，而且包括无组织的工人群众的大多数，仍把这些工会看做是他们**自己的**阶级组织。

如果说，过去借口必须把工作重点放在无组织的群众身上，在**牺牲有组织的工人**和实际上不去争取他们的情况下，**把无组织的工人理想化，这是多么的错误**，那么今天，无情地反对社会民主党和改良派对无组织的**工人**的态度是多么的重要。

尽管不是每一个无组织的工人都可以被看做不偏不倚的，然而可以肯定的是，绝大多数无组织的工人不可能从革命立场出发去**反对**改良主义，因此也就不会疏远改良主义工会。除了有一部分无组织的工人由于"左"的激进主义而脱离改良主义工会以外，大部分无组织的工人则是由于资产阶级还能**不通过改良主义者的中介直接影响他们**而远离改良主义的工会运动的。

改良主义思想是和无产阶级**敌对的思想**。但这并不意味着，在改良主义工会中受这种思想影响的工人主观上不感到自己是阶级战士。

因此，在我们对待改良主义工会的态度方面，**我们必须把这些工会及其会员群众看做最重要的集合地点，看做最重要的接合部，看做通向无组织的工人群众的桥梁。**

组织性使有组织的工人在企业里的分量超出了他们的人数所具有的力量。改良主义可以并且将会利用这支力量来反对工人阶级的利益。然而也可以用革命的、启蒙的和战斗组织的工作来利用这支力量，使它有利于革命，而且这也适用于无组织的工人。

因此，对这些工会只是采取宽容态度是不够的。共产党人必须在这些工会里积极地工作，以改建这些工会和扩大它们的范围。我们必须照料它们，必须使它们壮大，必须保卫它们。我们必须替这些工会作宣传，必须使无组织的工人加入这些工会。

下面的空话可以收起来了！说什么共产党不能把改良主义工会看做自己的组织，因为它们不是共产主义的学校，或者就像在匈牙利和有些别的国家几年前一样，流传着一种特别有害的理论，说什么改良主义工会是阶级背叛的学校。当然，工会只要仍是在改良主义领导之下，就不是共产主义的学校。但是，如果不用组织阶级斗争来教育工会会员，如果不在反对改良主义的思想斗争中对这些群众进行革命启蒙的话，那么，对改良主义工会左翼做工作的共产党人最重要的任务之一又是什么呢？每一个共产党的工会会员，每一个共产党的工会会员小组，都可以在改良主义工会中以自己为中心建立一个共产主义的学校，并使这一学校的学生成为在有组织的和无组织的群众中传播共产主义思想的人。

把改良主义工会和法西斯工会等同起来，在许多情况下是符合把资产阶级民主和法西斯主义等同起来的同样错误的理论的。

我们共产党人是资产阶级民主的反对者，因为我们主张无产阶级民主。我们是资产阶级民主的反对者，因为我们主张更高级形式的民主，主张苏维埃民主。

由此并不能得出这样的结论：当这种议会民主要被废除，以利于采用资产阶级专政的另一种血腥的，甚至把任何一种代议制的资产阶级自由的残余都消灭的形式时，人们可以避开保卫资产阶级民主的斗争。

社会民主党领袖关于法西斯是较小祸害的策略就在于，他们说：不要反对较小的祸害，应该忍受这种较小的祸害，否则你们就会引来大的祸害，如果是这样的话，那么另一方面，否认较大祸害的可能性无异于是认为"越坏越好"，这对社会民主党关于法西斯是较小祸害的策略倒是一个相称的论点。这样的观点只能使社会民主党工人脱离统一战线。

我们反对作为资产阶级统治的资产阶级民主，我们反对关于普遍自由和平等、关于无阶级的资产阶级国家等等对资产阶级民主的错误幻想。这些幻想是争取无产阶级专政，争取苏维埃政权的斗争的障碍。

我们不为欺骗所迷惑，我们保卫资产阶级民主所包含的**行动自由**，这是法西斯专政所不容的，法西斯专政就像通过废除代议制一样，通过公开的白色恐怖完全取消了这种行动自由。

这样一种保卫资产阶级民主的斗争和社会民主党的较小祸害论的策略刚好是对立的。因此当较小祸害论的策略在德国和奥地利使法西斯取得胜利以后，法国共产党的策略能够把工人群众用反法西斯统一战线**真正动员起来**，因此这一策略就能奠定与广大小资产阶级群众和农民群众的反法西斯人民阵线的基础。我们匈牙利共产党宣布，它准备保卫受法西斯主义威胁的匈牙利社会民主党的合法性，尽管在匈牙利，反对无产阶级专政的社会民主党领袖是资产阶级民主反革命的领袖。

我们保卫资产阶级民主、反对法西斯主义的策略并不是建立在议会联盟的基础上的，而是建立在工人阶级和人民中的资产阶级民主阶层的群众运动的基础上的。它以正确的马克思主义的认识为基础，认为资产阶级不是**统一的**反动的群众，金融资本家的法西斯主义违背了城乡小资产阶级民主阶层的利益。

我们认为，在法西斯分子攫取国家政权的直接威胁下，无产阶级统一战线政府或反法西斯人民阵线政府，就像提纲所建议的那样，不但是可能的，而且是必要的。这样一个政府将不具有一个纯粹议会制政府的所有特征。就本质而言，它当然要超出议会民主的范围。如果它真的反对法西斯主义的话，那么它的特点之一就必须是，它不仅依靠**一批议会党团**，而且它的主要支柱将是**群众运动的机构**，是工人委员会，是各种人民委员会。正是这样一个反法西斯政府的基础所具有的这些特点，能够和必须使反法西斯斗争不致半途而废，而是依靠人民群众的决心，将其进行到底，直至铲除法西斯主义、资本主义及其统治的根源。

在某些情况下，这样一个统一战线政府或人民阵线政府的问题也是现实地和推翻法西斯独裁有关的。在某些情况下，这个问题也可能引起复辟君主政体的企图。对于这种复辟君主政体的企图，共产党不能表示中立。保卫共和国，积极参加保卫资产阶级民主共和国的斗争是共产党人不可推卸的任务，他们必须组织建立工人阶级的统一战线和吸引所有民主人士反对君主政体复辟。

所有这些政治措施都是以与个别资产阶级的以及民主的政党的联合为目标的，我们在执行这些措施时不能忘记列宁的指示：共产党需要统一战线策略，以使群众相信它的革命策略的正确。这样，将来在运用统一战线策略，开展反法西斯主义的群众运动时，犯错误的危险就会减少。

建立工人阶级统一行动的基础比以往任何时候都更加完备。社会民主党和改良主义的那些领袖们一直想维持工人阶级的分裂，仍在继续反对统一行动，他们的主要愿望是，共产党人在争取工人阶级统一的斗争中会失去极其必要的**耐心**。他们希望，各国共产党和共产国际有一天会对统一战线感到厌倦。

我们共产党人正**焦急地**期待着工人阶级给法西斯主义以决定性的打击，无产阶级置资本主义于死地，胜利的苏维埃政权的红旗至少在一系列新的国家中升起。这是事实。但正因为如此，我们将在争取无产阶级统一战线、争取工人阶级统一行动的斗争中，在争取工人阶级唯一的、统一的革命政党的斗争中表现出**最大的耐心**。这个政党将善于在马克思、恩格斯、列宁和斯大林学说的基础上，引导人民群众走向胜利，走向无产阶级专政，走向苏维埃政权。（掌声）

皮亚特尼茨基同志在**库恩·贝拉**同志之后发言，他受到了暴风雨般热烈掌声的欢迎，中国、德国及其他代表齐声向他欢呼。

皮亚特尼茨基：

我只想谈一个与季米特洛夫同志报告的决议密切有关的问题，即共产党人在失业者中的工作问题。

我将设法指出,第七次代表大会讨论的某些策略论据将怎样应用于这一方面的工作。

人们无须证明,失业者比无产阶级其他阶层更是法西斯欺骗宣传的牺牲品。人们必须承认,在希特勒夺取政权时和夺取政权后,相当一部分失业者受到法西斯疯狂的社会宣传和沙文主义宣传的欺骗。

其他国家的法西斯分子也作了同样的努力,为了自己的目标利用失业者的绝望和痛苦。

即使在可以看到工业生产有所增长的国家里,百万失业大军的人数也没有多大减少。失业者的境况在恶化。

同时,资产阶级继续使用奴隶式的强迫劳动盘剥失业者,给他们极低的工资。这就使资产阶级易于实现这样的任务:普遍减少在业工人的工资,而同时法西斯组织在那些他们没有掌权的地方,在强迫劳动营里发现一种特别有利的争取失业者的环境。法西斯分子千方百计去影响失业者。因此我们必须加倍努力,以阻止法西斯分子打入失业者队伍。

就像人们必须坦率承认的那样,在最近几年里,这一工作被大大地削弱了。通过坚决和灵巧地运用统一战线策略,我们能够而且必须把这一工作提高到一个必要的水平。

资本主义国家的工业生产从1932年至1935年初大约提高了35%,但还远没有达到战前的水平。

失业人数的减少较之生产的增长慢得无法比较。

根据国联国际劳工局1935年6月的数据,20个主要资本主义国家的失业人数为(单位:百万):

1932年	1933年	1934年	1935年
24	26.5	21.5	20.8

人们无须证明,这些数字并没有完全反映资本主义世界失业人数的

增长，其原因如下：

1. 它们只包括了 20 个最主要资本主义国家，而完全无视殖民地的失业现象。例如在印度，就像国际劳工局的印度工会代表所宣布的那样，失业的工人和农业工人达到了 4000 万；

2. 国联劳工局机关所提供的数字只是登记的失业者，而不包括政府不管的几百万失业者；

3. 这些数字也没有正确地反映失业的发展，因为资产阶级的统计现在把受雇于公共劳动、失业救济工程，其工资和普通的失业救济金相差无几的工人也算做在业工人。

尽管劳工局的这些数据是如此不准确，它们也只表明失业率仅仅减少了 13.4%。

与此同时，资产阶级继续用一切办法削减失业救济金，并限制救济金领取者的范围。

在德国，失业救济金早在希特勒上台前的 1929 年至 1932 年期间，就已经减少到原来的 1/3 以下。救济金领取者领取救济金的平均数，1929 年底每月为 91.16 马克，而到 1932 年下半年，根据各种紧急法令，每月只有 31.82 马克。

救济时间从 26 周减为 16 周。

从救济金领取者名单上被删除的人有：月薪低于 45 马克的工人、17 岁以下的工人、丈夫有工作的女工，一共被删去了约 200 万人。

随着法西斯分子的上台，失业救济进一步恶化。女仆、受雇的农业和林业工人和职员、渔业工人和必须把工作让给男工的女工，都被取消了领取资格。

根据解雇法，25 岁以下的青年不能领取社会保险金。

短工从前在不能工作的日子里从国家领取救济金。现在只有那些每周工作不到 25 小时的工人才能领取救济。救济期限减少到 6 周。

波兰在1932年彻底修改了社会保险法。救济金减少了几乎一半。保险法适用于各种工人。

1934年付出的失业救济金总数比1930年减少了1/6,而失业人数却大幅度上升。1933年初取消了"失业救济基金",代之以"劳动基金",主要用于组织强迫劳动营地。

意大利在1932年还有32%的失业者得到保险机构的资助。1933年救济金领取者人数减少了17%,青年工人和农业工人被取消了领取资格。

奥地利1935年5月12日宣布改革失业保险。从1935年7月1日起,各种失业救济被削减了10%—20%。只有当失业者证明自己10年来靠工资为生和在这10年里5年有工作,才能发给他救济金。这样一来,25岁以下的工人就自然而然地被取消了领取资格。

英国在1931年10月把成年工人的失业救济金每周减少2先令,18岁以下的青年工人每周减少1先令。

捷克斯洛伐克在1933年把失业救济金削减了15%—20%,季节工被排除出保险范围。政府的财政预算减少了失业救济的金额。失业人数在增长。

在**比利时**,紧急法令规定要严格审查失业者的贫穷状况,结果使10%的失业者被排除出领取者范围。已婚失业女工被排除出领取者范围,各项救济金每周都减少了1法郎。

荷兰在1934年7月把失业救济金减少了11%,儿童补助被缩减,并实行了一系列限制措施。

随着资本和法西斯主义进攻而来的是对失业者实行强迫劳动,资产阶级把强迫劳动作为一种减少失业现象的手段。

强迫劳动在不同的国家有不同的形式。在法西斯独裁统治的国家,它得到了特别全面的运用。

强迫劳动在**希特勒德国**有如下几种不同的形式：

1. 对所有结束学业而又没有工作的人实行强迫性的农村季节劳动。他们一般到富农家里去完全受其支配。劳动是无偿的。工人只得到伙食。根据官方材料，目前有 20 万青年人从事这种劳动。

2. 25 岁以下的登记失业者和所有由父亲顶替工作的青年人都被送到乡下参加强迫性的青年义务劳动。根据官方材料，有 31.9 万名男女青年参加强迫性的下乡劳动。

3. 在青年义务劳动营的主要是 25 岁以下的青年工人。在这些营地里的劳动被官方宣布为军训的准备阶段，根据最近的决定，每人要劳动半年。

工作日长达 8—12 小时。此外每天还有几小时的军训和野营拉练。

大约有 40 万人参加这种劳动。

4. 此外还有一种失业救济工程，这种工程主要是为领取危机救济和福利救济或为不再有资格领取救济的工人组织的。这种失业救济工程的工资极少高于失业救济金。大约有 20 万人参加这种劳动。

失业对青年人的压力特别重。几乎在所有资本主义国家，青年都被完全排除在失业救济范围之外，被赶进青年义务劳动营参加强迫劳动，接受军训。

一旦由于危机而出现大规模失业现象，各国共产党人就率先提出失业者的要求，为这些要求组织斗争和建立失业者组织。

从失业者运动一开始，共产党就号召所有失业者，不问他们属于什么党派和工会，把力量组织起来，为失业者的迫切要求而进行斗争。

共产党人在几年的时间里卓有成效地举行了国际反失业斗争日。千百万工人在斗争日那天参加了示威游行。在许多国家里，由于失业者在共产党领导下进行了斗争，成功地为失业者从国家机构和公共机构取得了一次性的和经常性的救济。

两种失业者组织被建立起来：

一种是有正式会员的失业者组织（如英国）；另一种是在那些失业者聚会的地方建立起来的失业者委员会（如失业者食堂、办事处、夜间收容所等）。**两种形式的失业者组织都具有领导机构的性质。**

这两种组织主要在与救济有关的那部分失业者中开展工作。**它们几乎不在一定期限后不再与救济有关的那些失业者中工作。**而正是这些失业者阶层可能最早成为法西斯欺骗宣传的俘虏。

但是，在失业者中的实际工作也是不够的，而且范围很窄。在绝大多数国家，人们主要把工作局限于组织失业者上街示威游行上。

委员会不关心失业者的日常要求，不向他们提供法律代理人，不反对加班劳动，不监督劳动力的雇佣，不组织对失业者的孩子们的物质帮助，等等。

尽管1932年9月举行的共产国际执委会第十二次全会的决议《关于经济罢工和失业者的斗争的教训》十分注意在失业者中的工作，而且法西斯在德国掌权后，这一工作理应受到特别关注，但是在一大批国家中，这一工作仍被完全忽视。

在那些对失业者做了工作的国家中，这一工作产生了积极的成果（1934年在美国、加拿大、荷兰，1935年在英国）。

法西斯分子在一大批国家里力图开展他们的运动，用种种手段想把失业者纳入到这一运动中，他们使用了德国法西斯分子夺取政权前使用过的手段。这些手段主要是自吹自擂的社会欺骗宣传；是人人有工作的口号；是反对勃鲁宁和巴本的紧急法令的欺骗行动，在希特勒上台后，又用白色恐怖来推行这些紧急法令；是争取失业者加入冲锋队，他们在冲锋队里得到服装、食品和冲锋队募集到的金钱资助（根据某些材料，在希特勒上台时，冲锋队有40多万名成员，根据另一些材料，则大约有60万名成员，而很大一部分是从失业者中征集来的）；是企图在救济金发放处和职业介绍所建立代理人制度；是举行救济灾民运动（图林根、不伦瑞克和巴伐利亚某些地区及其他地方）；是募集金钱和物资及组织分发募集品的委员会，是通过私人途径，绕过国家机关，用和企业主的合同来创造就业；是组织失业者救济食堂，等等。

德国法西斯用各种手段争取失业者的做法，也在不同程度上被应用于那些法西斯还未掌权的国家。

捷克斯洛伐克的法西斯组织"苏台德德意志人家乡阵线"（亨莱因的党）在德意志人地区活动。

波兰法西斯工会25%—35%的会员，也就是说大约3万—3.5万名会员是失业者。

在法西斯的半军事组织里有一大批失业者。

法国的法西斯分子展开了一场大规模的欺骗宣传运动，口号是"驱逐外籍工人"，组织了他们自己的失业者救济食堂，甚至还企图在工人区里也这样做。

在**英国**，特别是在兰开夏，莫斯利法西斯分子打出这样的口号："反对外资！抵制外国货！"

在**美国**，法西斯和半法西斯组织在它们的活动中利用了缺少国家设立的失业救济和失业者被交给公共慈善机构管理这一点。

一方面是强迫劳动的全面推行，法西斯分子加强在失业者中的工作；另一方面是广大在业工人和失业工人群众从德国的例子中清楚地看到，法西斯给劳动人民带来了什么，这就是我们在失业者中进行工作的条件中的新因素，这种新因素在布拉格会议时期和共产国际执委会第十二次全会时期都还不曾有过。

形势中的这种新因素，以及我们自己的经验，要求共产党改变在失业者中工作的内容和方法。

由于共产党人没有在改良主义工会里进行全面的工作，没有把自己的注意力集中于争取工会里的大批工人群众,并自我孤立于工会之外,他们就没有把反对失业的问题作为工会问题的一部分。

我们能否使工会致力于失业者的问题呢?美国的例子就提供了这方面的答案,在那里,美国劳工联合会的许多地方组织参加了争取实现国家性的失业救济的斗争。此外,英国和比利时的例子也提供了答案,那里的许多地方工会组织甚至不顾它们的中央理事会的意愿,参加了要求废除使失业者状况恶化的法案的运动。

共产党人只要正确地对待改良主义工会会员,只要在工会中从事日常的细小的工作,他们就能使工会致力于失业者问题。

共产党人的任务是使工会为**所有**失业者争取国家保险,为争取国家性的失业救济,为满足失业者的某些局部要求,为失业者组织公共食堂,以及为其他类似的要求而斗争。

共产党人必须在工会内组织了失业者支部和委员会后,支持组织在工会中的失业者的要求。这些支部必须致力于失业和失业救济问题。

共产党人必须在这些支部和委员会里积极全面地展开工作。

同时,共产党人决不能忘记,失业者的斗争只有在组织在工会中的失业者同无组织的失业者联合进行的情况下,只有在工会帮助所有的失业者,无论他是不是工会会员的情况下,才能取得成功。

不言而喻,对非会员的救济不应从会费中开支,而应该从国家的和公共的资金中,或从专门为此目的而筹集的款项中开支。

工会可以建立失业者救济委员会,这些委员会由公共机构的领导人、反法西斯主义者和工人组织的代表组成。

关键是失业者要得到真正的物资救济。

这就要求所有失业者组织在统一战线的基础上,进行联合斗争,要求通过工会组织对无组织者进行大规模的救济,要求募集款项和为失业者组织公共食堂。

在存在着根特制度的国家里，必须进行斗争，以救济所有的失业者，而不仅仅是失业的工会会员。

共产党人不能只限于反对强迫劳动，而是必须和社会党人，和工会组织一起支持青年义务劳动营里必然会发生的运动，在由于营地的劳动条件而提出来的具体要求的基础上，组织已在劳动营里劳动的人的斗争，首先是要求根据现行标准发给劳动报酬，要求八小时工作日，反对军训，反对兵营式的管理方法，争取改善伙食，争取改善公共宿舍的设施，争取实行事故保险、医疗保险等。必须提出这样的要求：由工会对派遣工人到失业救济工程去实行监督，由在失业救济工程中劳动的工人选举委员会或特设委员会，应该由这些委员会监督劳动付酬和工程内部的劳动秩序。

工会必须组织企业工人和失业者支持在劳动营就业的工人的斗争。改良主义工会内的共产党员必须在不放弃对改良主义工会提出的"就业计划"的原则批评的前提下，和社会民主党工人一起斗争，以实行符合工人群众利益的那部分"就业计划"。

在联合政府靠德曼计划的口号上台的那些国家里，例如在比利时，我们必须在工会里要求兑现这一计划所许诺的为失业者创造就业。

在所有国家，为那些已被取消失业救济资格的和根据贫民救济法得到救济的失业者提出要求，具有特殊的意义。他们正是法西斯分子最努力地加以争取的那种工人。

为了改善这些最贫困的失业者的状况，为了在统一战线的基础上反对法西斯主义，就必须为这种失业者提出一系列要求，并把这些要求纳入总的纲领之中，这些要求包括：

1. 对被排除在一般保险范围之外的失业者实行统一救济的制度，为每个不同的国家制定最低标准，由国家、企业主和乡镇负担救济费用；

2. 由国家和乡镇负担医疗保险；

3. 由乡镇组织公共食堂，由这部分失业者专门选举的委员会加以监督；

4. 为这部分失业者的孩子提供专门救济，费用由国家和乡镇负担。

必须由失业者对这一纲领进行最广泛的讨论，这是无需赘言的。

在工会受到打击、工人被强迫加入法西斯组织的法西斯国家里，组织失业者及其斗争的重点必须放在法西斯组织（在德国是劳动阵线，在意大利是法西斯工会）上，必须利用所有合法的和半合法的可能性。共产党人在自己的宣传鼓动中，必须把法西斯分子在上台前发出的"反资本主义的"空谈和许诺与上台后的实际做法加以对比。

在失业者中的工作不单单是共产党的一个任务。

革命工会、共青团、国际劳工救济会、反法西斯主义和反战运动委员会、青年和妇女委员会、红色体育组织和革命合作社，也必须参加这一工作。

就像我已经说过的那样，青年并没有得到救济。青年的劳役负担特别重。居统治地位的资产阶级首先想让青年工人充当战争炮灰。一切工人阶级的革命组织都必须加强在失业青年中的工作。

在地方议会中，共产党人必须以各种方式和社会党人一起支持工会和失业者的如下要求：

1. 为失业者组织公共食堂；

2. 取消或大大减少失业者的公共经济负担；

3. 取消或大大减少失业者的房租；

4. 在学校里为失业者的孩子组织免费膳食。

共产党人必须在与社会民主党人一起构成多数的地方议会中力求实现这些要求。

共产党人必须在议会中和社会党人一起提出下列要求：

1. 国家保险;
2. 对失业者的一次性救济和为此目的的专项拨款。

大会主席团必须组织一次由失业现象特别严重的那些国家的代表参加的专门讨论会,讨论建立反失业斗争的广泛的统一战线问题,讨论在失业者中工作的组织形式和内容,反对青年义务劳动营,反对这些营地里的失业青年的军事化,以及反对法西斯主义对失业者影响的方法问题。

如果各国共产党立即着手展开和提升对失业者的工作,如果它们将把失业者组织起来,去反对资本和法西斯主义的进攻,那么它们将由此大大地加强在业工人的斗争。

共产党人必须采取一切措施,使失业者得到真正的物质救济;把法西斯分子从失业者中驱逐出去;把强迫劳动营地从降低工人生活水平的工具变为反对资本和法西斯主义进攻的斗争中心。

(经久不息的掌声)

第二十次会议

(1935年8月4日)

继续讨论季米特洛夫的报告

8月4日下午的会议由**加香**同志担任主席。他请吉尔·格林同志第一个发言。

吉尔·格林（美国）：

同志们，季米特洛夫同志的卓越报告对我们美国党的工作具有重大的意义，季米特洛夫同志的名字在劳动青年的队伍里赢得了最深刻的爱戴和尊敬。

在美国，开始了一场争夺青年的激烈斗争。资产阶级从未这样热衷于争夺青年，对于青年的政治觉悟和政治积极性的增长，资产阶级从未这样不安过。在我国，没有人能像在德国那样，对青年们说："我们穷，是因为我们被打败了。"美国青年知道，他们生活在世界上最富裕的国家里。美国青年向德国和意大利学习。主动权转移到了反法西斯主义的青年手里，他们把力量联合起来，向青年一代提出了一个极其广泛的纲领并发出了广泛的号召，他们正确地利用了美国人民丰富的革命传统，他们承认青年对他们在其中诞生的国家有着一种天然的爱，与此相联系，也必须把这个国家及其财富从金融寡头手中夺回来，他们通过这一切日益强烈地鼓舞和激励青年。

然而我们不能过高估计这些如此重要的因素。我们也面临着无数的困难。统一战线在绝大多数青年群众中尚未巩固和扎根。统一战线代表的广大青年群众还没有被争取过来支持这一统一战线的纲领。此外，美国资本主义还有可能搞许多阴谋诡计。国家青年问题局只是这方面的第一个步骤而已。部分青年，特别是小资产阶级青年有可能还会继续得到某些让步。

同时，不容置疑的是，反法西斯统一战线的壮大也可能导致反动势力和法西斯势力的某种集结。这些势力直到今天还是分裂的，但是毫无疑问的是，有人会一再试图使这些势力联合起来。从休伊·朗和库格林神父的运动中已经可以看到，反动势力加强了对青年的欺骗宣传。

一年前我们获悉，一个法西斯小组召开了一次青年大会，以支持一个反动纲领。当时我们实现了和关门主义的第一次重要的决裂。我们和其他反法西斯主义的青年人一起打败了敌人，并把这次青年大会变为一条广泛的、为青年的直接要求而斗争的统一战线。

与此相关的是，能够正确地评价受资产阶级控制或影响的青年群众组织，对于整个青年共产国际是十分重要的。我们的青年共产党员加入这些组织的目的不是要去摧毁或削弱它们，而是为了把它们从资产阶级影响的中心变为统一战线斗争的中心，变为无产阶级影响的中心。

另一个十分重要的问题是我们对待社会党青年的态度。向我们提交的决议指出，必须用不同的方式接近社会党领导层中的各个小组和个人。社会党青年中的领导干部是在前几年危机中加入运动的，他们在一定程度上反映了群众正在高涨的斗争兴趣，他们中的许多人可以被争取拥护统一战线，甚至拥护共产主义。

这一点还没有完全被我们整个共产主义青年团所认识。我们曾经以正确的方式接近青年大学生，这在最大程度上说明了为什么这一领域出现了光辉的统一战线行动。

在建立一个广泛的人民运动时,我们必须十分注意正确地对待非无产阶级阶层。

我们当然必须明白,青年的统一战线越是深入中间阶层,我们在无产阶级青年,特别是在工人青年中根扎得就越深越牢固。美国的劳动青年在近三年的罢工浪潮和失业者斗争中表现得十分积极,他们在工会里也将越来越积极。我们必须在工业青年中为我们的统一战线建立一个牢固的支柱,并通过他们的积极活动,确保无产阶级对这一运动的绝对领导。我们在前几个月着手解决这个重要问题,结果有150家工会和6个重要的中央工会联合会参加了第二届美国青年大会。

以前我们曾过于自信。我们没有用青年的语言同他们谈论那些他们可以理解的和他们准备接受的问题。

无论如何,我们必须审慎地避免把我们的观点强加于青年,只要他们还不准备接受这些观点。

如果我们不能学会用最广泛的形式去发挥青年的积极性,不能学会最全面的教育工作,那就只能使政治上先进的青年群众和政治上落后的青年群众分开。这可不行。我们有些同志和有些基层组织喜欢自吹自擂,喜欢把统一战线的成功归功于自己,喜欢否认其他青年的观点和把这些青年拒之于门外,而不是吸收他们加以领导等等。这样一些东西,这样一些关门主义的小错误,正像我们的经验所告诉我们的那样,恰恰使我们的反对者对我们的攻击似乎是有根有据的。他们攻击我们,说什么共产党想控制统一战线,共产党统一行动的建议是不真诚的,等等。

在第二届美国青年大会上,共产主义青年团的代表团面临着许多复杂问题,如果我们不能很有气度地去解决它们,每一个问题都可能使统一战线破裂。例如宗教问题。许多信教青年以怀疑的态度对待与共产党的联合,因为他们害怕这是一个骗局,害怕我们会把我们的无神论观点强加于他们。我们用简单的方式解决了这个问题,我们在大会期间允许所有宗教青年每个星期天早上做礼拜。这样做绝不会损害共产党青年的名誉,相反却向信教青年证明了,这不是一个反对宗教的统一战线,而是反对反动派的统一战线。

季米特洛夫同志指出,共产党人不能光是教育群众,而是必须向他们学习,我们青年共产党人只是在统一战线运动的过程中才开始懂得这一指示。

新的思想必须在我们共青团的队伍中受到欢迎和常常出现,否则我们就不能开展群众性的青年运动。

最后,我想在这次大会上提一下列宁同志1905年对俄国布尔什维克说的话,他说:

"目前是战斗时期。整个斗争的结局都将取决于青年,取决于青年大学生,尤其是青年工人。"①

自那以后,30年过去了,但我找不到更贴切的话来说明迫切需要争取当代青年反对法西斯主义的进攻和争取社会主义。(掌声)

斯文·林德罗特(瑞典):

季米特洛夫同志在他的讲话中指明了斯堪的纳维亚半岛形势的几个特点。

社会民主党不仅在瑞典,也在挪威和丹麦握有政权。斯堪的纳维亚是它们反对共产国际和苏联的一张很大的王牌!现在,由于社会主义工人国际的领袖不敢断然否认苏联的社会主义成就,它们就在"北方社会主义"中寻求安慰,这种社会主义应该证明,社会主义工人国际还是正确的,在西欧还是可以通过所谓的和平道路,按照改良主义的旧药方,

---

① 《列宁全集》中文第2版第9卷第228页。——编者注

在资产阶级民主的基础上和把资本主义国家作为"社会主义的"统治工具,实现社会主义。

那么,这个"北方社会主义"是个什么东西呢?当这一时期苏联在社会生活的各个领域取得具有世界历史意义的社会主义的伟大胜利时,当苏联广大工农群众民主的自我管理在社会主义的基础上获得巨大发展的时候,瑞典在同一时期却在向相反的方向发展。

资产阶级的一切旧特权都未受到触动,所有的阶级对立仍继续存在着,反动的选举规定——年龄不得低于23岁或27岁,只有纳税才能享有某种选举权——仍原封不动地维持着,君主政体和教会仍作为宝贵的民族传统受到崇敬。

实施了新的反民主的阶级法令。警察的权限极大地扩大了,每个警察头子都得到了法定的权力,除公开的警察外,还可以组织武装的秘密警察部队。今年,政府在议会运用了它的权力,以便通过一个反工会的强制法,即"保护第三者"的法令,这一法令由于工人群众的一致反对而未能通过。

社会民主党政府在外交上支持那些带头组织反苏的帝国主义战争和坚决拒绝支持苏联和平政策的政权。在政府知情的情况下,希特勒德国在瑞典建立了大规模的军工企业,如马尔默的飞机工厂和兰斯克鲁纳的坦克工厂。

在危机对策方面,社会民主党政府毫无顾忌地支持大资本和私人资本家。事实上,政府在所有的工资运动和罢工中,都动用了它的权威和资本主义的国家政权,以反对工人。

在农业政策方面,政府支持富农和大地主,而小农和贫农却几乎得不到帮助。

社会民主党的政党机器、党的新闻部门和改良主义的工会官僚支持政府的这一政策,造成工人群众生活水平下降,而资本家的利润却上升了。

社会民主党承诺要实行的和平的社会化，迄今为止只限于社会民主党政府把由于克雷于格破产①而倒闭的企业的债务"社会化"而已。

这就是大吹大擂的"北方社会主义"的真面目。就其全部结果来说，它**一方面是资产阶级及其阶级力量在社会上和在政治上的扩充；另一方面则是想方设法解除工人阶级的武装**。

然而，瑞典工人阶级利用各种机会表示了对资本主义进攻的强烈反对，事实是，瑞典工人也部分地打退了企业主的进攻，在危机期间，一直保持着优于大多数其他国家工人的生活水平。我认为，瑞典的工人阶级阻遏了饥饿的进攻，这几乎完全要归功于瑞典共产党。但我并非无视我党工作中的严重不足和弱点。我们过于片面地只是批评社会民主党的政策，而不善于把群众动员起来，以争取实现他们现实的日常要求。但是，有一个事实我们可以自豪地指出，在过去的几年中，常常不顾社会民主党的强烈反对，在各地领导着工人斗争的确实是共产党。

我们党主要是通过和群众的密切接触，成功地与社会民主党工人建立了反对政府和反对改良主义工会的统一行动。

季米特洛夫同志说，社会民主党政府的存在绝不能成为共产党人寻求与社会民主党工人接触，争取他们参加统一行动的障碍，他的话是完全正确的。只要有一种正确的策略，就完全可以同反对自己的领袖和社会民主党部长的社会民主党工人一起建立统一战线。

我们抓住了社会民主党还处于反对党地位时在工人中散布的口号，我们实事求是地和同志式地使社会民主党工人相信，可以用统一行动在争取这些要求的斗争中获得成功，这样我们党就成功地在争取工人日常

---

① 克雷于格（1880—1932），瑞典工业家、火柴大王，1932年破产后自杀身亡。——译者注

利益的斗争中迅速地扩大了统一战线，并使这种统一发展为拥有广大社会民主党工人群众的反法西斯主义和反资本主义的斗争阵线。

要证明社会民主党领导执行的政策为法西斯主义打开了大门是很容易的。当然，国家社会主义的组织还没有成为群众性组织。至今还一直能阻止国家社会主义在工人中打下基础。但事实是国家社会主义已经获得了地盘，因此低估存在着瑞典的希特勒匪帮威胁的危险是错误的。

比纳粹党组织更重要的则是那些打着其他旗号的法西斯组织。国家青年团很明显是法西斯主义的组织，它在小资产阶级青年和青年农民中有几万名成员。

从上述情况中我们能否得出这样的结论，即在可以预见的时间里，要在与瑞典社会民主党领袖达成协议的基础上建立统一战线是完全不可能的？不，这样一种宿命论的观点是错误的。我们曾听多列士同志说过，社会民主党领袖，这些坚决反对与共产党合作的人，在群众的压力下，是怎样变成统一战线的坚决拥护者的。

当然，这并不是最重要的。更重要的是广大群众中正在高涨的统一愿望。社会民主党内越来越多地出现的反对派就反映了这一点，社会民主党内有一些著名的领导人已加入了这一反对派。

瑞典社会民主党内的分化过程表现得越来越明显，这一过程使社会民主党分成依靠某些工人贵族和资产阶级分子的反动派，以及以广大群众为基础，其政策是实行无产阶级阶级阵线的路线的左派。

首先是**工会**，在那里可以找到今天已经愿意和共产党人实现行动统一，明天将成为反对法西斯主义、反对战争和资本进攻的无产阶级统一战线的坚决拥护者的群众。**在瑞典，反法西斯主义斗争问题、无产阶级统一战线问题的成败，取决于在工会组织中工作的问题。**在瑞典的大多数工业部门里，工人百分之百地都是参加工会组织的。

在过去几年中，党越来越善于制定工会工作的正确方法。消灭那些带有平行工会组织萌芽的反对派组织的问题,在瑞典是不存在的。红色工会反对派在瑞典从未发展到这样的程度,以致工人会以为我们打算建立新的工会组织。由于这一原因,社会民主党工人一般也是积极反对把共产党员开除出工会的企图的。由于我们为工会统一而斗争,我们也就能够在其他斗争问题上把工会组织动员起来。

在别的反法西斯主义斗争领域里,我们也必须认真地努力克服在我们的工作中,例如在妇女工作中,迄今仍存在的关门主义的做法。

特别可喜的是提出青年问题的方式。已经是真正改变在这一方面的工作的时候了。

季米特洛夫同志作为一条普遍规律提出来的要灵活地适应不同国家的客观条件这一点,也是我们党能够在知识分子、城市小资产阶级和农村劳动农民群众中赢得影响的先决条件。这次大会以明确的形式提出了民族问题,为各国党在农村的工作提出了广泛的基础,这将为我们打开通向农村居民的新的广阔的道路。这也是反法西斯主义斗争的一个主要问题。

始终存在着狭隘的、带有民族局限性的观察方法的危险,对我们斯堪的纳维亚各党来说更是如此。因此,我们必须比以往更加善于掌握国际经验,特别是关于反法西斯主义和争取无产阶级统一战线的斗争问题的国际经验。瑞典共产党将依靠我们自己在这一斗争中已经取得的经验和成就,最密切地和其他国家的兄弟党接触,坚定不移地走今天的形势所要求它走的道路。

比亚尔纳松(冰岛):

在我们这个小国,我们面临的主要任务和其他所有资本主义国家是一样的,那些国家的资产阶级正准备建立法西斯独裁。冰岛的资产阶级也乞灵于法西斯主义。我们小小的冰岛共产党面临着我们法国的大兄弟党现在正在解决的同样的主要任务。

冰岛只有大约10万居民。这是一个典型的单一产品国家。它的主要生产部门是渔业和渔产品加工业。1932年渔产品的出口占全部出口的92%，我国的这一经济结构决定了，冰岛比大多数其他国家更依赖世界市场。

大约有一半的渔业是大资本经营的。下列数据最清楚不过地说明了冰岛对外国帝国主义的依赖：冰岛全部国民资产为2亿克朗。而外债就有大约1亿克朗，也就是说，占全部国民资产的一半。英国金融资本是最大的债主，大约占8000万克朗。

危机的加剧，同时就意味着冰岛越来越依赖英帝国主义。

冰岛社会民主党的领导阶层是十分反动的，它已经在国家机器和资本主义经济的主要组织中深深地扎下了根。冰岛没有一个独立的工会联合会，社会民主党就同时是一个工会联合会。去年夏天议会选举后，成立了一个农民党和社会民主党的联合政府。第一次有一个冰岛社会民主党人当上了国王的部长。

选举前，社会民主党制订了一项以德曼计划为样板的复苏整个经济的计划。按照这一计划，应该出现一场前所未有的繁荣，应该完全消灭失业和贫困。

但经济形势到底如何呢？联合政府在各个领域加剧了对劳动人民生活水平的进攻。那些重要的许诺没有一个得到兑现；大资本家获得了支配渔品出口的无限权力；牛奶和肉类的销售实行了有利于富农和资本家的垄断，牺牲了工人和贫困农民的利益；极大地提高了劳动人民必须缴纳的税收，各种物价上涨，失业达到了前所未有的规模。

冰岛形势的特点主要是国家政权十分脆弱。法西斯化的过程进展不大。我们对法西斯主义占有一定的优势，我们还享有较大的民主权利，我们必须善于利用这种情况。此外，我们还必须注意，冰岛工人阶级相对地说是不够发达的,半无产阶级和中产阶层具有特别大的特殊的重要性,民族问题起着十分重要的作用。

冰岛共产党在3月份召开的最近一次会议上断定,保守党正在发展为主要的法西斯党。

组织反对法西斯主义危险的统一战线问题,是我党目前的中心任务和决定性的任务。

季米特洛夫同志所批评的我们斯堪的纳维亚兄弟党的关门主义错误,我们也有。我们能够迅速地克服关门主义,但是统一战线的进展却十分迟缓。我们曾经面临着这样的任务:尽快地克服我党的社会民主党思想。我们成功地进行了反对右倾机会主义的斗争,在这场党内斗争中,危险的关门主义在我党领导中占据了上风,而这正发生在这样一个时刻:十分需要大胆地把我党变为群众性政党。在1934年选举前,持关门主义立场的同志们把党在选举中的任务局限于揭露社会民主党。而那时本该大胆地向社会民主党提出统一战线建议,以争取最广大群众参加斗争,反对咄咄逼人的法西斯主义和资本进攻,争取实现劳动人民的经济要求。

这一建议只是在选举后才向社会民主党提出来。我们向社会民主党建议,与共产党结成统一战线,实行某些重要的措施,以减少劳动人民的贫困。

社会民主党对这一建议不加理睬。而我们则开始在基层组织统一战线。我们在中产阶层和青年中的工作仍有许多缺点。

我们必须克服这些缺点。广大社会民主党工人群众是要统一战线的,社会民主党领导层也开始发生分化。

季米特洛夫同志在他的报告中说,90%的社会民主党工人是不同意社会民主党政府的措施的。我们可以冷静地断言,冰岛的情况也是这样。我们能以多快的速度争取这些群众参加反对资产阶级的统一战线,取决于我们的政策。

我们在争取建立统一战线斗争中的任务是什么呢?

广大人民群众正在寻求摆脱贫困和痛苦的出路,我们必须具体指出出路何在。必须争取广大工人、贫困农民和渔民群众,支持我们的革命道路。

我们必须宣传一个革命的工农政府的纲领。我们必须具体地指出,一个工农政府将怎样建设冰岛的经济和利用国家的自然财富,怎样消灭失业和取消贫苦农民和渔民的债务,这样一个政府将怎样和苏联、和全世界工人阶级结盟,以及它将依靠这样的盟友,坚强有力地对付外国帝国主义。然而,宣布我们掌权以后将做些什么,这是不够的。当前的主要任务是具体地指出,一个统一的、与贫困农民和渔民结盟的工人阶级现在就能做些什么。人们怎样才能不顾现有的分歧,建立一个共同的人民阵线,这个阵线能打败法西斯主义,实行劳动人民减少贫困的重要要求。

统一战线的任务是既保卫人民的经济利益和民主权利,也保卫国家的独立。

冰岛共产党宣布,准备支持以这样一个广泛的人民阵线运动为基础和实施其纲领的政府。

我们将竭尽全力把冰岛全体劳动人民组织为一个强大的阵线。这样并且只有这样,我们才能制止法西斯,打败反动派,准备并确保冰岛工人、农民和渔民的最后胜利。

库斯(爱沙尼亚):

希特勒在德国上台对波罗的海国家,其中也包括爱沙尼亚的局势有着特别重大的影响。正是希特勒的胜利强有力地推动了爱沙尼亚现有的**强烈的法西斯主义倾向**的进一步发展。

在德国法西斯直接的政治支持和财政支持下，**爱沙尼亚的一部分资产阶级**在希特勒上台后立即着手组织一个法西斯群众党并准备法西斯政变。所谓的"老兵"，即1918—1919年间参加过当时的反苏战争的人，成了这一政党最强大的突击队。爱沙尼亚城市里以前的地主、德国男爵和德国资产阶级，也参加和支持这个党。"老兵"党的纲领和德国纳粹党的纲领十分相近。

法西斯利用群众中存在的特别强烈的不满，进行一种恶毒的**社会欺骗宣传**，并争取到了大批城乡小资产阶级群众，此外，他们还大规模地渗入失业者阶层，甚至部分地渗入工人中。

这一大规模的法西斯主义进攻没有遇到各资产阶级民主政党的任何反抗，因此，1933年秋法西斯分子在他们所提出的新宪法草案的全民公决中得到了总票数的3/4。

1933年，法西斯分子在很短时间内建立了自己的群众性政党，在全国建立了地下支部，武装了在国家机器、军队、警察和资产阶级军事组织中的突击队，并在1934年初仿效希特勒的做法，把夺取政权和建立法西斯专政的问题提到日程上来。建立"老兵"的法西斯独裁，将把爱沙尼亚变成德帝国主义**反苏战争的前进基地**。

在爱沙尼亚，按照希特勒的样板建立法西斯独裁这样一种前景，确实导致了爱沙尼亚大资产阶级队伍内部的分裂。

当前的爱沙尼亚法西斯独裁政权的特点是，它不但是在反对工人阶级的斗争中上的台，而且也是在反对另一种法西斯主义的斗争中上的台。法西斯独裁政权的建立是在**一个巨大的欺骗阴谋**的伪装下完成的。皮亚茨政府断言，它建立独裁统治是为了反对法西斯主义和保卫民主。社会民主党领袖也断言，政府的独裁措施是完全必要的，是为了"重建民主"。

但是，实际上政府**不断地铲除**民主自由的**一切残余**。它禁止了所有的政党，并着手建立一个新法西斯党，一个大一统的党。

此外，政府还解散了议会，取代议会和民主自治的是政府着手建立社团主义国家；成立了法西斯主义的国民经济委员会和文化委员会。法西斯恐怖首先是针对工人的，当然它也打击了各资产阶级民主政党。

政府用一系列措施限制了工会的活动，并准备把它们变为国家机器的附庸。

政府正准备继续修改宪法，使宪法和政府已经实行的法西斯主义措施相一致。波兰的法西斯主义宪法是这一新宪法的范本。

社会民主党在所有这些急风暴雨式的事变中扮演了叛徒的角色。它拒绝和共产党建立统一战线。

爱沙尼亚共产党在所有这些事变中起了什么作用呢？

我们必须坦率地说，爱沙尼亚共产党在这一法西斯主义急剧发展和法西斯独裁统治建立时期的作为**是不够高明的**。

虽然共产党是唯一真正揭露法西斯"老兵"，揭露他们与德国法西斯的政治关系和财政关系，揭露他们的社会欺骗宣传的党。爱沙尼亚共产党也正确估计了皮亚茨独裁政权的政治本质。

然而，共产党在这一时期并不懂得要从宣传活动过渡到组织一场真正的人民群众反法西斯主义的群众运动，以真正阻止法西斯主义的发展和法西斯独裁的建立。这暴露了我们党的弱点，而其根源是很深的。

爱沙尼亚共产党在这一时期必须同严重的组织困难作斗争，1928—1930年资产阶级恶毒的反共煽动，使这种困难大大地加重了。1928—1930年的右倾机会主义错误使爱沙尼亚共产党经历了一场组织危机。在法西斯主义急剧发展和法西斯分子发动政变的时候，共产党还没有克服这些困难。

过去我们党在农民问题上所犯的"左"的关门主义错误，成了全面动员人民群众反对法西斯主义的障碍。

党没有及时地认识到，1924年起义后，由于起义的失败，在暂时稳定时期，社会民主党和改良主义在爱沙尼亚的影响增长了。党及其拥护者低估了在改良主义工会中的工作。

自1933年3月以来，党一再向社会民主党提出统一战线建议，但在这一时期，党还不善于用新的形式提出统一战线的问题，达到真正建立统一战线、组织统一战线行动的目的。我们不善于组成一个广泛的反法西斯人民阵线。在反对德国法西斯占领计划的斗争中，我们没有明确地提出爱沙尼亚的独立问题，这种情况也成了反法西斯主义斗争的一个障碍。

革命运动和发展反法西斯人民阵线的前景如何？

法西斯主义的胜利在爱沙尼亚也是不可能长久的。法西斯独裁的建立及其压迫群众的政策已经引起了工人和农民，特别是社会民主党工人的某种失望。

社会民主党工人正在向左转，这一事实使工人阶级内部的情绪具有新的特点。这一点特别清楚地表现为社会民主党的分裂和左派社会党的成立。

去年爱沙尼亚掀起了一股巨大的群众罢工浪潮，这在过去10年中还是不曾有过的。大多数罢工以工人的胜利为结局。

党利用了这种形势以巩固它的力量、重建它的组织和建立新的组织。

1934年10月，我们党向社会民主党和左派社会党提出统一战线的建议。社会民主党拒绝了我们的建议。尽管社会民主党的领袖拒绝了这一建议，我们还是同社会民主党工人的个别小组和组织就工人的直接要求问题建立了统一战线，以保卫民主权利、反对法西斯主义和战争。这些小组和组织总共约占社会民主党的1/3。

统一战线的第一批成就吸引了工人群众的注意力。工人们开始讨论在他们的组织中、在企业中组成统一战线的问题。统一战线问题在工人中成了最现实的问题。

爱沙尼亚统一战线的第一批成就也加强了**爱沙尼亚的社会党青年和许多改良主义工会**迫切要求实现统一的愿望。

在今年5月爱沙尼亚改良主义工会的最近一次代表大会上，**旧的改良主义的领导班子垮台了**。在120名代表中，只有18名支持这个领导班子。

无产阶级统一战线的发展使我们有可能着手组织一个广泛的反法西斯人民阵线。所需的条件正在成熟。

共产党必须领导正在发展的反对法西斯独裁政府的潮流，并提出**广泛的反法西斯人民阵线的纲领**。波罗的海各国形形色色的法西斯分子和法西斯政府已经或者正试图与法西斯德国和波兰结成同盟，把本国人民当做炮灰出卖给希特勒。在这种形势下，真正同德国法西斯及其在爱沙尼亚的代理人消灭爱沙尼亚民族独立和奴役爱沙尼亚人民的计划和企图作斗争的，只有共产党人。根据1918年德国占领下的经验，我们完全有可能揭露，弱小民族的刽子手希特勒的占领将会给我们的人民带来什么样的后果。

无产阶级的统一战线领导着争取和平的斗争。第七次代表大会向全世界共产党提出的伟大的战斗纲领，将帮助我们走上正确的道路，解决我们的伟大的义不容辞的任务。

第二十一次会议

(1935年8月5日)

继续讨论季米特洛夫的报告

8月5日上午的会议由**哈里·波立特**同志担任主席,他在热烈的掌声中请亨德森同志(南非)发言。

亨德森(南非):

同志们,围绕着南非党的工作的斗争是在十分困难的殖民地压迫的条件下、是在劳动群众,特别是土著居民极其贫困的条件下进行的。

如果我们总结一下当前的萧条对群众、特别是对土著劳动人民的状况的影响,那么我们不但看不到生活条件的任何改善,而且恰恰相反,状况已经严重恶化。土著居民中的主要群众、土著农民的状况很糟,以致可以说在居留地存在着一种名副其实的群众性饥馑。群众的困苦首先是由于无地和帝国主义政府推行的政策。经济危机使群众陷入更深的痛苦和更糟糕的饥饿之中。

作为当地被压迫的女劳动者之一,我在这个讲坛上以她们的名义发言。我想说,人民的状况比统计资料所表明的要糟得多。我们可以举土著人劳务合同法为例。

根据这项法令,一个向欧洲人租地的土著佃农不得不为他的主人每年工作6个月。如果得不到地主的书面允许,他就无权离开土地。这对于佃农及其家庭来说，就等于是事实上的奴役。这一法令涉及1/3的土著居民，即1/2的土著农民。由于无地和"居留地"里的饥饿，差不多有200万土著劳动者在欧洲地主的土地上生活和服苦役，全国86%的土地集中在这些欧洲地主手里。这些土著劳动者的状况非语言所能形容：留在欧洲人的庄园里意味着忍受封建奴役和饥饿；拒绝签署劳务合同和离开庄园，则意味着无地可种，意味着失业、贫困和饥馑。

除了我们描述的这些情况外，还有各种税收压在土著居民头上，例如人头税和茅屋税、牲畜消毒税和身份证税。这些税收是依靠暴力和关押的手段从居民那里榨出来的。土著人的牲畜、家具和劳动工具被一批一批地拍卖。危机年代和最近这两年的萧条，是工人阶级各部分，包括土著工人和白人工人工资锐减和生活状况恶化的年代。各工业部门工人的工资被大大削减。工作日延长，劳动强度加大，剥削加重。

此外，许多土著工人由于帝国主义者"文明的"劳动政策而被解雇和用白人代替。政府想用这种方法使失业的白人工人有工作，分裂工人队伍，破坏土著工人和白人工人正在发展中的斗争团结。

这些方法增加了土著工人的失业率，实际上也无助于白人工人状况的改善。取代土著工人的白人工人被迫接受的工资，虽然略高于土著工人，但仍是一种饥饿工资。

土著居民各阶层的反帝思想正在成熟。工人阶级，包括土著人和白人的罢工运动普遍高涨，同时，土著无产阶级，特别是主要的、基础的工业部门的土著工人的积极性也在高涨。这表现为如下的事实：如纳塔尔煤矿1200名矿工的短暂罢工；好望角殖民地水泥厂土著工人的罢工；约翰内斯堡附近布拉克潘2000名土著矿工的示威游行；奈杰尔土著矿工的好几次行动；德兰士瓦洗衣工人、纺织工人的罢工，以及类似的行动。

我们也看到了居留地里土著农民的斗争。在当前阶段，这一斗争主要是反对征税和没收农民的牲畜。纳塔尔的姆辛贾居留地土著农民的斗争是对这些行动的性质的最好说明，在这一居留地里，农民用石块和长矛作武器，把警察和税务官赶出了居留地。

工人和农民的这些斗争也开始把那些至今脱离斗争的土著知识分子、教师等吸引到反帝运动中来。我们越来越经常地听到从他们的队伍中发出的对帝国主义政权及其所作让步不满的声音，听到谈论必须进行斗争的声音。

在这里，我也想提到被最近的反土著人法剥夺了选举权的好望角殖民地土著选民的抗议运动。这一运动并不局限于好望角殖民地的1.4万选民，它正开始席卷全国，把越来越广大的劳动人民阶层、知识分子和资产阶级改良派分子动员起来。

这些法令和危机期间帝国主义的全部政策，使群众对帝国主义统治的仇恨有增无减，并把他们动员起来投入斗争。斗争的思想不仅开始掌握了先进分子，而且也开始深入到国家的落后地区，开始把人民中的最落后部分动员起来。这种思想也开始进入人民中某些迄今仍抱有改良主义幻想的阶层。这种思想开始摧毁和削弱散布改良主义幻想的民族改良主义者们的影响，同时它也正在削弱酋长们的种族影响。

然而必须强调的是，由于党在组织上的薄弱，大部分行动具有自发性，是在没有任何领导和组织的情况下进行的。虽然毋庸置疑的是，之所以能发生这些行动是由于党的影响，是由于我们的宣传鼓动工作，然而党却未能站在这些行动的前列去组织它们和领导它们。这就是当前我党最大的弱点。

在这样的条件下，党最迫切的任务是发展反帝统一战线。

我们的纲领要求取消对土著居民的任何特殊的社会措施，要求取消全部反土著人法，要求充分承认土著居民有和白人居民一样的民主权利。

我们的纲领还要求坚决打击欧洲地主对土著农民的剥削，要求把所有无主的国家土地和欧洲人农场中未开垦的土地无偿地分给土著农民、交实物租的佃农和贫穷的白人自耕农。我们也要求土著居民应该有充分的权利可以从共同租种改为个人租种。政府和酋长们力图维持共同租种，因为这样他们就可以剥削农民，因为共同租种可以把酋长和政府拴在一起并使酋长屈从于帝国主义。

我们的纲领还有别的要求，如要求规定最低工资、八小时工作日、国家失业保险和社会保险，以及诸如此类的要求。

党正处于一种前所从未有的有利时机，不仅建立无产阶级的行动统一，而且建立统一的反帝人民阵线。

自从1933年联合政府成立以来，我们就能看到统治阶级的政策有了某些改变。这些改变表现为越来越多地使用反工人阶级的警察镇压措施，禁止罢工，逮捕和关押罢工者。这种发展趋势的特点是，所有这一切都越来越明显地不仅是针对土著工人的，而且也是针对白人工人的，白人工人的资产阶级民主权利也在逐渐被剥夺。

此外，还继续扩大所谓的"特别勤务大队"，建立"先锋营"这样的罢工破坏者组织，这一组织按照国防部长的说法是为了镇压"内乱"、镇压"土著人暴动"的，是针对日益发展的罢工运动的。

同时，我们在国内还看到发展了一批法西斯组织，它们合并为一个灰衫团体，这一团体在政府和警察的默许和支持下进行活动。

这些法西斯组织是在希特勒在西南非和南非的代理人的影响和直接的财政及其他援助下成立起来的。我们必须把这看做与希特勒德国争夺殖民地有关。德国法西斯分子得到亲德政府的支持，所以他们选择南非作为最适宜于开展运动的地方，这一运动将使他们可以推行自己的殖民政策。

调查白人状况的政府委员会，即所谓的卡内基委员会，估计国内各地区的贫穷白人有35万—40万人。这些人是无地的白人农场租佃者，由于危机和资本主义的一般发展过程而破产的农民，他们的状况和生计并不比土著人好多少。此外，工资锐减和普遍的限制生产，使白人工人的状况继续恶化。白人失业者的人数一直是相当高的。那些由于"文明的"劳动政策而顶替土著工人的失业者的生活水平被帝国主义者压低到饥饿线的程度。这些工人在某些失业救济工程中得到的工资每天不超过2先令—3先令，这点钱无论如何不够满足一个工人的生活所需。

帝国主义集团不仅不考虑如何满足哪怕只是白人工人和贫穷白人的要求，而且相反，用更多地牺牲群众的利益来加强它们自己的经济地位。这就说明了为什么帝国主义资产阶级一方面助长法西斯组织的发展，另一方面又用它自己的别动队的形式准备了一件武器，加强白色恐怖，以粉碎工人运动。

尽管党在反法西斯主义工作方面取得了一些成就，我们也还是有某些政治错误和弱点。主要的错误是，党没有十分具体地提出土著工人和白人工人在反法西斯主义斗争中的团结问题，没有顽强持久地为此而斗争。另一方面，开展反法西斯主义斗争的形式也只是反对灰衫队，而没有把反对灰衫队的斗争和反对它的幕后支持者——帝国主义政府的斗争结合起来。这种做法的危险不仅在于造成了由于种族问题而把斗争割裂开来的后果，而且还在于殖民政府可以利用反灰衫队的斗争来转移白人工人和白人穷人中郁积的对殖民政府的仇恨和不满。

我们克服上述缺陷的办法是，把反对灰衫队和法西斯主义的斗争总体上与反对殖民政府，反对帝国主义掌权者对工人阶级的经济和政治权利的进攻的斗争结合起来。党已经在这方面取得了某些进步。党充分利用汤姆·曼同志对南非白人工人的号召，广泛地宣传这一号召，从而展开了一场争取行动统一的群众运动，并把汤姆·曼号召的总路线进一步发展为工人在反法西斯主义斗争中的具体任务。

党在艰难的斗争中达到了高度的布尔什维克化，它将使党有能力完成自己的任务——发展和领导群众的统一战线，并把人民的斗争提高到一个更高的水平，提高到反对帝国主义体系的斗争的水平。叛徒邦廷早在共产国际六大上就反对这一口号，他在党内组织了一个集团，该集团的领导反对独立的土著人共和国的口号。

党的最优秀的部分，在恩祖拉同志领导下的党内最无产阶级化和最觉悟的分子，进行了反对邦廷主义的顽强斗争。在我党1930年召开的第九次代表大会上，我们采纳了独立的土著人共和国的口号作为党的主要口号。邦廷被清除出党的领导，1931年，他和他的集团由于反对党的路线的派别活动而被开除出党。

在争取实现这一口号的斗争中，党不得不进行一场斗争以反对在解释这一口号上所犯的某些错误。错误之一是否认南非存在着土著人资产阶级，否认无产阶级在革命中是独立的领导阶级。这导致独立的土著人共和国的口号被诸如黑人共和国、班图共和国这样一些否认独立的土著人共和国的阶级性质的口号所取代。这其实就是把土著人群众视为一个没有阶级差异的同质的人民，这就否认了在土著居民中存在着阶级对立。

另一方面存在着这样的错误，即企图把南非的形势视为社会主义革命已经成熟了，以及把独立的土著人共和国解释为一个社会主义革命的口号。这意味着跳过资产阶级民主革命阶段，忽视无产阶级和农民的联盟这样一个重大问题。同时由此也就忽视了党的以下任务：组织群众的日常斗争，建立工人和劳动者的群众性组织，以及在企业、矿山、居留地和移民点顽强地进行日常工作。

当独立的土著人共和国的口号第一次提出来的时候，我们党的某些成员有些担心，白人工人和白人穷人会把这一口号看做是纯粹的"土著人"的口号，看做是反对白人的口号。

这样的想法是错误和反动的,这是毋庸赘言的。由于正确地解释和宣传了这一口号,它在白人工人和农民中获得了越来越多的支持。

只有开展群众性的宣传和组织工作,南非党才能成为一个工人和劳动者的群众性政党,成为反帝斗争的领袖。苏联社会主义建设的伟大成就,中国革命和中华苏维埃共和国的伟大成就,鼓舞了南非劳动群众,并使他们越来越相信共产国际执委会的列宁斯大林式领导的正确性,这一领导向全世界工人和被压迫人民指明了通向自由、通向全人类幸福富裕的新生活的道路。

帕姆·达特(英国):

季米特洛夫同志的报告和决议草案向我们提出了极其伟大和责任重大的任务。形势表明,我们正面临着对国际工人阶级的全部未来具有决定性意义的伟大战役。季米特洛夫同志的报告和共产国际的决议以坚定不移的现实主义和大无畏的精神迎接这一新的形势并坦率真诚地向每一个工人解释这一新形势。

同志们!阶级敌人的报刊已经开始提出它们对我们大会的路线的看法,并把它说成完全是**防御性的**;它们认为,法西斯主义迫使我们采取守势。我们为保卫全世界工人群众,反对野蛮的法西斯主义和战争而斗争,我们并不为此而感到羞耻。这是情形的**一个**方面,但仅仅是一个方面而已。

今天,法西斯主义使工人阶级受到沉重打击。但是法西斯主义给工人阶级的这一打击同时也正是革命危机迫近的标志,是阶级社会中隐蔽的内战变为公开的内战的标志。法西斯主义在武装和组织敌人的队伍。但同时,由于它企图维持自己的政权,就暴露了资本主义的全部残忍面目,唤醒了全世界千百万人第一次奋起投入政治斗争。

在当前准备决定性斗争的阶段,法西斯主义和反法西斯主义之间的斗争的中心问题究竟是什么呢？从本质上讲，主要是**在大多数人民中争取后备军和同盟者的斗争**。金融资本企图用公开的暴力和白色恐怖来孤立和打垮它的主要敌人——工人阶级的先锋队；为了这一目的，它力图争取中间阶层、农民、小资产阶级以及落后工人站到自己一边。工人阶级先锋队对此的回答是而且只能是，找到新的方法，把工人阶级群众、社会民主党工人、无组织的工人、落后工人，以及农民、城市小资产阶级和知识分子，联合成一个唯一的阵线，以孤立金融资本，准备对它发起毁灭性的打击。这就是法西斯主义和反法西斯主义之间的斗争的真谛。这就是新的扩大了的统一战线策略的真谛。

我们把法西斯主义定义为金融资本的最反动、最沙文主义、最帝国主义的代表人物的公开的、恐怖的独裁统治。这一定义是完全正确的。必须坚决反对关于法西斯主义的性质是小资产阶级的或超阶级的理论。

季米特洛夫同志在他的报告中十分明确地指出，虽然法西斯主义公开敌视所有劳动群众的利益，但它并不因此而不用种种巧妙的欺骗宣传的形式来扩大它的群众影响，并深入到许多人民阶层中去。我们在日常的反法西斯主义宣传鼓动工作中，常常倾向于低估的恰恰是法西斯主义的这一方面，我们满足于较轻松的任务，只是谴责它的公开的白色恐怖的特点。

希特勒和墨索里尼的充分发展了的法西斯主义，实际上包括**两个突出的因素**：第一是公开的恐怖独裁；第二是这一金融资本恐怖独裁的特殊的社会基础或群众基础，借助登峰造极的对民族和对社会的欺骗宣传，争取被欺骗的小资产阶级群众和落后工人的支持。这两个因素对说明法西斯主义的全部本质是很重要的。

我们已经在我们的**国际纲领**中指出和讨论过这一点了。

但是我们在**宣传**中还常常会忽视这一点。后果是严重的，因为这导致了对反法西斯主义斗争的条件的低估。

法西斯主义特征中的主要东西并**不仅仅**在于它的反动程度及其恐怖程度，而且也在于它的支撑这一白色恐怖的**特殊的社会政治机器**，也就是说，在于它的特殊的社会欺骗宣传体系。正如第六次代表大会所指出的那样，这种欺骗宣传是为了在资本主义总危机、小资产阶级及其他阶层的贫困化和失望、对改良主义的失望的基础上，发动和组织"反动的群众运动"。正是对法西斯主义社会基础的正确理解，使我们能正确地解决我们当前的策略问题。

我们在宣传鼓动中，有时倾向于把当今全世界的每一种反动现象不分青红皂白地都看做是法西斯主义，把整个资产阶级阵营、几乎整个非共产主义阵营都当做"法西斯主义的"而加以摒弃。这种倾向的后果是相当严重的。它们导致对反法西斯主义斗争的条件的低估。我想举三个例子：

第一个例子是我们的国际运动对希特勒上台作出的反应的方式和方法。我们的一些表态首先是把希特勒上台看做似乎只是已经存在的法西斯独裁的另一个阶段而已。

我们在德国的宣传早已把布吕宁专政描述成一种法西斯独裁（见1930年12月2日的《红旗》）。这一点我们共产国际执委会已经正确地指出过了。

迫使我们更精确地阐述希特勒独裁的全新意义的，更多地是事件的严酷教训，而不是我们以前的观点。

第二个例子是无视法西斯主义社会基础的倾向，这不可避免地使我们延误了作出必要的策略结论的时机，也就是说，我们没有及时地看到必须提出新的广泛的统一战线的策略，以此作为反法西斯主义斗争的一个决定性的要求。我们应该再仔细地研究一下共产国际执委会第十二次全会上的争论和决定。我们不应该在第十二次全会的决议中不提到这一重大问题。

第三个例子是萨尔。在这个问题上我们可以看到，我们低估了法西斯主义的民族主义—沙文主义思想和宣传及其对群众的影响。

由于上述这些原因，我们应该问一下，在决议中是不是应该更准确地谈一谈法西斯主义的社会基础和群众基础呢？

在法西斯化的过程中，我们可以区分三种成分或要素：（1）国家机器在旧形式范围内的法西斯化；（2）"反动的群众运动"的开展；（3）当我们不能通过斗争阻止这两种倾向时，它们就联合了起来。这是最后阶段，这时我们看到的就是希特勒和墨索里尼政权那样一种完成了的法西斯主义。

在我们对这一过程的态度中，如果我们不考察全过程，而是把我们的注意力放在这一个因素或另一个因素上，那就同时存在着两种危险。一方面是我们陷入危险的社会民主主义倾向，这种倾向只注意到在未来的国家政变问题上存在着法西斯主义的危险，因此而忽略了反对真正的、在资产阶级民主的范围内天天都在发生着的法西斯主义倾向的斗争。另一方面又存在着一种相反的危险，即把过渡形式说成是已经存在着的法西斯主义，这样一来，就削弱了在法西斯主义尚未取胜和尚可预防的国家中的决定性的斗争。

我们必须警惕这两种危险。我们必须特别清醒地、毫不夸张地指出各国的法西斯主义倾向正在不断增长，并号召这些国家的劳动群众起来斗争，反对法西斯主义和为法西斯独裁统治开辟道路的政府。

我们必须放弃对法西斯主义的一般的、抽象的、机械主义的分析，而对法西斯主义作具体的分析；我们必须根据当前每个国家特定阶段的形势，使我们的路线具体化。

法西斯主义的发展过程是一个特别复杂的过程，每个国家都有其各自的特点。

例如英国，我们可以把英国资产阶级趋向法西斯主义分为三个主要因素。首先和主要的是国民内阁的作用。

其次，除了国民内阁外，就是莫斯利黑衫队的公开的法西斯匪帮，他们已经在小资产阶级中找到了某种立足点，并为在工人阶级中站稳脚跟而斗争。目前，从某种意义上来说，莫斯利运动是国民内阁的替罪羊。群众对法西斯主义的愤怒集中在莫斯利身上。国民内阁和改良主义领袖把莫斯利指为所谓唯一的法西斯主义危险。同时，由于群众的注意力集中在莫斯利身上，国民内阁就可以把它的为法西斯主义作准备的镇压措施说成与莫斯利相比只是一种"较小的祸害"而加以推行。

然而，除了国民内阁和莫斯利以外，还有第三个重要的因素。我们必须看到小资产阶级政治家中向法西斯主义发展的倾向。在这一方面，特别重要的是保守党右翼的发展，它把老顽固派同金融资本的最侵略成性的、最沙文主义的分子联合在一起。

法国的状况为我们提供了一种全新的局面。这里的主要问题不是向法西斯形式逐步过渡。在1934年2月的那些日子里，法西斯主义公开地大举进攻，结果是摇摆不定的"左派"政府投降，尽管它在议会中拥有多数。从中可以看到资产阶级的法西斯主义进攻对议会形式所占据的优势，它借助议会外的压力，强制成立了杜梅格为首的全国联合政府。但这一时刻，越来越多地吸引着小资产阶级群众的无产阶级统一战线从根本上扭转了局面，给了法西斯主义进攻第一次打击，并将其击退。

如果我们想综观全局的话，那么我们就须考察一下**殖民地国家的法西斯主义**问题。这时我们就能看到正在蔓延开来的运动，如中国蒋介石的蓝衣社运动、爱尔兰奥达菲将军和克罗宁的蓝衣队、巴勒斯坦修正论者的褐衫队运动，这些运动都显示了某种法西斯主义倾向。很清楚，这些运动提出了某些特殊的问题，因为在殖民地国家，金融资本是由外国帝国主义来体现的。法西斯主义类型的运动在这些国家是在什么条件下出现的呢？很明显，只能是在下述条件下：内部的阶级矛盾和无产阶级及农民的进攻正在使民族资产阶级或至少是这一阶级的大部分人走上公开反动的道路，以取媚于外国帝国主义，并相应地在反对人民群众的斗争中，力图形成主要是服务于外国帝国主义的"法西斯"形式。蒋介石，这个资产阶级封建反动派的领袖和外国帝国主义在中国的代理人，力图建立他的蓝衣社以反对共产主义和民族革命运动。奥达菲是不追随德瓦莱拉的，然而是和英帝国主义有着密切联系的爱尔兰资产阶级少数派的代表，他想在爱尔兰组织他的蓝衣队，表面上打着民族的旗号，实际上却是把蓝衣队当做试图维护英帝国主义利益的一个基地。

从我们对不同国家的法西斯主义或法西斯化的五光十色的标志、形式和倾向的考察中，必然得出的主要结论是，我们在每一个国家都必须在具体条件的基础上，**把斗争集中在对付敌人在决定性的斗争环节发动的特定的进攻上**，并在此基础上，争取广大群众加入反法西斯主义的统一战线。

由于稳定的消失，由于经济危机和萧条的影响，社会民主党以前的经济基础受到了很大的削弱。资本主义总危机的加剧、稳定的消失，这同一个过程既导致了资产阶级倾向于求助法西斯主义手段，也导致了**社会民主党的危机**。

社会民主主义是与资产阶级阶级合作的思想和实践。在当前，它必然导致法西斯主义准备进攻和易于进攻，这一基本分析将继续有效。昨天，韦尔斯和泽韦林曾为法西斯主义在德国铺平了道路，他们起了社会法西斯主义的作用；今天，他们又准备用削弱希特勒政权来帮助资产阶级专政。这两种情况都是事实。今天，莫里森和西特林在英国起的是相同的作用，他们在为法西斯主义铺平道路，这也是事实。

但是，虽然对社会民主党的这一分析，在当前这一整个时期原则上是有效的，然而我们确实也不能忘记，社会民主党经历的**一个过程**和我们是有关的，而千百万工人的转变过程是和我们有关的，他们正不断地经历着各种经验，并在这些经验的影响下发展着。这不是什么统计材料；这是一个活生生的世界，而不是一成不变的、固定的、抽象的观点；千百万社会民主党工人走向共产主义的道路必然导致产生大量的过渡形式，并因此在社会民主党内部带来大量的过渡阶段和中间阶段。

因此，稳定的结束和法西斯主义广泛出击的结果是出现了**一种新的局面**。这里，我们必须区分不同国家的不同因素和情况，区分包括正在经历着革命化过程和倾向于我们的，以及仍然坚持老社会民主党的反动路线的全体政党在内的那些集团。

就像我们必须加强反对社会民主党思想的斗争一样，我们也必须铲除任何阻碍我们接近社会民主党工人的错误想法。然而，甚至那些已经加入了统一战线和走上了共同反对法西斯主义道路的社会民主党，也还是站在保卫资产阶级民主的立场上的，并把这作为反法西斯主义斗争的最终目标，因此在我们和他们之间还是存在着深刻而重要的区别的。随着斗争的发展，这种区别不可避免地会越来越明显，而斗争的未来则取决于我们现在对统一战线中的大多数工人的争取工作，应该使他们革命地洞见到必须为未来的斗争作准备。这里，每一个人都将明白，我们的**工人阶级统一的革命的群众性政党**的口号的特殊意义就在于，对工人革命的胜利来说，这样一个政党是绝对必要的，是不可或缺的武器。

由于工人阶级的分裂，由于社会民主党与资本主义敌人合作这样一个破坏性政策，法西斯主义取得了暂时的胜利。我们必须克服工人阶级的分裂；我们必须争取那些相信阶级合作政策的工人参加反法西斯主义的共同斗争。由于工人阶级脱离了它在人民中的天然盟友，法西斯主义因而取得了暂时的胜利。我们必须和所有这些中间阶层、所有靠拢我们的中下层居民结盟。

这是一个生死攸关的问题。我们面临的问题是具有重大影响的。我们不能说法西斯主义必然在一个国家胜利。但同样的，如果我们不去准备我们的胜利的话，那么也不能说我们的胜利是不可避免的。我们不仅要以先锋队的勇敢去战斗，而且要把广大群众争取到统一战线和联合斗争中来，在这之前，我们将始终面临着被打败的危险，面临着遭受空前的奴役、空前的白色恐怖和野蛮，以及所有文明成就被摧毁的危险，全世界都将面临着这样的危险。

新的广泛的统一战线策略符合当前形势的实际可能性，符合各国工人内心深处的愿望，符合社会民主党工人不断增强的愿望。我们在这里，在这次大会上，比以往任何时候都更加深切地感到，我们不仅是在对共产党员讲话，而且也是在对所有的工人讲话。

那么，老牌右派分子会不会把这一策略看做是对他们的路线的妥协呢？情况正好相反。老牌右派分子的观点是向社会民主党投降的路线，是把共产主义变为社会民主党附庸的路线。

我们的独立斗争正在开始结出果实，我们因此能够进入一条新的广泛的斗争阵线，扩大阶级反对阶级的政策。今天，革命的胆略恰恰在于最大胆地、最广泛地、最坚决地扩大斗争阵线，一直扩大到至今尚未触及的阶层。

今天，革命化过程的发展表现为统一战线的发展。正因为统一战线在发展，正因为法西斯主义和反法西斯主义之间的斗争在向深度和广度发展，我们现在才比以往更具体地提出了政权问题。在现阶段，我们因此必须比从前更多地宣传苏维埃政权这一口号。

新的策略路线将大大地有助于我们的工作。它把我们各国党，包括那些小党，推入到政治斗争中去。而这正是我们所需要的。

事件的进程一再把我们各国党推向前进，在此之前，我们在政治领域是落后于形势的。

我们将从这次代表大会的决议中得到巨大的帮助，以克服这些弱点，这次大会将把各国党推到政治高潮之中，对各国党来说，这也意味着是一种生活的开始。我们要更坚决、更积极、更广泛地开展政治宣传和鼓动工作，打动那些从未被我们的斗争影响过的群众。这是事情的一个方面。事情还有另外一个方面。我们的新路线、人民阵线的路线等等，本身包含的最大危险就在于它可能流于单纯的鼓动和宣传，流于大规模的具有选举效果的示威游行，并停留在这样一种水平上，停留在表面上，停留在一连串的空话上，成为不明确的、没有坚实的内容和基础、没有组织的东西。只有当我们把统一战线和日常的斗争及行动结合起来，只有当我们实现工会的统一并把工会建设成阶级斗争的机构，只有当我们建立起统一战线斗争的全面的群众机构时，我们才能取得真正的成功。这是一个紧迫的问题。

这样，我们就要谈到领导的问题。如果我们想卓有成效地实施这一新策略，那么我们就必须有一个强大的、思想上巩固的、有坚强领导的、能够实施这一切的党。我们需要领导不光是为了执行这次大会直接为下一阶段规定的路线，也是为了准备在政局急剧变动时，能使我们的路线迅速地适应形势。在过去的时期，我们有不少对急剧变动反应迟缓的例子，这些例子是值得我们引以为戒的。例如希特勒上台时我们各党的状况。例如1933年在争取全面的统一战线斗争上表现出的犹豫不决。例如在充分利用社会主义工人国际1934年11月巴黎会议上产生的可能性时表现出的优柔寡断。

所有这些例子都值得我们借鉴，它们都可能重新出现，我们必须有所预见，因为将来我们将不断遇到形势的急剧变化，需要我们立即作出决断。我们必须从这些例子中汲取经验。如果我们想卓有成效地推行新的策略，我们就必须提高我们领导的政治水平。

现在谈一谈英国的形势和我们的政治路线。和其他任何一个主要的帝国主义国家相比，国民内阁能用比较少的非常措施维持它的相对稳定的政权。德国资产阶级不得不求助于绝望的法西斯主义的辅助手段，以维持它那似乎是无限制的暴力统治,而实际上这一统治是岌岌可危的。法国社会力量的十分不稳定和尖锐对立,早已预示着未来的政治危机。但是英国资产阶级暂时还能在国民内阁的基础上,维持一个相对巩固和几乎是相对稳定的政权。

这一政权的秘密在哪里呢?在于工党及其领导的作用。工党暂时还得到大多数工人的衷心拥护,工党领导使群众脱离斗争,并在危急时刻实际上和国民内阁实行密切的阶级合作。如果我们寻根究源,那么原因就在于对殖民地剥削的加强使这一政权暂时还可以得到充分的救援,从而有可能逃脱危机。鲍德温的那些废话,什么英国的经济形势相对有利、英国工人的状况也相对有利等等,常常被引用,这种大吹大擂的英国式的"振兴",有多少不是以加强对殖民地人民的剥削为基础的。因此,就英国的形势来说,我们实际上面临着两个关键问题,第一个是殖民地问题,第二个是工党问题,而这两个问题又是联系在一起的。

我们必须找到接近工党群众的道路。我们必须帮助工党中的群众实现他们进行阶级斗争的愿望和结束工党的主要领导与国民内阁的合作。

上一个时期英国政局的最主要因素是群众斗争的高涨,今年初达到了高潮。为失业者的要求而进行的这一群众斗争,是一场由共产党组织和领导的群众斗争,它吸引了最广大的工人群众,甚至还有部分小资产阶级,并迫使工党领导作出姿态,好像它也参与其中。这一群众斗争对国民内阁是一次冲击,迫使它退却并停止实行议会通过的措施。这一事件的意义绝不能低估。我们可以引用鲍德温的几句话,他谈到了今年2月上半月城市和议会的统治阶层"特别惊慌失措",也就是说,群众斗争达到了高潮并迫使政府暂时退却。行动中的统一战线冲破了工党领导设置的障碍。

现在,在这一强大的运动达到了直接目标以后,它不是怀着胜利的意识继续前进、进攻,而是又后退了。接踵而来的是寂静。需要指出的是，今年第一季度我党赢得了2600名新党员，而第二季度的党员数没有变化。可以为此列举这样一些客观原因，例如政府的妥协所产生的影响。而这些妥协本应激发出新的和更高的要求。我们必须承认，这与现阶段我们党的主要弱点的一种十分严重的表现形式有关，即在对群众的政治领导上的软弱，在对大规模政治斗争的领导上的软弱。我们党在群众的日常斗争中与群众有着坚强的联系，能够领导大规模群众斗争以争取实现日常要求，能够赢得群众的信任，他们把我们党看做是这些局部的经济斗争的领袖和先锋战士。我们的弱点是在日常斗争过去以后表现出来的；运动过去后，我们不能收获斗争成果，不能巩固对受我们领导的群众的影响，不能把他们引向下一阶段的斗争，并在这整个过程中加强党及其对工人阶级的政治领导。我们的政治鼓动和领导的这一弱点的根本原因是，我们不善于在大的政治问题的基础上，把局部斗争和对工人阶级整个斗争的政治领导结合起来。

新的策略路线将给我们巨大的帮助。在和统一战线斗争紧密联系的条件下，它把内阁问题作为我们行动的中心。早在一年以前，曾普遍流行着这样一种观点，下一次将出现一个工党内阁，一个资本主义的正常的稳定的工党内阁，以代替国民内阁。今天，这种局面已经发生了变化。随着群众斗争的高涨，资产阶级感到要依靠工党内阁的帮助来控制局势已经是靠不住的了。工党领袖本身就不敢冒险去接掌政权，鉴于矛盾的日益加剧和群众斗争的日益发展而不敢承担责任。

在这种形势下，对我们来说，对工人阶级来说，在对现有政治力量分析的基础上产生了一条十分明确的路线。我们的路线归根到底就是在包含工人维护自身经济利益、反对反动派和法西斯主义的进攻、反对战争等要求的统一战线纲领的基础上，开展和推动争取实现工党内阁的斗争。我们的这一路线，在今天就是一条把群众斗争提高到新阶段，把这一斗争转变为政治斗争，同时建立所有工人的统一战线的路线。在保留我们的革命纲领和保持我们党的独立性的基础上进行的这一场争取加入工党的运动中，我们的其他策略是我们进入新的斗争阶段必不可少的一部分，是属于这一范围的。

然而必须强调的是，这一切都取决于怎样在实践中实施这一路线。有必要不但在广大的工人阶层中，而且首先在我们自己的党员中，开展一场大规模的运动，以宣传这一路线和正确地运用这一路线。因为完全接受这一路线还可能有两种解释，一种是革命的，一种是机会主义的。机会主义的解释在这条路线中只看到在工党现行的改良主义纲领的基础上与工党实现统一，因此这种解释只能加强工人阶级的改良主义的民主幻想。我们不能不看到，由于我党政治上的软弱，在我们党内还是存在着这种倾向和混乱的。去年秋天地方选举的经验暴露了这种混乱和把统一战线斗争曲解为工党的尾巴的情况。我们的政治局不得不发出了一个关于这些教训的专门文件。今天，我们必须从这些例子中吸取经验，并无情地反对所有这些对统一战线政策的歪曲。季米特洛夫同志的报告和决议草案已经明确地规定了正确的路线。现在就看我们怎样去实行它们了。我们面临着我们党在各种情况下所面临的同样问题，即政治领导的问题。只有当我们在每一斗争阶段都保证正确的政治领导，我们才能卓有成效地实施新的策略。

而一旦我们能够做到这一点，一旦我们正确地理解了这一路线并学会用世界革命的精神来实施这一路线，那么这一策略就将使我们完全有可能去建立一个坚不可摧的堡垒，以反对资本进攻、反对法西斯主义和战争，就将使我们完全有可能领导整个英国工人阶级继续前进，并为未来的革命斗争做好准备。（热烈的掌声）

吉东（法国）：

虽然法西斯主义力图适应民族的条件，但它在所有国家还是有其共同之处：为了在劳动阶级中获得立足之地，它必须掩盖自己血腥的反革命真面目，及其作为大资本豢养的、残酷的独裁统治工具的作用。因此，它对社会进行反资本主义的欺骗宣传，罪恶地拿劳动人民的痛苦进行投机，对此，那些豢养它的人要承担责任。

毫无疑问，法国的法西斯组织，特别是"火十字团"还不可能提出一个满足这一欺骗宣传要求的纲领。但是某些标志，某些公开的文件却让人得出这样的结论：法西斯组织在努力寻找和制定这样一个纲领。这方面的尝试就是"火十字团"的领袖德拉罗克伯爵的某些讲话，以及梅西耶、德文德尔在各财团和银行的帮助下，试图设立的意在收买失业者的大众食堂。

因此，维护工人阶级和全体劳动人民的直接要求就变得更为重要。当然，反法西斯主义斗争的成就是很大的。经过多年的努力，我们的党成功地和社会民主党建立了统一战线，在法国，通向工人阶级统一党的道路已经打通。我们实现了人民阵线，其规模日益扩大，两大工会组织在人民阵线里合作共事。我们党和共产主义青年团的成员显著地增加。《人道报》的印数有了可喜的增长。

但是，经济斗争的次数还是太少，一般地说，也只有几千工人参加，尽管目前进行的反对紧急法令的行动可望有所发展。

让我们简略地回忆一下法国的罢工斗争。

1932年，我们举行了有24.5万名罢工者参加的801次罢工。1933年有14.3万名罢工者参加了465次罢工。1934年，不包括2月12日的总罢工，有大约10万名罢工者参加了494次罢工。

我们是许多小规模罢工的目睹者。有些这样的罢工取得了部分胜利，甚至完全胜利，有时，工人达到了增加工资的目的。

1934年二月事件以后，杜梅格政府采取行动，实施了一批紧急法令，这些法令主要是针对公务员和退伍军人的。

由于法国总工会拒绝进行联合斗争,所以,虽然法国统一总工会作出了努力,这些紧急法令还是能够实施,而没有遇到大的反抗。一直到1934年底,我们才看到某种转机。

以统一行动为标志,随着各派工会(革命的、改良主义的和基督教的工会)的积极参加,罢工斗争开始爆发:罗阿讷、米利奥、特里圣莱热、卢维鲁瓦尔的罢工,里尔、讷沃迈松的服装工人罢工,南特的建筑工人罢工,国营印刷业的罢工,巴黎缝纫女工的罢工,等等。

失业者是法西斯主义大力争取的对象。失业者为自己的要求而进行的斗争是不全面的、分散的和仍十分薄弱的。

虽然统一工会和共产党在为失业者的要求而进行的斗争方面表示了良好的意愿并作出了较全面的努力,但还是出现了上述情况,这是为什么呢?

罢工正在成为英雄主义的行为。而更自然的则是,以这样的热情参加7月14日示威游行的工人,在参加罢工以前是会考虑的,他会想到他的家庭,想到他的妻子和孩子。他绝不是斗争的反对者。相反,他会越来越懂得,斗争是唯一的自救之路,如果他不是像反对法西斯主义的进攻那样,奋起反对企业主和政权机关的日常进攻的话,他和他的家属就会被碾碎。但是他想要有保证。这就是为什么他**要求统一**。

人民阵线的大发展和7月14日的大示威将产生巨大的反响,它们使全国劳动群众具有一种自信心,我要说,这是一种新的信念,同时展示了胜利的未来。

如果有些人还一直怀疑统一的力量,大发牢骚和顾虑重重,而看不到伟大的目标——迅速实现全国范围和国际范围的工会统一,那么他们最好想一想巴黎铁路工人的盛大集会。铁路工人的意志、统一联合会的努力打破了对共同斗争的反抗。三大联合会取得了谅解,而这就够了,这样,就有2万名铁路工人响应它们的号召,列队参加集会,这一号召使1919年和1920年的大规模集会和群众激情重又复活了。

这是一个大的教训。

法国统一总工会从改变了全国面貌和阶级力量对比的1934年二月事件中吸取了各种教训。

它用"新的方式"运用统一战线的策略，并用它所拥有的一切手段支持共产党为实现人民阵线而做的工作。

它毫不掩饰原则和策略的区别，它根据工人阶级的利益改变了对所有的革命者来说是第一位的东西，即论战的语调和形式。它随时警惕避免尖刻的言论和谩骂，工会统一的敌人会把这样的言论说成不但是对改良主义领袖，而且也是对改良主义工会的工人会员的侮辱。

法国统一总工会坚持不懈地利用日常生活中的每一个事实，利用企业主、政府和法西斯的每一次进攻，以便马上向有关的改良主义组织提出联合行动的建议。

为了发挥主动性，它同时对会员群众和领导人做工作。

我们就这样取得了众所周知的、前所未有的成果。在6条铁路线上，统一工会和改良主义工会、司机和司炉的自治联合会实现了联合。目前已有超过10万铁路工人参加了联合起来的工会，而两大工会组织，即统一工会和改良主义工会，它们的会员数和这一数字相近，总共只有大约13万会员。邮电职工和私人工业企业工人的有些工会也在学习铁路工人的榜样。有些地方和部门的工会达成了协议并进行合作，但是还没有实现联合。认为未经斗争就取得这些成果的想法是错误的。资产阶级不想看到工人联合起来和拥有强大的工会。它正在竭尽全力并将继续竭尽全力阻止工人阶级的统一及其发展。

工会是所有会员的共同财富，不论他们属于什么派别。所有工人都可以而且必须加入工会，我们只要求他们有为自己的要求而进行共同斗争的愿望和愿意执行工会以多数票通过的决议，除此之外没有其他要求。对工会的这一看法产生了一些原则,这些原则应该成为实现工会统一的基础。法国统一总工会在1930年10月的全国委员会会议上十分清楚地阐明了这些原则:尊重工会民主,工会内部的意见自由,不论属于什么派别都不能加以开除,尊重多数通过的决议,领导机构席位按比例分配,以及最后,考虑到我们还要讲到的法国的某些特点,工会运动应独立于党派和政府。

和法国总工会举行了会谈,然而由于法国总工会代表的要求和态度,这些会谈都破裂了。法国总工会代表要求法国统一总工会批判共产党。会谈表明,法国总工会代表当时强烈地仇视共产党人,这种情况我们只是在资产阶级那里才能看到。此外,作为条件,他们还要求接受他们的计划、章程和加入国际工会联合会。

我们继续我们的运动,办法是向会员群众发出呼吁。由于我们对群众做了工作,法国总工会的领导人不得不宣布,统一的最后障碍是工会内存在着派别。这是直接针对共产党的。法国统一总工会执委会不惜任何代价也要实现工会的统一,于是就考虑了这个问题。为了统一,为了停止这场使工人陷于混乱的争论,并考虑到法国总工会全权代表的意见:派别的存在是统一的**最后障碍**,于是执委会通过了一个文件,其中谈到了这个问题,文件写道:

"意见自由和工会民主不应导致在工会内组成作为派别出现的团体。每一个工会会员都有不折不扣的权利加入他自己选择的政治团体和信仰团体,并在其中活动,但在工会内部,他只能作为工会会员进行活动。"

我们党虽然把法国统一总工会的这一决议看做是一个特别重大的让步,但还是只能同意这一决议。

我们当然不能不考虑到法国工会运动的传统和特点,从时间上来说,早在统一社会党成立以前就有工会运动了,而且多年来一直深受无政府工团主义者的影响。无政府工团主义者散布了一个公式,而这个公式至今还在发生着作用,这个公式是:"**工会内没有政治**",或者说"**分裂的政治,统一的工会**"。

当法国统一总工会加入红色工会国际的问题出现时,列宁自己就曾指出,必须考虑到工会运动的某些传统。草拟的章程中有一条是,红色工会国际执委会成员将加入共产国际执委会,反之亦然。法国统一总工会的代表表示,接受这一条对他们来说是不可能的。讨论后列宁认为,可以删去这一条,并希望法国统一总工会和无产阶级革命利益保持一致。

法国统一总工会在派别问题上作出的让步尽管很大,但还是完全可以允许的。但是,统一工会的会员在完全尊重工会民主和工会内多数通过的决议的情况下,有权在工会内坚持自己的阶级斗争观点和保卫无产阶级及全体劳动者利益的观点。因此,法国统一总工会就不能同意工会统一要以接受法国总工会的计划为前提。

我们曾多次声明过,无疑地,我们还必须多次重复声明,我们认为,任何在资本主义制度内搞计划经济的设想都是空想。

在法国和许多其他国家制定一项符合人民要求的纲领已提到议事日程上来,这一纲领不限于只提出直接要求,而且还要把危机的重担让应该对此单独承担责任的资产阶级来承担。这当然不是一个专门为共产党制定的纲领、一个工农政府的纲领,而是一个有限的、适于变为人民阵线纲领的纲领,人民阵线将能够实施这一纲领。

基于这一思想,法国统一总工会在6月6日不仅向法国总工会,而且也向所有其他有工人参加的组织提出了一份积极的纲领,其中除了工资、公职人员薪金、老人和残疾人养老金、社会保险、每周四十小时工作制、失业者的要求等问题外,除了**用征收资本税举办大型公共工程**问题外,**还包括许多其他要求**,这些要求是直接针对银行、企业家联合

会、大企业的特权的,并能立即减轻全体劳动人民阶层的痛苦。法国统一总工会还补充说:

"劳工统一联合会建议,一旦有人试图反对实施这些决定了的措施,就把负责人革职,没收他们领导的机构(银行、企业家联合会、企业等)的财产,并将其置于工人及其组织的监督下。"

我们向法国总工会表示:我们准备将这一纲领和你们的计划加以比较。我们准备为此目的组织联席会议。我们并不认为这一纲领是不能改动的,我们愿意考虑一切改进的建议。当然,这绝不需要延迟实现我们两大总工会的愿望——工会的统一。统一代表大会本身就有权规定统一的劳工联合会的纲领和方向。

我们就这样在前进。全体工人阶级都欢迎重新举行关于两个总工会的统一问题的谈判,他们希望,这一次谈判不久就能取得成功。

许多难题都已经找到了解决的办法。关于派别问题、关于代表比例问题都已经达成谅解。意见自由和实行工会民主被承认为工会统一的前提条件。

关于加入国际组织的问题还要进行协商。我们向法国总工会的代表表明,如果他们是国际工会联合会的成员的话,那么我们就有充分理由继续忠于红色工会国际。我们建议采取联合行动,举行一次国际工会联合会和红色工会国际的会晤,以建立国际的工会统一。在法国正要实现的事情,也完全可以在国际范围内得到实现。

因此,两大总工会将于9月24日至27日同时在巴黎举行的下一次代表大会,不仅对于法国,而且对于所有国家都具有重大意义。我们将竭尽全力使这两个大会联合举行并实现工会统一。这两个大会至少有责任发出统一基层组织和召开一次全国统一代表大会的呼吁。

建立工会统一使我党面临着伟大的任务,我们完全有权把实现工会统一看做是近在咫尺的事情。成千上万名共产党员还在工会之外,这是我们不能继续容忍下去的。一个极其重要的职责是实行共产国际以及我党的章程里包含的明确指示,即每一个能够成为工会会员的共产党员,都必须无条件地成为工会会员并在其中进行工作。

工会统一将进一步推动群众运动和增强工人阶级胜利的希望。但是,共产党人的工作因此只会更加复杂。我们必须学会在群众性的工会中工作,并学会在工作时注意工会民主所规定的界限。每一个人都必须懂得,要赢得同伴的信任只有一种方法,就是成为最好的工会会员,成为最忠实、最友好的工会会员,并且决不逃避许多细小的、吃力不讨好的、默默无闻的、然而对于工会的繁荣却是极其有益的任务。共产党人只有通过自己的工作和积极维护工人的要求才能赢得各派工会会员的信任。

统一的法国总工会如果不积极地为工人阶级的要求而斗争,就绝不会具有必不可少的对中产阶层的吸引力,就绝不能把千百万至今仍无组织的工业工人和农业工人吸引到自己的队伍中来。

我们甚至可以补充说:如果统一的总工会不能用行动来实现某些要求,法西斯主义就将继续有希望达到自己的目的。德国的例子并不遥远。当布吕宁实行他的紧急法令的时候,全德工会联合会的领导让千百万会员不采取行动。工会无所作为助长了法西斯主义的气焰,而使工会中有组织的工人群众感到灰心丧气。

这一教训对我们来说已经足够了,我们要不惜任何代价使这些经验教训不在法国重演。

因此,要求取消紧急法令的斗争,对工会统一和工人阶级来说是一个重要问题。

工会的统一必须强大到足以对企业主和政府说:**现在立即停止你们对工资、薪金,对失业者的持续进攻!**

我们在自己的国家里为工会统一而斗争,这样我们就同时有益于法国和全世界的工人。我们相信,工会统一在法国的建立,将在所有资本主义国家引起巨大的反响。它对于所有正在法西斯独裁国家忍受煎熬的人来说,是一种鼓舞、一种激励。

国际工会联合会发生了什么事情呢?

它失去了几百万会员。它的一批最强大的全国总工会崩溃了。这里我们只想列举德国的和奥地利的工会。

根据国际工会联合会自己的材料,它还有 900 万会员。因此它已经削弱了,我们没有任何理由可以为此感到高兴,因为国际工会联合会的削弱并不意味着红色工会国际的相对增强。

但是,国际工会联合会应该因此而明白,各国群众向往统一。群众中发生的事情将在领导层得到反响。

红色工会国际的建议在国际工会联合会总委员会 5 月底的哥本哈根会议上引起了一场讨论,讨论中出现了能对会议产生影响的意见分歧。

国际工会联合会的第二主席儒奥同时又是法国总工会的书记,他表示:"国际(国际工会联合会)**必须向也认真地追求统一的俄国人强调自己对统一的愿望。**"

儒奥提出了一个相应的补充建议。挪威工会主席许达尔以客人的身份发言,因为挪威工会还没有加入国际工会联合会。当然,他难免要说几句关于苏联的坏话,其中根本没有什么新东西。但是他认为有必要强调他是以挪威工会的名义讲话,并向国际工会联合会建议:"试一试无保留地同俄国人达成谅解。"

国际工会联合会主席西特林极其猛烈地攻击儒奥、挪威工会和苏联。他在谈到苏联工会时明确地表示:"**我们英国人不想和他们有什么瓜葛。**"

我认为,儒奥和许达尔在国际工会联合会总委员会的表现表明了一个新的事实,而且与工人们表现得日益强烈的统一愿望直接相关联。我们必须考虑到这一点,并坚定不移地采取行动,向着国际工会统一迈进。

我们比利时的朋友们,特别是那些在红色矿工联合会工作的朋友们,必须克服他们自己队伍中仍旧存在着的关门主义阻力,这种阻力使他们不能坚定不移地争取工会的统一。

我们必须到仍受改良主义领导人支配的群众性工会中去,并在那里作为革命战士而进行工作。这无疑要困难些,但这是真正为工人阶级利益服务的唯一办法。在西班牙,我们也必须全力以赴,以使改良主义的和无政府主义的联合会同统一工会在意见自由和工会民主的基础上联合起来。

至于某些把工会看做反动堡垒而加以反对的共产党员,我们大家的领袖斯大林同志在1925年说:

"一个普通工人群众会向这样的'共产党员'说:'你们攻击我的堡垒,你们想要破坏我几十年来创造的事业,想向我证明共产主义比工联主义好。也许你们的共产主义理论是正确的(像我这样一个普通的工人怎么能了解你们的理论呢),这我不知道,我只知道一点,就是我有我的工会堡垒,它领导我进行斗争,它保护我(不管保护得好不好),使我免受资本家的攻击,谁想破坏这个堡垒,谁就是破坏我的事业即工人的事业。别再攻击我的堡垒了,加入工会吧,在那里工作五年甚至更多的时间,帮助我们改善和巩固工会,到那时候我再来看看你们究竟是什么样的人,如果你们真正够朋友,那我当然不会拒绝支持你们的'。"①

这些话无须评论。

我们的责任就是顺应时势,并用无产阶级革命精神来影响其发展。

---

① 《斯大林全集》第7卷第87页。——编者注

我们的果敢并不排斥谨慎小心和坚持原则。

我们仍将是共产党人,我们反对阶级合作的政策,将其视为对于工人的一种灾难性政策。

当然,我们要拯救我们的阶级,我们要在所有的地方建立苏维埃,我们将自豪而大胆地沿着这条路线前进。

为了人民的幸福,为了人类的光荣,在列宁和斯大林的旗帜下,在共产国际的旗帜下,在工人阶级统一的旗帜下,前进!(掌声)

德赫罗特(荷兰):

荷兰的国家社会主义运动完全是按照德国模式建立起来的。它在所有重要的中心和市区都有地区活动站和自卫队。它在失业者中进行工作,拥有职业介绍所和施粥站。尽管如此,国家社会主义党的影响仍主要限于公职人员、中产阶层,特别是学生青年。和它有联系的是退休高级军官领导的"国家发展"党,这些军官和陆海军有联系。国社党实施一种强烈的沙文主义和殖民帝国主义政策,并企图把对荷兰殖民地的殖民剥削措施移植到荷兰来。我们党展开了广泛的宣传,首先是为了莱比锡审判而反对德国法西斯主义,保卫台尔曼和维护德国反法西斯主义流亡者的避难权。特殊的斗争方法是反对国社党的示威、反对国社党的集会、反对国社党的法西斯宣传队出现在工人区的反示威。荷兰反法西斯主义运动的特点是:第一,虽然这里或那里有运动,但至今还没有一个真正广泛的、遍及整个国家的群众运动。第二,反法西斯主义的斗争没有伴之以强大的经济斗争。第三,虽然社会民主党工人和工会会员被吸引加入了斗争,但几乎还没有一个社会民主党组织或工会团体被卷入。第四,反法西斯主义行动的范围很小,只触及到平原地区和农民。我们在知识分子和大学生中,以及在和平主义的妇女运动中取得了重大的成功。但是,城市小资产阶级及其团体和党派还站在运动之外。阿姆斯特丹—普莱耶尔委员会迄今仍是一个有限的运动。反法西斯群众斗争的发展普遍地**落后于**法西斯主义的发展。其主要原因是，社会民主党的改良主义领袖一般来说还能使他们的群众在法西斯主义面前处于被动挨打的局面。

荷兰工人阶级面对着法西斯分子几乎仍是完全分裂的。

荷兰社会民主党的领导站在第二国际极右翼那一边，直至今天仍在领导着一场肆无忌惮的反对统一战线的斗争。它设立了一个反对共产主义和法西斯主义的专门局，这个专门局主要是针对共产主义的，并出版一份印数超过10万份的专门的周报。尽管屡遭破坏，最近的选举仍表明，统一战线思想在工人群众中得到了加强。

1935年地方选举后，共产党和社会民主党在一些地方，包括在首都阿姆斯特丹取得了多数，并使之成为保卫民主权利和为失业者争取就业的根据地。我们的建议引起了一场认真的讨论，许多社会民主党员在讨论中表示支持统一战线。

阿姆斯特丹社会民主党组织的领导因此被迫不再继续表示拒绝，而是宣布，首先想看一看我们党的国际政策和国内政策将怎样发展变化。

我们认为，阻碍我们克服改良主义者对统一战线的反对的主要障碍，首先是改良派领袖多年来对他们的拥护者进行仇视我们的煽动所造成的不信任壁垒。我们首先必须通过**党在一切问题上的态度**，在这个壁垒上打开一个缺口，以赢得社会民主党党员和干部的信任。我党在这方面的一个重要步骤是1935年5月4日的表现，这一天它参加了阿姆斯特丹社会民主党和工会反对米塞特的群众示威。

我们党的前身是马克思主义小组"民权保卫者"，它作为一个小团体，与强大的社会民主党对抗了几十年之久，我们党受关门主义的危害甚深。我们和社会民主党斗争的方式方法并不能令社会民主党工人信服。关门主义还表现在我们的队伍对改良主义工会公开的或隐蔽的敌对态度上。红色工会反对派在1932年制定的罢工策略是一大进步。在特文特纺织工人大罢工中，工人们响应红色工会组织的号召。但是红色工会反对派的组织形式并不适宜于在改良主义工会中开展广泛的工作。因此，我们根据自己的工作经验制定了别的方法加以运用，这些方法已经产生了良好的结果。这就是改良主义联合会中的有斗争意愿的会员的运动。例如，在阿姆斯特丹的10个改良主义联合会的地方小组中就有这样的委员会。它们出版了印数超过6000份的报纸。这些报纸被送到工会会员的家里，站在我们这一边的工会会员也从财政上支持这些报纸。

这种争取反对派的方法造成了一场比红色工会反对派广泛得多的运动，并把改良主义联合会的会员和社会民主党工人中的一批坚强骨干吸收到我们的队伍中来。然而我们仍然认为，在我们把红色工会组织改造成在现代工会内部的一场运动时，我们还是难以做到在目前形势下必须做到的事情。现代工会在荷兰发展为无产阶级十分重要的群众性工会是在殖民帝国主义高度繁荣的时期，此时，从印度尼西亚获得的巨额利润使荷兰资产阶级有可能腐蚀广大工人阶级阶层。

那时，改良主义能够深深地扎下根来，它在工会中的地位看来是不可动摇的。就是今天，其地位也还是十分强大的。

但是在经济危机的条件下，改良主义的经济基础越来越削弱。虽然资产阶级决不会放弃腐蚀工人阶级某些阶层的做法，但是特权者的人数却越来越少，改良主义在工会中赖以存在的经济基础在缩小，反改良主义的趋势在增长，并且必然会继续增长。

在这种情况下，就有可能夺取全部工会，以利于阶级斗争，以利于把工会改造为反法西斯主义的有力武器。

因此，共产党人在工会中的工作就是必不可少的，这一工作不只是而且并非首先是为了组织小组和进行批评，而是必须首先为了加强联合会，加强工人的组织力和战斗力，以反对企业界和法西斯主义。

我党中央委员会最近一次会议提出了这样一句话：共产党的工会工作就是**为工会而工作**，就是为工会的**利益**而工作。

我们在工会中领导着一个有组织的反对派。我们之所以建立反对派小组，只是由于改良派的开除条例剥夺了我们正常行使工会会员的权利。当我们为了维护我们的观点和建议而在工会里进行斗争和不向改良主义投降的时候，由于改良派扼杀了他们所控制的工会中的民主，由于他们压制自由发表意见，我们就不得不在联合会里建立小组。

但是，我们认为这种局面是不正常的。如果针对我们的开除决定被撤销和民主权利得到保障的话，我们就能作为充满斗志的工会会员为工会的全面加强和战斗能力的提高更好地工作。

在这种情况下，在这种由于社会民主党工人的意志，通过和我们共同斗争而赢得了工会民主的工会里，**在会员中建立专门的小组或维持这些小组就不再必要了**。

这将能提高工会对付企业界和法西斯主义的战斗能力。同时，我们也主张在为工人的利益和为政治信仰、宗教信仰的充分自由而斗争的基础上，把整个工会运动统一起来。在过去的几个月里，工会的改良主义领导仍有可能使群众脱离反对企业主进攻的斗争。事实上，在联合会里存在着一个仍过于薄弱的革命派，这一革命派的行动由于针对它的开除规定而受到阻碍，或者必须从外面向工会输入，**而不能在工会自身内部**形成一支足以对抗改良派的力量。这就是虽然工人的斗争情绪十分高涨，但是还没有出现罢工，以及工人境遇的恶化被全部或部分地忍受了的原因。共产党人在工会内的工作的加强和扩大，以及**创造条件使这一工作实际上能在工会内开展起来**，是开展经济斗争的一个必不可少的前提条件。自经济危机开始以来，荷兰失业者的人数几乎不断地上升，而且还在继续上升。登记的失业人数几乎已达 50 万人。虽然失业人数在上升，但失业者的运动却比前几年减少了许多。有几个原因造成这种情况，首先是失业者委员会的行动自由受到了警察的严格限制。今天，警察当局再也不会允许我们举行一次示威游行，而在三年前这还是可能的。第二，尤其是失业者运动的积极参加者被遣送到劳动营去了，不再领取失业救济金了。第三，是党在失业者中的活动能力普遍地下降了。

而主要的原因则是这样的事实：失业者运动的否定性的口号，例如"救济金一分钱也不能减"等等已经不够了，在五年的危机之后，这些口号已经不能给失业者带来什么希望。因此我们决定，把"就业"这一口号作为失业者斗争的主要目标。

几天前举行的失业者运动全国大会为此决定了如下措施：（1）地方选举后，在各乡镇提出争取在乡镇就业的要求。这些要求必须在也有在业工人、妇女、青年等参加的群众大会上提出来。（2）根据失业者委员会的倡议，应该在这些群众大会上选出争取工作和面包委员会。这些委员会应该建立在最广泛的基础上，而不问政治观点和宗教信仰，也应该吸收中产阶层。它们的任务应该是，竭尽全力争取实现失业者在他们所在乡镇就业的要求，并为此而争取工人和中产阶层各政党、工会和其他组织的支持。

在这一方面也存在着失业者运动对工会的关系问题。

根据布拉格决议，开展较广泛的失业者运动是可能的。但它主要限于无组织者。问题是，受失业者委员会影响的无组织失业者群众应该怎样和工会联合，以及怎样使他们成为提高工会的战斗力和力量的又一个因素。我们认为，这一问题必须以失业者委员会和地方工会组织某种形式的联合以及作为工会运动的一部分加入地方工会组织来解决，工会运动将对无组织群众做工作，并代表他们的利益，一旦他们有了工作，就把他们输送到工会里去。

我们的共青团在全国拥有1300名团员，和青年群众还是十分疏远的。共青团致力于群众工作，也取得了一些实际成绩。它有一份内容比较生动活泼、印数达 5000 份的报纸。它在几个工会的青年支部里工作,并在日内瓦劳工会议后参加了请愿运动,以支持失业青年。它在一些地方组织各种行动,以维护劳动营青年失业者的利益,争取发给服装、改善待遇和增加工资。尽管如此,面对着法西斯主义在青年中影响的迅速增长,我们的共青团的状况是完全不能令人满意的。我们必须在这次代表大会上更认真地研究这个问题,并作出决议,以求共青团工作的彻底改观。

在荷兰劳动人民的反法西斯主义斗争中,必须特别强调的一个重要因素是把列宁和斯大林的策略应用于我国具体条件下的民族问题。荷兰的公开的法西斯就是那么几个政党,它们想把荷兰出卖给德国法西斯,为德帝国主义的军队在我国提供宿营地,并在战争时为它可能的进军铺平道路。法西斯分子和同他们结盟的将军、军官们把自己装扮为"民族的救星",他们将通过与希特勒德国结盟准备背叛祖国。

因此,荷兰反法西斯主义的斗争同时也是面对德帝国主义维护国家独立的斗争。

"反对希特勒及其荷兰仆从,维护荷兰的独立"这一口号对于真正的、包括全体劳动人民的反法西斯主义运动将是最强大的动力之一。它也将划清反法西斯主义的人民群众同大资本、银行资本和以科莱恩先生为代表的殖民资本之间的界限。

那些在荷兰保护和容忍亲德国的法西斯运动的人,就这样破坏了国家的独立,他们让荷兰遭受德帝国主义今天还是"和平"的,以后最终将是**暴力的**入侵。荷兰人民群众不能站在大资本的一边,而必须反对它,以维护自己的民族独立。

荷兰劳动人民在这一斗争中最重要的盟友是印度尼西亚的人民群众。

印度尼西亚的民族解放运动和在各帝国主义列强面前维护荷兰的独

立，两者不是对立的，前者对后者是一种支持。对荷兰人民来说，印尼的民族解放运动是维护和平的一个先决条件。

我们也必须和佛兰德人民更紧密地团结在一起，比利时佛兰德人民的民族独立被泛日耳曼法西斯分子利用了。为此我们必须加强与我们的比利时兄弟党的合作。

荷兰代表团宣布完全同意季米特洛夫同志的论点和报告。它将竭尽全力使此次代表大会的决议得到实施。

图书在版编目(CIP)数据

共产国际第七次代表大会文献(1)/王学东主编.
—北京:中央编译出版社,2013.1(2019.5 重印)
(国际共产主义运动历史文献/王学东主编;57)
ISBN 978－7－5117－1581－4

Ⅰ.①共…
Ⅱ.①王…
Ⅲ.①共产国际－代表会议－会议文献
Ⅳ.①D165

中国版本图书馆 CIP 数据核字(2013)第 019187 号

共产国际第七次代表大会文献(1)

出 版 人：刘明清
出版统筹：薛晓源
责任编辑：李媛媛
责任印制：尹 珺
出版发行：中央编译出版社
地　　址：北京西城区车公庄大街乙 5 号鸿儒大厦 B 座(100044)
电　　话：(010)52612345(总编室)　　(010)52612335(编辑室)
　　　　　(010)52612316(发行部)　　(010)52612346(馆配部)
传　　真：(010)66515838
经　　销：全国新华书店
印　　刷：北京环球画中画印刷有限公司
开　　本：710 毫米×1000 毫米　1/16
字　　数：480 千字
印　　张：37.25
版　　次：2013 年 1 月第 1 版
印　　次：2019 年 5 月第 2 次印刷
定　　价：210.00 元

网　　址：www.cctphome.com　　邮　　箱：cctp@cctphome.com
新浪微博：@中央编译出版社　　　微　　信：中央编译出版社(ID: cctphome)
淘宝店铺：中央编译出版社直销店(http://shop108367160.taobao.com)
　　　　　(010)55626985

本社常年法律顾问：北京市吴栾赵阎律师事务所律师　闫军　梁勤
凡有印装质量问题，本社负责调换，电话：(010)55626985